부당이득반환의 비교법적 연구

남효순 · 이동진 · 김형석 · 이상훈 · 이계정

박영사

머 리 말

부당이득의 비교연구는 2017년도 서울대학교 법학연구소의 지원을 받은 공동연구프로젝트를 기초로 하고 있다. 이 프로젝트에 4분의 교수가 참여하였다. 각자의 연구결과를 2018년부터 학술지에 게재하기 시작하였고, 이제 그 연구결과를 한 곳으로 모아 서울법대 법학총서로 출간하게 된 것이다. 본 총서는 우선 프랑스, 독일·오스트리아·스위스, 네덜란드와 영·미의 부당이득제도를 비교법적으로 다루었다. 대륙법계뿐 아니라 영미법계의 부당이득제도도 함께 연구대상으로 하고 있다는 점에서 중요한 의의가 있다. 한편 프랑스의 경우에는 비록 이번 공동연구프로젝트의 일환은 아니었지만, 우리 부당이득제도를 연구하는 데에 불가결하다고 판단하여, 프랑스물권법상의 선의점유자의 과실수취권이 2016년 개정 프랑스민법전에 어떻게 수용되고 있는지에 대한 연구도 추가되었다. 또 유럽연합 회원국을 대상으로 작성된 DCFR(유럽민사법 공통참조기준안, Draft Common Frame of Reference)상의 부당이득제도에 대한 연구도 연구자의 동의를 얻어 본 총서에 함께 싣게 되었다.

부당이득에 대한 규율은 나라마다 상이하고 또 고유한 전통에 따르고 있다. 예를 들면, 네덜란드는 무효·취소 등의 경우를 비채변제에 포함시키고 있지만, 프랑스는 이를 비채변제와 구별하고 있다. 또 프랑스의 경우 요건 면에서는 사무관리와 비채변제가 부당이득의 특칙이 되지만, 효과 면에서는 비채변제는 특수한 반환관계에 해당하고 부당이득은 이들과 구별되는 고유한 규율을 가지고 있다. 이와 관련하여 종래 부당이득으로 규제되어 오던 많은 부분이 과연 하나의 제도로 통합될 수 있는 정합성이 있는가에 대해 근본적인 의문이 제기될 수 있다. 손실자의 과책이 부당이득의 반환에 영향을 미칠 수 있다는 점에서 또한 그러하다. 이러한 상태에서 과연 유럽연합 회원국을 대상으로 작성된 DCFR이 부당이득법이 나아가야 할 방향에 어떠한 시사점을 줄 수 있는지가 중대한 관심사가 된다고 할 것이다.

우리 민법의 부당이득제도의 경우 물건의 반환에 있어 점유자와 회복자의 관계에 관한 규정과 부당이득에 관한 규정 사이에 충돌하는 문제, 즉 선의점유자의 과실반환을 인정할 것인지의 여부를 시급하게 해결하여야 한다. 또 그 밖에 급부부당이득과 침해부당이득을 구별하여야 할지, 급부부당이득의 경우 해제를 무효·취소 등과 구별하여야 할지 또 전용물소권을 어떻게 취급하여야 할지의 문제가 시급하게 검토되어야 한다. 본 총서를 발간하는 목적은 장차 있을 부당이득제도에 대한 민법개정에 대비하여 충실한 비교법자료를 제시하고자 하는 데에 있다. 본 총서를 통하여 부당이득제도를 규율하는 각 나라의 전통과 체계가 어떠한 점에서 동일하고 또 상이한지를 파악하여 보다 합리적이고 구체적 타당성을 갖춘 부당이득제도를 규율할 수 있는 데에 본 총서가 일조가 될 수 있기를 바라는 바이다.

본 총서가 나오기까지 특별히 애써주신 이계정 교수의 노고에 심심한 사의를 표한다. 또 각자의 연구를 성실하게 수행하신 김형석 교수, 이동진 교수, 이상훈 박사에게도 깊은 감사를 드린다. 마지막으로 본 총서의 편집과 제작에 각별히 애써주신 박영사 조성호 이사와 장유나 과장에게 역시 깊은 감사의 말씀을 전하는 바이다.

2021년 6월

집필자를 대표하여

남효순 교수

목 차

제 1 장

연구의 배경과 요약

제 2 장

개정 프랑스민법전(채권법)상의 비채변제와 (협의의) 부당이득

제 3 장

프랑스민법전상 선의점유자의 과실수취권과 개정 채권법상 반환관계에서의 과실반환의무 - 프랑스민법전상 반환관계와 부당이득의 관계 -

제 4 장

독일 · 오스트리아 · 스위스의 부당이득법

제 5 장

네덜란드의 부당이득법

제 6 장

부당이득반환에서 노무이득 반환과 선의수익자 보호: 유럽민사법 공통참조기준안(DCFR)과의 비교를 통한 시사점을 중심으로

제 7 장

부당이득에 있어서 이득토출책임의 법리와 그 시사점 - 반환범위에 있어 손해중심에서 이득중심으로의 전환 -

제 1 장
연구의 배경과 요약

1. 부당이득의 난제는 '법률상 원인이 없이'가 무엇을 의미하는지에 있다. '법률상 원인'의 개념이 상당히 불확정적이기 때문이다. 물권법, 계약법, 민법총칙 전반에 대한 이해 없이는 '법률상 원인'을 제대로 논할 수 없다는 점에서 부당이득에 관한 연구는 민법 전반을 꿰뚫는 분석력이 요구된다. 바로 이 점이 부당이득법의 매력이다. 길이 없을 것 같은 막막한 황야(wilderness)에서 묵묵히 이곳저곳을 더듬은 결과 작은 오솔길을 발견하였을 때의 즐거움이 느껴지는 법분야이다.

부당이득의 난제를 해결함에 있어 비교법적 연구가 주는 지혜는 상당하다. 프랑스의 enrichissement injustifié, 독일의 ohne rechtlichen Grund, 네덜란드의 zonder rechtsgrond, 영미의 unjustly, DCFR의 unjustified 등 용어는 다르지만 각 나라마다 '법률상 원인이 없이'의 의미를 구체화하기 위한 노력이 오랫동안 경주되어 왔다. 비교법적 연구의 효용은 다른 나라가 같은 문제에 대해서 어떤 지혜를 발휘하였는지를 살펴봄으로써 우리 법과 관련하여서도 많은 시사점을 얻을 수 있다는 점에 있다. 부당이득법만큼 비교법적 연구의 혜택이 두드러진 분야도 많지 않다. 부당이득법에 내재하고 있는 '형평의 관념'은 보편적인 법관념이므로 부당이득에 관한 비교법적 연구는 해당 국가의 특수성을 넘어 우리에게 법발견의 귀중한 자료가 될 수 있기 때문이다. 2000년 들어 지시관계에서 부당이득과 관련하여 카나리스(Canaris)의 실질적 평가기준설, 즉 계약관계의 청산은 원칙적으로 계약당사자 사이에서 이루어져야 한다는 법리를 설시한 대법원 판결은 이러한 비교법적 연구의 가치를 잘 보여주고 있다.1)

필자들은 보다 정치한 부당이득법을 구축하고 산재된 비교법적 연구를 정제한 종합 연구서가 필요하다는 문제의식 하에 본 연구를 진행하였다. 각 장의 구체적 내용을 요약하면 다음과 같다.

2. 제2장 <개정 프랑스민법전(채권법)상의 비채변제와 (협의의) 부당이득>과 제3장 <프랑스민법전상 선의점유자의 과실수취권과 개정 채권법상 반환관계에서의 과실반환의무>에서는 2016년 프랑스 채권법의 개정에 의하여 프랑스민법상의 부당이득과 물권법상의 선의점유자의 과실수취권과 급부반환관계에서의 과실수취권의 관계가 어떠한지를 검토하였다. 프랑스민법상 부당이득은 연혁적인 이유로 '부당이득'이라는 표제를 갖는 부분만 아니라 '급부반환관계'도 함께 포함한다. 전자가 급부 없는 부당이득이라면, 후자는 무효, 해제, 비채변제 등의 급부부당이득에 해당한다. 우선 프랑스민법전(2016년 개정)은 급부반환관계에서 선의수익자에게 과실수취권을 인정하고(제1352-3조) 악의수익자에게는 인정하지 않는다(제1352-7조). 이는 물권법상의 선의점유자의 과실수취권(제549조~제550조)을 수용한 것이다. 따라서 물권법상의 과실수취권과의 관계가 문제되는바, 물권법은 급부반환관계에서 규율하고 있지 않는 문제, 즉 과실의 실제 수취 여부, 소비하지 않은 과실의 반환여부, 과실(果實)의 개념 등의 문제에 대하

1) 실질적 평가기준설에 대하여는 Claus-Wilhelm Canaris, "Der Bereicherungsausgleich im Dreipersonenverhältnis", Festschrift für Karl Larenz zum 70. Geburtstag, München, Beck, 1973, 802f. 관련된 대법원 판결로는 2008. 9. 11. 선고 2006다46278 판결.

여 여전히 적용된다. 한편 1804년 제정 프랑스민법전은 급부 없는 경우의 부당이득에 대하여 규율하지 않았다. 판례가 이를 사무관리에 준하여 취급하다가 1892. 6. 15.자 부디에판결(arrêt Boudier)을 통하여 독자적인 부당이득제도로 인정하였고, 마침내 프랑스민법전(2016년 개정)으로 민법전 안으로 수용된 것이다. 선의수익자는 이득과 손실 중 보다 적은 가액을 반환하여야 하지만(제1303조) 악의의 수익자는 양자 중 더 큰 가액을 반환하여야 한다(제1303-4조)고 달리 규정하고 있다. 이상에서 본 바와 같이 프랑스민법의 경우 적어도 급부부당이득에서는 우리 민법에서처럼 선의수익자의 현존과실의 반환(제748조)과 선의점유자의 과실수취(제201조)가 충돌하는 문제는 발생하지 않는다.

3. 제4장 <독일 · 오스트리아 · 스위스의 부당이득법>에서는 우리 부당이득법의 입법과 해석에 큰 영향을 준 독일 부당이득법을 같은 법권(法圈)에 속하는 오스트리아, 스위스 부당이득법과 함께 비교법적 관점에서 검토하였다. 독일 부당이득법의 학설사와 주요 쟁점을 역사적으로 추적한 다음, 법문과 그 구조가 다르나 이론적으로는 독일의 영향을 받은 오스트리아와 법문이 다소 다르나 이론적으로는 특정 시기 독일의 학설의 영향을 받은 스위스의 부당이득법이 어떻게 다르게 전개되었는지를 추적하여 비교법적 전체상을 제시한다. 그리고 그로부터 한편으로는 매우 추상적인 수준에서 전개되곤 하는 부당이득법 이론도 실은 입법의 소산임을, 다른 한편으로는 서로 다른, 그리고 부적절한 법규정에도 불구하고 사물논리적으로 제기될 수밖에 없는 교정 필요성과 공통된 해결이 있음을 드러낸다. 나아가 독일의 입법과 해석에 관한 제안과 스위스의 채무법 2020 등의 입법제안을 통해 장래의 부당이득법을 모색하면서, 하나의 통일적 부당이득이 아닌 구체적 이해관계를 고려한 세분화된 부당이득법의 가능성을 제시한다.

4. 제5장 <네덜란드의 부당이득법>에서는 우리나라에서 종래 자주 참조되었던 독일·프랑스·영미의 부당이득법을 넘어 네덜란드의 부당이득법을 살펴봄으로써 시야를 확장하였다. 네덜란드의 부당이득법을 개관하고 우리에 대한 시사점을 검토하는 작업은 나름의 의미를 가질 것으로 생각되는데, 네덜란드 신민법전은 비교적 최근에 제정된 민법전으로 그 작업에서 나타난 입법적인 평가와 그 해석론적인 운용이 우리의 관점에서도 여러 가지 유용한 시사점을 줄 수 있다고 보이기 때문이다. 이를 위해 우선 네덜란드 신민법의 성립 경과를 간단하게 살펴본 다음, 네덜란드 신민법의 부당이득 규정을 번역해 소개하였다. 이어서 한편으로 입법자료를 통해 그 의미를 해명하고, 다른 한편으로 문헌과 판례를 통해 그 구체적인 적용례를 살펴보았다. 마지막으로 네덜란드 부당이득법이 우리 민법의 해석론과 입법론에 가지는 시사점을 요약하며 마무리하였다. 여기서 특히 입법론적으로 참고할 만한 여러 사항과 함께 삼면관계 부당이득에서의 해석론상 특징을 언급하였다.

5. 제6장 <부당이득반환에서 노무이득 반환과 선의수익자 보호>에서는 부당이득의 효과론과 관련하여, 유럽에서의 민사법통일 과정의 일환에서 국제모델규정으로 성안된 「유럽민사법 공통참조기준안」(2009)(Draft Common Frame of Reference, 이하 'DCFR')과의 비교연구를 통해 민법에의 시사점을 모색하고자 하였다. DCFR 제7편은 부당이득(Unjustified enrichment)에 관한 것인데, 유럽연합 회원국을 대상으로 한 비교법 연구를 기반으로 그동안의 법발전의 성과를 반영하였을 뿐만 아니라, 여러 가지 점에서 혁신적인 점을 도입하고 있다는 점에서 주목할 가치가 있다. 특히 노무이득 반환과 선의수익자 보호의 두 가지 문제에 대하여 DCFR은 상세하고도 세분화된 규정을 두고 있어서 우리에게 많은 참고가 된다. DCFR은 노무이득 반환에 대

하여는 노무제공이 계약관계에서 이루어졌는지 여부를 1차적인 기준으로 나누고, 비계약관계에서의 노무제공의 경우에는 이득에 대한 수익자의 동의 여하에 따라 반환범위를 달리 처리하고 있다. 선의수익자 보호 문제에 있어서도 DCFR에서는 '선의' 개념의 통일적 적용 하에 다른 제도들과의 균형을 맞추고 있다는 점도 주목할 필요가 있다. 이러한 DCFR에서의 규율방법은 민법의 해석론에서뿐만 아니라 장차 있을 민법개정 과정에서 부당이득법 규정의 체계적 정비에 있어서 큰 도움이 될 것으로 보인다.

6. 제7장 <부당이득에 있어서 이득토출책임의 법리와 그 시사점>에서는 영미 부당이득법을 개관하면서 그중에서 특히 영미 부당이득법의 초석으로 평가되는 이득토출책임에 관하여 집중적으로 검토하였다. 이득토출책임은 위법행위를 억제하기 위하여 피해자의 손실 여부와 관계없이 이득자로 하여금 위법행위로 얻은 이익을 반환하게 하는 법리이다. 이득토출책임을 비롯한 영미 부당이득법은 이득반환의 범위를 획정함에 있어 손실자의 손실중심에서 수익자가 취득한 이득중심으로 사고를 전환할 것을 요구한다. 부당이득이 손해배상과 구별되는 독자성, 즉 손실전보 제도라기보다는 정당하지 못한 이득을 반환시키기 위한 제도라는 점에서 영미 부당이득법의 태도는 설득력이 있고 우리 부당이득법에 시사하는 바가 크다. 그 시사점을 요약하면 다음과 같다. 첫째, '손실한도 반환설'에 대한 재검토가 요청된다. 부당이득반환범위를 정함에 있어 손실자의 손실 한도를 일률적으로 적용하는 것은 비교법적 검토를 통해 상론하였듯이 이론적 근거가 약하다. 둘째, 이득토출책임의 도입 여부에 관하여 긍정적으로 검토할 필요가 있다. 우리 신탁법에 규정된 이득반환청구권, 상법에 규정된 이득양도청구권 등은 이득토출책임과 친화적인 규정으로 이득토출책임은 우리 법과 이질적이라기보다는 조화롭게 수용가능하다. 다만,

우리 법상 수익자로 하여금 그 이익의 객관적 가치를 넘어서서 받은 이익 전부를 반환시키기 위해서는 이론적 정당화가 필요한데, 위법행위에 대한 억제의 필요성, 고도의 권리보호 필요성을 근거로 이득토출책임을 정당화할 수 있다.

제 2 장

개정 프랑스민법전(채권법)상의 비채변제와 (협의의) 부당이득*

남 효 순

Ⅰ. 서 론

개정 프랑스민법전(채권법)은 제2권 제3편 '채권의 발생연원'(Titre Ⅲ: Les sources d'obligations)을 제1부속편 '계약'(Sous-titre Ier: Le contrat), 제2부속편 '계약외책임'(Sous-titre Ⅱ: La responsabilité ex-tracontra-ctuelle)과 제3부속편 '기타 채권의 발생연원'(Sous-titre Ⅲ: Autres sources d'obligations)으로 구분하고, '기타 발생연원'으로 제1장 '사무관리'(Chapitre Ier: Gestion d'affaires), 제2장 '비채변제'(Chapitre Ⅱ: Paiement de l'indu)와 제3장 '부당이득'(Chapitre Ⅲ: Enrichissement injustifié)을 규정하고 있다.[1)] 개정 프랑스민법전은 '기타 채권의 발생연원'을 일률적으로 준계약(제1300조 제1항)이라 부르고, 준계약으로 종전과 달리 종래 학설

---

* 이 논문은 서울대학교 법학발전재단 출연 법학연구소 기금의 2017년도 학술연구비 지원(공동연구)을 받았음.

1) 2016. 2. 10에 있었던 프랑스민법전(채권법)의 개정에 대하여 자세한 사항은, 남효순, "프랑스채권법의 개정과정과 계약의 통칙 및 당사자 사이의 효력에 관하여 - 제3권 제3편(채권의 법원), 제1부속편(계약)의 제1장(통칙) 및 제4장(계약의 효력)의 제1절(계약의 당사자 사이의 효력) -제1101조~제1111조-1 및 제1193조~제1198조-", 민사법학 제75호, 한국민사법학회(2016. 6), 97-166면 참조.

과 판례가 인정하여오던 부당이득을 명문의 규정으로 인정하고 있다(제1300조 제2항, 제1303조~제1303-4조).

제1300조에 의하면, "준계약이란 권리없이 그 행위로부터 이익을 얻은 자에게 의무를 발생시키고 또 때로는 그 행위자에게 타인에 대하여 의무를 발생시키는 순수히 자발적인 행위를 말한다." 이러한 준계약의 정의는 본조가 권리없이 받은 '이익'(avantage)이라는 요소를 드러냈다는 점에서 개정 전 제1371조[2]의 준계약에 대한 정의보다 보다 정확하고 적절하다고 한다.[3] 또 제1300조 전반부의 "권리없이 그 행위로부터 이익을 얻은 자에게 의무를 발생시키거나"는 비채변제와 부당이득을 규율하는 것이고, 제1300조 후반부의 "그 행위자에게 타인을 향한 의무를 발생시킨다."는 부분은 사무관리의 관리자에게 본인에 대한 의무(제1301-1조 제1항)를 규율하는 것이다.[4][5]

한편 제1300조가 준계약의 종류에 대한 열거규정인지 또는 예시규정인지가 문제이다. 준계약으로서 사무관리, 비채변제와 부당이득만을 인정할 것인지 아닐지가 문제이다. 이에 대하여는 공동재산제에서 부부 일방에게 발생하는 상환의무(제1433조~제1437조)도 준계약의

---

2) **Ancien Article 1371** Les quasi-contrats sont des <u>faits</u> purement volontaires de l'homme, dont il résulte un engagement quelconque envers un tiers, et quelquefois un engagement réciproque es deux parties(준계약이란 그로부터 제3자에 대하여 어떠한 의무가 발생하거나 또는 때에 따라서는 두 당사자간에 상호적으로 의무가 발생하는 인간의 순수한 자발적인 행위를 말한다).

3) C. R.-Brahinsky, *L'essentiel de la Réforme du droit des obligations*, Gualino, p. 125.

4) B. Mercadal, *Réforme du droit des contats*, Dossier Pratique, Francis Lefebvre, 2016, n° 904, p. 227.

5) 사무관리의 효과는 비채변제와 부당이득의 효과와는 다르다. 한편으로 관리자는 수임인의 모든 의무(선관주의에 의한 사무계속의무)를 부담하고(제1301조), 다른 한편으로 자신의 사무가 유익하게 관리되는 본인은 그의 이익을 위하여 관리자가 약정한 의무를 이행하여야 하고(제1301-2조 제1항), 관리인에게 본인의 이익을 위하여 지출한 비용과 관리로 인하여 입은 손해를 배상하여야 하고(제2항) 또 관리자가 미리 지출한 비용은 변제한 날로부터 이자를 더하여 배상하여야 한다(제3항).

한 예라고 보면서 제1300조는 예시규정이라고 하는 견해가 있다.[6] 판례도 광고도박을 조직한 자가 특정인에게 사실이 아님에도 불구하고 일정한 금액을 획득하였다고 알려주는 것을 준계약에 의율하였다.[7] 이하에서 비채변제(제2장)와 부당이득(제3장)을 살펴보기로 한다.

Ⅱ. 비채변제

1. 개정 전

개정 전 프랑스민법전은 비채변제에 대하여 제1235조, 제1376조부터 제1381조까지의 규정을 두고 있었다.[8] 우선 개정 전 제1235조는 변제에 관한 절(Section 1: Du paiement)에 속해있었지만, 실질적으로는 비채변제에 관한 규정으로 받아들여졌다. 판례가 "제1235조와 제1376조로부터 부당하게 변제된 것은 반환하여야 한다."고 판시하고 있는데,[9] 이는 개정 전 제1235조가 개정 전 비채변제에 관한 제1376조를 보완하는 규정임을 잘 드러내고 있다고 할 것이다.[10] 또 비채변제의 성립요건에 관한 개정 전 제1376조 내지 제1381조는 사무관리(제1372조 내지 제1375조)와 함께 제1장 준계약으로 규정되어 있었다.

2. 개정 후

개정 프랑스민법전은 개정 전과 달리 제2장에서 독립된 표제(Le paiement de l'indu)를 부여하고, 4개의 규정(제1302조 내지 제1302-3조)

---

6) C. R.-Brahinsky, *op. cit.*, p. 126.

7) Civ. 1re, 19 mars 2015, n° 13-27.414.

8) 개정 전의 비채변제의 법적 상황에 대하여 정태윤, "프랑스의 부당이득법", 재산법연구, 제29권 제2호(2012. 8), 69-78면 참조.

9) Ass, plén. 2. avr. 1993m, n° 89-15.490.

10) B. Mercadal, op. *cit.*, n° 913, p. 231.

을 두고 있다. 이들 규정의 내용은 개정 전과 큰 변함은 없지만, 비채변제에 관한 규율을 단순화하고 있다는 점에 특징이 있다.[11] 우선 제1302조는 개정 전 제1235조와 동일한 규정이다. 개정 전에 변제에 관한 절에 규정되어 있던 제1235조를 비채변제의 장으로 이동하여 규정하고 있는데, 이는 비채변제의 모두(冒頭)에 해당하는 규정이기 때문에 비채변제의 장으로 옮긴 것이었다.[12] 또 제1302조는 비채변제의 효과로서 répétition이라는 용어를 restitution이라는 용어로 변경하였다. répétition은 어원학적으로 반환을 요구하는 의미가 담겨져 있지만 restitution은 그렇지 않기 때문에 수익자의 의무를 규율하는 비채변제의 효과로서 적절한 용어라고 한다.[13] 또 '변제된'(payé)라는 용어도 '수령된'(reçu)이라는 용어로 변경하고 있는데, payé는 채무의 존재를 전제로 하는듯한 인상을 주지만, reçu는 그렇지 않기 때문이라고 한다.[14]

한편 제1302-1조와 제1302-2조는 비채변제의 성립요건을 규정하고 있는데, 제1302-1조는 개정 전 제1376조와 그리고 제1302-2조는 개정 전 제1377조와 대동소이한 규정이다.[15] 다만, 제1302-2조는 판례에 의하여 인정되었던 '강제에 의하여'(sous la contrainte) 변제하는 경우를 추가로 규정하고 있는 점이 다를 뿐이다. 마지막으로 제1302-3조는 비채변제의 효과인 반환에 대하여 규정하고 있는데, 제1항에서 반환관계는 제1352조 내지 제1352-9조에 따를 것을 규정하고 있다. 이들 규정은 제4편 제5장 반환(Titre Ⅳ: Régime général des

11) 개정 후에도 개정 전의 학설과 판례가 변함없이 적용되는 경우에는 종전 학설과 판례를 함께 언급하기로 한다.

12) O. Deshayes, Th. Genicon et Y.-M. Laithier, *Réforme du droit des contrats, du régime général et de la preuve des obligations*, LexisNexis, 2016, p. 545.

13) B. Mercadal, *op. cit.*,n° 913, p. 231.

14) B. Mercadal, *ibid.*

15) 제1302-1조는 개정 전 제1376조에서 반환의무가 있다는 용어로서 s'oblige à le restituer를 doit le restituer로 변경하고 있을 뿐이다.

obligations, Chapitre V : Les restitution)에 해당하는 부분이다.16) 개정 프랑스민법전은 제5장에서 계약의 무효(제1178조 제2항), 실효(제1187조 제2항), 해제(제1229조 제3항)의 효과에 관한 규정을 한 곳으로 모아 비채변제(제1302-3조 제1항)와 함께 반환관계로서 규율하고 있다. 개정 전 비채변제의 효과를 규율하던 제1378조 내지 제1381조가 여기에 수용되었다.

(1) 비채변제의 성립요건

프랑스민법전 개정 후에도 개정 전과 마찬가지로 비채변제의 성립요건으로 변제, 채무의 부존재(자연채무의 존재)와 변제자의 착오(상대적 비채변제)임에는 변함이 없다.17) 이들은 제1302조 내지 제1302-3조에 규정되어 있다. 이 중 중요한 의미를 갖는 것은 채무의 부존재(자연채무의 존재)와 변제자의 착오에 대하여 살펴본다.

1) 법적 채무의 부존재 또는 자연채무의 존재

제1302조 제1항에 의하면, "모든 변제는 채무를 전제로 한다. 의무 없이 수령된 것은 반환되어야 한다." 그러나 동조 제2항에 의하면, "임의로 변제한 자연채무에 대하여는 반환이 인정되지 않는다." 자연채무는 법적 채무가 아니지만 예외적으로 변제하더라도 반환이 인정되지 않는 것이다. 전술한 바와 같이, 제1302조는 개정 전 제1235조와 동일한 규정이다.

---

16) 제4편: 채권의 일반체계(Titre Ⅳ : Régime général des obligations)는 채권에 관한 일반적 규율을 규정하고 있는데, 이는 우리 민법의 채권총론에 해당한다고 볼 수 있다.

17) B. Fages, *Droit des obligations*, 5e éd., LGDJ, 2015, nos 457-62, pp. 371-4; M. Fabre-Magnan, *Droit des obigations, 2 - Responsabilité civile et quasi- contgrats*, 3e éd., Thémis droit, Puf, 2007, pp. 488-94; M. Poumarède, *Droit des obligations*, 2e éd., Montchrestien, 2012, n° 1215, p. 519.

① 법적 채무의 부존재

비채변제는 변제자(solvens 또는 payeur)와 수령자(accipens 또는 payé) 사이에 채무가 존재하지 않는 경우에 성립한다. 달리 말하면, 변제자가 수령자의 채무자가 아님에도 불구하고 변제가 이루어진 경우를 말한다. 채무의 부존재는 세 가지로 구분된다. 첫째, 변제자가 객관적으로 채무가 존재하지 않음에도 불구하고 변제를 하는 경우이다. 변제자는 채무자가 아니고 또 수령자는 채권자가 아니다. 이를 '객관적 비채변제'(indu objectif) 또는 '절대적 비채변제'(indu absolu)라고 한다.[18] 예를 들면, 채무자가 변제를 하여 채무가 소멸하였으나 이를 모른 그의 상속인이 영수증이 없는 것을 보고 다시 변제하는 경우이다. 둘째, 채무자가 채권자 이외의 자에게 변제를 하는 경우이다. 이 경우 채무는 존재하지만, 변제자와 수령자 사이에는 채무가 존재하지 않는다. 이를 '주관적 비채변제'(indu subjectif) 또는 '상대적 비채변제'(indu relatif)라고 한다.[19] 더 자세히는 이를 주관적 비채변제의 다른 경우(셋째)와 구분하여 '능동적'(actif) 상대적 비채변제라고 부른다. 예를 들면, 채무자가 사망한 채권자의 상속인 이외의 자를 상속인으로 착각하여 변제하는 경우가 이에 해당한다. 셋째, 채무자가 아닌 자가 채권자에게 변제를 하는 경우이다. 이른바 타인채무의 변제다. 이 경우 채무는 존재하지만, 변제자와 수령자 사이에는 채무가 존재하지 않아 역시 주관적 비채변제 또는 상대적 비채변제에 해당한

18) Ph. Delebecque et F.-J. Pansier, *Droit des obligations, Contrat et quasi-contrat*, 5e éd., LexisNexis, 2010, n° 587, p. 347; M. Fabre-Magnan, *op. cit.*, p. 489; J. Flour, J.-L. Aubert et E. Savaux, *Droit civil, Les obligations, 2. Le fait juridique*, 14e 2 éd., Sirey, 2011, n° 21, p. 22; M. Poumarède, *op. cit.*, n° 1215, p. 519; A. Bénabent, *Droit des obligation*, 15e éd, LGDJ, 2016, n° 460, p. 353.

19) A. Bénabent, *op. cit.*, n° 460, p. 353; F. Chénedé, *op. cit.*, n° 33.31, p. 224; Ph. Delebecque et F.-J. Pansier, *op. cit.*, n° 586, p. 347l; M. Fabre-Magnan, *op. cit.*, p. 490; J. Flour, J.-L. Aubert et E. Savaux, *op. cit.*, n° 21, p. 23; M. Poumarède, *op. cit.*, n° 1215, p. 519.

다. 둘째의 경우와 구분하여 이를 '수동적'(passif) 상대적 비채변제라고 한다.[20] 예를 들면, 변제자가 사망한 채무자의 상속인이라고 착각하여 채권자에게 변제하는 경우이다.

객관적 비채변제의 한 모습으로서 변제가 있은 후 나중에 계약이 무효 또는 해제가 되어 소급적으로 비채변제가 성립하는 경우가 있다.[21] 무효 또는 해제가 되면 채무는 변제 당시에는 존재하였지만 나중에 소급하여 존재하지 않게 된다. 이 경우에는 채무가 존재하지 않게 되기 전에 변제가 이루어졌기 때문에 절대적 비채변제에 해당하지 않는다. 따라서 이 경우는 무효 또는 해제의 효과로서 다루게 된다.[22] 그러나 무효가 되어 채무가 존재하지 않게 된 후에 변제를 하는 경우에는 절대적 비채변제의 요건이 충족된다. 우선 무효 등의 사실을 모르고 변제를 하는 경우에는 당연히 비채변제가 성립하고 반환이 인정된다.[23] 절대적 착오이기 때문에 변제자의 착오는 문제가 되지 않는다.[24] 그러나 변제자가 무효나 해제가 된 사실을 알면서도 변제하는 경우에는 반환이 인정되지 않는데, 그것은 묵시적 승인이 인정되어 무효 또는 해제가 인정되지 않기 때문이다.[25] 이 경우 수령자가 채무

---

20) A. Bénabent, *op. cit.*, n° 460, p. 353; F. Chénedé, *op. cit.*, n° 33.31, p. 224; Ph. Delebecque et F.-J. Pansier, *op. cit.*, n° 586, p. 347; M. Fabre-Magnan, *op. cit.*, p. 490; J. Flour, J.-L. Aubert et E. Savaux, *op. cit.*, n° 21, p. 23; M. Poumarède, *op. cit.*, n° 1215, p. 519.

21) 해제의 자세한 사항에 대하여는, 김현진, "개정 프랑스채권법상 계약의 해제 · 해지 - 나뽈레옹민법과 개정 프랑스민법의 비교를 겸하여 -", 민사법학 제75호, 한국민사법학회(2016) 참조.

22) Ph. Malaurie, L. Aynès et Ph. Stoffel-Munck, *op. cit.*, n° 1042, p. 571.; Ph. Malinvaud et D. Fenouillet, Droit des obligations, 12e éd., LexisNexis, 2012, n° 780, p. 604.

23) J. Flour, J.-L. Aubert et E. Savaux, *Droit civil, Les obligations, 2. Le fait juridique*, 14e 2 éd., Sirey, 2011, n° 23, p. 27.

24) Ph. Malaurie, L. Aynès et Ph. Stoffel-Munck, *op. cit.*, n° 1042, p. 571.

25) J. Flour, J.-L. Aubert et E. Savaux, *op. cit.*, n° 24, p. 28

자에게 묵시적 승인이 있었음을 입증하여야 한다.

② 자연채무의 존재

자연채무가 무엇을 의미하는지에 대하여는 견해가 대립하고 있다. 다수설은 도의적 채무를 자연채무로 보는데, 제1100조 제2항에 규정된 '도의적 채무'(devoir de conscience)가 바로 자연적 채무에 해당한다고 본다.[26] 도의적 채무는 법적 채무가 아니어서 채무자에게는 이를 변제할 법적 의무가 없으므로, 변제를 한 경우에는 비채변제로서 반환이 인정되어야 한다고 볼 수 있을지도 모른다. 그러나 제1302조 제2항은 개정 전 제1235조(제2항)와 마찬가지로 반환을 인정하지 않는다.

제1302조 제2항이 갖는 의미는 채권의 발생연원에 관한 제1100조 제2항과도 관련이 있다. 제1100조 제2항은 "채권은 타인에 대한 도의적 의무의 자발적 이행에 의하여 발생한다."고 규정하고 있다.[27] 따라서 한편으로 도의적 채무를 자발적으로 이행하면 법적 채권이 발생하는 계기가 됨과 동시에(제1100조 제2항) 다른 한편으로 그 효과로서 반환을 인정하지 않는 것이다(제1302조 제2항).

변제가 임의로(volontairement) 행하여졌다는 것은 무엇을 말하는 것인가? 임의성이란 도의적 채무임을 알면서도 변제를 한다는 것인지 혹은 강제성이 없이 자유롭게(librement) 이행이 되어야만 임의성을 인정할 수 있다는 것인지가 문제이다. 전자의 경우에는 채무의 부존재에 대한 인식이 필요하지만, 후자의 경우에는 그러하지 않다. 종전

26) Ph. Delebecque et F.-J. Pansier, *op. cit.*, n° 588, p. 347.

27) 제1100조 제2항은 도의적 채무의 자발적 이행 외에도 도의적 채무의 이행의 약속도 채권의 발생원인으로 규정하고 있다. 그런데 엄밀히 말하면, 도의적 채무에 대한 자발적 이행이든 이행의 약속만으로는 반환이 인정되지 않는다고 규정하는 것이 더 논리적이라는 비판이 있다. 그러나 제1100조 제2항은 이 두 가지 사유를 채권발생의 계기로서 규정하고 있다는 점이 특이하다고 할 것이다. 이는 종래 인정되어 오던 판례(Civ. 14. janv. 1952, *D*. 1952. 177)를 수용한 것이다.

판례는 혹은 채무 없음을 알고 변제하는 인식이 있어야 임의성이 인정된다고 하는 경우도 있었고,[28] 반대로 채무가 시효가 완성된 사실을 모른 경우에도 임의성이 인정된다고 하는 경우도 있다.[29] 요컨대 임의성이란 원칙적으로 채무자에게 채무 없음을 알면서도 변제한다는 인식이 있어야 하는 것을 말하지만, 예외적으로 시효가 완성된 채무의 경우에는 이러한 인식이 없더라도 강제성만 없으면 임의성이 인정된다고 보아야 할 것이다.[30]

2) 절대적 비채변제(indu objectif)와 변제자의 착오의 불요

절대적 비채변제는 변제자와 수령자 모두에 대한 관계에서 비채변제이다.[31] 절대적 비채변제는 변제자와 수령자 두 당사자 사이에서 문제된다. 예를 들면, 절대적 비채변제는 '의료보험 및 가족수당기관'(Caisse d'assurance maladie et d'allocations familiales)이 권리자가 아닌 자에게 변제하거나 또는 보험회사가 보험증권의 적용을 받을 수 없는 자에게 변제를 하는 경우에 존재한다. 절대적 비채변제는 제1302-1조에 의하여 규율되고 있다.[32] 즉, 착오로 또는 알면서 자신에게 지급되지 않아야 할 것을 부당하게 수령한 자는 이를 지급한 자에게 반환하여야 한다. 본조에 의하면, 수령자는 착오가 있더라도 반환하여야 한다. 착오가 없는 경우는 물론이거니와 착오가 있더라도 반환하여야 한다. 이러한 이유에서 절대적 비채변제의 경우 수령자의 착오는 요건이 아니다.[33]

---

28) Civ. 1re, 12 juill, 1994, n° 92-13, *Bull. civ.* Ⅰ, n° 253.
29) Com. 1re juin 2010, n° 09-14.353, *Bull. civ.* Ⅳ, n° 102.
30) F. Chénedé, *Le nouveau droit des obligations et des contrats; Consolidations-Innovations-Perspectives*, Dalloz, 2016, n° 33.21, p. 224.
31) G. Chantepie et M. Laina, *op. cit.*, n° 733, p. 634.
32) G. Chantepie et M. Laina, *La réforme du droit des obligations*, Dalloz, 2016, n° 733, p. 634; O. Deshayes, Th. Genicon et Y.-M. Laithier, *op. cit.*, p. 546;
33) G. Chantepie et M. Laina, *op. cit.*, n° 735, p. 634.

한편 제1302-1조는 변제자의 착오에 대하여는 아무런 언급이 없다. 절대적 비채변제의 경우 변제자에게는 착오가 존재하거나 또는 존재하지 않을 수도 있다. 그리고 후자의 경우에는 증여의 의사로 변제하였거나 또는 강제에 의하여 변제를 하였을 수가 있다. 우선 변제자가 착오가 있었거나 착오는 없었으나 강제가 있었던 경우에는 반환을 청구할 수 있는 것은 당연하다. 그러나 변제자에게 착오가 없었을 경우에는 반환이 인정되는지가 문제이다. 착오가 없었다면 증여의 의사를 추정할 수 있는바, 이 경우에는 수령자에게 반환을 청구할 수 없게 된다. 따라서 변제자에게 착오가 없으면 증여의 의사가 의제되는지 아니면 증여의사는 추정되지 않기 때문에 수령자가 변제자의 증여의사를 증명하여야 하는지가 문제되는 것이다.

종래 통설은 절대적 비채변제의 경우에도 상대적 비채변제와 마찬가지로 변제자가 착오에 기하여 변제를 하여야 반환이 인정된다고 하였다.[34] 종전 판례의 태도는 혼선이 있었다. 판례는 절대적 비채변제의 경우에도 상대적 비채변제와 마찬가지로 변제자의 착오를 비채변제의 요건이라고 보았다.[35] 그런데 절대적 비채변제의 경우, 금융기관 또는 사회보장기관과 개인의 관계에서 변제자는 채무가 없음에도 불구하고 변제를 하는 경우가 과거보다 더 많아졌다. 일부 학설은 변제자의 착오를 절대적 비채변제의 요건으로 요구하는 것은 부당하다고 주장하였다.[36] 이러한 소수설을 따르는 판례도 나왔다.[37] 그 후

34) H. Capitant, F. Terré et Y. Lequette, *op. cit.*, p. 545; M. Fabre-Magnan, *op. cit.*, p. 491.

35) Req. 11. mars 1885. *DP*. 85, 1. 417; Civ. 1re 14, fevr. 1955, *Bull. civ.* I, n° 69, p. 65.

36) Defrénois-Souleau, *La répétition de l'indu objectif. Pour une application sans erreur de l'article 1376 du Code civil*, *RTD civ.* 1989. 243 par M. Poumarède, *op. cit.*, n° 1223, p. 522.

37) Civ. 1re, 17 juill. 1984. *Bull. civ.* I, n° 235; Civ. 1re, 11 avr. 1995. *JCP*. 1995, II, 22485.

소수설을 수용하여, 1993. 4. 2. 파기원은 전원합의체 판결로 절대적 비채변제의 경우에는 변제자는 채무의 부존재라는 요건 이외에는 "어떠한 다른 증거도 부담하지 않는다."고 판시하였다.38) 이 판결이 나온 후 학자들 중에는 여전히 파기원의 전원합의체 판결이 변제자의 착오가 요건이 아니라고 하는 것은 아니라는 의문을 제기하는 견해도 있었다.39) 그러나 파기원의 전원합의체 판결 후 민사부와 상사부의 판결을 통하여 변제자의 착오는 더 이상 반환의 요건이 되지 않는다고 거듭 판시하고 있다.40) 이러한 이유에서 제1302-1조는 변제자의 착오를 요구하지 않는 것이다. 따라서 변제자의 착오는 더 이상 반환의 요건은 아니지만, 수령자가 반환을 당하지 않기 위해서는 변제자에게 증여의 의사가 있었음과 또 증여의 의사에는 강제와 같은 흠이 없다는 것을 증명하여야 하는 것이 된다.41) 다음에서 전술한 파기원의 전원합의체 판결을 살펴본다.

[파기원 전원합의체 1993. 4. 2. 판결]
[사실관계와 상고이유]
인원을 감축하여야 하는 경제적 상황으로 인하여 해고를 할 수밖에 없는 Jeumont-Schneider회사는 1985년 회기 중에 자발적으로 회사를 이직하는 근로자들에게 법정퇴직금에 추가로 명예퇴직금(prime de départ volontaire)을 줄 것을 제안하였다. 일부 근로자들은 회사의 제안을 수용하여 회사를 이직하면서 명예퇴직금으로 28,820,031F을 수령하였다. 그리고 Jeumont-Schneider회사는

38) Civ. Ass. plén., 2. avril, 1993, n° 89-15.490, *Bull. ass. plén.*, n° 9.
39) A. Sériaux, *Beaucoup de bruit pour rien, brèves remarques sur un arrêt récent de l'Assemblée plénière de la Cour de cassattion*, D. 1993. chr. 229, par M. Poumarède, *op. cit.*, n° 1223, p. 522.
40) Com. 22 juin 1993, D. 1993; Civ. 1re 11 avr. 1995, *JCP* 1995. Ⅱ. 22485.
41) A. Bénabent, *Droit des obligation*, LGDJ, n° 462, p. 354; H. Capitant, F. Terré et Y. Lequette, *op. cit.*, p. 551; Ph. Delebecque et F.-J. Pansier, *op. cit.*, n° 589, p. 348,

URSSAF(Union pour le recouvrement des cotisations de Sécurité Sociale et d'allocations familiales 사회보장 및 가족수당 부담금 징수 조합)에 사회보장분담금으로 4,789,612F를 자발적으로 지불하였다.
1985. 11. 27. 파기원의 사회부의 판결은 사회보장분담금에서 명예퇴직금을 명시적으로 제외하였다. 이를 알게 된 Jeumont-Schneider회사는 URSSAF에 대하여 분담금으로 지급한 금액의 반환을 요구하였다. 1심법원은 Jeumont-Schneider회사의 청구를 기각하였고, Duai원심판결은 명예퇴직금을 지급한 Jeumont-Schneider회사가 퇴직금의 분담금으로 지불한 4,789,612F을 반환하라는 청구를 인용하였다.

[판 결]

"제1점(moyen)을 살펴본다.
URSSAF은 법정퇴직금을 초과하여 지급된 명예퇴직금이 사회보장분담금에서 제외하는 것은 1985. 11. 27.의 판결에 의하여 확인된 것이어서, 피상고인의 청구가 변제 후에 발생한 판례의 변경에 근거를 둔 것으로서 타당하지 않다고 주장하였다. 이로써 원심법원은 사회보장법전 제L.242-1조에 위배된다고 주장하고 있다.
그러나 제1235조와 제1376조에 의하면 부당하게 변제된 것은 반환되어야 한다. 자발적으로 회사를 퇴직하는 근로자에게 사용자가 지급한 명예퇴직금은 근로계약의 종료에 의하여 근로자에게 발생한 손해를 보상하는 성격을 갖는 것으로 사회보장분담금에 포함될 수 없다. 쟁송중인 분담금은 의무가 없는 것으로 Jeumont-Schneider회사는 '어떠한 다른 증거도 부담하지 않고', 분담금을 반환받을 권리가 있다. 이러한 권리에 근거를 둔 이유로 원심판결은 정당하다."[42]

3) 상대적 비채변제와 변제자의 착오의 유무

상대적 비채변제는 능동적 비채변제냐 아니면 수동적 비채변제냐에 따라 적용되는 규정과 변제자의 착오가 요구되는지의 여부가 다르다. 전자는 제1302-1조에 의하여, 후자는 제1302-2조에 의하여 규율된다.

---

42) Civ. Ass. plén., 2. avril, 1993, par H. Capitant, F. Terré et Y. Lequette, *op. cit.*, p. 544.

① 채권자가 아닌 자에 대한 채무자의 변제(능동적 상대적 비채변제)

제1302-1조와 제1302-2조를 종합해보면, 후자는 타인채무의 비채변제를 명시적으로 규율하고 있으므로, 채무자가 채권자 이외의 자에게 변제를 하는 경우는 제1302-1조의 규율을 받을 수밖에 없다.[43] 즉, 이 경우에도 수령자는 채권자가 아니고 또 착오 또는 고의로 자신에 대하여 채무가 없는 것을 수령한 자에 해당하기 때문에 그가 부당하게 수령을 받은 상대방에게 반환하여야 한다.

한편 능동적 상대적 비채변제의 경우 변제자의 착오가 요구되는지가 문제이다. 종전부터 이에 대한 판례는 없었다.[44] 학설은 변제자의 착오는 필요 없고 오로지 수동적 상대적 비채변제의 경우에만 요구된다는 견해만 제시되었다.[45] 프랑스민법전의 개정 후에도 요구되지 않는다고 한다.[46] 다시 말하면, 능동적 상대적 비채변제의 경우에도 1993. 4. 2.자 파기원의 판결을 적용하는 것이다. 다만, 변제자인 채무자에게 착오가 없었다면 채무자에게는 증여의 의사가 있다고 볼 수도 있다. 따라서 수령자가 반환을 당하지 않기 위해서는 변제자에게 증여의 의사가 있었음과 또 증여의 의사가 강제와 같은 흠이 없다는 것을 증명하여야 하는 것은 후술하는 절대적 비채변제의 경우와 마찬가지이다.

② 타인채무의 변제(수동적 상대적 비채변제)

제1302-2조는 타인채무의 변제의 경우의 반환관계를 규정하고 있다.[47] 본조는 변제자의 착오와 강제에 의한 변제를 요구하고 있다.

---

43) G. Chantepie et M. Laina, *op. cit.*, n° 734, p. 634; O. Deshayes, Th. Genicon et Y.-M. Laithier, *op. cit.*, p. 546.

44) B. Fages, *op. cit.*, n° 459, p. 372-3; M. Poumarède, *op. cit.*, n° 1223, p. 522.

45) J. Flour, J.-L. Aubert et E. Savaux, *op. cit.*, n° 22, p. 27; Jurisclasseur, n° 33, pp. 6-7.

46) G. Chantepie et M. Laina, *op. cit.*, n° 737, p. 635.

47) G. Chantepie et M. Laina, n° 736, p. 636; O. Deshayes, Th. Genicon et Y.-M.

본조는 변제자와 채무자 사이에 개정 전 제1377조와 달리 중대한 변화를 가져왔다. 이 경우 반환관계는 변제자와 채권자 사이와 변제자와 채무자 사이가 문제될 수 있다.

ⓐ **채권자에 대한 반환소권: 변제자의 착오**

우선 변제자와 채권자 사이의 관계를 검토한다. 제1302조 제1항(1문)에 의하면, 착오 또는 강제에 의하여 타인의 채무를 변제한 자는 채권자에 대하여 반환의 소를 제기할 수 있다고 한다. 우선 착오가 없는 변제자에게는 반환권이 인정되지 않는다. 착오가 없는 변제자에게는 채무자의 사무를 관리하는 의사가 있을 수 있거나 또는 또 진정한 채무자에 대한 증여의 의사로써 채권자에게 변제하였을 수도 있으므로, 이러한 경우 변제자는 수령자에게 반환을 청구할 수 없는 것은 자명하다고 할 것이다.[48] 따라서 변제자는 자신에게 착오가 있었음을 증명하여야 한다.

변제자에게 착오가 없어 자신이 채무자가 아닌 것은 알지만 강제(contrainte)에 의하여 변제를 할 수밖에 없는 경우에도 제1302-2조 제1항(제1문)은 변제자에게 채권자에 대한 반환청구권을 인정한다. 이는 개정 전 제1377조에는 없던 규정으로, 판례를 수용한 것이다.[49] 이 경우 강제란 강박(violence)과는 다른 개념이다. 강제에 의하여 변제를 한다는 것은 변제자가 강박의 상태에는 이르지는 않았지만 변제를 하지 않을 수 없는 일체의 압력(pression)을 받는 것을 의미한다.[50] 이 경우 변제자에게 과책이 있었던 경우에도 반환이 인정된다. 다만,

---

Laithier, *op. cit.*, p. 547.

48) J. Flour, J.-L. Aubert et E. Savaux, *op. cit.*, n° 26, pp. 29-30; H. Capitant, F. Terré et Y. Lequette, *Les grands arrêts de la jurisprudence civile*, T. 2, *Obligations, Contrats spéciaux, Sûretés*, 12e éd, Dalloz, p. 546.

49) Com. 5 mai 2004, n° 02-18.066, *Bull. civ.* Ⅳ, n° 85.

50) B. Mercadal, *op. cit.*, n° 915, p. 231; G. Chantepie et M. Laina, *op. cit.*, n° 737, p. 637.

후술하는 바와 같이 제1302-3조 제2항에 의하여 법관은 변제자의 과책을 참작하여 반환의 범위를 경감할 수 있다.

한편 제1302조 제1항(2문)에 의하면, 채권자가 변제를 받은 후 증서를 훼멸한 경우에는 변제자의 채권자에 대한 반환소권을 인정하지 않는다. 이 점은 개정 전 제1377조도 마찬가지이다. 제1302-2조 제1항(2문)은 더 나아가 개정 전 제1377조와 달리 채권자가 변제를 받은 후 채권에 대한 담보를 포기한 경우에도 채권자에 대한 반환소권을 인정하지 않고 있다.

ⓑ 채무자에 대한 반환소권

다음으로 변제자와 채무자 사이의 관계를 검토한다. 제1302-2조 제2항에 의하면, 변제자는 착오로 인하여 채무 소멸의 혜택을 입은 채무자에게도 반환을 청구할 수 있다. 그런데 변제자가 채무자에게도 청구할 수 있는 것이 제1302-2조 제1항 제2문에 의하여 채권자에 대한 반환소권을 상실한 경우에 한하는지 아니면 제1문에 채권자에게 반환소권이 인정되는 경우에도 인정되는지가 문제이다. 후자의 경우에는 결국 변제자에게 채권자 또는 채무자에 대한 반환소권의 선택적 행사가 가능하게 된다. 개정 전 제1377조는 채권자가 증서를 훼멸한 경우에만 한정하였다.[51] 본항의 취지는 변제자, 채권자와 채무자 사이에 소권이 번거롭게 순차적으로 제기되는 것을 방지하기 위하여 변제자에게 채무자에게 직접 반환의 소를 인정하는 것이기 때문에 변제자가 채권자에게 반환의 소를 제기할 수 있는 경우에도 선택권을 부여한 것이라고 보아야 한다는 데에 개정의 취지가 있다고 한다.[52]

---

51) **Ancien Article al. 2e** Néanmoins, ce droit cesse dans le cas où le créancier a supprimé son titre par suite du paiement, sauf le recours de celui qui a payé contre le véritable débiteur(② 그러나 채권자가 변제 후 증서를 훼멸한 경우에는 변제자는 전항의 권리가 종료되며, 변제자는 진정한 채무자에 대하여 구상할 수 있다).

52) G. Chantepie et M. Laina, *op. cit.*, n° 739, p. 639; O. Deshayes, Th. Genicon

채권자가 증서의 훼멸과 담보의 포기를 증명하는 문제가 남는다. 우선 담보의 포기의 경우는 채권자는 저당권등기의 말소, 등록질의 등록말소와 점유질의 질물의 포기에 의하여 쉽게 증명할 수 있다. 그러나 증서의 훼멸의 경우는 다르다고 할 것이다. 판례는 증서를 훼멸하지 않았다는 채권자의 진술이 있으면, 채무자가 변제가 있기 전에 훼멸하였다는 것 또는 증서는 작성되지 않았다는 것을 입증하여야 한다고 한다.[53]

ⓒ 채무자에 대한 반환소권의 성격

변제자는 채무자에게는 변제를 한 적이 없기 때문에 논리적으로 그에게 반환을 청구할 수 없다. 개정 전 제1377조(제2항)는 변제자는 진정한 채무자에 대한 구상권(recours)의 행사를 허용하였다. 이 구상권의 근거가 무엇인지가 문제였다. 종전 판례는 "누구도 타인의 이익을 침해하여 부당한 이득을 누릴 수 없다."고 하여 부당이득반환을 근거로 보거나,[54] 비채변제를 근거로 보거나,[55] 또는 사무관리를 근거로 보았다.[56] 이론상으로는 변제자는 채무자에게는 변제를 한 적이 없기 때문 비채변제를 근거로 보기에는 곤란하고, 변제자에게 착오가 있었으므로 타인사무의 관리의 의사도 인정할 수 없으므로 사무관리를 근거로 볼 수도 없다. 따라서 부당이득반환에서 근거를 찾는 것이 논리적이었다고 볼 수 있다. 한편 어느 근거에 따르느냐에 따라 반환의 범위가 달라진다. 예를 들면, 부당이득반환에서 근거를 찾는 경우에는 반환에 이중제한을 인정하였기 때문에 반환의 범위는 변제자에게 불리하였다.

제1302-2조 제2항은 채무자에 대한 청구를 '반환'이라고 명시적

---

et Y.-M. Laithier, *op. cit.*, p. 547.

53) Civ. 1re, 22 juin 1994, n° 92-18,303 *Bull. civ.* I, n° 221.

54) Civ. 1re, 4 avril 2001, n° 98-13,285 *Bull. civ.* I, n° 105.

55) Civ. 1re, 9 mars 2004, n° 01-16,269 *Bull. civ.* I, n° 81.

56) Civ. 1re, 12 janv. 2012, n° 10-24,512 *Bull. civ.* I, n° 4.

으로 규정하여 채무자에 대한 반환소권을 비채변제의 소를 인정하고 있다.[57] 그러나 이러한 입법에도 불구하고 변제자가 채무자에 대하여 변제한 적이 없으므로 비채변제라고 볼 수 없다는 견해가 여전히 존재한다.[58] 오히려 반환의 범위에 이중의 제한을 두는 부당이득이 더 타당하다는 견해도 있다.[59] 생각건대 변제자의 편의를 위하여 변제자에게 진정한 채무자에 대하여 단축하여(circuit court) 직접적으로 비채변제의 소를 인정한 것으로 보아야 할 것이다.[60]

ⓓ 착오 또는 강제에 의한 변제

제1302-2조 제2항은 변제자가 채권자에게 반환소권을 행사할 수 없는 모든 경우를 망라하여 규정하고 있지 못하다. 제1302-2조 제2항은 "착오"로 인하여 채무가 소멸하는 경우만을 규정하고 있어, 변제자가 "강제"로 채권자에게 변제를 한 경우에 소멸하게 된 채무자에 대하여 반환을 청구할 수 있는지에 대하여는 언급이 없다. 이는 입법의 불비라고 할 것이다.

(2) 비채변제의 효과

종전 판례에 의하면 비채변제가 절대적 비채변제인지 상대적 비채변제인지, 변제자의 과책의 중대한 것인지 아닌지, 발생한 손해가 통상적인 것이 아닌지 또는 수령자가 선의인지 악의인지에 따라 반환의 범위를 달리 정하여 반환의 범위가 통일적이지 못하였다.[61] 예를 들면, 변제자에게 과책이 있는 경우 절대적 비채변제는 변제자에게 과책이 있더라도 수령자에게 반환책임은 발생하는 상태에서 변제자도

57) A. Bénabent, *Droit des obligation*, LGDJ, n° 469, p. 359.

58) A. Tadros, "Article 1302: paiement de l'indu", *RDC* 2015. 794.

59) F. Chénedé, *op. cit.*, n° 33.52, p. 227.

60) G. Chantepie et M. Laina, *op. cit.*, n° 739, p. 639.

61) Ph. Delebecque et F.-J. Pansier, *op. cit.*, n° 591, p. 349; B. Fages, *op. cit.*, n° 459, p. 375; Ph. Malaurie, L. Aynès et Ph. Stoffel-Munck, *op. cit.*, n° 1047, p. 573; M. Poumarède, *op. cit.*, n°s 1232-33, p. 525.

수령자에게 손해배상책임을 져야하며,[62] 반대로 상대적 비채변제의 경우에는 수령자에게는 반환책임 자체가 발생하지 않았다. 이 경우 수령자는 손해를 공제하고 반환의무를 부담하였다.[63] 또 선의의 수령자는 청구를 받은 날로부터 이자를 반환하여야 하나,[64] 악의인 수령자는 변제일 이후 모든 이자와 수익을 반환하여야 하였다.[65] 그러나 제1302-3조 제1항은 비채변제의 경우 반환은 제1352조 내지 제1352-9조의 반환관계에 따르도록 하고 있다.[66] 한편 비채변제에서도 반환에 관한 특별규정(제1302조 제2항)을 두고 있다. 이하 반환의 일반관계와 특별규정에 대하여 살펴본다.

1) 반환의 일반관계

개정 프랑스민법전은 계약이 무효(제1178조 제2항), 실효(제1187조 제2항), 해제(제1229조 제3항), 비채변제(제1302-3조 제1항)의 효과를 반환으로서 규정하고 있다.[67] 개정 전에는 반환관계에 관한 규정은 무효, 실효, 해제, 비채변제에 관한 부분에 흩어져 있었다. 그러나 이것만으로는 반환관계 일반을 규율하기에는 불충분하였기 때문에 흠결이 있는 부분은 판례에 의하여 보충되었다.[68] 개정 프랑스민법전은 판례와 위의 규정들을 종합하여 일률적으로 반환관계를 규율하게 된 것이

---

62) Civ. 1re, 18 mai 1994, n° 91-21.332; Civ. 3e, 24 juin 2009, n° 08-12251. B. Fages, *Droit des obligations*, 5e éd., LGDJ, 2015, n° 460, p. 373.

63) Civ. 1re, 17 fév. 2010, n° 08-19.789.

64) Civ. 1re, 25 mars 2005, n° 01-11762, *Bull. civ.* I, n° 152.

65) Civ. 1re, 28 juin 2001, n° 99-17926, *Bull. civ.* V, n° 238.

66) 개정 프랑스민법전의 반환관계에 대하여는, 이은희, "개정 프랑스민법전상 급부반환", 법학연구 제28권 제1호, 충북대학교 법학연구소(2017), 35-75면을 참조,

67) 반환관계는 불기재의 간주(réputé non écrit)(제1170조, 제1345-5조 제4항)의 경우에도 발생한다. 이에 대하여는 아무런 규정이 존재하지 않지만, 역시 반환의 법률관계가 적용되어야 한다고 한다(F. Chénedé, op. cit., n° 45.01, p. 352; B. Mercadal, Réforme du droit des contats, Dossier Pratique, Francis Lefebvre, 2016, n° 1227, p. 325).

68) C. Renault-Brahinsky, *op. cit.*, p. 175,

다. 반환의 법률관계에 관한 규율은 프랑스민법전의 중요한 개혁에 해당한다.[69] 반환관계는 수령자가 반환의 대상이 물건, 금전 또는 용역이냐에 따라 규율을 달리한다.

① 물건의 반환

물건의 반환은 개정 전과 비교하여 다음과 같은 특징이 있다. 개정 전 제1381조는 유익비도 보존을 위하여 필요한 경우에만 반환이 인정되었다. 그러나 제1352-5조는 가치증가분을 한도로 보존과 관련이 없는 유익비도 반환을 인정하고 있다. 다만, 유익비는 반환일을 기준으로 산정한 가치증가의 한도내에서 반환된다.

원물반환 또는 가액반환: 제1352조는 수령자는 원물이 있으면 이를 반환하여야 하는 '원물반환의 원칙'(principe de la restituiton en nature)을 규정하고 있다. 한편 제1352조는 원물반환이 불가능한 경우에는 예외적으로 가액반환을 인정하고 있다. 가액반환은 반환일을 기준으로 산정된 가액으로 하여야 한다(제1352조).

원물반환의 불능은 물리적 불능이든 법률적 불능이든 불문한다. 프랑스민법전은 법률적 불능의 한 예로서 수령자가 원물을 매각한 경우에 대하여 제1352-2조의 특별규정을 두고 있다. 그 결과 원물을 매각한 경우의 가액반환은 다음과 같이 이루어진다. 첫째, 제1352-2조 제1항에 의하면, 선의로 물건을 수령하여 그 물건을 매각한 자는 매각대금을 반환하면 된다. 매각대금이 물건의 가액을 상회하든 그렇지 않든 대금만 반환하면 되는 것이다. 이는 개정 전 제1380조가 규율한 내용과 동일하다. 둘째, 제1352-2조 제2항에 의하면, 악의로 물건을 수령한 경우에는 수령자는 반환일의 가액이 대금을 상회하는 때에는 그 가액을 반환하여야 한다. 개정 전 제1380조는 악의의 수령자에 대하여는 규정을 두지 않아 의문이 있었는데, 제1352-2조 제2항은 이

69) F. Chénedé, *op. cit.*, n° 45.01, p. 352.

를 명확하게 규정하고 있다.

멸실과 훼손에 대한 책임: 수령자는 원물을 반환하는 경우 가치가 감소된 데에 대하여는 통상적인 사용에 따른 가치감소(usure de la chose)와 그렇지 않은 경우를 구별하여 반환한다. 우선 통상적인 가치감소에 대하여는 수령자는 책임을 지지 않는다. 그리고 통상적이 아닌 가치감소에 대하여도 반환자가 선의이고 멸실과 훼손이 그의 과책에 의한 것이 아닌 경우에는 책임을 지지 아니한다(제1352-1조). 반대로 반환자가 악의이거나 또는 선의인데 멸실·훼손이 그의 과책이 있었던 경우에는 멸실과 훼손에 대하여 책임을 진다(제1352-1조). 이는 손해배상책임을 말하는 것이다.

과실(果實)과 사용수익의 반환: 제1352-3조 제1항에 의하면, 반환은 물건이 산출한 과실과 사용수익의 가액을 포함한다. 종전에는 사용수익의 반환에 대하여는 무효와 해제의 경우에 판례가 서로 상반되었는데, 본조에 의하여 종지부를 찍게 되었다. 이는 원물을 반환하느냐 가액을 반환하느냐에 따라 달라지지 않는다. 또 반환자의 선의와 악의에 따라서도 달라지지도 않는다. 또 동조 제2항에 의하면, 사용수익의 가액은 법관이 판결선고일을 기준으로 산정한다. 그리고 동조 제3항에 의하면, 반대의 규정이 없는 한, 과실은 그 원물이 존재하지 않을 경우에는 물건의 상태에 따라 상환일을 기준으로 산정한 가액으로 반환하여야 한다. 다만, 반환의 경우에도 개별 계약에 따른 특별규율을 배제하지는 않는다. 예를 들면, 판례는 하자로 인한 매매의 해제의 경우에는 매수인은 물건의 사용으로 인한 수익의 반환책임을 인정하지 않는다.70)

비용의 공제: 수령자가 반환하여야 할 범위에는 원물에 지출한 비용을 공제하여야 한다. 제1352-5조에 의하면, 반환금액은 물건의 보

70) Civ. 1re, 21 mars 2006, n° 02-19.236, Bull. civ. I, n° 171.

존에 필요한 비용과 또 반환일을 기준으로 산정된 가치증가의 한도내에 물건의 가치를 증가시킨 비용을 고려하여 정하여야 한다. 이는 비용을 공제하여야 반환금액을 정한다는 것을 말하는 것이다. 비용은 발생일을 기준으로 하여야 한다.

미성년자 등에 대한 특칙: 친권해제미성년자 또는 피후견성년자가 부담하는 반환의 범위는 그가 무효화된 행위로부터 얻은 이익을 한도로 감축된다(제1352-4조).

② 금전의 반환

금전의 반환에 관하여는 제1352-6조와 제1352-7조가 규정하고 있다. 우선 제1352-6조에 의하면 수령자가 금전을 반환할 경우 금전의 반환은 법정이율의 이자와 금전을 수령한 자가 받은 세금을 포함한다. 여기서 금전의 이자는 물건의 과실과 다름이 없는 것이다. 제1352-6조는 제1343조와 동일하게 화폐명목주의(nominallisme monétaire)를 유지하고 있는바,[71] 반환자는 '화폐의 변동'(fluctuation monnétaire)을 감내하게 된다. 이 경우 어느 날을 기준으로 이자를 부담하는지는 제1352- 7조가 규정하고 있다. 즉, 악의의 수령자는 변제일 이후의 이자, 수취한 과실 또는 사용수익의 가액을 반환하여야 한다. 이는 판례를 수용한 것이다.[72] 이에 반하여 선의의 수령자는 청구일 이후에 대해서만 반환하여야 한다.[73] 이 역시 판례를 수용한 것이다.

금전을 수령한 자가 받은 세금이란 부가가치세(TVA)를 말한다. 수령자는 이를 국고에 납입하였으므로, 수령자는 변제자에게 반환한 부가가치세를 국고로부터 회수하여야 한다.[74]

---

71) 화폐명목주의(nominallisme monétaire)란 채권을 결제함에 있어 명목액(액면가)을 준수하는 것을 말한다.

72) Civ. 1re, 4 oct. 1988, n° 86-13437.

73) Com. 28 avr. 2004, n° 028-21585.

74) F. Chénedé, *op. cit.*, n° 45.21, p. 356.

③ 용역의 반환

수령자는 수령한 용역을 반환할 수는 없다. 따라서 그 가액을 반환하여야 한다. 제1352-8조에 의하면, 용역의 반환가액은 용역이 제공된 날을 기준으로 산정된다고 한다. 이는 종전의 판례를 수용한 것이다.[75] 따라서 반환할 물건이 존재하지 않을 경우 그 가액은 반환일을 기준으로 함에 반하여, 용역의 경우는 제공된 날을 기준으로 하므로, 양자 사이에는 차이가 있게 된다. 이에 대하여는 판결일이나 반환일을 기준으로 하여야 한다는 비판이 제기되고 있다.[76] 더더욱 이는 부당이득의 반환의 경우 판결일을 기준으로 가액을 산정하는 것과도 부합하지 않는다는 비판이 있다.[77]

2) 비채변제의 반환관계의 특별규정

개정 프랑스민법전은 제1302-3조 제2항에 특칙을 두는 외에는 모두 비채변제의 효과는 반환의 일반관계에 따르도록 하고 있다. 본항에 의하면, 변제자가 과책을 범한 경우에는 법관은 반환범위를 경감할 수 있다. 본항은 변제자의 과책이라는 단일한 기준을 제시하고 있다.[78] 본항에 의하여 변제자의 과실에 따른 손해 전부를 반드시 배상하여야 하는 것은 아니므로, 손해배상의 법리에도 따르는 것은 아니다.[79] 법관은 수령자에게 발생한 손해뿐만 아니라 변제자의 중과실도 고려하여 반환의 범위를 정할 수 있다.

채무자가 원물을 반환하는 경우 변제자의 과책을 고려하여 반환하는 원물이 종류물인 경우 그 반환하는 양을 제한할 수 있고, 원물이

---

75) Civ. 3e, 24 juin 2009, n° 08-12251.

76) F. Chénedé, *op. cit.*, n° 45.31, p. 356.

77) F. Chénedé, *op. cit.*, n° 45.31, p. 356.

78) B. Mercadal, *op. cit.*, n° 918, p. 233; O. Deshayes, Th. Genicon et Y.-M. Laithier, *op. cit.*, p. 549.

79) O. Deshayes, Th. Genicon et Y.-M. Laithier, *op. cit.*, p. 549.

특정물인 경우에는 변제자와 반환자의 공유를 인정할 수도 있다.[80] 원물이 희귀한 것이거나 또는 시장에서 찾을 수 없는 것일 경우에는 공유를 인정하는 현물제제(sanction en nature)가 이루어진다.[81]

개정 프랑스민법전 제1302-3조 제2항은 법관에게 사실심 법관에게 재량권을 부여하고 있다. 이는 부당이득의 경우 손실자의 과책이 있는 경우 사실심 법관에게 재량권을 부여하는 제1303-2조 제2항과 동일한 취지의 규정이다. 제1302-3조 제2항의 경우에도 법관이 변제자의 과책을 이유로 수령자의 반환을 면제할 수도 있는지가 역시 문제된다. 이에 대하여도 역시 견해가 나뉘어져 있다. 변제자에게 변명의 여지가 없는 과책이 있을 경우에는 반환을 전혀 인정하지 않을 수 있다고 하는 견해가 있고,[82] 조문의 문언이 "경감될 수 있다"라고만 규정하고 있으므로 반환의 면제는 인정되지 않는다는 견해도 있다.[83]

Ⅲ. 부당이득

1. 개정 전

프랑스민법전은 1804년 제정 당시 부당이득 일반에 관한 규정을 두지 않았다.[84] 제정 프랑스민법전은 준계약이라는 표제하에 사무관리와 비채변제만을 규정하였을 뿐이었다. 다만, 제정 프랑스민법전은 부동산의 첨부 또 상속 등에서 부당하게 취득한 이득의 반환을 규정하는 몇몇 개별적 규정을 두고 있었을 뿐이다. 예를 들면, 제554조는

80) O. Deshayes, Th. Genicon et Y.-M. Laithier, *op. cit.*, p. 550.
81) O. Deshayes, Th. Genicon et Y.-M. Laithier, *ibid.*
82) F. Chénedé, *op. cit.*, n° 33.62, p. 228.
83) G. Chantepie et M. Laina, *op. cit.*, n° 742, p. 641.
84) 프랑스민법전 제정 이전의 부당이득제도의 발전과정에 대하여는 정태윤, 앞의 논문(주 8), 65-7면 참조.

"토지 위에 자기에게 속하지 않는 재료로써 건축물, 수목 및 공작물을 설치한 토지소유자는 변제일에 산정된 가액을 상환하여야 한다. 토지소유자는 경우에 따라서는 손해배상의 책임이 있다. 그러나 재료의 소유자는 이를 수거할 권리를 가지지 못한다."고 규정하고 있었다. 따라서 토지소유자는 자신의 소유에 속하지 않은 재료로써 건축물 등을 설치한 경우 그로 인하여 얻은 부당이득을 반환하여야 한다. 또 제555조(제1항)은 "수목의 재식, 건축 및 공작물 설치가 제3자에 의하여 그의 재료로 이루어진 경우 토지소유자는 제4항의 규정의 유보 하에서 소유권을 보유하거나 제3자에게 이를 수거하게 할 권리를 가진다."고 규정하고 있었다. 따라서 이 경우 토지소유자가 건축물, 수목 및 공작물에 대한 소유권을 보유하고자 하는 경우, 그 상태를 고려하여, 토지소유자의 선택에 따라 토지의 가치증가분에 해당하는 금액이나, 상환일에 산정한 재료의 비용 및 노무에 대한 보수를 제3자에게 상환하여야 한다(제555조 제3항). 즉, 토지소유자가 제3자가 설치한 건축물 등을 보유하고자 하는 경우, 그의 선택에 따라 토지의 가치증가분에 해당하는 금액이나, 상환일에 산정한 재료의 비용 및 노무에 대한 보수를 제3자에게 상환하여야 한다. 그 밖에 현물을 반환하는 공동상속인은 필요비 또는 유익비로 인하여 자신에 대하여 부담을 지는 금액을 실제로 상환받을 때까지 증여물을 유치할 수 있고(제862조) 또 환매권을 행사하는 매도인은 매매대금뿐만 아니라 매매의 비용과 공정한 비용, 필요적 보수비 및 증가분의 한도에서 부동산의 가치를 증가시킨 비용을 상환하여야 하는 것(제1673조) 은 모두 부당이득이 문제되는 것이다. 한편 점용권자가 점용물의 과실을 취득하는 것은 부당이득이 되지 않는바(제585조), 점용권자는 점용이 종료되는 때에 점용물에 대한 유익비의 상환을 청구할 수 없다(제599조).

(1) 부당이득의 인정

판례는 1850년대까지도 채권의 발생연원으로 부당이득제도를 인정하지 않았다. 우선 판례는 부당이득에 해당하는 사례를 사무관리에 의하여 해결하였다. 예를 들면, 어느 어머니가 어느 가정교사와 가정교사의 집에서 그의 아들에게 과외를 하게 하는 계약을 체결하였다. 어머니가 사망한 후에도 가정교사의 집에서 아들은 계속 과외를 받았다. 판례는 이 경우 과외교사를 사무관리인으로 보아 아들로부터 부당이득을 반환받는 것을 허용하였다.[85] 그런데 사무관리와 부당이득은 여러 점에서 차이점을 드러낸다.[86] 우선 부당이득의 경우에는 판례는 손실자는 이득과 손실 중 적은 금액만을 반환받을 수 있음을 허용하나, 사무관리의 경우에는 관리인은 모든 비용을 반환받을 수 있다(개정 전 제1375조). 또 사무관리의 경우에는 관리인은 보고의무와 같은 의무를 부담하지만(개정 전 제1372조), 부당이득의 경우에는 수익자에게는 그러한 의무가 발생하지 않는다. 마지막으로 사무관리와 부당이득은 정당성의 근거가 다른바, 사무관리는 부당이득보다 더 높은 이상을 실현하는 제도이다. 즉, 사무관리의 경우에는 흔히 관리인에게 타인을 위해 관리를 해 주는 의사가 있고 또 타인을 대리하려는 의사가 존재하여야 한다(개정 전 제1372조). 이에 반하여 부당이득제도에는 두 재산 사이에 깨어진 균형을 회복하여주고자 하는 경제적 요청이 있을 뿐, 수익자에게 손실자를 대리한다는 의사는 존재하지 않는다. 양 제도 사이에는 이상의 차이점이 있음을 고려하여, 판례는 부당이득제도를 '변형사무관리'(gestion d'affaires anormale) 또는 '준사무관리(quasi-gestion d'affaires)'라고 부르면서, 사무관리에 준하여 해결하여왔다. 그 후 판례는 부당이득제도의 근거를 형평(équité)이라는 새

85) Req. 17 mars 1857, DP. 57. I. 150.

86) H. Capitant, F. Terré et Y. Lequette, *op. cit.*, pp. 556-7.

로운 근거에서 찾기도 하였다. 마침내 판례는 "누구도 타인을 침해하여 이득을 누릴 수 없다"(nul ne doit s'enrichir aux dépens d'autrui)는 근거하에 부당이득제도를 독자적인 제도로 인정하게 되었다.[87] 즉, 부당이득제도는 먼저 사무관리에 흡수되어 인정되었고, 다시 사무관리와 병존하여 인정되었고 마침내 별개의 독자적인 제도로서 인정되었던 것이다.[88] 그 후 판례는 "자신의 희생 또는 타인과 합의 없이 개인적 행위로 타인에게 이득을 준 자는 이득과 손실 사이에 원인이 없음을 증명하는 조건하에 그 이득의 반환을 청구할 수 있다."(Celui qui a enrichi une autre personne, par un sacrifice ou un fait personnel non convenu avec elle, peut lui demander la restitution de cet enrichissement à condition de montrer l'absence de cause à l'enrichessement et l'appauvrissement corrélatif)고 하여,[89] '부당이득의 소'(action de in rem verso)를 인정하게 되었다.[90] 다음은 부당이득의 소를 최초로 인정한 Boudier사건에 대한 판례를 살펴보기로 한다.[91]

[파기원 1892. 6. 15. 판결]
[사실관계와 상고이유]

Pasteur씨는 농지를 소유한 자로서 임차인 Garnier-Godard씨에게 농지를 임대하였다. Garnier-Godard씨는 임차인의 의무를 이행하지 않아 임대차계약이 해지되었다. Garnier-Godard씨는 임대인 Pasteur씨에 대한 자신의 채무의 일부를 소멸시키기 위하여 미분리농작물을 포기하였다. 한편 Boudier父子는 비료상으로

87) Req., 15 juin 1892, H. Capitant, F. Terré et Y. Lequette, *op. cit.*, p. 557.

88) H. Capitant, F. Terré et Y. Lequette, *op. cit.*, p. 557.

89) Civ. 1re, 12 juill, 1994, n° 92-13, *Bull. civ.* I, n° 253.

90) 부당이득의 소(action de *in rem verso*)는 판례에 인정되는 소(action prétorienne)에 대한 전통적인 명칭이다.

91) Boudier사건에 관한 판결이 갖는 법적 의미에 대하여는, 정태윤, "전용물소권에 관한 프랑스의 판례와 학설", 판례실무연구 VI, 박영사, 2003. 8, 299-302면을 참조.

Garnier-Godard씨에게 비료를 공급하였었는데, 이 대금은 변제되지 않은 상태였다. 비료가 제공되어 그에 의하여 농작물이 자라는 이익을 받았지만, 피항소인(Pasteur씨, 역자 주)은 파기원의 판결(특히 Civ. 9 mai 1853, DP 53. 1. 251, S, 53. 1. 699)들을 원용하여, Boudier父子는 Garnier- Godard씨와 계약을 체결하였고, 계약의 당사자도 대리인도 아닌 자신은 계약에 의하여 아무런 채무를 부담하지 않는다고 주장하였다. 패소한 Pasteur씨는 "원심판결이 임대계약이 해지되기 전에 Garnier-Godard씨에게 한 비료의 공급으로 인하여 Boudier父子의 이익을 위하여 Pasteur씨에게 채무가 발생한다고 한 것은 민법전 제1165조(계약이 상대적 효에 관한 규정, 필자 주)와 제2102조(특정동산 우선특권에 관한 규정, 필자 주)와 부당이득반환의 소의 원칙을 위배한 것으로 이들을 잘못 적용하고 있다."는 사유를 제1이유로 하여 파기원에 상고하였다.

[판 결]

"민법전 제1165조(필자 주, 계약의 상대효에 관한 규정)와 제2102조와 부당이득반환의 소의 원칙을 위반하는 것이라는 상고 제1이유를 살펴본다.

제1165조와 제2102조의 위반에 관한 제1논지와 제2논지에 대하여 살펴본다. 합의는 계약 당사자들 사이에서만 효력을 가지고 제3자를 침해할 수 없는 것이 원칙인데, 원심판결은 이 원칙을 부정하지 않는 것이 확실하다. 또 원심판결은 상고내용과는 달리 피상고인들이 제3자에게 한 비료공급에 의하여 상고인(J. Pasteur씨. 필자 주)이 의무를 부담하는 것이 아니라, 특정된 상황에서 농지 위에 비료가 사용되어 그로부터 개인적으로 직접적 이득을 취득하였다는 이유로 상고인은 의무를 부담하는 것이다. 따라서 근거로서 사용된 사실에 의하여 제1상고이유는 타당하지 않다. 피상고인의 청구가 인용되기 위하여 피상고인의 희생 또는 개인적 행위에 의하여 소를 제기하는 타인에게 이익을 얻게 하였다는 것을 주장하고 제시하는 것으로 충분하다.

부당이득반환의 소의 원칙을 잘못 적용하고 있다는 것에 관한 제3논지를 살펴본다. 부당이득의 소는 타인을 침해하여 이익을 누리는 것을 금지하는 형평의 원칙으로부터 도출되고, 이는 우리 법률의 어느 규정에 의해서도 규율되지 않는바, 그 행사는 어떠한 요건에도 종속되지 않는다. 부당이득의 소가 인용되기 위해서는 피상고인은 자신의 희생과 개인적인 사실에 의하여 소를 제기하는 자에게 이익을 주었다는 것을 주장하여 제시하는 것으로 족하다. 따라서 피상고인은 증인을 세워 재판에 의하여 정해진 날에 그들이 공급한 비료가 파종에 사용되어 상고인의 토지에 사용되어 상고인이 이로부터 이득을 얻었음을 입증하여야 할 것이다. 원심판결은 이러한 원칙을 정당하게 적용하고 있다."[92]

(2) 부당이득의 제한

판례가 부당이득의 근거로서 들고 있는 형평은 막연하고 부정확한 개념이라는 반론이 제기되었다. 따라서 부당이득의 소를 제한하는 것이 필요하였다. 이에 판례는 한편으로 '정당한 원인'(juste cause)이라는 개념을 요구하게 되었고 - 그러나 이것마저도 광의로 해석되었다 - 다른 한편으로 다른 소권이 인정되거나 또는 강행법규를 회피하려고 하는 손실자에게는 부당이득의 소를 인정할 수 없다는 '보충성의 원칙'(principe de subsidiairité) 내지는 '보충성의 요건'(condition de subsidiarité)을 요구하게 되었다.[93] 다음에서 보충성의 원칙을 확인한 초기의 판례 중의 하나를 살펴본다.

[파기원민사부 1915. 3. 2. 판결]
[사실관계와 상고이유]

Bagnères市는 Bréchoire씨에게 市의 온천과 카지노 영업을 허가한 후, Bréchoire씨의 위험과 책임으로 온천과 카지노 건물의 보수 및 유지 공사를 하도록 하였다. 시의회는 공사의 도급액으로 160,000F을 의결하였다. 공사는 수인의 수급인에 의하여 실행되었고, Briauhant씨는 수급인 중의 한 사람이었다. 공사는 견적된 것을 초과하여 실행되었고, Bréchoire씨는 허가를 상실하였다. Bréchoire씨의 채권자인 Briauhant씨는 Bagnères-de-Bigorre市에게 초과된 공사금액을 청구하였다.
Pau법원은 1910. 2. 24. 누구도 타인을 침해하여 이득을 취할 수 없다는 원칙을 적용하여 Briauhant씨의 청구를 허용하였고, 감정인으로 하여금 市가 공사에 의하여 얻은 이익을 산정하도록 하였다. Bagnères-de-Bigorre市가 상고하였다.

[판 결]

"Bagnères-de-Bigorre市는 Bréchoire씨와 체결한 계약에 의하여 자신의 부동산 위에 이루어질 공사금액을 제한하였다. Bréchoire씨는 자신의 이름으로 직접 수

92) Req., 15 juin 1892, par H. Capitant, F. Terré et Y. Lequette, *op. cit.*, p. 553.
93) M. Fabre-Magnan, *op. cit.*, p. 500.

> 급인들과 거래를 하게 되었고, 정해진 이상의 금액의 공사를 할 수 없었다. 한편으로 채권의 상환을 위하여 Briauhant씨는 직접 거래를 한 Bréchoire씨에 대해서 뿐만 아니라 민법전 제1166조(필자 주, 채권자대위권에 관한 규정)에 따라 市에 대해서도 Bréchoire씨의 권리를 행사할 수 있다. 부당이득의 소는 어느 사람의 재산이 적법한 권원 없이 타인의 재산을 침해하여 이득을 얻은 경우에만 인정되는 것이고, 이 타인이 자신의 이익을 반환받기 위해서는 계약, 준계약, 불법행위 또는 준불법행위로부터 발생하는 어느 소권도 행사할 수 없고, 특정한 계약의 효력을 명시적으로 제한하기 위한 규정을 회피하기 위해서 행사할 수 없고 또 수급인이 민법전 제1793조에 의하여 금지된 금액을 보충적으로 청구하는 것을 회피하기 위하여도 행사할 수 없다. 이에 반하는 판결을 내린 원심판결은 위 조문의 적용을 거부함으로써 이를 위배하였기에 파기한다."[94]

2. 개정 후

2016. 10. 1. 개정 프랑스민법전은 학설과 판례가 부당이득제도를 인정한지 1세기를 넘기고 나서야 비로소 이를 프랑스민법전 안으로 수용하였다. 제1303조는 "사무관리와 비채변제 이외에 타인을 해하여 부당이득을 얻은 자는 손실을 입은 자에게 이득과 손실 중 적은 가액을 배상하여야 한다."고 규정하게 되었다. 여기서 '사무관리와 비채변제의 경우 이외'라는 문언이 의미하는 바는 사무관리와 비채변제가 부당이득의 특칙이고 부당이득이 일반원칙이 된다는 것을 말하는 것이다.[95] 다만, 이것은 부당이득이 사무관리와 비채변제보다 일반적이라는 것을 말하는 것이 아니라, 어디까지나 사무관리와 비채변제 성립하지 않는 경우에 예외적으로 부당이득이 인정된다는 것을 말하는 것이다.[96] 전술한 바와 같이 사무관리와 비채변제가 먼저 적용되

94) Civ, 2 mars 1915, par H. Capitant, F. Terré et Y. Lequette, *op. cit.*, p. 562.
95) F. Chénedé, *op. cit.*, n° 34.02, p. 230; O. Deshayes, Th. Genicon et Y.-M. Laithier, *op. cit.*, p. 552.
96) M. Fabre-Magnan, *op. cit.*, p. 501.

고 그것이 적용되는 한 부당이득은 배제된다는 것을 '보충성의 원칙'이라고 부른다.[97] 이는 사무관리에 관한 제1301-5조에도 언급되고 있는데, 본조에 의하면 관리인의 소권이 사무관리의 요건을 충족시키지 못하지만 사무의 본인에게 이익이 되는 경우에는 본인은 부당이득에 관한 규정에 따라 관리인에게 배상을 하여야 한다고 규정하고 있다.[98] 즉, 본조도 부당이득이 일반적 규정임을 다시 한 번 확인하는 것이다.[99] 이러한 점에서 사무관리의 소, 비채변제의 소와 부당이득의 소는 모두가 공동의 모태(matrice commune)에서 나온 것이라고 할 수 있다.[100]

(1) 부당이득의 용어에서 원인(cause)의 삭제

개정 프랑스민법전은 부당이득의 명칭을 '원인 없는 이득'(enrichissement sans cause)에서 '부당이득'(enrichissement injustifié)으로 변경하였다. 그러나 부당이득의 명칭이 형식적으로 변경은 되었지만 그로 인하여 실질적인 변화가 초래된 것은 아니다. 다만, 명칭이 변경된 것은 개정 프랑스민법전이 계약 기타 부분에서 형식적으로 '원인'이라는 용어를 포기한 데에 따른 것이다.

현행 프랑스민법전 제1128조는 계약 내지는 합의의 유효요건을 규정하고 있는데, 본조는 계약의 유효요건으로 '당사자의 합의(le consentement des parties)'(제1호), '계약을 체결하는 능력(leur capacité de contracter)'(제2호)과 '적법하고 확정적인 내용(un contenu licite et certain)'(제3호)을 규정하면서, 개정 전 제1108조가 규정하고 있던 '채

---

97) 제303-3조는 제1303조 도입부분의 동어반복이라고 보기도 한다(O. Deshayes, Th. Genicon et Y.-M. Laithier, *op. cit.*, p. 552).

98) **Article 1301-5** Si l'action du gérant ne répond pas aux conditions de la gestion d'affaires mais profite néanmoins au maître de cette affaire, celui-ci doit indemniser le gérant selon les règles de l'enrichissement injustifié.

99) G. Chantepie et M. Laina, *op. cit.*, n° 706, p. 618.

100) O. Deshayes, Th. Genicon et Y.-M. Laithier, *op. cit.*, p. 551, p. 558.

무의 적법한 원인(une cause licite dans l'obligation)'을 삭제하였다.[101] 따라서 더 이상 원인은 계약의 유효요건으로 요구되지 않게 되었다. 그러나 이것이 프랑스민법전이 원인이라는 개념을 포기하는 것을 의미하지는 않는다. 종래 원인의 개념에 포섭되는 사항들은 다시 관계되는 곳에 빠짐없이 규정되고 있기 때문이다.[102] 한편 부당이득에서의 원인이란 후술하는 바와 같이, 계약뿐만 아니라 준계약, 준불법행위와 불법행위와 같은 법적 권원을 의미한다. 따라서 그것은 계약의 유효요건으로서의 원인과는 구별되는 것이다. 이러한 이유에서 '원인 없는 이득'에서 원인은 계약에서의 원인과는 다르므로 굳이 명칭을 변경할 필요까지는 없었다는 주장도 있다.[103] 그런데 종래 학자들은 오랫동안 부당이득에서의 원인이란 계약의 유효(validité)에 관한 요건으로서의 원인, 즉 대가(contrepartie)와 동일한 의미로 해석하기도 하였다. 그렇게 되면 부당이득의 소에서의 원인의 의미는 계약의 원인과 중복적인 것(pléonasme)에 지나지 않게 된다.[104] 이러한 점에서 종래 원인의 부존재라는 요건은 부당이득의 요건으로서는 모호하게 되었던 것이 사실이다.[105] 이러한 사정을 고려하여 부당이득의 명칭에서 '원인'을 삭제하게 되었지만, 그로 인하여 실질적인 변화가 초래된 것은 아니다. 따라서 부당이득제도는 개정 프랑스민법전에서도 종전처럼 동일하게 존속하게 되는 것이다. 다른 한편 후술하는 바와 같이 '정당화되지 않은'(injustifié)은 적법한 권원이 없다는 의미로서, '불공정한'(injuste)과는 다른 의미를 갖는다.

---

101) 그 밖에 개정 전 제1108조가 규정하던 '채무의 내용을 구성하는 확정적인 목적(un objet certain qui forme la matière de l'engagement)도 삭제되었다.

102) 개정 프랑스민법전상의 cause가 사라진 데에 대하여 자세한 내용은, 김현진, "프랑스민법상 꼬즈(Cause)는 사라졌는가? - 개정 프랑스민법상 계약의 내용(contenue) - 법학연구 제20집 제1호, 인하대학교 법학연구소(2017. 3) 참조.

103) O. Deshayes, Th. Genicon et Y.-M. Laithier, *op. cit.*, p. 551.

104) J. Flour, J.-L. Aubert et E. Savaux, *op. cit.*, n° 43, p. 48.

105) Jurisclasseur, *op. cit.*, n° 47, p. 12.

(2) 부당이득(소)의 요건

종전 통설은 부당이득의 요건으로 수익자의 이득, 손실자의 손실, 이득과 손실 사이의 상관(견련)관계, 원인이 없는 가치의 이전, 손실자의 중과책의 부존재, 다른 소권의 부존재를 요구하였다.[106] 처음 3개의 요건을 '경제적 요건' 내지 '사실적 요건'으로 불렀고, 나머지 3개의 요건을 법적 요건(éléments juridiques)이라고 불렀다.[107] 마지막 요건은 '보충성의 요건'이라고 부르기도 하였다. 그런데 개정 후에는 이들 요건 중 손실자의 중과책의 부존재라는 요건은 사라지고, 나머지 요건만 유지되었다. 한편 보충성의 요건은 부당이득의 '실체적 요건'(condition de fond)인 '기각의 요건'으로 보지 않고 '각하의 요건'(condition de recevabilité)으로 보는 견해도 있는바,[108] 이에 의하면 보충성의 요건은 부당이득의 요건이 되지 않게 된다.[109]

---

106) J. Carbonnier, J. Flour, J.-L. Aubert, E. Savaux 등의 학자들을 들 수 있다.

107) B. Fages, *op. cit.*, n°s 452-4, pp. 367-70; Ph. Malaurie, L. Aynès et Ph. Stoffel-Munck, *op. cit.*, n°s 1063-69, pp. 578-84; M. Poumarède, *op. cit.*, n°s 1236-44, pp. 526-9; Jurisclasseur, *Quasi-Contrats, Enrichissement sans cause, Conditions de l'action en restitution de l'enrichissement sans cause, Déplacement de valeur, Absence de cause*, par X. Pin. 2007, n° 2, p. 3; F. Chénedé, *op. cit.*, n° 34.11, p. 230;

108) F. Terré, Y. Lequette et Ph. Simler, *Droit civil, Les obligations*, Dalloz, 9e éd., 2005, n° 1073-1.

109) 프랑스민사소송법상의 '기각의 요건'과 '각하의 요건'은 아래와 같이 구분된다. 프랑스민사소송법상 '방어수단'(moyens de défense)에는 '실질적 방어'(défenses au fond)와 '절차적 항변'(exceptions de procédure)이 있다(Mémento Pratique, *Procédure civile*, 2016-2017, Francis Lefebvre, pp. 154-76). 실질적 방어란 권리의 실질을 심사하여 상대방의 주장을 부당한 것으로 기각할 수 있는 항변을 말한다(민사소송법전 제71조). 실질적 방어는 기각의 요건을 구성한다. 이에 반하여 절차적 항변이란 절차가 위법하거나 소멸했음을 선언하거나 절차의 진행을 중단시킬 수 있는 항변을 말한다(제73조). 절차적 항변에는 '불관할의 항변'(exceptions dilatoires d'incompétence)(제75조~제99조), 중복제소의 항변(제100조-제107조), '연기적 항변'(exceptions dilatoires)(제108조~제111조), '무효의 항변' (exceptions de nullité)(제112조~제121조)이 있다. 또 '불수리의 항

1) 가치의 이전

가치의 이전이란 "부당이득의 소는 자신의 행위로 손해가 발생하고 그로 인하여 타인의 재산에 이익이 발생하는데 이에 대하여 타인에게 정당한 원인이 없을 경우에 인정된다."는 판례에서 도출되는 것인데,[110] 이득, 손실, 이득·손실 사이의 상관관계가 그것이다. 이 요건들은 제1303조, 제1303-1조와 제1303-2조(제1항)가 규정하고 있다.

① 이득과 손실

이득이라는 개념은 넓게 해석되고 있다. 이득은 금전적으로 평가될 수 있으면 된다. 이득은 새로운 재산의 취득과 기존 재산의 가액의 증가(적극재산의 증가), 비용의 지출의 회피(적극재산의 유지), 채무의 소멸(소극재산의 감소)이 될 수 있다. 이득에는 아이의 교육 또는 헌신적 간호 등과 같은 도덕적 또는 정신적 이득도 포함된다.

② 이득과 손실 사이의 상관관계

손실과 이득 사이에 상관관계(corrélation) 또는 견련관계(connexité)가 있어야 한다. 이는 하나의 동일한 사실(fait)에 의하여 손실과 이득이 발생하여야 한다는 것을 의미한다.[111] 예를 들면, 타인의 건물에 공사를 한다는 하나의 사실은 공사를 실행하는 자에게는 손실을 발생시키고, 반대로 건물의 소유자에게는 이득을 가져오는 효과를 발생시킨다.[112] 이러한 상관관계를 인과관계라고 부르는 견해가 있으나,[113]

변'(fin de non-recevoir)도 이에 해당한다. 불수리의 항변이란 상대방의 청구의 실질을 심사하지 않고 당사자의 자격, 소의 이익, 시효, 제척기간, 기판력 등을 이유로 상대방의 청구를 불수리할 수 있는 항변을 말한다(민사소송법전 제122조). 이들 절차적 항변과 불수리의 항변은 각하의 요건을 구성한다. 이상에서 보는 바와 같이, 보충성의 요건을 실질적 방어 또는 절차적 항변 중 어느 것으로 보느냐에 따라 기각 또는 각하의 요건이 되는 것이다.

110) Civ. 3ᵉ, 26 jan. 1972, *Bull. civ.* 1972. Ⅲ, n° 65.

111) M. Fabre-Magnan, *op. cit.*, p. 497.

112) J. Flour, J.-L. Aubert et E. Savaux, *op. cit.*, n° 41, p. 46.

손실이 반드시 이득으로부터 직접 발생하는 것은 아니기 때문에 정확한 표현은 아니다.[114] 또 후술하는 바와 상관관계는 간접적인 경우에도 인정될 수 있기 때문에도 그러하다.

상관관계는 직접적(direct)인 것이기도 하고 간접적(indirect)인 것이기도 하다.[115] 이는 손실자의 재산과 수익자의 재산 사이에 중간자(또는 제3자)의 재산이 개입되느냐 않느냐에 여부에 따른 구별이다. 우선 손실자의 재산으로부터 반출된 이익이 직접 수익자의 재산으로 들어가는 경우에는 직접적 상관관계가 인정된다. 예를 들면, 손실자가 수익자의 부동산에 유익한 행위를 하거나 수익자의 토지 위에 건축을 하는 경우이다. 직접적 상관관계가 성립하면 증명의 문제만을 남기고 별로 문제되지 않는다.

한편 중간자의 재산을 매개로하여 이득이 수익자의 재산으로 들어가는 경우에 간접적 상관관계가 존재한다.[116] 이 경우 수익자와 매개자인 중간자 사이에 계약관계나 법적 관계가 존재하는 때에는 손실자의 수익자에 대한 부당이득의 소는 인정되지 않는 것이 원칙이다.[117] 즉, 간접적 상관관계가 성립하는 경우 수익자와 중간자 사이에는 계약관계 내지는 기타 법적 권원이 존재하는 때가 많아 이득을 보유하는 정당한 원인이 존재하게 되므로 손실자는 수익자에 대하여 부당이득의 소를 제기할 수 없는 것이 일반적이라고 할 것이다.[118] 그러나 수익자와 중간자 사이에 계약관계가 존재하지만 예외적으로 중간자가 지급불능에 빠져 손실자가 중간자에 대한 소권이 사실상의 장

113) Ph. Malaurie, L. Aynès et Ph. Stoffel-Munck, *op. cit.*, n° 1065, p. 579.

114) J. Flour, J.-L. Aubert et E. Savaux, *op. cit.*, n° 41, p. 46.

115) M. Poumarède, *op. cit.*, n° 1238, p. 527.

116) J. Flour, J.-L. Aubert et E. Savaux, *op. cit.*, n° 41, p. 46; Jurisclasseur, *op. cit.*, n° 42, p. 11.

117) Jurisclasseur, *op. cit.*, n° 44, p. 12.

118) Jurisclasseur, *ibid.*

애가 있을 경우에는 예외적으로 중간자가 아니라 수익자에 대하여 부당이득의 소가 인정된다. 이것이 이른바 전용물소권의 문제이다.[119] 이는 후술하는 바와 같이 보충성의 요건의 또 다른 경우에 해당한다고 볼 수 있는데 이에 대하여는 보충성의 요건에서 살펴본다.

2) 가치이전의 부당성

개정 프랑스민법전은 수익의 부당성의 요건에 대하여는 제1303-1조와 제1303-2조(제1항)가 규정하고 있다. 제1303-1조는 제1303조가 언급하고 있는 부당성에 대하여 설명하고,[120] 제1303-2조(제1항)는 부당성이 배제되는 경우에 대하여 규정하고 있다. 따라서 제1303-1조와 제1303-2조는 부당성의 징표를 규정한다고 볼 수 있다.[121]

우선 제1303-1조는 "이득이 손실자에 의한 채무이행으로 인한 것이 아니거나 증여의 의사로 인한 것이 아닌 경우에는 부당한 것이 된다."고 규정하고 있다. 또 제1303-2조(제1항)는 "이득이 손실자가 개인적 이익을 얻을 목적으로 이루어진 행위로 인한 것일 경우에는 배상할 필요가 없다."고 규정하여 부당성을 배제하고 있다. 이로부터 이익의 부당성은 첫째, 손실자에 의한 채무의 이행이 아니어야 하고, 둘째, 증여의 의사에 의한 것이 아니어야 하고, 셋째, 개인적 이익을 얻을 목적으로 이루어진 행위로 인한 것이 아니어야 하고, 넷째, 그 밖에 이득이 권리취득과 같이 적법하게 발생한 것이 아니어야 한다.

부당한 이득이란 권원은 있지만 이득과 손실 사이에 불균형이 있다는 것을 의미하지 않는다. '정당화되지 않은'(injustifié)은 적법한 권

119) 우리나라의 전용물소권에 대한 논의는 이병준, "소위 전용물소권과 민법 제203조의 비용상환청구권 - 대법원 2002. 8. 23. 선고 99다66564,66571 판결", Jurist 410호(2006. 6), 258-61면; 정태윤, 앞의 논문(주 91) 283-315면; 홍성주, "전용물소권과 민법 제203조 소정의 비용상환청구권", 판례연구 14집, 부산판례연구회(2003), 51-89면 참조.

120) G. Chantepie et M. Laina, *op. cit.*, n° 746, p. 644.

121) O. Deshayes, Th. Genicon et Y.-M. Laithier, *op. cit.*, p. 553.

원이 없다는 의미로서, 단순히 '불공정한'(injuste)과는 다른 의미이다.[122] 개정 프랑스민법전은 이를 수용하여, 손실자가 채무이행으로 한 것이 아니라는 것을 부당성의 징표로서 요구하고 있다.

① 손실자에 의한 채무의 이행이 아님

종래 이득이 채무를 전제로 하지 않을 때 원인이 없는 것이라 하여 부당이득의 소를 인정하였다.[123] 학설은 원인이 계약적인 것이든 법정의 것이든 기타 법적인 의미를 갖는 "법적인 권원"(titre juridique)이든 묻지 않는다.[124] 따라서 이득이 부당하다 함은 이득이 권원 자체가 없는 것을 말한다.[125]

한편 채무는 법적채무이든 자연채무이든 묻지 않는다.[126] 비채변제에 관한 제1302조(제2항)가 임의로 이행한 자연채무에 대하여는 반환이 인정되지 않는다고 규정하고 있는 것은 이러한 이유에서이다. 법적 채무는 계약상 채무(obligation conventionnelle)이든, 법정채무(obligation légale)이든 또는 재판상 채무(obligation judiciaire)이든 이를 불문한다. 그런데 종전 판례에 의하면 부모에 대한 부양의무의 요구를 넘는 급부는 부당이득으로서 반환이 인정된다고 한다.[127] 개정 후에도 이러한 판례가 유지될 수 있는지는 확실하지 않다.

기술한 바와 같이 종래 간접적 상관관계에서도 수익자와 중간자 사이에 계약이 체결되어 이득을 정당화할 경우에는 이득은 원인이 존재하므로 부당이득의 소가 인정되지 않고 계약이 체결되지 않은 경우

---

122) Ph. Malinvaud et D. Fenouillet, *op. cit.*, n° 783, p. 605.

123) B. Mercadal, *op. cit.*, n° 920, p. 234.

124) G. Chantepie et M. Laina, *op. cit.*, n° 746, p. 644; O. Deshayes, Th. Genicon et Y.-M. Laithier, *op. cit.*, p. 553; B. Fages, *op. cit.*, n° 453, p. 368; J. Flour, J.-L. Aubert et E. Savaux, *op. cit.*, n° 44, p. 49.

125) O. Deshayes, Th. Genicon et Y.-M. Laithier, *op. cit.*, p. 553.

126) O. Deshayes, Th. Genicon et Y.-M. Laithier, *op. cit.*, p. 554.

127) Civ. 1re, 12 juill. 1994, n° 92-18.639, *Bull. civ*, I . n° 250.

에만 이득은 원인이 존재하지 않으므로 부당이득의 소가 인정된다.[128)]

② 증여의 의사에 의한 것이 아님

수익이 손실자의 증여의 의사(intention libérale)에 의한 것일 경우에는 부당이득의 반환이 인정되지 않는다. 이에 대하여는 특별한 문제가 없고, 종전 판례가 그대로 적용된다.[129)] 이는 특히 가족관계에서 많이 볼 수 있는 현상이라고 한다.[130)]

③ 개인적 이익을 얻을 목적으로 이루어진 행위로 인한 것이 아님

손실자가 개인적인 이익(profit personnel)을 얻기 위해 자신에게 손실을 초래한 행위를 하는 경우에는 부당이득의 소가 인정되지 않는다.[131)] 예를 들면, 귀농자가 전화선을 끌어와서 전화를 설치한 경우에는 이웃도 전화선을 설치가 용이하여졌음을 이유로 그에게 부당이득의 반환을 청구할 수 있는지가 문제이다. 판례는 유사한 사례에서 "개인적인 이익을 누리기 위하여 자신이 주도하여 자신의 위험과 책임으로 행위를 한 자는 그 행위로 인하여 이익을 얻은 자에게 배상을 청구할 수 없다."고 판시하였다.[132)] 제1302-2조(제1항)은 '자신이 주도하여 그의 위험과 손실로(à l'initiative et aux risques et périls)'라는 표현을 사용하지는 않지만, 본항은 이러한 판례를 수용한 것이라고 한다.[133)] 또 예를 들면, 도랑을 내거나 도랑에 대하여 보존행위를 한 자는 대안자(對岸者)에 대하여,[134)] 추가적인 물을 공급하기 위한 공사

128) O. Deshayes, Th. Genicon et Y.-M. Laithier, *op. cit.*, p. 554.

129) O. Deshayes, Th. Genicon et Y.-M. Laithier, *op. cit.*, p. 553.

130) G. Chantepie et M. Laina, *op. cit.*, n° 748, p. 646.

131) G. Chantepie et M. Laina, *op. cit.*, n° 751, p. 648; Ph. Delebecque et F.-J. Pansier, *op. cit.*, n° 601, p. 354; J. Flour, J.-L. Aubert et E. Savaux, *op. cit.*, n° 50, p. 53.

132) Civ. 28 mars 1939, *Gaz. pal.* 1939. I, 879.

133) G. Chantepie et M. Laina, *op. cit.*, n° 751, p. 648.

134) Req. 6. nov. 1838, *S.* 1839. 1. 160.

를 한 수차의 소유자는 하류에 있는 수차의 소유자에 대하여 부당이득의 소를 제기하지 못한다.[135)]

④ 권리의 취득에 의한 것이 아닐 것

개정 프랑스민법전은 규정하고 있지 않지만, 이득이 적법한 권리취득에 의한 것일 경우에도 부당이득의 소가 인정되지 않는다.[136)] 예를 들면, 상속에 관한 규정 또는 기판력에 의하여 이득이 인정되는 경우가 그러하다. 또 점용권자로서 과실의 취득이 인정되는 경우에도 부당이득이 성립하지 않는다.

3) 다른 소권의 부존재

제1303-3조는 "손실자에게 다른 소가 인정되거나 또는 시효와 같은 법적 장애가 있을 경우에는 손실자는 부당이득에 관한 소권을 갖지 못한다."고 규정하고 있다. 이를 보충성의 요건 내지는 보충성의 원칙이라고 한다. 기술한 바와 같이, 보충성의 요건은 사무관리와 비채변제와 관련하여서도 제1303조에 이미 언급되어 있다.

① 보충성의 요건(condition de subsidiarité)

부당이득의 소는 다른 소가 허용되지 않을 경우에만 비로소 인정된다. 경합하는 소권(action concurrente)이 있을 경우에는 부당이득의 소가 인정되지 않는 것을 전통적으로 부당이득의 '보충성의 성격' 내지는 '보충성의 원칙'이라고도 부른다.[137)] 판례는 "원고는 계약, 준계약, 불법행위 또는 준불법행위로 인한 어떠한 소권도 행사할 수 없는 경우에만 부당이득의 소권을 행사하는 것이 인정된다."고 판시하였다.[138)] 이러한 명칭은 Aubry et Rau가 처음으로 사용한 데에서 비롯

135) Req. 22. juin. 1927, *S.* 1927. 1. 138.

136) B. Mercadal, *op. cit.*, n° 923, p. 235.

137) B. Fages, *op. cit.*, n° 454, p. 369; J. Flour, J.-L. Aubert et E. Savaux, *op. cit.*, n° 52; B. Mercadal, *op. cit.*, n° 926, p. 236; Jurisclasseur, *op., cit*, no 26, p. 7.

된 것이다.[139] 여기서 소권은 채권적인 것뿐 아니라 물권적인 소권도 포함된다고 한다.[140] 이러한 판례를 수용하여 제1303-3조를 두게 된 것이다.

제1303-3조가 손실자가 다른 법적 수단이 있을 경우에는 이를 원용하도록 하는 이유는 해당 법적 수단에 따른 제한을 회피하지 않도록 하기 위한 것이다. 예를 들면, 손실자가 예견가능한 손해의 배상만을 인정하는 계약법상의 제한(제1231-3조)이나 위약금약정에 따른 손해의 제한(제1231-5조)을 회피하기 위하여 계약상의 소에 의하지 않고 부당이득의 소를 제기하는 것을 허용하지 않는 것이다.

기술한 바와 같이 제1303조는 사무관리와 비채변제와 부당이득의 관계에서의 보충성의 요건을 규율한다면, 제1303-3조는 그 밖에 계약, 불법행위 또는 준불법행위와 부당이득의 관계에서의 넓은 의미의 보충성의 요건을 규율하고 있다고 할 것이다.[141]

② 보충성의 의미

종전 판례를 수용한 제1303-3조의 보충성은 두 가지의 의미를 갖는다. 첫째, 손실자가 수익자에 대하여 만족을 얻을 수 있는 다른 유효한 소권을 가지고 있지 않아야 한다.[142] 달리 말하면, 다른 유효한 소권인 법적 수단(voie de droit)이 존재할 경우에는 부당이득의 소는 인정되지 않는다.[143] 예를 들면, 계약에 기한 소권이 있는 경우가

---

138) 대표적인 판례로 Civ. 12. mai 1914, *S*, 1918. 1. 41; Civ. 2. mars 1915, *D*. 1920. 1. 102.
Ph. Delebecque et F.-J. Pansier, *op. cit.*, n° 605, p. 355.; Ph. Malinvaud et D. Fenouillet, *op. cit.*, n° 787, p. 608.

139) Aubry et Rau, t. IX, §578, p. 361, texte et n° 10 par J. Flour, J.-L. Aubert et E. Savaux, *op. cit.*, n° 52.

140) H. Capitant, F. Terré et Y. Lequette, *op. cit.*, p. 553.

141) M. Fabre-Magnan, *op. cit.*, p. 501.

142) Civ. 1re, 24 oct. 1973, *Bull. civ.* I, n° 280, p. 250.

143) F. Chénedé, *op. cit.*, no 34.32, p. 231; O. Deshayes, Th. Genicon et Y.-M.

그러하다. 둘째, 손실자가 수익자에 대하여 갖는 다른 소권이 법률적 장애가 있는 경우가 아니어야 한다. 제1303-3조는 법률적 장애로 시효(prescription)를 들고 있다. 그러나 법적 장애는 시효에 한하지 않는다. 판례는 법정기간내에 일정한 형식을 준수하지 못하여 소권이 소멸하거나(forclusion), 실효(déchéance)로 소권이 소멸한 경우 또는 기판력(autroité de ja chose jugée)에 의하여 소를 제기하지 못하거나 기타 법률적 장애가 있는 경우 부당이득의 소를 인정하지 않고 각하한다(irrecevabilité).[144] 이는 개정 후에도 개정 전과 마찬가지이다.[145] 한편 판례는 증거불충분으로 인하여 승소하지 못한 경우도 법적 장애로 보고 있지만,[146] 이에 대하여는 학설상 논란이 있다.[147] 이 문제에 대하여 제1303-3조도 아무런 도움을 주지 않는다.[148] 또 판례는 위법성을 회피하거나 공적 질서에 관한 규정을 회피하려는 경우에도 부당이득의 소를 인정하지 않는다.[149]

한편 보충성의 요건은 기술한 간접적 부당이득(enrichissement indirect)과도 관련이 있다. 이를 보충성의 요건의 제3의 의미라고도 한다.[150] 종전 판례는 손실자는 중간자에게 지급불능이라는 '사실상의 장애'(obstacle de fait)가 있을 경우에는 수익자에 대한 부당이득의 소를 인정하였다. 이른바 간접적 부당이득의 경우 전용물소권이다. 이에 대한 판례를

Laithier, *op. cit.*, p. 558; Flour, J.-L. Aubert et E. Savaux, *op. cit.*, n°s 53-55, pp. 57-62.

144) Civ. 3re, 29 avr. 1971, n° 1073-1, p. 1121.

145) F. Chénedé, *op. cit.*, no 34.33, p. 232; O. Deshayes, Th. Genicon et Y.-M. Laithier, *op. cit.*, p. 558; Flour, J.-L. Aubert et E. Savaux, *op. cit.*, n°s 53-54; B. Mercadal, *op. cit.*, n° 926, p. 236.

146) Civ. 3re, 29 avr. 1971, n° 1073-1, p. 1121.

147) Flour, J.-L. Aubert et E. Savaux, *op. cit.*, no 54, pp. 59 et s.

148) O. Deshayes, Th. Genicon et Y.-M. Laithier, *op. cit.*, p. 559.

149) Com. 16 mai. 1995, n° 93-14.709, Bull. civ. Ⅳ, n° 110; Civ. 1re, 18 juin 2014, n° 13-13.553, *Bull civ*, Ⅰ, n° 110:

150) J. Flour, J.-L. Aubert et E. Savaux, *op. cit.*, n° 55.

살펴보면, 첫째, 오누이가 공동생활을 하고 있는데. 누이가 외상으로 공동생활에 필요한 물건을 매입하게 되면, 매도인의 손실은 중간자인 누이를 매개로 하여 오빠에게 이득이 발생하게 된다. 이 경우 누이가 지급불능인 경우 매도인은 수익자인 오빠에게 부당이득의 소를 행사할 수 있다고 한다.151) 둘째, 하수급인이 수급인을 위하여 도급공사를 하였으나 그 수급인이 파산을 당한 경우 수급인은 도급인에게 부당이득의 소를 제기할 수 있다고 한다.152) 이상의 경우 중간자에게는 파산 내지는 지급불능이라는 사실상의 장애가 있어 그에 대한 소가 실효성이 없으므로 수익자에 대한 손실자의 부당이득의 소를 인정하게 된 것이다. 그런데 개정 제1303-3조는 이에 대하여 침묵을 지키고 있다. 그러나 간접적 부당이득의 경우 전용물소권은 본조에 의하여 배제되지 않는다고 보는 견해가 다수설이다.153) 제1303-3조는 다른 소가 "법적 장애"가 있을 경우에 부당이득의 소권을 인정하지 않는다고 규정하고 있으므로, 이를 반대해석하면 '사실상 장애'가 있을 경우 부당이득의 소가 인정될 수 있다는 것을 말한다고 볼 수가 있다. 그런데 이 경우 부당이득의 소는 중간자에 대해서가 아니라 수익자에 대하여 인정한다. 손실자와 중간자 사이에는 계약상의 소권이 엄연히 존재하지만, 사실상의 장애로 인하여 실효성이 없으므로 중간자가 아니라 수익자에 대하여 부당이득의 소를 인정하는 것이다. 이러한 의미에서 이는 보충성의 또 다른 경우라고 불러도 좋을 것이다.

---

151) Req., 4 févr. 1901, *D.P.* 1902, I , p. 422.

152) Civ. 1re, 14 janv 2003, *Bull. civ.* 1972. I , n° 11. 동일한 취지의 판례로 Civ. 3e, 28 mai 1986, n° 85-10.367, *Bull. civ.* Ⅲ, n° 83.; Civ. 3e, 27 fév. 2008, n° 07-10.222, *Bull. civ.* 1972. I , n° 11.

153) F. Chénedé, *op. cit.*, n° 34.34, p. 232; J. Flour, J.-L. Aubert et E. Savaux, *op. cit.*, nos 53-55, pp. 57-62; O. Deshayes, Th. Genicon et Y.-M. Laithier, *op. cit.*, p. 551, p. 558.

(3) 부당이득의 효과

개정 프랑스민법전은 부당이득의 효과는 종래 학설과 판례가 인정하여 오던 것을 그대로 수용하여 세 조문(제1303조, 제1303-2조 제2항와 제1303-4조)을 두고 있다. 개정 프랑스민법전은 손실자에게 과책(제1303-2조 제2항)이 있는 경우와 수익자가 악의(제1303-4조)인 경우에 손해배상의 범위에 대하여 특칙을 두고 있다.

1) 이중한도의 원칙과 예외

종전 판례에 의하면 수익자는 손실자의 손실과 수익자의 이득 중 적은 금액을 배상하여야 한다.[154] 이를 "이중한도의 원칙"(règle de double plafond)이라고 불렀다.[155] 이는 부당이득의 소가 형평(équité)에 기초한 제도이기 때문이다. 다시 말하면, 수익자가 받은 이익 보다 더 큰 손실을 배상하는 것이나 또는 손실자가 자신에게 초래된 손실보다 더 큰 이득을 배상받는 것은 형편에 어긋나기 때문에 그러한 것이다.[156] 제1303조는 이를 수용하여, 부당이득을 얻은 자는 손실을 입은 자에게 이득과 손실 중 적은 것을 배상하여야 한다고 규정하고 있다.

한편 개정 프랑스민법전 제1303-4조(제2문)는 수익자가 악의인 경우에는 이중한도의 원칙에 대하여 예외를 허용하여 배상은 두 가액 중 큰 것으로 하여야 한다고 규정하고 있다. 이로써 법관은 한편으로 손실자의 과책을 다른 한편으로 수익자의 악의를 참작하여 배상의 범위를 정할 수 있게 되어 타당한 해결책을 내릴 수 있다고 한다.[157]

---

154) Civ. 1re, 19 janv. 1953, *D.* 1953. 234.; Civ. 1re, 15 mars 1967, *Bull, civ.* I. n° 102; Civ. 1re, 15 févr. 1973, *D.* 1975. 509.

155) F. Chénedé, *op. cit.*, n° 34.61, p. 234; Ph. Malaurie, L. Aynès et Ph. Stoffel-Munck, *op. cit.*, n° 1066, p. 580; Ph. Malinvaud et D. Fenouillet, *op. cit.*, n° 788, p. 609; M. Poumarède, *op. cit.*, n° 1245, p. 529.

156) J. Flour, J.-L. Aubert et E. Savaux, *op. cit.*, n° 57, p. 65.

2) 이득과 손실의 확정 및 산정 시기

종전 판례는 손실은 발생일을 기준으로 확정하고 그 날을 기준으로 가액을 산정하였다,[158] 또 판례는 이득은 발생한 후에도 가액이 변할 수 있다는 이유로, 청구일, 즉 부당이득반화의 소의 제기일을 기준으로 확정하고 또 그 날을 기준으로 가액을 산정하였다.[159] 따라서 판례에 의하면 손실과 이득은 확정됨과 동시에 가액이 산정되고, 판결일 이후에는 지연이자(intérêt moratoire)가 가산될 뿐이었다.

제1303-4조(제1문)는 '비용의 발생일에 확인된 손실과 청구일에 존재하는 이득'이라고 규정하여 손실과 이득의 확정일은 종전 판례를 수용하였다. 그러나 가액을 어느 시기를 기준으로 평가 또는 산정할 것인지가 문제이다. 제1303-4조는 "판결일을 기준으로 산정한다."고 하여 모두 판결일을 산정의 기준일로 하는 개혁을 단행하였다.[160] 이로써 손실의 발생일 또는 이득의 청구일과 손실·이득의 산정일인 판결일 사이에 가액의 변할 수 있으므로, 부당이득반환의무는 가액채무(dette de valeur)가 되는 것이다.[161]

3) 손실자의 과책과 손해배상의 범위

종전 판례는 초기에는 손실자에게 과책이 있을 경우 부당이득의 소를 인정하지 않았다.[162] 예를 들면, 손주를 인도하라는 명령을 따르지 않고 손주에게 부양료를 준 할머니,[163] 법원의 퇴거명령을 따르지 않고 파종을 한 토지임차인[164] 등에게는 중과책이 있음을 이유로 부당

157) F. Chénedé, *op. cit.*, n° 34.61, p. 234.

158) Civ. 1re, 15 févr. 1973, n° 71-12.051, *Bull. civ.* n° 60.

159) Civ. 1re, 18 juin 1960, D. 1960. 753.

160) O. Deshayes, Th. Genicon et Y.-M. Laithier, *op. cit.*, p. 560.

161) G. Chantepie et M. Laina, *op. cit.*, n° 755, p. 652; F. Chénedé, *op. cit.*, n° 34.51, p. 233; B. Mercadal, *op. cit.*, n° 927, p. 237.

162) Civ. 11. juill. 1889, S. 90. 1. 97.

163) Civ. 1re, 6 mai 1953, *D.* 1953. 609.

이득의 소를 인정하지 않았다. 그 후 1997년에 판례가 대폭 변경되어, 손실자가 범하는 과책의 경중에 따라 다른 결과를 인정하였다.[165] 우선 판례는 손실자에게 '부주의 또는 태만'(négligence ou imprudence)인 경과책(faute simple)이 있을 경우에는 부당이익의 소를 인정하였다.[166] 그러나 손실자의 과책이 고의적 과책(faute délibérée), 전문가의 과책(faute professionnelle) 또는 중대한 과책(faute lourde)과 같은 중과책(faute grave)인 경우에는 손실자에게 부당이득의 소를 인정하지 않았다.[167] 판례가 손실자의 중과책을 이유로 부당이득의 소를 배제한 것에 대하여는 과격하다는 비판이 제기되었다.[168] 한편 파기원의 상사부는 손실자의 과실만 있으면 부당이득의 소를 부정하였다.[169] 이처럼 손실자의 과책과 관련하여서는 판례에 혼선이 있었던 것이다.

개정 프랑스민법전은 이러한 혼선에 대하여 종지부를 찍었다.[170] 즉, 제1303-2조(제2항)는 "이득이 손실자의 과책에 의한 것일 경우에는 법관은 배상을 경감할 수 있다."고 하여 법관에게 재량권을 부여하고 있다. 그런데 법관이 손실자의 과책을 이유로 배상책임을 전면적으로 면제할 수 있는지에 대하여는 견해가 대립하고 있다. 우선 사실심 법관은 과책의 정도를 참작하여 수익자에게 배상을 명하지 않을 수도 있다는 견해가 있다.[171] 이에 반하여 "배상을 경감할 수 있다."

---

164) Soc. 18 mars 1954, *JCP* 1954. Ⅱ. 8168.

165) Jurisclasseur, *Quasi-Contrats, Enrichissement sans cause, Conditions de l'action en restitution de l'enrichissement sans cause, Absence de faute, Absence d'une autre action*, par X. Pin. 2007, n°s 5-17, pp. 2-6.

166) Civ. 1re, 11. mars 1997, D. 1979, IR. 408.

167) Civ. 1re, 15. déc. 1998, *D.* 1999. 425; Civ. 1re, 27. nov. 2008, *Bull. civ.* I, n° 272, *D.* 2009. 1122.

168) J. Flour, J.-L. Aubert et E. Savaux, *op. cit.*, n° 57, p. 65.

169) Com. 14 oct, 2014. n° 13-22.894.

170) B. Mercadal, *op. cit.*, n° 925, p. 236.

171) F. Chénedé, *op. cit.*, n° 34.71, p. 23; O. Deshayes, Th. Genicon et Y.-M. Laithier, *op. cit.*, p. 557.

는 문언상 사실심 법관에게는 전면적으로 면제하는 권한은 존재하지 않는다는 견해도 있다.172)

한편 손실자의 과책이 있는 경우 재량권을 부여하고 있는 부당이득에 관한 제1303-2조(제2항)는 비채변제에 관한 제1302-3조(제2항)와 같은 취지의 규정이다. 이것은 부당이득의 법리에 일관성을 부여하기 위한 것이다.173)

Ⅳ. 결어: 우리 민법에의 시사점

프랑스의 비채변제와 부당이득은 요건과 효과면에서 아래와 같은 특징을 갖는바, 이로부터 우리 민법의 개정의 경우 참고할 만한 시사점을 찾아본다. 첫째, 프랑스민법전은 비채변제와 (협의의) 부당이득을 사무관리와 함께 준계약으로 규율하고 있다(제1300조). 또 부당이득을 사무관리와 비채변제의 일반적 제도로 규율하고 있다. 이러한 이유에서 부당이득의 성립요건에서 '보충성의 요건'(제1303조, 제1303-3조)을 요구하고 있다. 이에 반하여 우리 민법은 비채변제와 (협의의) 부당이득을 모두 부당이득으로 포섭하여 규정하고 있다. 그리고 사무관리와 부당이득의 관계에 대하여는 명시적인 규정이 없다. 그러나 명시적 규정은 없지만, 우리 민법의 경우에도 사무관리가 성립하지 않을 경우 반드시 그러한 것은 아니지만 부당이득이 성립될 수 있다는 점에서 부당이득이 사무관리에 대한 일반규정이 될 수 있다고 할 것이다. 둘째, 프랑스민법전은 비채변제의 경우 절대적 비채변제와 능동적 상대적 비채변제의 경우에는 변제자에게 착오가 있어야 된다는 요건을 요구하지 않고(제1302-1조), 수동적 상대적 비채변제(타인채무의 변제)

172) B. Mercadal, *op. cit.*, n° 925, p. 236.
173) O. Deshayes, Th. Genicon et Y.-M. Laithier, *op. cit.*, p. 557.

의 경우에만 변제자의 착오를 요건으로 요구하고 있다(제1302-2조 제1항). 그 결과 변제자의 착오는 더 이상 반환의 요건은 아니지만 수령자가 반환을 당하지 않기 위해서는 변제자에게 증여의 의사가 있었음과 또 증여의 의사에는 강제와 같은 흠이 없다는 것을 증명하여야 하는 증명책임의 전환이 발생하게 되었다. 이는 금융기관 또는 사회보장기관 등과 개인의 관계에서 변제를 하는 경우가 많아진 현실을 반영한 것이다. 이에 반하여 우리 민법은 이러한 구분을 인정하지 않고 일률적으로 변제자의 착오를 요구하고 있다(민법 제742조). 셋째, 프랑스민법전은 비채변제의 경우 채권자가 증서를 훼멸하거나 담보를 포기한 경우뿐 아니라 그렇지 않아 변제자가 채권자에 대한 반환소권이 인정되는 경우에도 채무자에 대한 반환소권을 인정하고 있다(제1302-2조 제2항). 이는 변제자의 편의를 위하여 구상의 순환을 방지하기 위한 것이다. 우리 민법의 경우는 변제자가 변제 후 증서를 훼멸하는 등의 경우에만 채권자를 보호하기 위하여 변제자의 채권자에 대한 반환소권을 부정하는 대신에 채무자에 대한 구상을 인정하고 있어(민법 제745조), 변제자를 제한적으로만 보호하고 있다. 넷째, 프랑스민법전은 비채변제의 효과로서 무효, 해제, 실효의 경우와 마찬가지로 반환관계(제1352조~제1352-9조)로 규율하고 있다. 이는 (협의의) 부당이득의 효과와는 다른 것이다. 전자가 이른바 급부부당이득에 해당한다면, 후자는 침해부당이득에 해당한다고 볼 수 있다. 즉, 비채변제는 원상회복에 해당하는 반환관계(제1352조~제1352-9조)가 발생함에 반하여, 부당이득은 원칙적으로 '이중한도의 원칙'에 따라 손실과 이득 중 적은 금액의 반환만을 인정하고 있다(제1303조). 이에 반하여 우리 민법은 급부부당이득(해제의 경우는 제외)과 침해부당이득을 구별하지 않고 모두 부당이득으로 규율하고 있다. 특히 물건의 반환에 있어 점유자와 회복자의 관계에 관한 규정(민법 제201조, 제202조)과 부당이득에 관한 규정 사이에 충돌하는 어려운 문제가 발생하고 있다. 따라서 우리 민법 개정 시에 급부부당이득과 침해부당이득의 효과를 별도로 구별할 필요가 없는지 또 급부부당이득의 경우 해제와 무효·취소 등의 구별할 것인지에 대하여 논의를 할 필요가 있다. 다섯째, 프랑스민법전은 부당이득의 경우 예외적으로 보충성의 요건을 허용하여 전용물소권을 인정하고 있다. 다만, 전용물소권은 손실자와 중간자 사이에 존재하는 소권에 사실상의 장애가 있을 때만 인정한다. 그러나 우리 민법의 경우 원칙적으로 전용물소권은 인정하지 않는다.[174] 그러나 수익자가 중간자와의 관계에 이득을 보유하는 것을 정당화하는 법률상의 원인이 존재하지 않고 손실자가 중간자에 대한 계약상의 청구권이 실효를 거두지 못한 때에 한하여 전용물소권을 인정할 필요가 있다고 할 것이다.[175] 이 경우 수익자와 중간자 사이에 법률상의 원인이 존재하지 않는 경우란 법률관계가 무효, 해제 등에 의하여 소급적으로 존재하지 않는 경우라고 할 것이다. 여섯째, 프랑스민법전은 비채변제를 제외하고 (협의의) 부당이득의 경우에 수익자의 선의와 악의를 구별하여 (협의의) 부당이득의 효과를 규정하고 있다. 즉, 수익자가 선의인 경우에는 '이중한도의 원칙'에 따라 손실과 이득 중 적은 금액의 반환을 규정하지만, 수익자가 악의인 경우에는 두 가액 중 많은 금액을 반환하여야 한다(제1303-4조 제2문). 한편 우리 민법은 부당이득의 경우 수익자의 선의인 경우와 악의인 경우를 구별하고는 있다. 선의의 수익자는 현존하는 이익을 반환하여야 하지만(민법 제748조 제1항), 악의의 수익자는 이득에 이자를 붙여서 반환하여야 하고 손해가 있으면 이를 배상하여야 한다(민법 제748조 제2항). 여기서 손해란 악의의 수익자의 불법행위로 인한 손해라고 이해되고 있다. 이처럼 프

174) 대법원 2002. 8. 23. 선고 99다66564,66571 판결. 이 판례의 평석에 대하여는, 이병준, 앞의 논문(주 119), 259-261면; 홍성주, 앞의 논문(주 119), 51-89면 참조.

175) 같은 취지, 정태윤, 앞의 논문(주 91), 311-2면.

랑스민법전과 우리 민법이 부당이득의 효과를 규율하는 모습이 전혀 다르다고 할 것이다. 일곱째, 프랑스민법전은 비채변제의 경우 변제자(제1302-3조 제2항) 또 (협의의) 부당이득의 경우 손실자(제1303-2조 제2항)에게 과책이 있을 경우에는 법관에 의한 반환 범위의 경감을 인정하고 있다. 이는 반환자의 과책이 문제가 아니라 변제자 또는 손실자의 과책을 문제삼아 반환범위를 줄여 주는 것이다. 이에 반하여 우리 민법의 경우에는 손실자의 과책은 전혀 문제되지 않는다. 그리고 수익자가 악의일 경우에 배상하는 손해는 수익자의 과실을 문제를 삼는 것이다(민법 제748조 제2항). 이 경우 역시 프랑스민법전과 우리 민법이 부당이득의 효과를 규율하는 모습이 다르다고 볼 수 있다.

[별첨자료]

LIVRE TROISIÈME DES DIFFÈRENTES MANIÈRES DONT ON ACAUIERT LA PROPRIÈTÈ

제3권 소유권의 여러 취득방법

Titre Ⅲ : Les sources d'obligations

채권의 발생연원

Sous-titre Ⅲ: Autres sources d'obligations

제3부속편 채권의 기타 발생연원

Article 1300 Les quasi-contrats sont des faits purement volontaires dont il résulte un engagement de celui qui en profite sans y avoir droit, et parfois un engagement de leur auteur envers autrui.

Les quasi-contrats régis par le présent sous-titre sont la gestion d'affaire, le paiement de l'indu et l'enrichissement injustifié.

제1300조 ① 준계약이란 권리없이 그 행위로부터 이익을 얻은 자에게 의무를 발생시키고 또 때로는 그 행위자에게 타인에 대하여 의무를 발생시키는 순수히 자발적인 행위를 말한다.

② 본부속편에 규정되고 있는 준계약으로 사무관리, 비채변제와 부당이득이 있다.

Chapitre Ⅱ: Le paiement de l'indu

제2장 비채변제

Article 1302 Tout paiement suppose une dette; ce qui a été reçu sans être dû est sujet à restitution.

La restitution n'est pas admise à l'égard des obligations naturelles qui ont été volontairement acquittées.

제1302조 ① 모든 변제는 채무를 전제로 한다. 의무 없이 수령된 것은 반환되어야 한다.

② 임의로 이행한 자연채무에 대하여는 반환이 인정되지 않는다.

Article 1302-1 Celui qui reçoit par erreur ou sciemment ce qui ne lui est pas dû doit le restituer à celui de qui il l'a indûment reçu.

제1302-1조 착오로 또는 알면서 자신에게 의무를 지지 않은 것을 부당하게 수령한 자는 이를 지급한 자에게 반환하여야 한다.

Article 1302-2 Celui qui par erreur ou sous la contrainte a acquitté la dette d'autrui peut agir en restitution contre le créancier. Néanmoins ce droit cesse dans le cas où le créancier, par suite du paiement, a détruit son titre ou abandonné les sûretés qui garantissaient sa créance.

La restitution peut aussi être demandée à celui dont la dette a été acquittée par erreur.

제1302-2조 ① 착오 또는 강제로 타인의 채무를 이행한 자는 채권자에 대하여 반환의 소를 제기할 수 있다. 그러나 이 권리는 채권자가 변제를 받은 후 증서를 훼멸하거나 채권을 위한 담보를 포기한 경우에는 인정되지 않는다.

② 반환은 착오로 채무가 소멸한 채무자에게도 청구할 수 있다.

Article 1302-3 La restitution est soumise aux règles fixées aux articles 1352 à 1352-9.

Elle peut être réduite si le paiement procède d'une faute.

제1302-3조 ① 반환은 제1352조 내지 제1352-9조가 정하는 규정에 따른다.

② 변제가 과책으로 인한 경우에는 반환은 경감될 수 있다.

Chapitre Ⅲ: L'enrichissement injustifié

제3장 부당이득

Article 1303 En dehors des cas de gestion d'affaires et de paiement de l'indu, celui qui bénéficie d'un enrichissement injustifié au détriment d'autrui doit, à celui qui s'en trouve appauvri, une indemnité égale à la moindre des deux valeurs de l'enrichissement et de l'appauvrissement.

제1303조 사무관리 및 비채변제의 이외의 경우 타인을 해하여 부당한 이득을 얻은 자는 손실을 입은 자에게 이득과 손실 중 적은 가액에 상당하는 배상을 하여야 한다.

Article 1303-1 L'enrichissement est injustifié lorsqu'il ne procède ni de l'accomplissement d'une obligation par l'appauvri ni de son intention libérale.

제1303-1조 이득이 손실자에 의한 채무이행으로 인한 것이 아니거나 무상양여의 의사로 인한 것이 아닌 경우에는 부당한 것이 된다.

Article 1303-2 Il n'y a pas lieu à indemnisation si l'appauvrissement procède d'un acte accompli par l'appauvri en vue d'un profit personnel.

L'indemnisation peut être modérée par le juge si l'appauvrissement procède d'une faute de l'appauvri.

제1303-2조 ① 손실이 손실자가 개인적 이익을 얻을 목적으로 이루어진 행위로부터 발생한 것일 경우에는 배상할 필요가 없다.

② 손실이 손실자의 과책으로부터 발생된 경우에는 배상은 법원에 의하여 경감될 수 있다.

Article 1303-3 L'appauvri n'a pas d'action sur ce fondement lorsqu'une autre action lui est ouverte ou se heurte à un obstacle de droit, tel que la prescription.

제1303-3조 손실자에게 다른 소권이 인정되거나 또는 그 소권이 시효 등과 같은 법적 장애가 있을 경우에는 손실자는 부당이득에 근거한 소권을 갖지 못한다.

Article 1303-4 L'appauvrissement constaté au jour de la dépense, et l'enrichissement tel qu'il subsiste au jour de la demande, sont **évalués** au jour du jugement. En cas de mauvaise foi de l'enrichi, l'indemnité due est égale à la plus forte de ces deux valeurs.

제1303-4조 비용의 발생일에 확인된 손실과 청구일에 존재하는 이득은 판결일을 기준으로 산정된다. 이득자가 악의인 경우에는 배상하여야 할 금액은 두 가액 중 많은 가액에 상당하는 것으로 한다.

▩ 참 고 문 헌

Ⅰ. 국내문헌

김현진, "개정 프랑스채권법상 계약의 해제·해지 -나뽈레옹민법과 개정 프랑스민법의 비교를 겸하여-", 민사법학 제75호, 한국민사법학회(2016).

______, "프랑스민법상 꼬즈(Cause)는 사라졌는가? - 개정 프랑스민법상 계약의 내용(contenue) - 법학연구 제20집 제1호, 인하대학교 법학연구소(2017. 3).

남효순, "프랑스채권법의 개정과정과 계약의 통칙 및 당사자 사이의 효력에 관하여 -제3권 제3편(채권의 법원), 제1부속편(계약)의 제1장(통칙) 및 제4장(계약의 효력)의 제1절(계약의 당사자 사이의 효력)-제1101조~제1111-1조 및 제1193조~제1198조-", 민사법학 제75호, 한국민사법학회(2016. 6).

이병준, "소위 전용물소권과 민법 제203조의 비용상환청구권 - 대법원 2002. 8. 23. 선고 99다66564,66571 판결", Jurist 410호(2006. 6).

이은희, 개정 프랑스민법전상 급부반환, 법학연구, 제28권 제1호, 충북대학교 법학연구소(2017).

정태윤, "전용물소권에 관한 프랑스의 판례와 학설", 판례실무연구 Ⅵ, 박영사(2003, 8).

______, "프랑스의 부당이득법", 재산법연구 제29권 제2호(2012. 8).

홍성주, "전용물소권과 민법 제203조 소정의 비용상환청구권", 판례연구 14집, 부산판례연구회(2003).

Ⅱ. 외국문헌

H. Capitant, F. Terré et Y. Lequette, *Les grands arrêts de la jurisprudence civile*, T. 2, *Obligations, Contrats spéciaux, Sûretés*, 12e éd, Dalloz. 2008.

Ph. Delebecque et F.-J. Pansier, *Droit des obligations, Contrat et quasi-contrat*, 5e éd., LexisNexis, 2010.

M. Fabre-Magnan, *Droit des obigations, 2 - Responsabilité civile et quasi-contgrats*, 3e éd., Thémis droit, Puf, 2007.

B. Fages, *Droit des obligations*, 5e éd., LGDJ, 2015.

J. Flour, J.-L. Aubert et E. Savaux, *Droit civil, Les obligations, 2. Le fait juridique*, 14e 2 éd., Sirey, 2011.

Ph. Malinvaud et D. Fenouillet, *Droit des obligations*, 12e éd., LexisNexis, 2012.

Ph. Malaurie, L. Aynès et Ph. Stoffel-Munck, *Les obligation*, 5e éd., Defrénois, 2011.

M. Poumarède, *Droit des obligations*, 2e éd., Montchrestien, 2012.

F. Terré, Ph. Simler et Y. Lequette, *Droit civil, Les obligations*, 11e éd., Dalloz, 2013.

Mémento Pratique, *Procédure civile*, Francis Lefebvre, 2016-2017.

A. Bénabent, *Droit des obligation*, 15e éd, LGDJ, 2016.

G. Chantepie et M. Laina, *La réforme du droit des obligations*, Dalloz, 2016.

F. Chénedé, Le nouveau droit des obligations et des contrats, Dalloz, 2016.

O. Deshayes, Th. Genicon et Y.-M. Laithier, *Réforme du droit des contrats, du régime général et de la preurve des obligations*, Lexis Nexis, 2016.

M. Fabre-Magnan, *Droit des obligations, 1 - Contrat et engagement uniliatéral*, 4e éd., puf, 2016.

B. Mercadal, *Réforme du droit des contrats, Ordonnance du 10 février*

2016, Editions Francis Lefebvre, 2016.

C. Renault-Brahinsky, *L'essentiel de la Réforme du Drloit des obligations*, 1re éd., Gaulino, 2016.

Rapport au Président de la République relatif à l'ordonnance no 2016-131 du 10 février 2016 portant réforme du droit des contrats, du régime général et de la preuve des obligations, Journal Officiel de la Publique Française du 11 février 2016.

Jurisclasseur, *Quasi-Contrats, Enrichissement sans cause, Conditions de l'action en restitution de l'enrichissement sans cause, Déplacement de valeur, Absence de cause*, par X. Pin. 2007.

'Jurisclasseur, *Quasi-Contrats, Enrichissement sans cause, Conditions de l'action en restitution de l'enrichissement sans cause, Absence de faute, Absence d'une autre action*, par X. Pin. 2007.

제 3 장

프랑스민법전상 선의점유자의 과실수취권과 개정 채권법상 반환관계에서의 과실반환의무* **

- 프랑스민법전상 반환관계와 부당이득의 관계 -

남 효 순

Ⅰ. 서　　론

프랑스민법전은 개정 전부터 제2권(물건과 소유권의 여러 변경)의 제2편(소유권)에서 물건의 선의점유자에 대하여 과실수취권(제549조와 제550조)을 규정하고 있었다.[1] 선의점유자의 과실수취권은 소유자가 물건의 반환청구의 소(action en revendication)를 제기하는 경우에 선의점유자가 부담하여야 하는 과실의 반환의무에 관한 규정이다. 개정 전 프랑스민법전에는 무효, 해제 등의 경우에 해당하는 급부반환관계

* 이 연구는 서울대학교 법학발전재단 출연 법학연구소 기금의 2018년도 학술연구비(공동연구) 지원을 받았음.

** 이 글은 2017. 12. 22. "부당이득반환의 비교법적 연구와 민법개정"에서 발표한 내용을 수정한 것으로 같은 제목으로 저스티스 통권 제169호(2018. 12)에 게재되었다. 당시 소중한 토론을 하여 주신 정태윤, 권영준 교수님께 깊은 감사의 말씀을 전한다.

1) 프랑스민법전은 물권법과 채권법이 구분되어 편제되어 있지 않다. 예를 들면, 제2권뿐만 아니라 제4권 제2편(물적담보)도 물권과 관련된 부분이다. 이들 부분은 실질적 의미의 물권법에 해당한다. 이하에서 이 부분을 물권법이라고 부르기로 한다.

를 규율하는 일반규정이 존재하지 않았고, 다만 계약의 무효 및 해제, 준계약 등에서 급부반환관계를 개별적으로 규정하고 있었을 뿐이었다. 그런데 2016년 개정 프랑스민법전은 제3권(소유권을 취득하는 여러 방법)의 제4편(채권의 일반적 법률관계)(le régime général des obligations)을 규율하면서 제5장에 급부반환관계(les restitutions)를 신설하여 제1352조 내지 제1352-9조의 규정들을 새로 두었다.[2] 이 규정들은 무효, 해제 등이 발생한 경우 소유자가 물건, 금전 및 용역 등의 반환을 청구하는 경우 그와 더불어 반환의무자의 선의와 악의를 구별하여 과실, 이자 및 사용이익(이하 과실)의 반환을 규정하고 있다. 따라서 2016년 채권법의 개정으로 인하여 선의점유자의 과실수취권과 반환관계에서의 과실의 반환이 어떠한 관계에 놓이는지가 문제된다.[3] 즉, 채권법의 개정에 의하여 과실의 반환에 관한 규율이 선의점유자의 과실수취권에 관한 규율을 배제하게 되어 후자가 사문화된 것인지, 아니면 채권법의 개정에 의하여 선의점유자의 과실수취권이 수용되었는지가 문제이다. 만일 후자라면 과실반환에 관하여 물권법과 채권법이 중복적으로 존재하게 되어, 양자의 관계가 어떠한 관계에 놓이는지, 즉 채권법 개정의 의미가 무엇인지가 문제된다고 할 것이다.

한편 우리 민법의 경우 물권법 제201조는 선의점유자의 과실수취권을 인정하지만, 부당이득에 관한 일반규정인 채권법 제748조는 문언상 선의의 반환의무자의 과실수취권을 인정하지 않아서 양자가 충돌하는 문제가 있다. 이에 대하여 물권법상의 선의점유자의 과실수취권은 원물을 반환하는 경우에만 인정되고 반면에 가액반환의 경우에는 부당이득제도의 일반법리에 따른다고 하는 학설과 반대로 물권법상 선의점유자의 과실수취권은 침해부당이득에만 인정되고 기타 급부

2) les restitutions(제3권 제4편 제5장)은 무효, 실효, 해제, 비채변제의 경우에 발생하는 급부반환관계를 규율하고 있다. 이하에서 반환관계란 급부반환관계를 말한다.
3) 이하에서 2016년 프랑스민법전의 개정을 채권법의 개정으로 부르기로 한다.

부당이득의 경우에는 부당이득제도의 일반법리가 적용된다는 학설이 대립하고 있다. 학설은 선의점유자의 과실수취권을 인정하는 범위에서만 차이가 있을 뿐 부당이득의 반환에서도 선의점유자의 과실수취권을 인정하고 있다. 이러한 이유에서 프랑스의 경우 선의점유자의 과실수취권이 반환관계에서 어떻게 수용되고 있는지를 검토할 필요가 있는 것이다.

이하에서 먼저 채권법의 개정 전과 후의 반환관계와 부당이득을 간단히 살펴본다(Ⅱ). 이는 프랑스민법전에서의 채권법상의 반환관계의 선이해를 위하여 필요한 부분이다. 이어서 개정 후의 채권법상의 반환관계를 검토한다(Ⅲ). 그리고 물권법상의 선의점유자의 과실수취권을 검토한다(Ⅳ). 이상의 검토에 기초하여 물권법상의 선의점유자의 과실수취권과 개정 채권법상의 (과실)반환관계를 알아본다(Ⅴ). 즉, 물권법상의 과실수취권에 관한 규정이 반환관계의 과실반환과 관련하여 갖는 법적 의미와 역할이 무엇인지를 살펴본다. 마지막으로 프랑스 채권법 개정의 우리 민법의 개정에 대한 시사점을 알아본다(Ⅵ).

Ⅱ. 채권법 개정 전과 후의 반환관계와 부당이득

프랑스민법상의 반환관계와 부당이득에 대하여 개정 전과 개정 후를 비교하여 살펴본다.[4]

1. 채권법 개정 전의 반환관계와 부당이득

개정 전 프랑스민법전은 반환관계에 대하여 일반규정이 존재하지 않았었다. 반환관계가 발생하는 무효, 실효, 해제, 비채변제의 경우에 대하여 각각 개별적으로 규정을 두었을 뿐이었다. 그 중에서도 비채변제의

---

4) 개정 채권법에서는 반환관계와 부당이득을 구별하여 규율함에 따라 이에 맞추어 채권법의 개정 전에도 이를 구별하여 기술하기로 한다.

반환관계에 관한 규정이 다수였다.[5] 비채변제에 해당하는 규정으로 제1376조부터 제1381조가 있었다. 그리고 변제의 부분에 규정되었던 제1235조도 비채변제를 보완하는 규정으로 해석되었다. 또 이를 보충하는 판례가 있었다. 따라서 비채변제에 관한 규정과 그에 관한 판례가 반환관계의 일반적 규율에 해당하였다.[6]

개정 전 제1376조는 비채변제의 수령자는 수령한 것을 반환하여야 하고, 제1378조는 악의의 수령자는 원본뿐만 아니라 변제가 있은 날 이후의 이자 또는 과실을 반환하여야 한다고 하였다.[7] 본조의 반대해석으로 선의의 수령자는 반환일까지는 이자 또는 과실을 반환하지 않는 것으로 보았다.[8] 판례도 비채변제에 관한 판례를 무효 등의 경우에 준용하여, 반환일까지의 과실수취권을 인정하였다.[9] 또 제1379조는 원물반환의 원칙과 그것이 불가능한 경우 가액반환의 원칙을 규정하였고, 선의수령자가 물건을 매각한 때에는 매각대금을 반환하여야 한다고 규정하였다.

한편 이상의 관계 외에도 반환관계라고 볼 수 있는 것이 있다. 이른바 침해부당이득이 발생한 경우이다. 그런데 1804년에 제정된 프랑스민법전은 이를 알지 못하였다.[10] 판례는 이를 처음에는 사무관리에 준하여

---

5) 개정 전의 비채변제에 대하여 자세한 것은 남효순, "개정 프랑스민법전(채권편)상의 비채변제와 (협의의) 부당이득", 저스티스 통권 제164호(2018. 2), 3면 참조.

6) Y. Bufelan-Lanore et V. Larribau-Terneyre. *Droit civil, Les obligation*, 15e éd, Sirey, 2017, n° 778, p. 253.

7) Ancien Article 1378 S'il y a eu mauvaise foi de la part de celui qui a reçu, il est tenu de restituer, tant le capital que les intérêts ou les fruits, du jour du paiement(수령을 한 자가 악의였던 경우에는 그는 변제일 이후의 원본뿐만 아니라 이자 또는 과실을 반환하여야 한다).

8) Th. Douville, *La réforme du Droit des contrats, commentaire article par article*, Gualino, 2016, p. 402.

9) Cass. 3e Civ., 28-6-1983 n° 81-14.889, *Bull. civ*, Ⅲ n° 148; Cass. com. 28-4-2004 n° 02-21.585, RIDA 8-9/04 n° 1062.

10) 1804년 제정 당시 프랑스민법전상의 부당이득제도에 대하여는 남효순, 앞의 논문

해결하다가, 나중에는 그 근거를 형평(équité)에서 찾아 규율하기 시작하였다. 그 후 19세기말에 이르러 판례는 "누구도 타인을 침해하여 이득을 누릴 수 없다"(nul ne doit s'enrichir aux depens d'autrui)라는 근거하에 이를 부당이득(enrichement sans cause)이라는 이름으로 규율하기에 이르렀다.[11] 그리고 부당이득의 효과를 구체적으로 어떻게 규율할 것인지에 대하여는 그 후 학설과 판례가 발전하였다. 학설과 판례에 의하면 부당이득의 반환은 이득과 손실 중 적은 것을 반환하여야 하고, 법관은 손실자에게 과실(過失)이 있는 경우에는 이를 참작하여 반환할 것을 정하였다.

2. 채권법 개정 후의 반환관계와 부당이득

개정 채권법은 반환관계와 부당이득을 구별하여 규정하고 있다. 이는 프랑스민법전의 중요한 개혁에 해당하는 것이다.[12] 개정 채권법상의 반환관계의 근거가 무엇인지에 대하여는 후술하는 바와 같이 일치하지 않고 있다. 그러나 부당이득으로 보지 않는 것만은 사실이다. 반환관계가 이른바 급부부당이득의 반환관계에 해당한다면, 부당이득의 반환은 침해부당이득의 반환관계에 해당한다고 볼 수 있다.[13]

(1) 반환관계

개정 채권법은 무효, 해제, 실효, 비채변제의 효과로서 반환관계(제3권 제4편 제5장, 제1352조 내지 제1352-9조)(restitutions)를 규율하고 있다. 또 개정 채권법은 비채변제의 경우에도 상환(répétition)이라는 용어를 반환이라는 용어로 대체하고 있다. 이는 비채변제를 기존의 무효, 해제 등의 반환관계에 동일하게 포함시키고자 하는 의도에 의한 것이다. 그리고 비채변제의 경우는 특별규정을 두지 않는 경우에

(주 5), 17-21면 참조.

11) Req., 15 juin 1892.

12) G. Chantepie et M. Latina, *La réforme du droit des obligations*, n° 1053, p. 893.

13) 그러나 반환관계에는 비채변제의 반환관계도 있으므로 엄밀히 말하면 이를 급부부당이득이라고 볼 수 없다.

만 반환관계의 적용을 받도록 하고 있다.[14] 여기서 비채변제가 종래의 반환관계에서 가지던 일반적 지위가 예외적인 지위로 변경되었음을 의미하는 것이다.

(2) 부당이득

개정 채권법은 종래 판례에 의하여 규율되던 부당이득의 반환관계를 수용하고(제3편 제3부속편), 이를 종래 판례와 달리 "enrichement injustifié"라고 불렀다. 이로써 반환관계가 부당이득과는 구별되는 프랑스민법전의 전통이 그대로 계승된 것이다. 제1303조에 의하면 사무관리 및 비채변제 이외의 경우 타인을 해하여 부당한 이득을 얻은 자는 손실을 입은 자에게 이득과 손실 중 적은 가액에 해당하는 배상을 하여야 한다.[15] 본조의 실질적인 의미는 부당이득이 사무관리와 비채변제보다 일반적이라는 것을 말하는 것이 아니라, 사무관리와 비채변제가 성립하지 않는 경우에 예외적으로 부당이득이 성립한다는 것을 말하는 것일 뿐이라고 한다.[16] 그 결과 부당이득은 매우 협소한 법률관계를 가리키게 된다.[17]

한편 부당이득은 손실자에 의한 채무이행으로 인한 것이 아니거나 증여의 의사로 인한 것이 아닌 것이어야 성립한다(제1303-1조).[18] 다만, 귀농자가 전화선을 끌어와서 전화를 설치한 경우에는 이웃도 전화선을 설치가 용이하여졌음을 이유로 부당이득을 청구하는 경우와

14) 자세한 사항은 남효순, 앞의 논문(주 5), 17면 참조.

15) 프랑스민법전은 채권을 발생시키는 계약과 손해배상책임 이외에 '기타 연원'(제3권 제3부속편)으로서 사무관리, 비채변제와 부당이득을 규정하고 있다(제3장, 제1303조 내지 제1303-3조). 이는 채권의 발생연원으로 비채변제는 무효 등과 구별되어 규정되고 있을 뿐, 효과에 있어서는 무효 등의 반환관계와 원칙적으로 동일하다.

16) M. Fabre-Magnan, *Droit des obligations, 1-Contrat et engagement uniliatéral*, 4e éd., puf, 2016. p. 501.

17) 이러한 점에서 프랑스민법상 부당이득제도가 우리나라의 부당이득과는 다른 점이다.

18) 개정 프랑스채권법상의 부당이득제도에 대한 자세한 사항은 남효순, 앞의 논문(주 5), 17-33면 참조.

같이, 손실자가 개인적인 이익을 얻을 목적으로 이루어진 행위로 이득자에게 부당이득을 청구하는 것은 인정되지 않는다(제1303-2조 제1항).[19] 또 손실자에게 다른 소가 인정되거나 또는 시효와 같은 법적 장애가 있을 경우에는 부당이득소권이 인정되지 않는다(제1303-3조). 이것이 이른바 '보충성의 원칙'(principe de subsidiarité)이다.[20]

개정 채권법은 부당이득의 효과는 종래 학설과 판례가 인정하여 오던 것을 그대로 수용하여 3개의 조문을 두고 있다. 부당이득의 효과로 이득자는 이득과 손실 중 적은 가액을 배상하여야 한다(제1303조). 이를 '이중한도의 원칙'(règle de double plafond)이라고 한다.[21] 개정 채권법은 이득이 손실자의 과책에 의한 것일 경우에는 법관은 배상을 경감할 수 있는 특칙을 두고 있다(제1303-2조, 제2항). 또 수익자가 악의인 경우에 이득과 손실 중 '보다 큰 가액'의 배상을 부과하는 특칙을 두고 있다(제1303-4조 제2문). 이상에서 보았듯이, 부당이득의 경우에는 반환관계(제1352조 내지 제1352-9조)에 규정된 효과가 적용되지 않는다.

Ⅲ. 개정 후의 채권법상의 반환관계

개정 채권법상 반환관계의 법적 기초, 발생원인 그리고 반환관계의 내용(제1352조 내지 제1352-9조)에 대하여 살펴본다. 개정 프랑스민법전은 제3권 3편에서 반환관계의 발생원인인 무효(제1178조~제1185조), 실효(제1186조~제1187조), 해제(제1224조~제1230조), 비채변제(제1302조~제1302-3조)에 대하여 개별적으로 규정을 두면서, 그 효과에 대해서는 제4편(채권관계의 발생연원) 제5장(제1352조~제1352-9조)의 독립적인 장을 두어서 반환관계의 일반적 규율을 받도록 하고 있다. 즉, 각 발생원인의 효과에 대하여는 특별한 예외규정이 없는 한 반환관계

19) 자세한 것은 남효순, 앞의 논문(주 5), 27면 참조.
20) 남효순, 앞의 논문(주 5), 21면 참조.
21) 남효순, 앞의 논문(주 5), 31면 참조.

에 따르도록 규정하고 있다.

1. 채권법상의 반환관계의 법적 기초

반환관계의 법적 기초가 무엇인지가 문제이다.[22] 즉, 개정 채권법이 여러 법률관계를 하나의 독자적인 반환관계로 규율하는 근거가 무엇인지가 문제이다.

(1) 비채변제설

비채변제가 반환관계의 근거라는 견해이다.[23] 이는 채권법 개정 전의 견해이다. 이 견해에 근거하여 채권법의 개정시에 반환관계를 비채변제에 포함시키고자 하는 제안이 있었다.[24]

(2) 계약의 소급효설

반환관계의 근거를 계약소멸의 소급효에서 찾으려는 견해이다.[25] 이 견해는 채권법의 개정전에 있었던 "계약의 무효에 따른 반환관계는 비채변제가 아니라 (계약의) 무효의 원칙들에 속하는 것이다."는 판례를 근거로 한다.[26]

(3) 사실적 효력설

계약의 법적 효력(effets juridiques)과 사실적 효력(effets matériels)

---

22) 채권법의 개정을 위한 Catala 개정 시안은 계약의 소급효설, Terré 개정시안은 비채변제설에 근거하였었다(G. Chantepie et M. Latina, *op. cit.*, n° 1053, p. 893).

23) P. Stoffel-Munck, RDC 2004, n° 2, p. 265 par V. Forti, *Régime général des obligations-Restitutions*, JurisClasseur Civil Code, Art. 1352 à 1352-9, 2018, n° 2.

24) F. Terré, *Pour une réforme du régime général des obligations*, Dalloz 2013, art. 1.

25) F. Terré, Ph. Simler et Y. Lequette, *Les obligations*, Dalloz, coll. Précis, 2013, n° 423.

26) "Les restitutions consécutives à une annulation ne relèvent pas de la répétition de l'indu mais seulement des règles de la nullité"(Cass. 1er civ. 24 sept. 2002, 0021.278, *Bull, civ.* Ⅰ, n° 218).

을 구별하여, 반환관계의 근거를 후자에서 찾는 견해이다. 즉, 무효는 계약의 효력을 제거하지만, 반환관계는 계약과는 반대로 계약에 의하여 발생한 사실적 효력을 제거하는 데에 있다고 한다.27)

(4) 법률규정설

반환관계는 계약으로부터 분리된 결과 그 근거를 법률규정에서 찾는다.28) 즉, 급부의 반환근거는 법률규정의 독자성에서 찾는다.

(5) 결 어

채권법 개정자들은 급부의 반환근거에 대하여 어떠한 근거도 제시하지 않고 있다. 우선 비채변제설에 대해서는 반환관계가 구 채권법상의 비채변제를 참조한 것은 사실이지만, 반환관계는 비채변제 이상이라는 비판이 있다.29) 또한 계약의 소급효설은 계약의 무효에 대하여는 근거가 될 수 있을지 모르지만, 해제의 경우 소급효에 대하여 논란이 있고 또 실효의 경우에는 계약의 소급효가 전혀 문제되지 않는다는 점에서 타당하지 않다는 비판이 있다.30) 또 개정 채권법상의 반환관계의 근거를 형식적으로는 법률의 규정에서 찾는 견해도,31) 실질적으로는 그 원인을 묻지 않고 급부가 행하여졌다는 사실적 효력을 제거하기 위한 것이라는 견해도 반환관계의 근거를 기존의 제도와는 구별하려는 것이라고 할 것이다. 요컨대 이 문제는 학설과 판례의 발전에 맡겨져 있다고 하겠다.

---

27) C. Guelfucci-Thibierge, *Nullité, restitutions et responsabilité*, LGDJ, 1992, n° 927, par V. Forti, *op. cit.*, n° 2.

28) G. Chantepie et M. Latina, *op. cit.*, n° 1054.

29) O. Deshayes, E. Gnicon et Y.-M. Laithier, *Réforme du droit des contrats, du régime général et de la preuve des obligations*, Lexis Nexis, 2016. p. 800.

30) G. Chantepie et M. Latina, *op. cit.*, n° 1054. p. 895; V. Forti, *op. cit.*, n° 2.

31) G. Chantepie et M. Latina, *op. cit.*, n° 1053. p. 894; O. Deshayes, E. Gnicon et Y.-M. Laithier, *op. cit.*, p. 801; V. Forti, *op. cit.*, n° 2.

2. 반환관계의 발생원인

개정 채권법은 반환관계의 발생원인으로 무효, 실효, 해제(해지), 비채변제를 규정하고 있다. 그 밖에 개정 채권법이 명문으로 규정하고 있지 않은 불기재의 의제(réputé non ecrit)(제1170조, 제1345-5조 제4항)와 해제조건의 성취(제1304-7조)에 대하여도 적용되는지에 대하여는 견해가 대립하고 있다.[32]

(1) 무효 및 실효

개정 채권법은 무효(nullité)와 실효(caduicité)를 계약에 대한 제재(sanction)로서 규율하고 있다.[33] 계약이 무효인 경우 이행된 급부는 반환관계에 규정된 요건에 따라 반환하도록 규정하고 있다(제1178조 제3항). 또 개정 채권법은 실효가 발생한 경우에도 역시 반환관계에 따르도록 규정하고 있다(제1187조 제2항).

(2) 해 제

개정 채권법은 계약의 불이행의 효과로서 해제를 규정하고 있다. 해제에 의하여 계약은 종료된다(제1229조 제1항). 개정 채권법은 해제의 효과를 교환된 급부의 효용 내지는 기능에 따라 두 가지 유형으로 구분한다. 첫째, 교환된 급부가 해제된 계약의 완전한 이행에 의해서만 효용이 있을 경우에는 당사자들은 받은 것 전부를 서로 반환하여야 한다고 규정한다(제1229조 제3항 제1문). 이것이 이른바 계약이 전부 소멸하는 일반적 해제의 효과이다. 둘째, 교환된 급부가 계약의 상호이행이 진전됨에 따라 효용이 증가하는 경우에는 상대방으로부터

32) 이에 대하여는 V에서 살펴본다.

33) 이들의 경우 계약이 효력을 발생하지 못한다는 점에서 계약에 대한 제재(제3권 제3편 제1부속편 제4절)라고 보는 것이다.

수령하지 못한 마지막 급부에 앞선 기간 동안에 수령한 급부는 반환할 필요가 없다고 규정한다(제1229조 제3항 제2문). 이것이 바로 이행된 부분에 대한 계약의 소멸을 인정하지 않고 장래에 향해서만 소멸하는 해지(résiliation)의 효과이다.[34] 해지는 일시적 계약뿐만 아니라 계속적 이행계약에도 적용될 수 있다. 이 경우에도 역시 반환관계(제1352조 내지 제1352-9조)에 규정에 따라 반환하도록 규정하고 있다(제1229조 제4항).

(3) 비채변제[35]

비채변제(paiment de l'indu)(제2장, 제1302조 내지 제1302-3조)란 채무가 없음에도 불구하고 변제하는 것을 말한다. 우선 자연채무에 대하여는 반환을 인정하지 않는다(제1302조 제2항). 그러나 법적 채무가 없음에도 불구하고 변제가 이루어진 절대적 비채변제의 경우에는 반환관계를 인정한다. 이 경우 수령자와 변제자의 착오를 요구하지는 않는다(제1302조 제1항). 이에 반하여 채무자가 아닌 자가 타인의 채무를 변제하는 상대적 비채변제의 경우에도 반환관계를 인정하지만, 수령자는 착오로 또는 비채변제임을 알고 수령한 경우에는 채권자에게 반환하여야 한다(제1302-1조). 또 변제자는 착오로 또는 강제에 의하여 변제를 한 경우에는 채권자에게 반환을 청구하거나(제1302-2조 제1항 제1문) 또는 채무자에 대하여도 반환을 청구할 수 있다(제1302-2조 제2항). 그러나 채권자가 증서를 훼멸하거나 담보를 포기한 경우에는 변제자는 진정한 채무자에게만 반환관계를 청구할 수 있다(제1302-2조 제1항 제2문).

비채변제의 경우에도 반환관계에 따라 반환관계가 이루어지도록

---

34) 개정 채권법은 교환된 급부의 효용이라는 새로운 기준에 의하여 해지의 효과를 정하고 있다.

35) 개정 프랑스채권법상의 비채변제의 요건과 효과에 대한 자세한 사항은 남효순, 앞의 논문(주 5), 4-17면 참조.

규정하고 있다(제1302-3조 제1항). 다만, 개정 채권법은 특칙을 두고 있는바, 법관은 변제자의 과책을 이유로 반환을 경감할 수 있다(제2항). 이는 판례를 수용한 결과인바, 법관은 변제자의 과책을 고려하여 반환하는 종류물의 범위를 제한하거나 특정물에 대하여 변제자와 반환의무자의 공유를 인정할 수도 있다.

3. 반환관계의 내용

개정 채권법은 반환관계로 반환의 대상이 물건(제1352조 내지 1352-7조)인 경우와 용역(제1352-8조)인 경우를 구별하여 규정하고 있다. 전자의 경우에는 반환의무자가 선의냐 악의냐에 따라 반환범위를 달리 규정하고 있으나(제1352-7조), 후자의 경우에는 그러하지 않다(제1352-8조).

(1) 물건의 반환

개정 채권법은 반환의 대상이 물건인 경우에는 다시 금전 이외의 물건(제1352조 내지 제1352-5조)이냐 아니면 금전(제1352-6조)이냐 따라 구별하고 있다. 전자의 경우는 원물의 반환의 원칙이 적용되지만, 금전인 경우에는 원물의 반환이 무의미하기 때문이다.[36]

1) 금전 이외의 물건

물건의 반환은 개정 전과 비교하여 다음과 같은 특징이 있다. 개정 전(제1381조)에는 유익비도 보존을 위하여 필요한 경우에만 반환이 인정되었다. 그러나 개정 후(제1352-5조)에는 가치증가분을 한도로 보존과 관련이 없는 유익비도 반환을 인정하고 있다. 다만, 유익비는 반환일을 기준으로 산정한 가치증가의 한도내에서 유익비를 계산하여야 한다.

36) Y. Bufelan-Lanore et V. Larribau-Terneyre, *op. cit.*, n° 781, p. 254.

① 원물반환의 원칙과 가액반환의 예외

제1352조는 물건의 반환은 원물이 있으면 이를 반환하여야 하는 '원물반환의 원칙'(principe de la restituiton en nature)을 규정하고, 원물반환이 불가능한 경우에는 가액반환을 인정하고 있다. 이 경우 가액반환은 반환일을 기준으로 산정된 가액에 의하여야 한다(제1352조). 여기서 원물반환의 불능이란 물리적 불능이든 법률적 불능이든 불문한다. 개정 채권법은 법률적 불능의 한 예로서 수령자가 원물을 매각한 경우에 대하여 특별규정(제1352-2조)을 두고 있다. 여기서 매각이라 하면 계약만으로 소유권이전의 효과가 있는 경우를 말한다. 원물을 매각한 경우의 가액반환은 다음과 같이 이루어진다.[37] 첫째, 제1352-2조(제1항)에 의하면, 선의로 물건을 수령하여 그 물건을 매각한 자는 매각대금을 반환하면 된다. 반환의무자는 매각대금이 물건의 가액을 상회하든 그렇지 않든 대금만 반환하면 되는 것이다. 가액반환의 일반적인 경우와는 달리 매각시의 매각대금을 반환하면 된다. 이는 개정 전(제1380조)의 규율한 내용과 동일하다. 둘째, 제1352-2조(제2항)에 의하면, 악의로 물건을 수령한 경우에는 반환의무자는 반환일의 가액이 대금을 상회하는 때에는 그 가액을 반환하여야 한다.[38] 따라서 매각대금이 반환시의 가액을 하회하는 때에는 반환일의 가액을 반환하면 된다.

② 가치감소액의 반환

제1352-1조는 물건을 반환하는 자는 그가 선의이고 그의 과책에 의한 것이 아닌 한 손상(dégradation) 또는 훼손(détérioration)으로 인한 가치의 감소는 책임지지 않는다.[39] 여기서 가치의 감소란 물건을

37) V. Forti, Art. 1352 à 1352-9, Juris Classeur Civil Code, n° 29.

38) 개정 전(제1380조)에는 악의의 반환의무자에 대하여는 규정을 두지 않아 의문이 있었는데, 제1352-2조(제2항)은 이를 명확하게 규정하고 있다.

39) 손상(dégradation)과 훼손(détérioration)은 동일한 의미라고 볼 것이다.

수령한 시점과 반환하는 시점 사이에 물건에 발생한 가치의 감소를 말한다. 제1352-1조에 관하여는 세 가지의 의문이 제기되고 있다. 첫째, 물건의 손상과 훼손에 의한 가치의 감소가 물건의 통상적인 사용에 따른 가치감소, 즉 감가상각(usure de la chose)을 포함하느냐는 것이다. 이에 대하여는 종래의 판례와 같이, 감가상각은 포함되지 않는다고 한다.[40] 둘째, 제1352-1조에 의하면, 반환의무자가 선의이고 또 손상 또는 훼손이 그의 과책에 의한 것이 아닌 경우에는 책임을 지지 아니한다. 우선 악의자는 손상 또는 훼손이 그의 과책으로 발생하였는지 여부를 묻지 않고 가치감소를 반환하여야 한다. 선의의 반환자는 자신이 권리자가 아니라는 것을 몰랐으므로 손상 또는 훼손이 그의 과책에 의하여 발생한다는 것은 쉽사리 인정하기가 어려울 것이다. 선의의 반환의무자는 소유자처럼 물건을 마음대로 사용할 수 있고 심지어는 비합리적인 방법으로도 사용할 수 있기 때문이다. 그런데 문제는 선의자가 물건을 멸실시킨 경우이다. 멸실은 전부 멸실(perte totale)을 부분적 멸실(perte partielle)을 말하는 것으로서 정도의 차이가 있을 뿐이다. 제1352조와 제1352-1조를 종합하여 해석하면, 선의의 반환의무자는 자신의 과책에 의하지 않고 물건이 멸실된 경우에는 가액반환의무도 없다고 한다.[41] 셋째, 제1352-1조의 해석이다. 하나는 '책임을 진다'(répondre)라는 것을 강조하여 반환의무자는 손해배상책임을 진다는 해석이 있다.[42] 다른 하나는 '가액을 감소시킨다'(diminué le valeur)는 것을 중점을 두어서 물건의 부분적 반환을 보충하는 가치의 부분적 반환을 의미하는 것이라는 해석이 있다.[43] 후자가 타당하다고 한다.[44]

---

40) V. Forti, *op cit*, n° 32.

41) V. Forti, *op. cit.*, n° 33.

42) G. Chantepie et M. Latina, *op. cit.*, n° 1064.

43) O. Deshayes, E. Gnicon et Y.-M. Laithier, *op. cit.*, p. 810.

44) V. Forti, *op. cit.*, n° 34.

③ 비용(필요비와 유익비)의 공제

제1352-5조에 의하면, 반환금액을 정하기 위해서는, 물건의 보존에 필요한 비용과 반환일에 산정된 가치증가분을 한도로 하는 물건의 가치를 증가시킨 비용을 공제하는 것을 고려하여야 한다. 우선 제1352-5조에 의하면, 반환금액을 정하기 위해서는 유익비를 고려하여야 한다. 첫째, 가치증가란 물건의 관리에 의한 것이 아니라 비용에 의한 것을 말한다. 따라서 비용에 의하지 않은 가치증가는 고려되지 않는다. 둘째, 유익비의 반환은 가치증가분을 한도로 한다. 따라서 유익비가 가치증가분을 초과한 때에는 후자가 기준이 되고, 반대로 가치증가분이 유익비를 초과한 때는 가치증가분이 된다. 셋째, 가치증가는 반한일을 기준으로 산정한다. 따라서 비용은 지출일을 기준으로 하고, 가치증가는 반환일을 기준으로 한다.[45] 따라서 반환금액을 정하기 위해서는 반환일에 산정된 '가치증가'(plus-value)를 한도로 하여 유익비를 고려하여야 한다.

한편 제1352-5조에 의하면, 반환금액을 정하기 위해서는 물건의 보존에 필요한 비용을 공제하여야 한다. 필요비란 '가치감소'(moins-value)를 회피한 비용을 말한다. 첫째, 개정 채권법은 과실은 반환하여야 하므로, 보존비용은 언제나 공제하여야 한다. 둘째, 필요비는 사치비도 포함하는지가 문제이다, 개정 채권법 제1381조에 의하면, 물건의 반환을 받는 자는 악의인 점유자에 대하여도 물건의 보존을 위하여 필요하고(nécessaire) 유용한(utile) 비용을 반환하여야 한다. 그런데 제1352-5조는 비용의 유용성에 대하여는 언급이 없다. 따라서 제1352-5조의 문언에 충실한다면 필요비는 유용성을 불문하고 전부 반환되어야 한다. 셋째, 제1352-5조의 문언에 의하면, 필요비의 반환도 가치증가분을 한도로 공제되어야 하는 것처럼 규정하고 있다.[46] 그렇

45) V. Forti, *op. cit.*, n° 38.

게 되면 필요비가 가치증가분을 초과하는 경우에는 반환될 수 없다는 문제가 있다. 그러나 이것은 제1352-5조의 입법취지에 반하는 것이 된다. 따라서 필요비는 가치증가를 가져왔느냐는 결과를 묻지 않고 전부 반환되어야 하는 것으로 해석되고 있다. 즉, 가치증가분은 유익비에만 관련이 있는 것이다.

④ 과실과 사용이익의 반환

제1352-3조(제1항)에 의하면, 물건의 반환은 과실과 사용수익의 가액의 반환을 포함한다. 과실과 사용이익은 물건의 '효용'(utilité de la chose)에 관한 것이다. 사용이익(la jouissance de la chose)이란 물건을 사용함으로써 얻는 이익을 말한다. 본항은 주로 부동산을 반환할 경우에 문제되나 동산 반환의 경우에도 적용된다. 사용이익의 반환은 다음과 같이 이루어진다. 첫째, 사용이익의 반환은 물건이 원물로 반환되든 가액으로 반환되든 동일하게 발생한다. 둘째, 물건의 사용이익 가액의 평가방법은 명시적으로 규정되어 있지 않다. 사용이익이란 타인으로부터 받는 물건의 임료가 될 것이다. 따라서 부동산의 경우 해당 지역의 임료가 이에 해당한다. 셋째, 사용이익은 이익이 발생한 날의 가액이 아니라 선고일을 기준으로 평가된다(제1352-3조 제2항). 여기서 선고일(le jour de prononcement)이란 과실의 상환일(le jour de remboursement)과 같은 의미로서, 결국 사용이익의 반환일(le jour de restitution)을 가리킨다.[47]

46) 제1352-5조를 문언대로 해석하면 '급부반환금액을 정하기 위해서는, 반환일에 산정된 가치증가분을 한도로 하여, 물건의 보존에 필요한 비용과 물건의 가치를 증가시킨 비용을 반환하여야 하는 것을 고려하여야 한다(Pour fixer le montant des restitutions, il est tenu compte à celui qui doit restituer des dépenses nécessaires à la conservation de la chose et de celles qui en ont augmenté la valeur, dans la limite de la plus-value estimée au jour de la restitution). 가치증가분은 필요비와 유익비 모두에 해당하게 된다. 그러나 학설은 가치증가분은 유익비만 관련이 있는 것으로 해석하고 있다.

47) V. Forti, *op. cit.*, n°s 29-30.

한편 제1352-3조(제3항)에 의하면, 반대의 약정이 없는 한, 과실이 원물로 존재하지 않을 경우에는 채무변제일의 물건의 상태에 따라 상환일에 산정한 가액으로 반환이 이루어져야 한다. 본항은 사용이익의 반환의 경우보다는 더 상세한 규정을 두고 있다.[48] 첫째, 과실은 그 원물이 있으면 이를 반환하여야 한다. 둘째, 원물의 반환이 불가능한 경우에는, 제1352에 따라 가액반환이 이루어진다. 셋째, 가액은 상환일을 기준으로 정한다. 넷째, 가액은 물건의 수령 당시의 상태를 기준으로 하여 산정하게 된다. 제1352-3(제3항)이 '변제일의 상태(le jour du paiement de l'obligation)'라고 하는 것은 물건을 수령하는 날의 상태를 말하는 것이다. 예를 들면, 반환의무자가 수령한 부동산을 확장하여 임료를 받았을 경우, 사용이익이란 부동산의 수령 당시의 상태를 기준으로 하는 임료이지 확장된 부동산을 기준으로 하는 것은 아니다.[49] 다섯째, 당사자는 반대의 약정을 둘 수 있다. 본항만 반대의 약정을 둘 수 있음을 규정하고 있지만, 반대약정은 모든 반환관계에서 인정되는 것이다. 따라서 반대약정으로 반환의무자에게 과실반환을 면하게 할 수도 있고 또 과책이 있는 반환의무자에게만 과실반환을 명할 수도 있다.

2) 금전의 반환

금전의 반환에 관하여는 제1352-6조가 규정하고 있다. 우선 제1352-6조에 의하면 금전의 반환은 법정이율의 이자와 금전을 수령한 자가 납부한 세금을 포함한다. 여기서 금전의 이자는 물건의 사용이익과 다름이 없다. 즉, 악의의 수령자는 변제일 이후의 이자를 반환하여야 한다. 이에 반하여 선의의 수령자는 청구일 이후에 대해서만 반환하면 된다(제1352-7조). 그리고 여기서 세금이란 부가가치세(TVA)를

48) V. Forti, *op. cit.*, n° 30.

49) V. Forti, *ibid.*

말한다. 매도인이 매수인으로부터 지급받은 부가가치세를 반환하고 매도인은 국세청으로부터 세금을 반환받아야 한다. 이는 종전 판례의 내용을 반영한 것이다.[50)]

3) 반환의무자의 선의 · 악의

전술한 바와 같이, 개정 채권법은 물건을 반환하는 경우 과실 · 사용이익 · 이자의 반환과 관련하여 보충적인 규정을 두고 있다(제1352-7조). 개정 전 제1378조가 반환의무자가 악의인 경우에 대해서만 규정하였지만,[51)] 제1352-7조는 선의인 경우에 대해서도 명시적으로 규율하고 있다.[52)] 반환의 대상이 금전이냐 아니냐에 따른 구별은 없다. 반환하는 것이 물건일 경우에는 과실 · 사용이익을 반환하여야 하고(제1322-3조), 금전일 경우에는 이자를 반환하여야 하는데, 양자를 통일하여 동일한 규정을 두게 된 것이다.[53)]

제1352-7조에 의하면, 악의로 수령한 자는, '변제시부터' 이자, 수취한 과실 또는 사용이익의 가액을 반환하여야 한다. 변제시란 반환의무자가 금전 또는 금전 아닌 물건을 수령한 날을 의미한다. 이에 반하여 본조에 의하면, 선의의 수령한 자는 청구일(jour de la demande)로부터 반환하여야 한다(제1352-7조). 청구일이란 소송상 청구일을 말하는 것이다.[54)] 이처럼 선의와 악의를 구별하는 이유는, 악의일 경우

---

50) Cass. com. 26 juin 1990, n. 88-17892. 매도인이 부가가치세를 국세청으로부터 반환받은 후에야 매수인은 이에 대한 반환을 청구할 수 있는 것이 아니라, 매도인은 미리 반환하고 국세청에 환급을 청구하여야 한다.

51) 판례가 비채변제의 선의 반환의무자에게 과실수취권을 인정한 실질적인 근거는 제550조에서 있다고 한다.

52) B. Mercadal, *Reforme du droit des contats, Dossier Pratique*, Francis Lefebvre, 2016, p. 333.

53) 제1362-7조는 제1352-3조에 규정되어 있지 않은 이자의 반환도 추가하여 규정하고 있는데, 본조는 금전의 반환에 동일하게 적용되기 때문이다.

54) 청구일이란 반환청구자가 청구하는 날, 반환이 되어야 하는 날을 의미한다. 또 청구하는 날 점유자는 자신의 점유에 대하여 하자가 있음을 알게 되므로, 하자를 알게 된 날을 의미하고, 이때부터 선의가 중단된다(제550조 제2항). 또 청구일은 소

에는 이자, 과실 또는 사용수익을 반환하여야 할 것을 알고 있었을 것이고, 반대로 선의일 경우에는 그 반환청구자의 청구일부터 반환하여야 하는 것을 알았다고 볼 수 있기 때문이다.[55] 달리 말하면, 악의자는 적어도 변제일 이후의 이자, 수취한 과실 또는 사용이익을 보존하여야 할 것이고, 선의자는 변제일 이후에도 이자, 수취한 과실 또는 사용이익을 소비하거나 사용하였을 것이기 때문이다.[56] 결과적으로 제1352-7조에 의하여 선의의 반환의무자의 반환범위가 줄어들게 되는 것이다.

반환관계에서 선의·악의의 의미는 물권법 제550조의 그것과 동일하다.[57] 그런데 이러한 선의·악의의 판단이 해제의 경우에는 있을 수 없다는 문제가 있다. 왜냐하면 계약 당시의 해제란 있을 수 없고 또 계약을 해제하려는 악의적인 의사가 아닌 한 합의를 위반하거나 채무를 불이행하는 자의 의사를 반환관계에서의 악의로 볼 수 없기 때문이다.[58] 따라서 해제를 청구하는 경우에 비로소 악의가 된다는 문제점이 있다.[59] 이는 점유자의 과실수취권에서 해제의 경우에도 마찬가지였다.[60]

(2) 용역의 반환

용역(노무 또는 일)의 반환에서는 원물반환이 역시 금전의 반환에서와 마찬가지로 무의미하다.[61] 따라서 반환의무자는 수령한 용역에

를 제기한 날을 의미한다.

55) V. Forti, *op. cit.*, n° 46.

56) V. Forti, *ibid.*

57) Y. Bufelan-Lanore et V. Larribau-Terneyre, *op. cit.*, n° 787, p. 254; O. Deshayes, Th. Genicon et Y.-M. Laithier, *op. cit.*, p. 802;

58) O. Deshayes, Th. Genicon et Y.-M. Laithier, *op. cit.*, pp. 802-3.

59) 채권법 개정 전에는 해제는 재판상 해제였기 때문에 채무불이행의 의사만으로 악의라고 단정지을 수 없었다. 그런데 개정 채권법은 의사에 의한 해제 이외에 재판상 해제를 인정하고 있기 때문에 여전히 문제라고 할 것이다.

60) 후술하는 Ⅳ.3.(3).3) 참조.

대하여는 그 가액을 반환하게 된다. 제1352-8조에 의하면, 용역의 반환가액은 용역이 제공된 날을 기준으로 산정된다. 이는 종전의 판례를 수용한 것이다. 따라서 물건의 반환의 경우 원물이 불가능하면 그 가액은 반환일을 기준으로 함에 반하여, 용역의 경우는 제공된 날을 기준으로 하는 차이가 존재한다. 용역의 제공 후 가액의 증감이 있었더라도 묻지 않게 되어, 양자 사이에는 반환의 범위에서 상당한 차이가 발생하게 된다.

한편 용역가액의 반환에 있어서는 반환의무자의 선의·악의를 묻지 않는다. 이는 선의와 악의의 구분은 반환이 변제일을 기준으로 하느냐 아니면 청구일(반환일)을 기준으로 하느냐에 따른 차이인데, 용역가액의 반환은 변제일을 기준으로 하기 때문에 선의와 악의를 구분할 실익이 사라지기 때문이다.

Ⅳ. 물권법상의 선의점유자의 과실수취권

물권법상의 선의점유자 과실수취권의 입법취지, 성립요건과 효과에 대하여 살펴본다. 이를 설명하기에 앞서 과실의 의미와 분류에 대하여 먼저 살펴보기로 한다.

1. 과실의 의미와 분류

점용권에 관한 규정(제582조)은 과실을 다음과 같이 분류하고 있다. 과실에는 천연과실(fruits naturels)과 인공과실(fruits industriels)(제583조) 그리고 법정과실(fruits civils)(제584조)이 있다.

천연과실이란 토지로부터 자연적으로 산출되는 것을 말한다(제583조 제1항 제1문). 자연적으로 산출된다는 것은 인간의 노동이 가미되지 않고 산출된다는 것을 말한다. 풀과 재배되지 않은 과수의 과일이 이에 해당한

---

61) Y. Bufelan-Lanore et V. Larribau-Terneyre, *op. cit.*, n° 782, p. 254.

다. 동물의 새끼도 천연과실이다(제583조 제1항 제2문).

인공과실이란 경작에 의하여 토지로부터 산출되는 과실이다(제583조 제2항). 곡물이 이에 해당한다. 인공과실은 자연적으로 생산되는 것이 아니라 인간의 노동에 의하여 생산된다는 점에서 천연과실과 구분된다. 그런데 이 규정은 제정 당시의 농경시대의 토지의 경작을 전제로 하고 있어서, 오늘날의 산업사회에는 적합하지 않다. 따라서 인간의 노동으로 가치를 증가시켜서 산출되는 일체의 것이 인공과실에 해당한다고 보아야 한다.[62] 예를 들면, 영업권으로부터 산출되는 영업이익도 인공과실이 되는 것이다. 그러나 부부재산(régime matrimonial)의 경우에는 어려운 문제가 발생한다. 혼인 중의 부부재산 중에 산출되는 것은 보수(salaires)라고 하지만, 혼인이 해소된 후에는 산출물은 과실이라고 한다.

주택의 차임, 금전의 이자, 종신정기금(rente viagère)의 정기금(arrérage)(제584조 제1항)과 정액토지임대차의 차임을 법정과실로 규정하고 있다(제2항). 이처럼 법정과실이란 물건의 용익을 제3자에게 양도한 대가로서 정기적으로 산출되는 것을 말한다. 다시 말하면, 법정과실은 계약에 의하여 물건으로부터 얻게 되는 수익을 말한다.

2. 과실수취권의 입법취지

프랑스민법전은 원칙적으로 과실에 대한 권리는 소유자에게 있다고 규정하고 있다(제547조). 이를 소유자의 첨부권(droit d'accession)이라고 한다.[63] 그런데 이러한 첨부권에 대한 예외 중의 하나가 바로 선의점유자의 과실수취권이다.[64]

---

62) W. Dross, *Propriété.-Droit d'accession sur ce qui est produit par la chose*, Art. 547 à 550, JurisClasseur Civil, n° 4, p. 2(이하 W. Dross, Art. 547 à 550, JurisClasseur Civil).

63) 프랑스민법상 첨부권(제546조 내지 제577조)은 물건에 대한 소유자의 권리가 물건의 산출물, 부합물과 부속물에 확장되는 권리를 말한다. 이에는 인공적 첨부권과 자연적 첨부권, 부동산첨부권과 동산첨부권이 있다.

64) 프랑스민법의 경우도 점유물에 대하여 취득시효가 성립하지 않아 점유자가 물건

로마법은 점유자가 작물을 경작하여 토지에 노력을 기울인 것을 보상하기 위하여 선의점유자에게 과실수취권이 인정된다고 보았다. 그런데 이러한 주장은 과실수취권을 인공과실에만 인정하는 것이 되는데, 이는 현재의 과실수취권이 천연과실에 대해서도 인정된다는 것을 부정하는 것이 되기 때문에 더 이상 오늘날에는 주장될 수 없다.

선의점유자의 과실수취권의 근거는 두 가지 방향에서 찾고 있다. 하나는 이념적 근거이다. 선의점유자의 과실수취권은 형평의 원칙에서 그 이론적 근거를 찾고 있다. 즉, “선의점유자가 더 잘 생활하였다면, 점유가 종료되는 때에도 더 부자일리 없다”(Si le possesseur de bonne foi a mieux vécu, il n'en est pas plus riche à la fin de sa possession)는 것이다.[65] 선의점유자는 과실을 수취할 것으로 믿었기 때문에 원물을 관리하며 비용을 지출하는 행위를 한 것이다. 만일 선의점유자로 하여금 수년이 경과한 후에 상당한 가액에 달할 과실을 반환하도록 한다면, 그것은 그를 파멸시키는 것이 되어 형평에 부합하지 않는 것이다. 또 진정한 소유자는 자신이 재산을 관리하는 경우에도 과실은 소비하였을 것이므로, 선의점유자에게 과실수취권을 인정하는 것이 오히려 타당하다는 것이다. 반대로 진정한 소유자에게 과실수취권을 허락하는 것은 그가 하지 않은 행위로 인하여 이익을 취득하는 것이 된다. 선의점유자에게 과실수취권을 인정하는 것은 자신의 물건의 관리를 포기한 소유자에 대한 일종의 제재가 되는 것이다.

선의점유자의 과실수취권의 근거의 다른 하나는 법적 근거이다. 선의점유자의 과실수취권의 법적 근거를 선의취득(제2276조)에서 찾는다. 우선 Demolombe는 선의점유자의 과실수취권의 근거를 “동산

과 과실을 돌려주는 경우과실수취권의 문제가 발생하게 된다(W. Dross, *Droit civil, Les choses*, Lextensoéditions, n° 311, p. 559, 2012)(이하 W. Dross, *Droit civil*).

65) W. Dross, Art. 547 à 550, JurisClasseur Civil, n° 33, p. 9.

의 경우 점유는 권원의 값을 갖는다."(En fait de meubles possession vaut titre)는 선의취득의 원칙에서 찾았다.[66] 이에 대하여는 반론이 제기되었다. 첫째, 선의점유자의 과실수취권은 선의취득을 인정하지 않은 로마법에서도 인정되었다는 반론이 그것이다.[67] 둘째, 제2276조의 선의취득은 원물인 동산의 반환에 대하여만 인정되는 원칙임에 반하여, 제549조는 동산 또는 부동산을 불문하고 또 원물이 아니라 원물의 과실로서 반환을 부정하는 것이라는 반론이 그것이다.[68] 오늘날 선의점유자의 과실수취권은 물건의 반환을 요구하는 것에 대하여 예외를 인정하는 것으로, 단순히 점유자의 선의를 보호하는 것이라기보다는 물건을 활용한 자의 이익이라는 보다 더 상위의 이익을 보호하기 위하여 제2276조의 원칙이 적용되는 것이라고 본다.[69] 한편 선의취득의 요건이 선의점유자의 과실수취권에도 그대로 적용되는지가 문제이다. 선의취득이 인정되기 위해서는 선의자에게 무과실을 요구하지는 않는다. 그러나 학설과 판례는 선의취득의 경우 '선의'란 점유자가 자신에게 권원이 있음을 믿어야 한다고 보아, 의심이 있을 경우에는 선의가 배제된다고 한다.[70] 그런데 선의점유자의 과실수취권의 경우는 이러한 학설과 판례는 존재하지 않는다.[71]

3. 과실수취권의 성립요건

프랑스민법전(물권법) 제549조와 제550조에 의하면, 과실수취권

66) C. Demolombe, *Cours de Code napoléon; t. IX; Traité de la distinction des biens, t. I.* n° 622 par W. Dross, Art. 547 à 550, JurisClasseur Civil, n° 34, p. 9.

67) P. Jourdain, "*Les biens*", Dalloz 1995, n° 44, p. 51.

68) H., L. et J. Mazeaud, *Leçons de droit civil*, t. II, vol. 2, Biens, par F. Chabas, 8e éd., 1994, n° 1568; P. Jourdain, *op. cit.*, n° 44, p. 51.

69) W. Dross, Art. 547 à 550, JurisClasseur Civil, n° 34, p. 9.

70) F. Terré et Ph. Simler, *Droit civil, Les biens*, 10e éd., Dalloz, 2018, n° 469, p. 371. Req., 19 févr. 1873, DP 73, 1, 200; 14 nov. 1886, D. 88, 1, 129.

71) 선의의 개념은 3.(2)(과실수취권의 성립요건)에서 설명한다.

이 인정되기 위한 요건은 점유와 선의이다.

(1) 점 유

소유자가 과실이 있는 물건의 반환을 요구할 경우, 물건의 산출물인 과실에 대해서 선의인 점유자는 과실취득권이 인정된다. 과실취득은 취득시효(prescription acquisitive)의 효과가 아니므로, 취득시효의 요건을 갖춘 엄격한 의미의 법적 점유(possession civile)일 필요는 없고 비법적인 자연적 점유(possession naturelle)로 족하다. 다시 말하면, 물건에 대하여 사실상 행사된 점유이면 족한 것이다. 프랑스민법전 제549조는 이를 "단순점유(simple possession)"라고 표현하고 있다. 따라서 점유는 평온하고(paisible), 공연하고(publique), 계속되고(continué) 또 명확한(non équivoque) 것일 필요가 없다.[72] 다만, 이러한 하자 있는 점유는 많은 경우 악의점유의 징표가 되어 과실수취권이 인정되지 않을 수 있다.[73]

1) 무효, 해제 등으로 인한 점유

선의점유자의 과실수취권을 규율하는 제549조와 제550조는 소유자가 물건에 대하여 반환청구소권(l'action en revendication)을 행사하는 경우 반환의 법률관계를 규율하기 위한 규정들이다.[74] 물건을 반환하는 경우의 전형으로 거래가 무효가 된 경우를 말한다.[75] 그러나 점유가 무효인 경우뿐만 아니라 과실에 대한 규제가 없는 거래가 해제, 실효되거나, 불기재의 의제, 해제조건의 성취 또는 대항불능의 사유가 발생한 경우에도 확대적용된다.[76] 이 중 권원이 무효, 해제 또 대항불능인 경우의 점유에 한하여 항을 바꾸어 살펴본다.[77]

72) W. Dross, Art. 547 à 550, JurisClasseur Civil, n° 36, p. 10.
73) W. Dross, Art. 547 à 550, JurisClasseur Civil, *ibid*.
74) W. Dross, Art. 547 à 550, JurisClasseur Civil, *ibid*.
75) 이러한 점에서는 우리 민법과 법상황이 동일하다.
76) W. Dross, Art. 547 à 550, JurisClasseur Civil, n°s 37, 40 et 41, pp. 10-11.
77) 과실수취권은 반환관계에 대하여 특별한 규정이 있는 경우에는 적용되지 않는다.

2) 권원이 무효인 경우와 불균형으로 인한 부동산매매의 무효인 경우의 점유

채권법의 개정 전에는, 계약이 무효인 경우에 과실의 반환에 대하여는 아무런 규정을 두지 않았었다. 따라서 판례는 과실반환을 규정하는 제549조에 따라 이를 해결할 수밖에 없었다.[78] 그러나 채권법의 개정 후에는 반환에 관한 일반규정(특히 제1352-3조 내지 제1352-7조)을 적용하고 있다. 그러나 이 경우에도 반환의무자인 점유자의 선의와 악의의 개념은 제550조에 따를 수밖에 없다.

부동산매매가 대금의 7/12 이상의 불균형을 이유로 무효가 되는 경우(la rescision de la vente pour cause de lésion)에는 제549조·제550조가 아니라 불균형매매의 무효규정(제6편 제6장 제2절 제1674-제1685조)이 적용된다.[79] 즉, 제1682조(제2항)에 의하면, "매수인이 목적물을 반환하고 대금을 수령하고자 할 경우에는, 반환청구가 있는 날부터 과실을 반환한다."고 규정하고 있는바, 이 경우 점유자인 매수인은 선의·악의를 묻지 않고 과실수취권이 인정되는 것이다.

3) 권원이 해제된 경우의 점유

채권법의 개정 후에는 해제에 대하여는 반환에 관한 일반규정(특히 제1352-3조 내지 제1352-7조)이 적용된다. 그런데 해제의 경우 반환의무자의 선의·악의가 적용되는지가 문제이다.[80] 우선 제550조의 입

예를 들면, 상속인에 의한 무상양여의 무효(제856조), 유류분에 대한 침해로 증여의 감액(제928조), 매매대금채무의 불이행으로 인한 무효(제1654조), 조건의 불이행으로 인한 생전증여의 무효(제954조), 해제조건의 성취(제1184조) 등의 경우 인정되지 않는다. 이는 반환관계의 경우에도 마찬가지이다.

78) Cass. civ., 21 déc. 1903, DP 1908, 1, p. 377; Cass. civ., 3 févr. 1904, DP 1904, 1, p. 215; Cass. 3e civ., 3 oct. 2001, n° 99-19.296, JurisData n° 2001-011202; Cass. 3e civ., 13 sept. 2011, n° 10-10.026.

79) rescision이라는 용어는 부동산매매의 경우에만 사용되고 있으나, 이는 무효와 다를 바가 없다고 한다(W. Dross, Art. 547 à 550, JurisClasseur Civil, n° 38, p. 10).

80) 프랑스민법전은 해제의 특별한 경우(제656조, 제928조, 제958조, 제962조)에는 과

법취지에 따른다면, 해제를 당하여 반환하는 자는 악의라고 볼 수 없고 또 채무를 불이행한 자라고 해도 반드시 그의 악의에서 비롯된 것이라고 볼 수 없기 때문이다.81) 이러한 이유에서 통설은 해제의 경우 제549조 · 제550조의 적용은 배제된다고 본다. 다만 제549조 · 제550조의 적용배제로 인한 결과에 대하여 과실수취권을 인정할 것인지에 대하여는 학설이 대립하고 있다. 우선 부정설은 해제의 소급효는 자율적인 결정에 의한 것으로서 반환은 전체에 대하여 이루어져야 하므로, 반환에는 당연히 과실이 포함되어야 한다고 본다.82) 따라서 해제의 효과로서 과실수취권은 인정될 수 없게 된다. 반대설은 해제의 소급효는 물권의 취득과 관련되어 제한적인 의미를 가질 뿐이어서, 사용 · 수익권은 결코 소멸시킬 수는 없다는 이유로 점유자에게 과실수취권을 인정한다.83) 이 경우 점유자는 과실수취권을 가지는 대신에 손해배상의 책임을 질뿐이라고 한다. 종래부터 판례는 해제의 소급효를 이유로 반환의무자에게는 선의점유자의 과실수취권이 인정되지 않는다고 한다.84)

4) 권원이 대항불능인 경우의 점유

종전부터 학설은 사해소권(action paulienne)이 인정되는 경우에도

실수취권을 인정하지 않는다(W. Dross, Art. 547 à 550, JurisClasseur Civil, n° 41, p. 11).

81) W. Dross, Art. 547 à 550, JurisClasseur Civil, n° 41, p. 11.

82) F. Terré, Ph. Simler et Y. Lequette, *op. cit.*, n° 654.

83) Aubry et Rau, *Cours de droit civil français*, t. Ⅱ, LGDJ, 5e éd. 1897. n° 2, spéc. § 206, p. 407, note 4.

84) Cass. 3e civ., 22 juill. 1992, n° 90-18667(원고는 피고에게 토지를 매각하고 대금의 일부는 나중에 수령하기로 하였으나 피고가 결국 잔금을 지급하지 않아 매매계약의 해제 및 손해배상을 청구한 사안이다. 원심에서는 선의인 매수인은 해제청구 시부터만 과실을 반환하면 된다고 판시하였으나 파기원은 해제의 효과는 매매 전의 상태로 회복시키는 것이므로 선의의 매수인도 과실 전부를 반환하여야 한다고 판단하였다); Cass. 3e civ., 29 juin 2005, n° 04-12.987, JurisData n° 2005-029176, Bull. civ. Ⅲ, n° 148.

수익자가 선의점유자인 경우 과실수취권을 인정하였다. 채권자가 사해소권을 행사할 경우 선의의 점유자의 과실수취권도 제549조와 제550조에 따르게 된다.[85] 개정 채권법은 개정 전과 마찬가지로 사해소권의 효과로 '채권자에게 대항할 수 없다'(inopposable au créancier)라고 규정하고 있다(제1341-2조). 그런데 실제 사해소권의 경우 선의점유자의 과실수취권은 사해행위가 무상행위일 경우에만 문제된다.[86] 제1341-2조에 의하면, 채권자는 사해행위가 유상행위일 경우에는 수익자의 사해의사를 증명하여야 한다고 규정하고 있기 때문이다. 유상행위는 수익자의 사해의사를 증명하여야만 사해소권이 인정되므로, 제549조에 따르면 사해의사가 있는 수익자는 악의의 점유자로서 과실수취권을 가질 수 없는 것이다. 그러나 사해행위가 무상행위일 경우에는 채권자는 채무자의 악의만 증명하면 사해소권을 행사할 수 있다. 즉, 무상행위일 경우 사해행위는 수익자가 악의이든 선의이든 불문하고 인정된다. 다만, 이 경우 수익자가 악의일 경우에는 과실수취권이 인정되지 않고, 선의일 경우에만 과실수취권이 인정되는 것이다.

(2) 선 의

제549조가 규정하고 있는 선의는 심리적 요소이다. 이는 법률적 상황의 실제를 모르고 있다는 것을 말한다. 즉, 점유자가 과실을 수취하여 보유할 수 있는 권원을 갖고 있지 않다는 것을 모른다는 것을 말한다. 그런데 제550조는 이러한 통상의 개념과는 달리 선의의 주관적 요건과 함께 객관적 요건도 규정하고 있다. 즉, 본조에서 '하자 있는 소유권이전권원에 의해 소유자로서 점유'한다는 것은 객관적 요건을 가리키고, 이 중 권원의 '하자를 모른다.'는 요소는 주관적 요건을

85) 개정 프랑스민법전은 사해소권(제1341-1조)을 비롯하여 대위소권(제1341-1조)과 직접소권(제1341-3조)을 제3권 제4편 제3장(Les actions ouvertes au créancier, 채권자에게 허용된 소권)에서 규율하고 있다. 이들 소권은 개정 전과 차이가 없다.

86) W. Dross, Art. 547 à 550, JurisClasseur Civil, n° 40, p. 10.

가리킨다고 한다.[87]

1) 객관적 요건: 이전권원

권원이란 용어는 여러 의미를 갖는다. 첫째, 권리를 발생시키는 유효한 원인(cause efficente)이 되는 '법적 작용'(opération juridique, négotium)을 의미한다. 여기서 법적 작용이란 법률행위를 말한다. 둘째, 권리의 유효원인이 되는 '사람의 자격'(qualité d'une personne)을 의미한다. 예를 들면, 상속인의 자격을 말한다. 셋째, 법적 작용을 확인하는 증서(document, instrumentum)를 의미한다. 제550조의 문언에 따를 때, 권원이란 셋째의 의미는 없고,[88] 첫째와 둘째의 의미만을 갖는다. 따라서 권원이란 한편으로는 당사자의 의사표시가 포함된 의사적 유효원인이 있고, 다른 한편으로 상속인의 자격과 같은 법정유효원인(cause efficente légale)이 있다. 전자의 의사적 유효원인에는 다시 물권의 이전계약과 같은 계약적 유효원인(cause efficente conventionelle)과 유언과 같은 단독행위적 유효원인(cause efficente unilatérale)이 있다.[89]

① 선의와 권원

제550조에서는 권원이란 선의를 강화하는 요소가 될 뿐이라고 한다. 따라서 과실수취권의 경우, 권원 자체에 대하여 엄격할 필요는 없고, 중요한 것은 선의 자체가 요소가 된다.[90] 이 점이 단기취득시효(usucapion abregée)(제2272조, 제2항)와는 다른 점이다. 즉, 10년 단기취득시효에 관한 제2272조(제2항)에 의하면, 부동산을 '선의로 그리고 정당한 권원에 의하여'(de bonne foi et par juste titre) 취득한 자는 10

87) W. Dross, Art. 547 à 550, JurisClasseur Civil, n° 42, p. 11.

88) 증서(document, *instrumentum*)로서의 권원에는 공정증서와 사서증서가 있다. 그러나 프랑스 물권법 제550조의 권원이 문서를 가리키지 않는다는 것이 명백하므로, 구두의 합의만으로 물건을 점유한 자도 선의가 될 수 있는 것이다(W. Dross, Art. 547 à 550, JurisClasseur Civil, n° 42, p. 11).

89) W. Dross, Art. 547 à 550, JurisClasseur Civil, n° 42, p. 11.

90) W. Dross, Art. 547 à 550, JurisClasseur Civil, n° 44, p. 12.

년의 점유로 소유권을 취득한다. 여기서는 선의는 권원과 구별되는 별개의 요소이다. 그러나 제550조의 과실수취권의 경우는 권원은 선의와는 별개의 요소가 아니고 권원은 선의를 판단하는 기초가 될 뿐이므로, 권원은 선의를 구성하는 요소가 되고 또 권원을 소유권만으로 엄격하게 해석할 필요가 없다는 것이다.91)

② 권원의 의미

제550조는 선의가 인정되기 위하여 '소유권의 이전권원'(un titre translatif de propriété)을 요구하고 있다. 우선 소유권을 이전하는 매매, 증여가 여기에 해당함은 물론이다. 판례는 소유권의 이전과 관련해서는 조문을 엄격하게 해석하는 결과, 매매의 예약, 소비대차(simple contrat de prêt)는 이전권원이 되지 않는다고 한다.92) 그러나 소유권의 이전권원이란 소유권에 한정해서 해석해서는 안 된다. 이는 제550조의 입법취지를 몰각하는 것이 된다. 과실의 취득에 수고나 비용을 들인 선의점유자를 보호하자는 것이므로 소유자가 아닌 권리자에게도 과실수취권이 인정되어야 한다는 것이 제550조의 입법취지이다. 따라서 첫째, 소유권이 아닌 물권을 설정하는 권원(titre constitutif de droit réel)도 당연히 권원에 포함된다.93) 예를 들면, 용익물권인 점용권(usufruit)과 거주권(droit d'habitation)이 이에 해당한다. 둘째, 사용·수익권을 갖는 채권도 권원에 포함된다. 이에 대해서는 제550조가 물권의 권원을 요구하고 있다는 점에서 부정하는 견해가 있다.94) 그러나 전술한 바와 같이 권원이란 선의를 판단하는 요소로서 선의를 강화하는 요소가 될 뿐이라는 점을 고려할 때, 제550조의 권원은 물건을 사용·수익할 수 있

91) W. Dross, Art. 547 à 550, JurisClasseur Civil, n° 44, p. 12.
92) Cass. 1re civ., 22 mars 1954, Bull. civ. I, n° 102; Cass. 1re civ., 5 déc. 1960, Bull. civ. I, n° 527 .
93) W. Dross, Art. 547 à 550, JurisClasseur Civil, n° 48, p. 12.
94) F. Terré et Ph. Simler, *op. cit.*, n° 189.

는 채권으로 확대되어야 할 것이다.95) 임대차(contrat à bail)의 권원이 여기에 해당한다. 그러나 물건을 사용·수익하지 못하는 소비대차(prêt à usage)는 권원이 되지 않음은 물론이다.96) 요컨대 과실수취권의 취지상 물건을 사용·수익하는 권원은 물권이든 채권이든 불문하는 것이다.

③ 권원의 부존재: 추정권원

추정권원이란 권원이 실제로 존재하지는 않으나 존재하는 것으로 착각하는 오상권원을 말한다. 예를 들면, 점유자가 권원이 존재한다고 믿은 경우를 추정권원(titre putatif)이 있다고 한다. 추정권원도 제550조의 권원에 해당하는지가 문제이다. 학설은 권원은 선의를 판단하는 요소가 될 뿐이어서 권원이 존재한다고 믿은 경우에도 선의를 인정하고 있다.97) 예를 들면, 파기원은 표현상속인,98) 유언이 철회되는,99) 등의 경우에도 제550조의 권원이 인정된다. 또 파기원은 매매부임대차(location-vente)의 경우, 임대차가 존재하는 것으로 믿은 임차인이 정기적으로 임료를 지급한 경우에도 마찬가지이다.100) 그리고 파기원은 분할이 취소된 공유물의 분할자 또는 공동분할자에게도 선의를 인정하고 있다.101)

---

95) W. Dross, Art. 547 à 550, JurisClasseur Civil, n° 49, p. 12.

96) CA Douai, 1re ch., 1re sect., 4 févr. 2008, JurisData n° 2008-374.

97) P. Jourdain, *op. cit.*, n° 44, p. 53; H., L. et J. Mazeaud, *op. cit.*, n° 1573, p. 309; Ch. Larroumet, *Les biens. Droits réels principaux*, t. Ⅱ, Economica, 5e éd. 2006, n° 238; F. Terré et Ph. Simler, *op. cit.*, n° 189, note 4 n° 238; F. Zenati-Castaing et Th. Revet, *op. cit.*, n° 511.

98) Cass. civ., 17 août 1830, S. 1830, 1, p. 574; Cass. civ., 7 juin 1837, DP 1837, 1, p. 363; Cass. civ., 21 janv. 1852, DP 1852, 1, p. 56.

99) Cass. civ., 8 janv. 1872, DP 1873, 1, p. 57.

100) CA Fort-de-France, 1re ch., 2 juin 1995, JurisData n° 1995-042007.

101) Cass. req., 2 août 1849, DP 1851, 5, p. 287; Cass. 1re civ., 19 avr. 1977, Bull. civ. I, n° 176.

2) 주관적 요건: 권원의 하자에 대한 선의

제550조에 의하면 선의란 권원의 하자를 알지 못하는 것을 말한다.

① 하자의 개념

물권법의 제정자들은 권원의 하자란 단순하게 과실을 산출하는 물건에 대한 권원이 없다는 것으로 이해하였었다. 점유자에게 소유자의 권원이 없는(non domino) 경우가 그러하였다. 그러나 그 후 하자의 개념은 더 확대되어, 점유자가 소유자의 권원으로(domino) 취득한 경우라도, 형식적 또는 실질적으로 하자를 갖는 경우를 의미하는 것으로 확대되었다. 다시 말하면, 제549조와 제550조가 법률행위의 무효 등에 이은 반환청구소권의 행사에 대비한 규정이라고 보기 때문에, 하자란 권원을 무효화하는 사유를 의미하는 것으로 해석되었다.[102]

무효의 하자에는 '형식적 무효의 하자'(vices de nulllité de forme), '실질적 무효의 하자'(vices de nulllité de fond), '절대적 무효의 하자'(vices de nullité absolue)와 '상대적 무효의 하자'(vices de nullité relative)가 있다. 학설은 일치하여 하자가 형식상의 무효, 실질상의 무효, 상대적 무효 또는 절대적 무효의 하자이든 구별하지 않고, 이를 알지 못하였을 경우에는 선의가 인정된다고 한다.[103]

② 권원의 하자에 대한 악의의 태양

점유자가 선의였을지라도 점유가 부적법함을 알았을 경우에는 선의는 인정될 수 없다. 예를 들면, 사기행위나 강박행위를 한 자는 이를 이유로 법률행위가 무효가 되는 경우 당연히 악의가 된다.

점유자의 선의가 법률의 착오(erreur de droit)에 의한 경우 선의로

102) W. Dross, Art. 547 à 550, JurisClasseur Civil, n° 54, p. 13.

103) Aubry et Rau, *op. cit.*, § 206, p. 408; F. Terré et Ph. Simler, *op. cit.*, n° 190; P. Jourdain, *op. cit.*, n° 44, p. 53; H., L. et J. Mazeaud, *op. cit.*, n° 1572, p. 308.

취급될 수 있는가 하는 문제가 있다. 우선 "누구도 법률의 무지는 변명되지 않는다."(nul n'est censé ignorer la loi)는 원칙에 따라 선의를 원용할 수 없다는 견해가 있었다. 그러나 법률의 착오도 사실의 착오와 마찬가지로 점유자가 원용할 수 있다는 것이 다수의 견해이다.104)

'공공질서에 의한 금지'(prohibition d'ordre public)가 문제될 경우 선의점유자에게 과실수취권을 인정할 수 있는지가 문제된다. '공공질서에 의한 금지'란 법률에 의하여 일정한 물건의 점유가 금지되는 경우, 물건을 반환하는 점유자는 선의임을 이유로 과실수취권을 주장할 수 있는가 하는 문제이다. 판례는 물건과 함께 과실의 반환을 인정하여왔다.105) 이는 점유자가 선의라고 할지라도 상위규범에 의하여 과실수취가 금지된다는 보아야 한다고 한다.106)

마지막으로 점유자가 악의였다고 하더라도 예외적으로 과실수취권이 인정되는 경우가 있다. 하자가 추인(confirmation)되는 경우가 그러하다. 예를 들면, 판례는 미성년자의 부동산을 매수하는 경우 법적 절차(후견인의 동의 등)를 따르지 않아 무효가 되었으나, 매수인이 부동산이 미성년자의 이익을 위하여 이루어져서 하자가 치유될 것임을 예상할 수 있었던 경우에는 선의로 추정한다.107)

③ 악의의 피상속인의 상속인의 선의

선의는 점유자에게 요구되는 것이다. 그런데 피상속인이 악의점유자였으나 점유를 승계한 상속인이 선의일 경우에는 과실수취권이

---

104) Ph. Malaurie et L. Aynès, *Les biens*, Defrénois, 7e éd., 2017, n° 9, spéc. n° 517; Aubry et Rau, *op. cit.*, § 206, p. 409; C. Demolombe, *op. cit.*, n° 609; F. Zenati-Castaing et Th. Revet, *op. cit.*, n° 510; H., L. et J. Mazeaud, *op. cit.*, n° 1574, p. 310

105) Cass. req., 17 déc. 1907, S. 1909, 1, p. 548; Cass. req., 7 juill. 1909, S. 1909, 1, p. 548.

106) W. Dross, Art. 547 à 550, JurisClasseur Civil, n° 56, p. 14.

107) Cass. req., 5 déc. 1826, S. 1827, 1, p. 472; Cass. req., 6 mars 1905, DP 1910, 1, p. 362.

인정될 수 있는지가 문제이다. 이에 대하여는 상속인은 피상속인의 점유를 승계할 뿐이라는 점에서, 과실수취권을 인정할 수 없다는 견해가 있다.108) 그런데 이러한 논의는 선의가 점유의 개시에만 요구되는 경우라면 타당할 것이다. 예를 들면, 10년 단기취득시효의 경우에는 선의는 물권의 점유를 시작할 때만 요구되기 때문에, 상속인이 선의점유자이더라도 단기취득시효가 인정될 수 없다. 그러나 과실수취권의 경우에는 점유자는 과실을 수취할 때에만 선의이면 되기 때문에, 상속인이 선의인 경우에는 과실수취권이 인정될 수 있다고 한다.109) 종전의 판례도 이를 인정하였다.110) 그런데 선의의 상속인이라도 악의의 피상속인이 수취하였던 과실은 당연히 반환하여야 한다.

3) 선의의 증명책임

점유자의 선의의 증명책임은 누가 지는지가 문제이다.

① 법률상 추정의 적용

취득시효에 관한 규정 제2274조에 의하면,111) 선의는 언제나 추정되고 악의는 이를 주장하는 자가 증명하여야 한다. 본조는 법률상 추정(présomption légale)에 해당한다. 법률상 추정에 대하여는 점유자가 과실수취를 위하여 법률상 추정을 원용하는 것을 의심할 만한 사정이 있을 경우에는 증명에 관한 일반규정에 따라야 한다는 반대가

108) R.-J. Pothier, Traité du droit de domaine de propriété, in OEuvres, par Bugnet, 1861, n°s 332 et 336 cité par W. Dross, Art. 547 à 550, JurisClasseur Civil, n° 51, p. 13:

109) W. Dross, Art. 547 à 550, JurisClasseur Civil, n° 51, p. 13; H., L. et J. Mazeaud, *op. cit.*, n° 1570, p. 308.

110) Cass. req., 19 mai 1857, S. 1858, 1, p. 59; Cass. req., 8 août 1864, S. 1864, 1, p. 388; Cass. civ., 17 mai 1865, S. 1865, 1, p. 250.

111) 제2274조 선의는 언제나 추정되고, 악의를 주장하는 자에게 이를 증명할 책임이 있다. 프랑스민법전 제2274조는 부동산의 취득시효(la prescription acquisitive en matière immobilière)와 관련된 규정이다.

있을 수 있다. 그러나 학설은 법률상 추정에 관한 제2274조가 점유자의 선의에 대하여도 적용된다고 한다.112) 판례도 마찬가지이다.113)

② 법률상 추정의 적용범위: 권원의 존재가 아닌 선의의 법률상 추정

법률상 추정의 적용범위와 관련하여, 점유자는 한편으로는 권원에 의하여 점유하는 것으로 다른 한편으로 하자를 모르는 것으로 추정되는 것인지가 문제이다. 그렇게 보는 견해가 있다.114) 그러나 다수의 견해와 판례는 법률상 추정원칙은 권원의 존재와 관련해서는 적용되지 않고, 선의에 대해서만 적용된다고 본다. 따라서 첫째, 권원의 존재는 추정되지 않는다고 한다.115) 따라서 점유자에게 권원이 존재하지 않을 경우에는, 과실을 수취할 수 있는 법률관계가 있었음을 점유자가 증명하여야 한다.116) 둘째, 점유자가 권원이 있었음을 증명하였을 경우에는, 그는 권원의 하자는 몰랐을 것이라는 선의가 추정된다.117)

③ 법률상 추정과 법률상 착오

법률상 추정은 점유자가 법률의 착오(erreur de droit)를 주장하는 경우에는 적용되지 않는다는 견해가 있다.118) 점유자는 법률의 무지

112) Ch. Larroumet, *op. cit.*, n° 235; Ph. Malaurie et L. Aynès, *op. cit.*, n° 517; C. Demolombe, *op. cit.*, n° 615; F. Zenati-Castaing et Th. Revet, *op. cit.*, n° 507; F. Terré et Ph. Simler, *op. cit.*,. n° 193; P. Jourdain, *op. cit.*, n° 44, p. 53; H., L. et J. Mazeaud, *op. cit.*, n° 1570, p. 308.

113) Cass. civ., 7 janv. 1861, DP 1861, 1, p. 384; Cass. civ., 11 janv. 1887, S. 1887, 1, p. 225.
7 janv. 1861: DP 1861, 1, p. 384.-Cass. civ., 11 janv. 1887: S. 1887, 1, p. 225

114) H., L. et J. Mazeaud, *op. cit.*, n° 1572, p. 309.

115) M. Planiol et G. Ripert, *op. cit.*, n° 2, spéc. t. Ⅲ, n° 177, p. 187; Cass. 1re civ., 22 mars 1954, Bull. civ. I , n° 102

116) Aubry et Rau, *op. cit.*, § 206, p. 411 cité par Dross, Art. 547 à 550, JurisClasseur Civil, n° 63, p. 15.

117) Cass. civ., 7 janv. 1861, DP 1861, 1, p. 384; Cass. civ., 3 mai 1869, DP 1869, 1, p. 254; Cass. civ., 8 janv. 1872, DP 1873, 1, p. 57; Cass. civ., 11 janv. 1887, DP 1888, 5, p. 269; Cass. 1re civ., 8 févr. 1956, Bull. civ. I, n° 68.

118) C. Demolombe, *op. cit.*, n° 609 cité par W. Dross, Art. 547 à 550,

는 변명이 되지 않는다는 법원칙에 의하여 자신이 법률에 착오가 있었음을 증명하여야 한다. 판례는 법률상 추정에 있어서 사실의 착오와 법률의 착오를 구분하지 않고 적용하고 있다. 선의의 문제는 점유자의 개별적 상황과 사건의 구체적 상황에 따라 결정되어야 할 순전히 사실에 관한 문제이므로 구분할 필요가 없다고 할 것이다.[119] 선의의 문제는 사실심 판사의 전권에 속하는 것이다.

4. 과실수취권의 효과

제549조는 선의점유자에게 과실수취권을 인정하지만, 이 원칙에는 예외가 있다.

(1) 과실수취권 인정의 원칙

선의점유자의 과실수취권과 관련하여, 물권법은 점유자가 과실을 현실적으로 수취할 것을 요구하는지에 대하여는 이를 명확히 밝히고 있지 않다.

1) 점유자의 실제 수취 여부

선의점유자는 수취한 과실에 대해서만 권리를 갖는가 하는 문제가 있다. 프랑스민법전은 제549조·제550조의 규정에 의하여 규율되지 않는 일반 과실수취권이 문제되는 경우 현실적 수취를 요구하기도 하고 그렇지 않기도 하다. 일반 과실수취권이란 선의를 요구하지 않는 경우를 말한다. 첫째, 증여(제962조)의 경우에는 현실적 수취를 요구하고 있다. 제962조는 수증자가 자신의 子의 출생을 통지한 후에는 수증자는 수취한 과실을 반환하여야 한다고 규정하고 있다.[120] 다시

JurisClasseur Civil, n° 63, p. 15.

119) Aubry et Rau, *op. cit.*, § 206, p. 409 cité par W. Dross, Art. 547 à 550, JurisClasseur Civil, *op. cit.*, n° 63, p. 15.

120) Article 962 La donation peut pareillement être révoquée, même si le donataire est entré en possession des biens donnés et qu'il y a été laissé par le donateur depuis la survenance de l'enfant. Toutefois, le donataire

말하면, 수증자는 수취한 과실에 대하여만 권리를 갖는 것이 된다. 둘째, 점용권의 경우 법정과실과 관련하여 제586조를 두고 있다. 우선 권리자인 점용권자는 수취여부를 불문하고 과실에 대한 권리를 갖는다고 한다. 제586조에 의하면,[121] 법정과실은 일별로 용익권의 존속기간에 비례하여 용익권자에게 귀속된다. 따라서 제586조상의 "일별로 용익권의 존속기간에 비례하여"라는 것은 수취여부를 불문하는 것을 의미하는 것이다. 그러나 이상의 규정은 모두 진정한 권리자에 의한 과실수취의 경우이다.

학설은 일치하여 선의점유자는 수취한 과실에 대해서만 권리가 인정된다고 한다.[122] 이와 같은 해석은 제549조 자체의 반대해석에 의해서도 도출될 수 있다. 즉, 악의의 점유자가 과실을 반환한다면 이는 수취여부를 불문하는 것인데, 따라서 반대해석으로 선의점유자는

---

n'est pas tenu de restituer les fruits qu'il a perçus, de quelque nature qu'ils soient, si ce n'est du jour auquel la naissance de l'enfant ou son adoption en la forme plénière lui a été notifiée par exploit ou autre acte en bonne forme, même si la demande pour rentrer dans les biens donnés a été formée après cette notification(수증자가 증여물에 대한 점유를 개시하고 증여자의 子가 태어난 후에도 증여자가 점유를 방기한 때에는 증여를 취소할 수 있다. 그러나 子의 출생 또는 완전한 형식으로 그의 입양이 집달관증서 또는 정식의 증서로 통지된 경우 수증물을 점유하기 위하여 반환이 이 통지 후에 이루어진 경우에도 그 성질이 무엇이든지 수증자는 수취한 과실을 반환할 의무가 없다).

121) Article 586 Les fruits civils sont réputés s'acquérir jour par jour et appartiennent à l'usufruitier à proportion de la durée de son usufruit. Cette règle s'applique aux prix des baux à ferme comme aux loyers des maisons et autres fruits civils(법정과실은 일별로 취득되며 또 점용권의 존속기간에 비례하여 점용권자에게 귀속되는 것으로 본다. 이 원칙은 주택의 임료 및 다른 법적 과실과 마찬가지로 농지임대의 가액에 적용된다).

122) Aubry et Rau, *op. cit.*, § 206, p. 417 cité par W. Dross, Art. 547 à 550, JurisClasseur Civil, n° 65, p. 16; C. Demolombe, *op. cit.*, n° 628 cité par W. Dross, Art. 547 à 550, JurisClasseur Civil, n° 65, p. 16; W. Dross, Art. 547 à 550, JurisClasseur Civil, n° 65, p. 16; F. Terré et Ph. Simler, *op. cit.*, n° 194.

수취한 과실에 대해서만 권리를 갖는다고 볼 수 있다는 것이다.[123] 다만, 이에는 예외가 인정된다. 즉, 선의점유자가 기한이 도래한 과실을 수취하기 전에 제3자에게 양도하였을 때에는 양도의 효력을 인정하는 이상, 과실을 수취하지 못하였을지라도 과실을 수취한 것으로 보아야 한다고 한다.[124] 요컨대 선의점유자는 수취한 과실에 대하여만 권리를 가지고, 수취하지 않은 과실에 대하여는 권리를 갖지 않는다. 따라서 과실의 기한이 도래하기 전에 이를 사전에 수취한 경우에도 반환하여야 한다.[125]

2) 소비하지 않은 과실의 반환여부

선의점유자는 소비하지 않은 과실을 반환하여야 하는지 아니면 소비 여부와 관계없이 과실을 보유할 수 있는지가 문제이다. 이에 대하여 로마고법은 수취한 과실은 반환하지 않고 보유를 허용하였지만, 유스티니아누스법은 수취한 과실도 소비를 하지 않은 경우에는 반환을 인정하였다.[126] 유스티니아누스법은 소비하지 않은 과실은 부당이득이 되므로 반환하여야 한다고 보았다. 프랑스고법은 과실의 소비에 대한 증명이 곤란하다는 실제적인 이유로, 이 원칙을 수용하지 않았다.[127] 현재는 소비하지 않은 과실을 반환하여야 한다는 원칙이 논리적이고 정당하고 또 제549조의 근거에도 부합한다는 반대의 견해가 있지만,[128] 수취한 과실은 소비 여부와 상관없이 선의점유자에게 권

123) F. Terré et Ph. Simler, *op. cit.*, n° 194; W. Dross, Art. 547 à 550, JurisClasseur Civil, n° 64, p. 16.

124) Aubry et Rau, *op. cit.*, § 206, p. 417 cité par W. Dross, Art. 547 à 550, JurisClasseur Civil, n° 65, p. 16; C. Demolombe, *op. cit.*, n° 628 cité par W. Dross, Art. 547 à 550, JurisClasseur Civil, *op. cit.*, n° 65, p. 16; W. Dross, Art. 547 à 550, JurisClasseur Civil, n° 65, p. 16.

125) W. Dross, Art. 547 à 550, JurisClasseur Civil, n° 65, p. 16.

126) W. Dross, Art. 547 à 550, JurisClasseur Civil, n° 67, p. 16.

127) W. Dross, Art. 547 à 550, JurisClasseur Civil, *ibid*.

128) H., L. et J. Mazeaud, *op. cit.*, n° 1576.

리가 인정된다고 보고 있다.129)

(2) 과실수취권 소멸의 예외

선의점유자가 수취한 과실에 대하여 권리를 가질 지라도 다음의 경우에는 악의가 되어 더 이상 과실수취권이 인정되지 않는다.

1) 선의가 중단되는 경우

프랑스민법전(물권법) 제550조(제2항)에 따르면, 점유자는 소유권이전권원의 하자를 안 때부터 선의가 중단된다. 따라서 선의점유자는 그 때로부터는 과실수취권을 갖지 못한다. 이는 점유자는 점유가 개시된 때에만 선의이면 된다는 10년 단기취득시효(제2272조 제2항)와는 다른 점이다.

2) 소제기에 의하여 악의가 의제되는 경우

점유자는 소유권이전권원의 하자를 안 때부터 선의가 중단된다. 예를 들면, 점유자가 소유자로부터 불법인 공작물을 파괴할 것을 통보받은 때로부터 악의가 성립하고 선의는 중단된다. 소유자가 반환청구소송을 제기하여 승소한 경우에는 소를 제기한 때부터 악의가 된다. 물론 소유자의 반환청구가 있은 후에도 점유자는 권원이 있음을 이유로 선의일 수 있다는 반론이 있지만, 판례는 오래전부터 반환청구소송을 제기된 후에는 악의가 의제된다고 본다.130) 이는 법관은 당사자의 권리를 판단함에 있어 소제기를 한 날을 기준으로 한다는 소송법상의 원칙과 부합하는 것이라고 한다.131)

---

129) W. Dross, Art. 547 à 550, JurisClasseur Civil, *op. cit.*, n° 67, p. 16; Ph. Malaurie et L. Aynès, *op. cit.*, n° 516.

130) Cass. civ., 23 déc. 1840, S. 1841, 1, p. 136; Cass. req., 4 juill. 1882, DP 1882, 1, p. 353; Cass. 1re civ., 1er févr. 1955, Bull. civ. I, n° 48, D. 1955, somm. p. 76.

131) W. Dross, Art. 547 à 550, JurisClasseur Civil, n° 70, p. 17.

Ⅴ. 물권법상의 선의점유자의 과실수취권과 개정 채권법상의 (과실)반환관계

개정 채권법은 무효, 해제 등으로 인한 법률효과를 반환관계로 규율하고 있는바, 이는 점유하는 권원에 무효, 해제 등의 하자가 있는 경우에 물권법상의 과실수취권이 인정여부와 필연적으로 중복된다고 할 것이다. 과연 선의와 악의의 개념, 과실(果實)의 개념, 선의자·악의자의 반환의 범위 기타 양자의 관계가 어떠한지가 문제라고 할 것이다.

1. 선의점유자의 과실수취권의 법리의 급부의 과실반환관계에의 수용

아래와 같은 점에서 선의점유자의 과실수취권의 법리가 급부의 과실반환관계에 수용되었다고 볼 수 있다.

(1) 선의와 악의의 개념

채권법 개정이 있기 전 계약 무효의 경우 선의점유자의 과실수취권을 인정함에 있어 선의의 개념은 제550조에 의하여 권원의 "하자를 알지 못하는" 것이었다. 이는 채권법의 개정 뒤에도 마찬가지라고 한다.[132] 달리 말하면 개정 채권법상의 선의·악의의 개념도 물권법상의 선의·악의의 개념과 동일한 것이다.[133]

(2) 과실(果實)의 개념

물권법상 선의점유자의 과실수취권에서의 과실의 개념은 토지의 천연과실과 인공과실 그리고 주택의 차임과 금전의 이자인 법정과실(제584조)을 포함하는 개념이다. 한편 반환관계에서는 과실이 사용이

132) W. Dross, Art. 547 à 550, JurisClasseur Civil, n° 38, p. 10.

133) O. Deshayes, Th. Genicon et Y.-M. Laithier, *op. cit.*, p. 802.

익과 이자와 구분되고 있다는 점에서 협의로 개념으로 사용되고 있다고 볼 수 있다. 또한 반환관계에서의 과실은 토지 또는 주택을 전제로 하지 않는다는 점에서도 선의점유자의 과실수취권에서의 과실의 개념과 다른 점이다.

(3) 선의자와 악의자의 반환 범위

반환관계에서의 선의·악의반환의무자와 과실수취권상의 선의·악의점유자의 과실반환의 범위가 어떠한지가 문제이다. 이에 대해서는 우선 물권법상의 선의점유자의 과실수취권과 개정 채권법상의 과실반환관계는 일치하지 않는다고 하는 소수의 견해가 있다.[134] 그 논거는 첫째, 제1352-3조가 과실의 반환에 있어 선의와 악의를 구분하지 않기 때문이라고 한다. 즉, 반환의무자의 선의여부는 과실의 반환여부를 달리하는 기준이 되지 않는다는 것이다. 둘째, 제1352-7조가 선의와 악의를 구분하고 있지만, 그것은 악의자는 변제일부터 과실을 반환하여야 하고 선의자는 청구일부터 과실을 반환하여야 하므로, 어느 경우이든 과실수취권을 인정하지 않는다고 한다. 따라서 프랑스민법전 채권법의 개정으로 반환관계가 새로 창설되었으므로 과실의 반환관계에 관한 판례와 과실수취권에 관한 규율이 배제된다고 한다.[135] 그러나 이러한 견해에 대해서는 제1352-7조(제2문)가 선의의 반환의무자는 청구일로부터만 과실을 반환하면 된다는 것은 '청구일'까지 수취한 과실은 반환하지 않아도 된다는 것을 의미한다는 다수의 반대의 견해가 있다.[136] 즉, 선의자는 수령일로부터 청구일까지 과실을 수취할 수 있다는 것을 의미한다고 한다.[137] 따라서 선의의 반환

134) Y. Bufelan-Lanore et V. Larribau-Terneyre, *op. cit.*, n° 787, pp. 254-5.
135) Y. Bufelan-Lanore et V. Larribau-Terneyre, *ibid*.
136) W. Dross, Art. 547 à 550, JurisClasseur Civil, n° 37, p. 10; M. Fabre-Magnan, *op. cit.*, n° 463, p. 518; F. Terré et Ph. Simler, *Droit civil, Les biens*, 10e éd., Dalloz, 2018, n° 511, p. 401.

의무자는 물건의 수령 이후의 변제일까지의 과실에 대한 과실수취권이 인정되고 그 대신 청구일 후에 수취한 과실만 반환하면 된다.138) 한편 제1352-7조(제1문)가 악의의 반환의무자는 변제일 후의 과실을 반환하여야 하는 것은 물권법 제549조의 반대해석상 악의의 점유자에게는 과실수취권이 인정되지 않는 결과 변제일 이후의 모든 과실을 반환하여야 하는 것을 의미한다. 이상의 점에서 반환관계에서의 선의·악의 반환의무자와 과실수권상의 선의·악의점유자의 과실반환의 범위가 동일하다고 할 것이다.

(4) 선의의 중단의 시기

물권법 제550조(제2항)은 점유자는 소유권이전권원의 하자가 알려진 때부터 선의가 중단된다고 규정하고 있다(제2항). 이에 근거하여 판례는 오래전부터 선의점유자의 과실수취권에서 반환청구소송이 제기된 후에는 악의가 의제되어 선의를 원용할 수 없다고 한다.139) 이는 법관은 당사자의 권리를 판단함에 있어 소제기를 한 날을 기준으로 한다는 소송법상의 원칙과 부합하는 것이다.140) 이상과 같은 법리는 반환관계에 관한 제1352-7조(제1항)가 전제로 하는 것이다.

한편 선의점유자의 과실수취권에 관한 제549조를 적용함에 있어서 판례는 해제의 경우에는 반환의무자의 선의 또는 악의가 문제되지 않는다고 판단하였던바,141) 이는 학설에 의하여 개정 채권법의 경우

---

137) Th. Douville, *op. cit.*, p. 397; W. Dross, Art. 547 à 550, JurisClasseur Civil, n° 37, p. 10.

138) V. Forti, *op. cit.*, n° 27.

139) Cass. civ., 23 déc. 1840, S. 1841, 1, p. 136; Cass. req., 4 juill. 1882, DP 1882, 1, p. 353; Cass. 1re civ., 1er févr. 1955, Bull. civ. I, n° 48, D. 1955, somm. p. 76; Cass. com., 28 avr. 2004, n° 02-21.585, Bull, civ. IV, n° 80.

140) W. Dross, Art. 547 à 550, JurisClasseur Civil, n° 70, p. 17.

141) Cass. 3e civ., 22 juill. 1992, n° 90-18667; Cass. 3e civ., 29 juin 2005, n° 04-12.987, JurisData n° 2005-029176, Bull. civ. Ⅲ, n° 148.

도 그대로 수용되고 있다고 한다.[142)]

2. 선의점유자의 과실수취권의 법리가 급부의 과실반환관계에 수용이 문제되는 경우

반환관계가 규정을 두지 않은 부분에 대하여는 물권법상의 과실수취권에 대한 법리가 적용되는지가 문제이다. 이에 대해서는 아직 학설이 개진되지 않고 있다.

(1) 해제조건의 성취와 불기재의 의제 등의 경우에의 적용 여부

과실반환의 발생원인과 관련하여 채권법상에 명시적인 규정이 없는 경우가 있다. 첫째, 해제조건의 성취와 불기재의 의제(réputé non écrit)의 경우가 그러하다.[143)] 둘째, 사해행위의 취소, 표현상속인, 유언이 철회된 수증자, 분할이 취소된 등의 경우가 그러하다. 우선 해제조건의 성취에 대해서는 채권법의 개정 전부터 과실수취권의 규정의 적용을 주장하는 견해가 있었다,[144)] 그러나 반대로 개정 채권법의 확대적용을 주장하는 견해도 있다.[145)] 해제조건의 성취는 소급적으로 채무를 소급시켜(제1304-7조),[146)] 계약이 소멸되므로 반환관계(제1352

---

142) O. Deshayes, Th. Genicon et Y.-M. Laithier, *op. cit.*, pp. 802-3.

143) 개정 채권법은 다음과 같은 5가지 조항은 기재되지 않은 것으로 본다. 채무자의 본질적 채무의 실질적인 내용을 박탈하게 하는 조항(제1170조), 부합계약의 당사자들의 권리와 의무 사이에 중대한 불균형을 가져오는 모든 조항(제1171조 제1항), 법률이 어느 계약조항을 기재되지 않은 것으로 하는 조항 또는 그 위반에도 불구하고 법규정이 계약의 유지를 요구하는 조항(제1184조 제2항) 그리고 위약금이 명백히 과다하거나 과소함에도 이를 법관의 직권으로 감액 또는 증액을 허용하지 아니하거나 또는 부분적 이행이 있는 경우에 위약금을 법관의 직권으로 감액하지 못하게 하는 조항(제1231-5조 제4항), 제조물의 결함으로 인한 책임을 배제하거나 제한하는 조항(제1245-14조 제1항)의 경우가 그러하다.

144) F. Terré et Ph. Simler, *op. cit.*, n° 195, p. 379.

145) F. Chenede, *Le nouveau droit des obligations et des contrats*, Dalloz, 2016. n° 45.01, p. 352; B. Mercadal, *op. cit.*, n° 1227, p. 325.

146) 정지조건은 소급효가 없는 것이 원칙이지만(제1304-6조 제1항), 당사자가 약정

조 내지 제1352-9조)가 적용될 수 있다고 보는 것이다. 또 불기재의 의제란 기재된 일정한 조항을 기재되지 않은 것으로 간주하는 것인데, 이 경우 해당 조항의 이행으로서 이루어진 급부도 반환관계에 따라 반환하여야 한다고 보기 때문이다. 한편 사해행위의 취소, 표현상속인, 유언이 철회된 수증자, 분할이 취소된 등의 경우에는 법률행위의 무효와 비슷한 측면도 있고 또 법률행위가 없는 경우도 있어서 반환관계의 적용여부가 명확하지 않다.

(2) 사용·수익권이 채권인 경우

과실반환의 발생원인과 관련하여 선의점유자의 과실수취권에 관한 규정은 소유권이전권원을 갖는 경우에 한하지 않고, 사용·수익권을 갖는 채권에도 확장되고 있었다. 반환관계에 관한 규정이 신설된 이상 이러한 경우는 반환관계를 규율하는 채권법의 규율에 따라야 할 것이다.

(3) 반환의무자 선의의 추정·배제의 여부

반환관계의 경우 과실반환의 요건과 관련하여 선의의 추정, 추정권원의 선의여부와 사기나 강박을 한 자에 대한 선의의 배제에 대하여도 아무런 규정을 두고 있지 않다. 선의점유자의 과실수취권의 경우 점유자의 선의는 법률상 추정되고(제2274조), 권원이 존재한다고 믿는 추정권원의 선의여부와 사기나 강박을 한 자에 대한 선의의 배제된다는 판례가 존재한다. 그러나 반환관계의 경우는 명문의 규정이 없는 이상 입증책임의 일반원칙에 따라야 한다.

(4) 수취하지 않거나 소비하지 않은 과실의 반환 여부

물권법에는 명시적인 규정이 없지만 선의점유자의 과실수취권은

으로 소급효를 정할 수도 있다(제1304-6조 제2항). 이 경우 소급하더라도 반환관계의 문제는 발생하지 않는다.

수취한 과실만을 대상으로 한다. 또 실제로 수취하지 않은 과실에 대하여는 과실수취권의 대상이 되지 않는다. 그대로 수취한 과실은 그 소비여부를 불문하고 과실수취권의 대상이 된다. 이상의 관계는 반환관계의 과실반환에도 그대로 인정된다고 할 것이다.

(5) 필요비의 반환 여부

선의의 과실수취권자는 필요비의 반환의 청구가 인정되지 않는다. 그런데 반환관계에서 필요비의 반환과 선의점유자의 과실반환의 관계에 대하여는 아무런 언급을 하고 있지 않다. 이에 대하여는 물권법에도 명시적인 규정이 없지만, 종래 학설은 선의점유자가 과실수취권을 갖는 경우에는 소유자에게 필요비의 반환을 청구할 수 없다고 하였다.[147] 이러한 법리는 반환관계의 과실반환에서도 그대로 유지되어야 할 것이다.

3. 소　결

이상에서 보듯이 선의·악의, 과실, 과실의 반환범위, 선의의 중단시기에 있어서는 물권법상의 선의점유자의 과실수취권의 기본법리가 반환관계에도 그대로 수용되고 있음을 알 수 있다. 한편 채권법상의 반환관계에서는 규정을 두지 않은 부분에서도 성질에 반하지 않는 한 선의점유자의 과실수취권의 법리가 유지될 수 있다고 할 것이다. 이러한 점에서 선의점유자의 과실수취권에 관한 규정은 반환관계에 관한 개정 채권법에 대하여 보충적인 역할을 할 수 있다고 볼 것이다.[148]

한편 반환관계에서 급부(과실)의 반환을 받기 위해서는 무효 등의 발생원인도 청구하여야 하는지가 소송법상 문제가 될 수 있다.[149] 급

---

147) F. Terré, Ph. Simler et Y. Lequette, *op. cit.*, n° 511.

148) W. Dross, Art. 547 à 550, JurisClasseur Civil, n° 37, p. 10.

149) 그 밖에 선의점유자의 과실수취권의 행사와 반환관계의 과실반환의 관계는 소송법상 청구권의 경합의 여부에 관한 문제도 있다. 이에 대하여는 추후의 연구로

부 반환관계의 독자성이 인정되는 이상 개별적인 발생원인의 청구는 필요 없다고 한다.[150] 그러나 개별 발생원인에 의한 반환을 청구하여야 한다고 할 것이다.

Ⅵ. 나가며-프랑스 채권법 개정의 우리 민법 개정에 대한 시사점

우리 민법은 부당이득제도(제741조 내지 제749조)를 두고 있다.[151] 또 우리 민법은 소유자가 점유자를 상대로 소유물반환을 청구하는 경우 과실의 귀속과 비용의 반환에 관하여 소유자와 점유자의 이익을 조정하는 규정을 두고 있다(제201조와 제203조).[152] 이 규정들은 소유물반환관계를 규율하는 제213조의 부수적 규정으로 이해되고 있다.[153] 그런데 우리 민법 제201조는 선의점유자에게 과실수취권을 인정하고 있다.[154] 이는 프랑스의 경우도 마찬가지이다. 우리 민법 제201조는 일본민법 제189조와 함께 프랑스민법 제549조를 수용한 규정이라고 볼 수 있다.[155] 또 선의의 점유자라도 본권에 관한 소에 패소한 때에는 그 소가 제기된 때로부터 악의의 점유자라고 규정하는

다룬다.

150) G. Chantepie et M. Latina, *op. cit.*, n° 1053, p. 894.

151) 우리 민법은 해제의 경우에는 부당이득과 구별하여 점유자는 선의와 악의를 불문하고 원물의 과실을 반환하는 원상회복을 규정하고 있다(제548조). 또 사무관리의 효과에 대하여는 비용상환을 내용으로 하는 별도의 규정을 두고 있다(제739조).

152) 이에 반하여 제202조는 점유자의 손해배상책임에 관한 규정이다.

153) 곽윤직 편, 민법주해(Ⅳ)(양창수 집필부분), 1992, 350면; 김증한·김학동, 물권법(제9판), 박영사, 1997, 227면; 양형우, "점유자와 회복자의 관계", 연세법학연구 통권 제9호(2000), 236면.

154) 제201조 제1항의 경우는 선의의 점유자에 대하여 과실수취권을 인정하고 있으므로, 그 범위에서는 점유권의 효력에 관한 규정이라고 볼 수 있다.

155) 일본민법상의 선의점유자의 과실수취권에 대하여는 新版 注釋民法(7), 有斐閣, 物權(2), 2008, 100 이하 참조.

우리 민법 제197조(제2항)와 일본민법 제189조(제2항)는 반환청구소송이 제기된 후에는 악의가 의제되어 선의를 원용할 수 없다고 하는 프랑스의 오래된 판례와 동일한 내용의 규정이다.[156] 그리고 선의에 관하여 프랑스민법전 제550조가 규정하는 바는 우리 학설과 판례에서 동일하게 인정되고 있는 바이다.

우리 민법의 경우 제201조는 선의점유자의 과실수취권을 인정하고 있지만, 제748조는 문언상으로는 선의의 반환의무자에게 과실수취권을 인정하지 않는다. 즉, 부당이득의 경우 이득자는 수취하여 현존하는 과실을 반환하여야 하지만(제748조), 선의점유자는 과실을 반환하지 않는다(제201조). 우리 민법상 이와 같은 충돌을 어떻게 해결할 것인지가 문제가 되어 왔다. 이에 대해서는 우선 물권법상의 선의점유자의 과실수취권은 원물을 반환하는 경우에만 인정되고, 반면에 가액반환의 경우에는 부당이득제도의 법리에 따른다고 하는 학설이 있다(원물반환설).[157] 이 학설은 부당이득의 경우 원물의 반환에서만 선의점유자의 과실수취권을 인정하는 예외를 허용하는 것이다. 이에 반하여 물권법상 선의점유자의 과실수취권은 침해부당이득에만 인정되고 기타 급부부당이득의 경우에는 인정되지 않고 부당이득반환의 일반법리가 적용된다고 하는 학설이 있다(급부부당이득반환설).[158] 우리

---

156) Cass. civ., 23 déc. 1840, S. 1841, 1, p. 136; Cass. req., 4 juill. 1882, DP 1882, 1, p. 353; Cass. 1re civ., 1er févr. 1955, Bull. civ. I , n° 48, D. 1955, somm. p. 76; Cass. com., 28 avr. 2004, n° 02-21.585, Bull, civ. Ⅳ, n° 80.

157) 곽윤직, 채권각론, 박영사, 2003, 373-374면; 김상용, 채권각론(하), 법문사, 2003, 543면; 김상용, "부당이득으로서의 과실의 반환범위에 관한 민법 제201조와 제748조와의 관계-대법원 2003. 11. 14. 선고 2001다61869 판결-", 민사판례연구 XXVII(2005), 434면; 김증한·김학동, 앞의 책(주 154), 231면; 박준서 편집대표, 주석민법[채권각칙(5)](임한흠 집필부분), 한국사법행정학회, 1999, 439면; 김상중, "쌍무계약의 무효·취소에 따른 과실·사용이익의 반환", 민사법학 제37호(2007), 163면.

158) 곽윤직 편, 민법주해(Ⅳ)(양창수 집필부분), 1992, 361-363면; 김재형, "점유자의 소유자에 대한 부당이득반환범위", 법조 제561호(2003), 65-66면; 이영준,

판례는 전자의 입장을 취하고 있다.[159] 그런데 프랑스의 경우에는 반환관계에서 과실수취권이 수용됨으로써 선의점유자의 과실수취권과 충돌하는 문제는 전혀 발생하지 않는다. 즉, 개정 채권법이 선의의 반환의무자는 청구일까지의 과실을 반환하지 않아도 된다고 함으로써 선의의 반환의무자에게 과실수취권을 인정하는 것과 같은 결과를 인정하고 있다. 이와 같이 프랑스민법의 경우, 한편으로 원물뿐만 아니라 가액의 반환에서도 과실수취권을 인정하는 것이 우리의 원물반환설과 다른 점이고 또한 급부부당이득에 유사한 반환관계에서 과실수취권을 인정하는 것이 우리의 급부부당이득반환설과 다른 점이다.[160] 이러한 점에서 선의점유자의 과실수취권을 반환관계 일반을 규율함에 있어서 수용한 프랑스민법전의 개정은 우리 민법의 개정에 시사하는 바가 크다고 할 것이다.[161] 요컨대 프랑스의 경우 선의점유자의 과실수취권과 부당이득제도와 충돌하는 문제를 입법적으로 해결하였다는 점에서 우리 민법의 개정에 시사하는 점이 있다고 할 것이다.

마지막으로 해제의 문제로서 연혁적인 이유로 선의점유자의 과실

한국민법론[물권편], 박영사, 2004, 355면; 배병일, "점유자의 과실취득과 부당이득반환청구", 판례실무연구[Ⅶ](2004), 225면; 최상호, "선의점유자의 과실취득권", 민법학의 회고와 전망(민법전시행30주년기념논문집)(1993), 222면; 홍성주, "민법 제201조 제2항과 민법 제748조의 관계-대법원 2003. 11. 14. 선고 2001다61869 판결-", 부산판례연구 제16집(2005), 307면.

159) 대판 1987. 9. 22. 86다카1996,1997; 대판 1997. 12. 9. 96다47586; 대판 1998. 12. 23. 98다43175.

160) 다만, 프랑스의 경우 비채변제가 급부부당이득과 함께 반환관계에 포함되어 있는 점이 우리 민법과 다른 점이다. 이는 기술한 바와 같이 프랑스민법전 제정시부터의 오랜 전통이라고 볼 수 있다.

161) 이러한 점에서 선의점유자의 과실수취권은 급부이득반환을 상정하여 만들어진 규범이 아니라 자신을 적법한 '권리자'로 믿은 자에 대하여 물건을 소비하거나 멸실시키는 행위는 행위를 보호하기 위한 규정이라거나 또는 계약이 무효, 취소된 경우에 선의의 점유자는 계약이 유효하게 성립하였다는 외관을 신뢰한 자에 지나지 않으므로 그 효력은 처음부터 법률효과의 제거를 목적하므로 보호받을 수 없다는 논거는 비교법적으로 그 타당성에 의문이 있다.

수취권을 인정하지 않지만, 이를 무효·취소와 달리 규율하여야 하는지에 대하여도 근본적으로 의문이 든다. 유효하게 성립된 계약이 해제되는 경우에도 선의자가 과실을 반환하여야 한다면, 계약이 유효하게 성립되지 않은 무효·취소의 경우에는 더욱더 그러하다는 논거가 제시될 수 있다. 그러나 해제의 특수성을 고려할 때 반드시 그러한지는 의문이다. 우선 해제의 경우 채무불이행의 사실을 알았다는 것만으로는 선의·악의를 판단할 수는 없다. 또 해제의 사실을 알았다는 것으로 악의가 될 수도 그렇지 않을 수도 있다. 해제에는 소급효가 인정되므로 해제를 한 사람은 자발적인 결정을 하였으므로 선의를 주장할 수 없다고도 볼 수도 있다. 그러나 해제가 소급효를 갖는다고 하더라도 해제에 의하여 계약이 소멸한 것을 안 날로부터 악의가 되고 그 전에는 선의로 판단하여야 한다고도 볼 수 있다. 이에 대하여도 입법이 필요하다고 할 것이다.

[별첨부록]: 프랑스민법전의 과실수취권과 관련된 규정

Titre II : De la propriété
제2편: 소유권
Chapitre Ier: Du droit d'accession sur ce qui est produit par la chose
제1장: 물건의 산출물에 대한 첨부권

Article 547 Les fruits naturels ou industriels de la terre,
Les fruits civils,
Le croît des animaux, appartiennent au propriétaire par droit d'accession.

제547조 토지의 천연과실 또는 인공과실, 법정과실과 동물의 새끼는 첨부권에 의하여 소유자에게 귀속된다.

Article 549 Le simple possesseur ne fait les fruits siens que dans le cas où il possède de bonne foi. Dans le cas contraire, il est tenu de restituer les produits avec la chose au propriétaire qui la revendique; si lesdits produits ne se retrouvent pas en nature, leur valeur est estimée à la date du remboursement.

제549조 단순히 점유한 자는 선의로 점유한 경우에만 과실을 자신의 것으로 한다. 반대의 경우, 물건의 반환을 청구한 소유자에게 물건과 함께 과실을 반환해야 한다. 해당 과실을 원물로 반환할 수 없는 경우, 그 가액은 반환일에 산정한다.

Article 550 Le possesseur est de bonne foi quand il possède comme propriétaire, en vertu d'un titre translatif de propriété dont il ignore les vices.

Il cesse d'être de bonne foi du moment où ces vices lui sont connus.

第550条 ① 점유자가 그 하자를 알지 못하는 소유권이전권원에 의해 소유자로서 점유한 경우에는 선의이다.

② 점유자는 소유권이전권원의 하자를 안 때부터 선의가 중단된다.

Titre III: De l'usufruit, de l'usage et de l'habitation

제3편 점용권, 사용권과 거주권

Chapitre Ier: De l'usufruit (Articles 578 à 581)

제1장 점용권

Section 1: Des droits de l'usufruitier (Articles 582 à 599)

제1절 점용권자의 권리

Article 582 L'usufruitier a le droit de jouir de toute espèce de fruits, soit naturels, soit industriels, soit civils, que peut produire l'objet dont il a l'usufruit.

第582条 점용자는 점용물로부터 얻을 수 있는 천연의, 인공의 또는 법정의 모든 종류의 과실을 향유할 권리를 갖는다.

Article 583 Les fruits naturels sont ceux qui sont le produit spontané de la terre. Le produit et le croît des animaux sont aussi des fruits naturels.

Les fruits industriels d'un fonds sont ceux qu'on obtient par la culture.

제583조 ① 천연과실이란 토지로부터 자연적으로 산출되는 과실을 말한다. 동물의 산출물과 새끼도 역시 천연과실이다.

② 토지의 인공과실은 경작에 의하여 얻어지는 과실이다.

Article 584 Les fruits civils sont les loyers des maisons, les intérêts des sommes exigibles, les arrérages des rentes.

Les prix des baux à ferme sont aussi rangés dans la classe des fruits civils.

제584조 ① 법정과실이란 주택의 차임, 청구할 수 있는 금전의 이자, 종신정기금의 정기금을 말한다.

② 정액토지임대차의 차임도 법정과실로 분류된다.

▩ 참 고 문 헌

Ⅰ. 국내문헌

1. 단행본

곽윤직, 채권각론, 박영사, 2003.

곽윤직 편, 민법주해(Ⅳ)(양창수 집필부분), 박영사, 1992.

김상용, 채권각론(하), 법문사, 2003.

김증한 · 김학동, 물권법(제9판), 박영사, 1997.

박준서 편집대표, 주석민법[채권각칙(5)](임한흠 집필부분), 한국사법행정학회, 1999.

이영준, 한국민법론[물권편], 박영사, 2004.

2. 논문

김상용, "부당이득으로서의 과실의 반환범위에 관한 민법 제201조와 제748조와의 관계-대법원 2003. 11. 14. 선고 2001다61869 판결-", 민사판례연구 XXVII(2005).

김상중, "쌍무계약의 무효 · 취소에 따른 과실 · 사용이익의 반환", 민사법학 제37호(2007).

김재형, "점유자의 소유자에 대한 부당이득반환범위", 법조 제561호(2003).

남효순, "개정 프랑스민법전(채권편)상의 비채변제와 (협의의) 부당이득", 저스티스 통권 제164호(2018. 2).

배병일, "점유자의 과실취득과 부당이득반환청구", 판례실무연구[VII](2004).

양형우, "점유자와 회복자의 관계", 연세법학연구 통권 제9호(2000).

최상호, "선의점유자의 과실취득권", 민법학의 회고와 전망(민법전시행30주년기념논문집)(1993).

홍성주, "민법 제201조 제2항과 민법 제748조의 관계-대법원 2003. 11. 14. 선고 2001다61869 판결-", 부산판례연구 제16집(2005).

Ⅱ. 외국문헌

A. Bénabent, *Droit des obligation*, 15e éd, LGDJ, 2016.

B. Mercadal, *Réforme du droit des contrats, Ordonnance du 10 février 2016*, Editions Francis Lefebvre, 2016.

C. Renault-Brahinsky, *L'essentiel de la Réforme du Drloit des obligations*, 1re éd., Gaulino, 2016.

Ch. Larroumet, *Les biens. Droits réels principaux*, t. II, Economica, 5e éd. 2006

F. Chenede, *Le nouveau droit des obligations et des contrats*, Dalloz, 2016.

F. Terré et Ph. Simler, *Droit civil, Les biens*, 10e éd., Dalloz, 2018.

F. Terré, Ph. Simler et Y. Lequette, *Les obligations*, Dalloz, coll. Précis, 2013.

G. Chantepie et M. Latina, *La réforme du droit des obligations*, 2016.

H., L. et J. Mazeaud, *Leçons de droit civil*, t. II, vol. 2, *Biens*, par F. Chabas, 8e éd., 1994.

M. Fabre-Magnan, *Droit des obligations, 1-Contrat et engamement uniliatéral*, 4e éd., puf, 2016.

O. Deshayes, Th. Genicon et Y.-M. Laithier, *Réforme du droit des contrats, du régime général et de la preurve des obligations*, Lexis Nexis, 2016.

P. Jourdain, *Les biens*, Dalloz, 1995.

Ph. Malaurie et L. Aynès, *Les biens*, Defrénois, 7e éd., 2017.

Rapport au Président de la République relatif à l'ordonnance n° 2016-131 du 10 février 2016 portant réforme du droit des contrats, du régime général et de la preuve des obligations, Journal Officiel de la Publique Française du 11 février 2016.

Th. Douville, *La réforme du Droit des contrats, commentaire article par article*, Gualino, 2016.

V. Forti, *Régime général des obligations-Restitutions*, JurisClasseur Civil Code, Art. 1352 à 1352-9, 2018.

W. Dross, *Droit civil, Les choses*, Lextensoéditions, 2012.

W. Dross, *Propriété.-Drot d'accession sur ce qui est produit par la chose*, Art. 547 à 550, JurisClasseur Civil Code, 2018.

Y. Bufelan-Lanore et V. Larribau-Terneyre, *Droit civil, Les obligation*, 15e éd, Sirey, 2017.

新版 注釋民法(7) 物權(2), 有斐閣, 2008.

제 4 장

독일 · 오스트리아 · 스위스의 부당이득법*

이 동 진

Ⅰ. 서 론

부당이득에 관한 민법 제741조 내지 제749조는 일본민법 제703조 이하에 일부 수정을 가하여 만들어졌다.[1] 구체적으로는 일본민법 제703조, 제704조가 민법 제741조, 제748조로,[2] 일본민법 제705조, 제706조, 제707조, 제708조가 각각 민법 제742조, 제743조, 제745조 및 제746조로 받아들여졌다. 그런데 일본민법 제703조 이하의 규정은 프랑스민법의 영향 하에 있던 의용민법 규정을 폐기하고 독일민법 제2초안을 참조하여 제정된 것으로 추측된다.[3] 그밖에 도의(道義)관념

* 이 글은 서울대학교 법학연구소 기금의 2017년도 학술연구비 지원을 받아 2017. 12. 22. 서울대학교 17동 서암홀에서 열린 서울대학교 법학연구소 공동연구 학술대회 '부당이득반환의 비교법적 연구와 민법개정'에서 발표한 글을 수정한 것으로 비교사법 제25권 제1호(2018)에 발표되었다. 공동연구진 남효순, 김형석, 이계정 교수와 학술대회에서 지정토론자로서 유익한 논평을 해준 정태윤, 권영준 교수 및 논문의 초고에 대하여 유익한 논평을 해준 익명의 심사위원들에게 감사드린다. 이 글을 개선하는 데 큰 도움이 되었다.

1) 민의원 법제사법위원회, 민법안심의록, 1957, 442면 이하.

2) 이 규정에서 바뀐 것은 일본민법 제703조의 '손실'이 민법 제741조에서는 '손해'가 된 것 정도인데, 실질적인 의미의 변화를 꾀한 것은 아니었고, 그 당시의 손실 요건에 대한 통설적 이해를 따라 표현을 정리한 것에 불과하다고 보인다.

3) 일본민법의 입법자는 이 점을 명시적으로 밝히지는 아니하였으나 일반적인 이해이다. 藤原正則, 不當利得法, 2001, 2-4頁. 또한 양창수, 일반부당이득법의 연구(서울대학교 법학박사학위논문), 1987, 131-133면. 다만, 일본민법 제703조(및

에 적합한 비채변제에 관한 제744조, 수익자의 악의 인정에 관한 제749조[4] 및 원물반환이 불능인 경우 가액반환에 관한 제747조가 신설되었는데,[5] 이들도 독일·스위스 및 그 영향을 강하게 받은 중화민국법을 참조한 것이다. 요컨대 우리 부당이득법은 독일 부당이득법의 압도적인 영향 하에 제정되었다.

나아가 부당이득법에 관한 판례·학설도 그간 일본과 독일의 그것의 강한 영향 하에 있었다. 특히 근래 들어 독일의 영향이 커지는 경향이 나타났다. 부당이득법에 관한 연구는 제목에서 명시하든 그렇지 아니하든 독일의 판례와 학설을 참조하는 것이 상례(常例)가 되었고, 그 결과 독일 부당이득법의 전체상(全體像)과 개별 쟁점도 이미 상당한 정도 소개되었다.

그러나 이러한 연구의 대부분은 우리의 현안을 해결하기 위하여 우리의 관점에서 독일 부당이득이론을 참조한 것이었다. 이 글은 접근방법을 다소 바꾸어 독일 부당이득법을 그 자체로, 즉 외국법으로

민법 제741조)는 독일 등 다른 입법례와 달리 다른 사람의 재산뿐 아니라 노무(勞務)로 인한 이득도 반환대상이 됨을 명시하고 있는데, 이는 심의과정에서 '명확히 하기 위하여' 추가된 것이었다. 川角由和, "民法703條·704條·705條·708條", 廣中俊雄·星野英一 編 民法典の百年 Ⅲ 個別的觀察(2) 債權編, 1998, 483頁. 또한 일본민법 제707조(및 민법 제745조)는 프랑스민법 제1377조에서 유래한 것이다. 곽윤직/양창수, 민법주해(XVII), 2005, 426-427면.

4) 민의원 법제사법위원회(주 1), 443-444, 446-447면.

5) 민의원 법제사법위원회(주 1), 445-446면은 심의과정에 대하여 "現行法[의용민법: 필자 주]下에서는 原物이 代替物인境遇 이것이 滅失된때에 關하여 同種의 다른物件을 返還하여야 한다는 說과 價格을 返還하여야 된다는 說의 兩說이있었던것을 本條의 新設로써 後說을 採擇한것을 明確히하였다"고 전하면서(이는 각국에서 학설상 다투어지는 바이다) 참조 외국입법례로 독일민법 제818조 제2항과 중화민국민법 제181조 단서, 제183조, 제729조를 든다. 무상전득자의 부당이득반환의무(제747조 제2항)에 대하여는 별다른 설명은 없고, 외국입법례 중 중화민국민법 제183조가 이에 관련되어 있을 뿐인데, 이 규정은-심의록은 언급하지 아니하는-독일민법 제822조와 같은 취지이다. 한편 중화민국민법과 독일민법이 정하지 아니한 악의 요건이 추가된 경위는 분명하지 아니하다.

소개하는 것을 목적으로 한다(아래 Ⅱ). 독일의 입법과 판례 · 학설이 특히 우수하여 참고할 만한 부분이 많다 하더라도,[6] 그것은 여전히 외국법이다. 추상적인 이론이 실정법체계와 무관하게 절대적으로 타당 또는 부당한 것처럼 기술되어 있다 하더라도 그것은 대개 구체적 실정법 규정과 체계 하에서 구체적인 문제를 해결하기 위하여 제시된 것이고, 그 나름의 역사적 및 지역적 한계를 갖게 마련이다. 독일 부당이득법과 부당이득이론에 그러한 측면이 없는지 확인해볼 필요가 있다. 그런데 이러한 관점에서는 우리와 마찬가지로 전통적으로 독일법권(獨逸法圈)으로 분류되어왔고 역시 독일 학설의 강력한 영향 하에 있는 오스트리아와 스위스의 부당이득법을 함께 비교해보는 것이 도움이 될 수 있다. 그러므로 이들을 함께 살펴보고(아래 Ⅲ), 우리 부당이득법에 시사(示唆)하는 바 몇 가지를 적어두기로 한다(아래 Ⅳ).

Ⅱ. 독일 부당이득법

1. 일반이론의 전개

(1) 독일 부당이득법의 중심 규정은 독일민법(Bürgerliches Gesetzbuch) 제812조 제1항 제1문과 제818조 제3항이다. 이들은 각각 다음과 같이 정하고 있다:

> 제812조 제1항 제1문: "타인의 급여(Leistung)로 인하여 또는 기타의 방법에 의하여 그의 손실로(auf dessen Kosten) 법적 원인 없이 어떤 것을 취득한 사람은 그에 대하여 반환의무를 진다."
>
> 제818조 제3항: "반환 또는 가액상환의 의무는 수령자가 더는 이득하지 아니하는 한도에서 배제된다."

---

6) 가령 양창수(주 3), 135면.

즉, 독일 부당이득법은 급여에 의한 부당이득과 그 밖의 부당이득을 묶어 하나의 통일적인 제도로 규정하였고, 이 제도의 핵심을 법적 원인 없이 다른 사람의 손실로 이득을 얻는 것은 허용되지 아니하고 그 이득을 반환하여야 하나, 그에게 고의·과실이 없는 한 반환으로 인하여 그의 재산이 감소하여서는 안 되므로 반환범위는 반환 당시 남아 있는 이득으로 제한된다는 점에서 찾았다. 법적 원인 없이 다른 사람의 손해로 이득을 얻어서는 안 된다는 일반원칙은 사비니(C. F. von Savigny)가, 반환범위를 현존이익으로 제한하는 일반원칙은 빈트샤이트(B. Windscheid)가 각각 완성하여 독일 보통법학 및 독일민법전이 수용한 것이었다.7)

독일민법 제정 직후의 통설 또한 이러한 독일 보통법학의 영향하에 있었다.

먼저, 부당이득의 요건으로서 이득, 손해, 인과관계를 재산이전의 직접성(Unmittelbarkeit der Vermögensverschiebung) 또는 직접적 재산이전으로 이해하였다.8)

첫째, 재산이전 요건은, 로마법상 부당이득반환소권(condictio)은 공통적으로 타인의 이득에 기여한 것이 그 전에 이미 반환을 구하는 사람의 재산에 현실적으로 속하였을 때, 즉 그것이 어느 사람의 재산으로부터 다른 사람의 재산으로 이전하였을 때 인정되었다는 사비니의 설명에서 유래한다.9) 이득을 상실한 사람으로부터 이득한 사람으로 재산이 이전되어야 한다는 것이다. 다만 이전대상을 로마법에서와 같이 구체적 객체(금전과 특정물)로 한정할 필요는 없고, 오히려 독일

7) F.-L. Schäfer in HKK, 2013, §§ 812-822, Rn. 11 f. 이러한 관념은 13세기 후반 발두스 데 우발디스(Baldus de Ubaldis)에서 연원하고, 이후 그로티우스(Hugo Grotius)를 통하여 네덜란드법학에 수용되었다고 한다.

8) Crome, Dernburg, Enneccerus, Kreß, Hedemann 등. 상세한 문헌지시는 F.-L. Schäfer, Das Bereicherungsrecht in Europa, 2001, S. 315 f. 참조.

9) 양창수(주 3), 159면.

보통법적 의미의 총체 재산(Vermögen)이 고려되었다.[10)]

둘째, 그 이전은 '직접적'이어야 했다. 이는 무엇보다도 전용물소권(actio in rem verso)을 원칙적으로 부정하기로 하는 독일 입법자의 결단을 반영하기 위한 장치였다. 독일 입법자는 수임인 등이 자기 이름으로 제3자와 계약을 하고 그 이행의 결과 본인이 이득을 얻은 경우 전용물소권을 인정하면 '당사자 사이에 극히 착종되고 불명확한 관계'가 발생한다면서 이를 의식적으로 거부하고,[11)] 제816조 제1항 제2문에서 무권리자가 타인 권리를 처분하고 그 처분이 유효한 경우에도 그 처분이 무상(無償)이었을 때에는 처분으로 직접 법적 이익(Vorteil)을 얻은 사람(무상취득자[12)])에 대하여, 제822조에서 직접 이득을 수령한 사람에 대한 반환청구가 배제되는 경우에는 그 받은 것(das Erlangte)을 무상전득(轉得)한 제3자에 대하여 각각 부당이득반환청구권을 확장함으로써, 그러한 경우가 아닌 한 간접적으로 이득한 사람에 대한 부당이득반환청구권을 부정하고자 하는 취지를 드러내고 있었다. 재산이전의 직접성은 이를 독일민법 제812조 제1항 제1문의 해석에 반영하기 위한 개념적 도구인 셈이다.

다음, 부당이득의 요건으로서 법적 원인 없음에서 법적 원인에 대하여는 급여(給與; Leistung)와 비급여를 나누어, 급여에서는 원인행위, 즉 계약으로, 비급여에서는 법률규정으로 이해하였다.[13)] 그러나 원리수준의 통일성은 강조되어, 슈타믈러(R. Stammler)의 정법(正法)론의 영향 하에 이는 일반적으로 '법의 형식적 성질로 인하여 드물지 아

---

10) 양창수(주 3), 159-160면. 동, "독일민법상 이득개념의 형성과 그 구체적 적용", 법조 제34권 제3호(1985), 44면 이하도 참조. 손해배상법에서 몸젠(F. Mommsen)의 차액설(Differenztheorie)과 같이 개개의 이득과 손해항목을 포괄하여 전체 재산에 미친 영향을 파악하는 방법을 말한다.

11) 양창수(주 3), 175-176면.

12) D. Reuter/M. Martinek, Ungerechtfertigte Bereicherung, 1983, S. 359, 362.

13) Cosack, Crome, Dernburg, Endemann, Enneccerus, v. Gierke, Hellwig, F. Leonhard, Siber 등. 상세한 문헌지시는 F.-L. Schäfer(주 8), S. 322 f.

니한 가혹함에 대하여 정의의 원칙을 관철시키는' 취지라는 관점이[14] 받아들여졌다. 가령 급여부당이득의 경우 물권법에서 추상성(無因性) 원칙을 채택하여 원인행위의 무효에도 불구하고 수령자의 권리취득이 유효한 것을 채권법적 수준에서 교정하고, 비급여부당이득의 경우 선의취득이나 첨부 등으로 물권법적으로 소유권이 이전하는 결과를 채권법적 수준에서 교정한다는 것이다.

물론, 단일한 일반조항에도 불구하고 그 안에 급여부당이득과 비급여부당이득의 핵심으로서 침해부당이득이 존재한다는 점은 이미 법문상 분명하였다. 제812조 제1항 제1문 전단, 제2문, 제813조 내지 제815조, 제817조, 제819조 제2항, 제820조는 모두 급여(Leistung)에 적용되는 것임을 명문으로 정하고 있고, 제816조는 무권리자의 처분에 대한 특칙으로 침해부당이득의 전형적인 예에 해당하는 것이다. 그러나 그 밖의 비급여부당이득 유형은 법문상으로도, 학설상으로도 거의 의식되지 아니하였다.[15]

한편, 독일 보통법 이래 부당이득반환청구권은 다른 청구권에 대하여 보충적이었다. 이미 사비니가 로마법상 부당이득반환소권을 '상실한 물권적 반환청구권(vindicatio)의 대체물'로 이해하여 두 청구권 사이에 상호배제적인 택일관계를 인정하였고,[16] 독일 보통법에서도 부당이득반환청구권은 원칙적으로 다른 청구권에 대하여 보충적이었다. 독일민법 제정 후에도 한동안 학설은 이러한 입장을 취하였다. 그러나 점차 이러한 견해에는 별 근거가 없고 물권적 청구권(Vindikation; 독일민법 제985조)과 부당이득반환청구권은 경합할 수 있으며, 따라서

14) R. Stammler, "Zur Lehre von der ungerechtfertigten Bereicherung nach dem Bürgerlichen Gesetzbuch", FG für Fitting, 1903, S. 161-167. 그 밖의 전거는 F.-L. Schäfer(주 8), S. 323.

15) 특히 비용지출(Verwendung)이 급여와 명확히 구분되지 못하였다. F.-L. Schäfer(주 8), S. 324 f.

16) 양창수(주 3), 160면.

이른바 '점유'의 부당이득도 가능하다는 견해가 관철되었다.[17] 다만 부당이득법에 따르면 원물의 이득자가 수취한 과실(果實)도 그것이 현존하는 한 반환하여야 하는 반면(제818조 제1항, 제3항), 점유자-회복자 관계에서 선의의 유상(有償) 점유자는 통상의 범위에서 수취한 과실은 반환하지 아니하고 보유할 수 있어(제993조 제1항, 제988조), 부당이득법보다 점유자-회복자법이 이득자에게 유리하다는 문제가 있는데, 판례 · 학설은 점유자-회복자법이 부당이득법에 대한 특칙으로 우선 적용된다고 하였다.[18]

(2) 이후 학설은 점차 급여부당이득과 침해부당이득을 구분하는 분리설(Trennungstheorie)로 발전하여갔다. 이러한 장기적 발전의 단초에는 독일민법전 시행 직후인 1909년 나온, 저명한 로마법학자 슐츠(F. Schulz)의 이른바 침해취득(Recht auf den Eingriffserwerb) 이론이 있었다. 그는 강연원고를 488면에 달하는 논고로 확장하여 발표한 논문에서[19] 위법한 행위로 얻은 이득은 모두 반환하여야 한다는 일반원칙을 수립하고, 그 실정법적 표현으로 대상청구권(개정 전 제281조), 부진정사무관리(제687조 제2항, 제684조) 등과 함께 부당이득을 들었다. 그리고 침해취득에서 반환범위는 객관적 가치를 초과하는 이른바 수익반환(Gewinnhaftung)에 미친다고 주장하였다. 위법행위로 인한 이득은 모두 반환되어야 한다는, 그 자체 직관적으로 설득력이 있는 위 주장은 오늘날까지도 대상청구권이나 부진정사무관리와 관련하여서는 통설적 이해의 기초를 이루고 있으나,[20] 부당이득과 관련하여서는 급

17) 학설의 전개와 상세한 문헌지시는 R. Schmitt, Die Subsidiarität der Bereicherungsansprüche, 1969, S. 88-106. 같은 곳의 문헌지시에 의하면 대략 1960년대에 이르러서야 부당이득의 (절대적) 보충성이 폐기되어간 것으로 보인다.

18) RG JW 1912, 690, 691; RGZ 137, 206, 211; BGH NJW 1963, 1249; 상세한 문헌지시는 R. Schmitt(주 17), S. 106 f. 참조.

19) F. Schulz, "System der Rechte auf den Eingriffserwerbs", AcP 105 (1909), 1.

여부당이득의 경우 법적 원인 없이 수령한 것 자체가 위법행위라는 무리한 구성으로 인하여 거의 일치하여 거부되었다.[21] 그럼에도 불구하고 이 견해가 침해부당이득을 '발견'하거나 그 위상을 높인 점과 직접적 재산이전 요건을 부정하고 "다른 사람의 비용으로(auf dessen Kosten)" 요건의 삭제를 제안한 점은 이후 분리설의 전개에 일정한 영향을 미쳤다고 평가된다.[22]

저명한 로마법·비교법학자인 라벨(E. Rabel)의 제자로서 오스트리아의 민법학자인 빌부르크(W. Wilburg)는 1934년 발간한 오스트리아와 독일의 부당이득법에 관한 저서에서[23] 종래의 학설, 특히 공평설을 근본적으로 비판하고 침해부당이득의 독자성을 확립하였다. 같은 저서는 누구도 다른 사람의 손해로 이득을 얻어서는 안 된다는 명제는, 한편으로는 경쟁 영역에서와 같이 다른 사람의 손해로 이득을 얻어도 되는 경우가 많고 그것이 오히려 원칙이라는 점에서 너무 넓고, 다른 한편으로는 다른 사람에게 손해를 가하지 아니한다 하더라도 부당하게 이득을 얻는 것은 허용되지 아니한다는 점에서 너무 좁다면서, 부당하게 얻은 이득을 반환하여야 할 뿐 손해는 부당이득의 요건이 아니라고 비판하였다. 그리고 '부당성'을 법적 원인(causa) 없음으로 대체한 것은 급여부당이득을 염두에 두었기 때문이라면서('급여부당이득의 암시적 힘'), 침해부당이득에는 다른 기준이 필요한데, 슐츠처럼 위법성에서 그것을 구할 수는 없고, 침해대상인 권리(Grundrecht)의 목적에서 그것을 도출하여야 한다고 한다. 이때 반환청구권은 소유권 등

20) F.-L. Schäfer(주 8), S. 328 f.

21) Heck, Enneccerus/Lehmann, Oertmann 등. 상세한 문헌지시는 F.-L. Schäfer(주 8), S. 330. 그러나 F. Schulz의 통찰을 부당이득법에서 되살리려는 시도로, H.-H. Jakobs, Eingriffserwerb und Vermögensverschiebung in der Lehre von der ungerechtfertigten Bereicherung, 1964.

22) F.-L. Schäfer(주 8), S. 329 f.

23) W. Wilburg, Die Lehre von der ungerechtfertigten Bereicherung nach österreichischem und deutschem Recht. Kritik und Aufbau, 1934.

침해된 권리의 채권적 계속, 즉 권리계속청구권(Rechtsfortwirkungsanspruch)으로써, 모든 사람에 대하여 보호되는 법익이 침해되었을 때에 인정되나, 사실상 이익에 불과한 점유에는 인정되지 아니한다고 보았다. 이로써 그는 이른바 할당내용(Zuweisungsgehalt)을 침해부당이득의 중심규준으로 삼은 것이다. 반면 급여부당이득반환청구권의 대상은 사실상 유리한 상태, 가령 점유로도 족하다고 한다.[24]

빌부르크의 견해는 당시 독일에서는 제2차 세계대전 등 여러 사정으로 말미암아 별 반향을 얻지 못하였다.[25] 그러나 역시 라벨의 제자로서 독일의 민법 · 국제사법 · 비교법학자인 캐머러(E. von Caemmerer)가 1954년 발표한 논문에서[26] 포괄적인 유형론을 제시하면서 침해부당이득이론과 할당내용이 다시 주목을 받았다. 그는 법사(法史)와 비교법을 참조하여 공평설을 비판하고 재화운동법(Recht der Güterbewegung)으로서 계약법의 보충규범인 급여부당이득법과, 소유권 기타 절대권의 재화귀속기능(güterzuordnende Funktion)에 터 잡아 인정되는 불법행위의 보충규범으로서 침해부당이득 이외에, 구상, 비용상환, 전용물소권 및 채권자취소권 등 서로 다른 부당이득의 유형에 서로 다른 기능과 요건, 반환범위를 배정함으로써 '열린' 유형론을 제시하였다. 또한 그는 현존이득반환이 아닌 '받은 것'의 반환이 원칙이고, 이득소멸(Wegfall der Bereicherung)은 선의자 보호를 위한 예외라고 주장하였다. 이때 '받은 것'은 급여부당이득에서는 급여 자체이고, 침해부당이득에서는 침해로 취득한 이득 자체인데, 후자의 경우 성질상 원물반환이 불가능하므로 가액반환이 불가피하다면서, 비교법적 고찰을 참조하여 통상의 가치를 반환하여야 하고 (초과)수익은 부당이득반환의

24) W. Wilburg(주 23), S. 1-51.

25) F.-L. Schäfer(주 8), S. 368 f. 또한 양창수(주 3), 248면.

26) E. von Caemmerer, "Bereicherung und unerlaubte Handlung", FS für Rabel Bd. 1, 1954 = GS Bd. I, 1968, S. 209 ff. 이 논문의 내용과 의의에 대하여는 양창수(주 3), 180면 이하도 참조.

대상은 아니라고 보았다.[27]

나아가 같은 해 쾨터(H.-W. Kötter)는 AcP에 발표한 논문에서 제812조 제1항 제1문의 요건 중 "다른 사람의 비용으로(auf dessen Kosten)" 부분은 "기타의 방법에 의하여" 부분에만 걸리고 "급여(Leistung)로 인하여" 부분에는 걸리지 아니한다는 해석과[28] 함께 이후 오랫동안 통용되는 "의식적이고 목적지향적인 다른 사람의 재산의 증가"라는 부당이득법적 급여 개념을 제시하고, 여기에 급여부당이득의 당사자를 정하는 기능을 부여하였다.[29] 이로써 비로소 전모(全貌)가 드러난 분리설은 학설상 점차로, 특히 1960년대에 들어 본격적으로 관철되었다. 1969년 출간된 에써(J. Esser)의 채권법 교과서 제2판이[30] 이를 정리된 형태로 수용한 것이 큰 기여를 하였다.[31] 1970년대를 지나면서 분리설은 독일의 통설이 되었다.[32]

거의 동시에 급여부당이득과 비급여부당이득을 다시 통일적으로 파악하려는 이론적 시도가 시작되었다.[33] 이들 새로운 이론은 더는 부당이득법의 이념적 기초를 추상적 공평에서 찾으려 하지 아니한다.

---

27) E. von Caemmerer(주 26), S. 224 ff., 232 ff.

28) 독일민법 제812조 제1항 제1문은 문법적으로 그와 같이 끊어 읽을 여지도 있다는 점에 유의.

29) H.-W. Kötter, "Zur Rechtsnatur der Leistungskondiktion", AcP 153 (1954), 193. 이미 W. Wilburg(주 23). S. 113 f.도 급여부당이득반환의 당사자는 급여자와 급여수령인이고, 급여수령인의 결정은 급여의 내용과 목적으로부터 도출된다고 하였다.

30) J. Esser, Schuldrecht. Allgemeiner und Besonderer Teil, 2. Aufl., 1960, S. 776.

31) 이러한 평가로 양창수(주 3), 189면. 또한 F.-L. Schäfer(주 8), S. 372.

32) F.-L. Schäfer(주 8), S. 373 ff.

33) 가령 영국 부당이득법과의 비교로부터 이러한 결론을 끌어내는 Ch. Kellmann, Grundsätze der Gewinnhaftung, 1969와 Ch.-M. Kaehler, Bereicherungsrecht und Vindikation, 1972. 그 당시 영국법에서는 개별 법 소재를 종합하여 통일적 부당이득법을 구축하려는 시도가 행해지고 있었다. G. Virgo, "What is the Law of Restitution About?", Restitution Past, Present and Future, 1998, pp. 305 ff. 참조.

단지 급여부당이득과 비급여부당이득의 요건과 효과를 통일적으로 구성하고 부당이득법의 여러 문제를 실정법 규정인 제812조 제1항 제1문 및 제818조의 해석에 의하여 해결하려고 하였고, 이를 위하여 특히 "다른 사람의 비용으로(auf dessen Kosten)" 부분이 급여부당이득에도 적용된다는 점을 보이려고 하였다.[34] 그중 가장 완성도가 높은 것은 플루메(W. Flume)와 그의 영향을 받은 일단의 학자들이[35] 제시한 학설인데, 독일 보통법 이래 독일민법에 이르기까지 부당이득에서 '이득'은 구체적 대상이 아닌 추상적 재산(Vermögen)이었다는 점에 주목하면서, 이러한 의미의 재산의 이전을 부당이득의 요건으로 되살리고자 하였다. 그들은 급여부당이득에서 재산이전의 방향과 범위, 한계와 관련하여 급여자의 재산적 결정(vermögensmäßige Entscheidung)을 고려함으로써 여러 쟁점을 해결할 수 있다고 보았다.

2. 개별 쟁점에 관한 판례 · 학설의 전개

(1) 급여부당이득에서 주목되는 첫 번째 개별 쟁점은 쌍무계약의 청산이다.

쌍무계약이 무효이거나 취소된 경우[36] 급여반환청구권과 반대급여반환청구권이 어떤 관계에 있는가 하는 점은 독일민법 제정 당시부터 논란거리였다. 제국법원 판례는 독일민법 시행 전부터, 그리고 시행 후 연방대법원에 이르기까지 일관하여 차액설(Saldotheorie)로 이

---

34) 이러한 방향으로, M. Lieb in MünchKommBGB, 3. Aufl., 1997, § 812 Rn. 10. 그러나 M. Lieb의 통일설은 급여부당이득과 비급여부당이득을 완전히 통일적으로 구성하는 데는 이르지 못하였다.

35) W. Flume, "Die ungerechtgertigte Bereicherung nach dem Bürgerlichen Gesetzbuch als eine Rechtsfigur der Bereicherung", 50 Jahre BGH FG der Wissenschaft, 2000 = Studien zur Lehre von der ungerechtfertigten Bereicherung, 2003, S. 92 ff.; J. Wilhelm, Rechtsverletzung und Vermögensentscheidung, 1973.

36) 독일민법 제346조는 계약해제와 관련하여 별도의 원상회복의무를 규정하고 있고, 이는 부당이득법과 별개의 채권적 청산관계로 이해되고 있다.

문제를 해결하였다.[37] 이는 부당이득의 이득 유무와 범위를 판단함에 있어 급여와 반대급여를 함께 고려하는, 즉 무효이거나 취소된 쌍무계약의 청산과 관련하여 처음부터 그로 받은 급여에서 자신이 한 반대급여를 공제한 차액의 범위에서 단일한 이득이 성립한다고 보는 것을 말한다. 다만, 급여가 원물로 반환될 수 있어 쌍방 반환의무가 동종(同種) 급여를 지향하지 아니하는 경우에는 급여의 반환의무와 반대급여의 반환청구권이 둘 다 성립하고 상환이행관계에 있다고 한다.[38] 이는 로마법적인 restitutio in integrum과[39] 통하는 해결이기도 하다.

이에 대하여는 일찍부터 급여부당이득반환청구권과 반대급여부당이득반환청구권은 별개의 두 권리이고 서로 견련되어 있지 아니하다는 비판[Zweikondiktionenlehre; 이(二)부당이득설]이 있었다.[40] 그러나 급여반환이 불능이 되어도 급여수령인은 여전히 반대급여의 반환을 구할 수 있어 급여반환채권자가 반대급여위험을 지는 채무자위험부담주의(제446조)에 반하는 결과가 된다는 점에서 이러한 견해는

---

37) RGZ 32, 319; 54, 137; 105, 29; BGHZ 1, 75, 81 등.

38) 그러나 독일민법 제320조나 제273조 제1항의 동시이행의 항변권, 유치권을 유추하는 것은 아니고, 따라서 항변권 행사 여부와 관계없이 당연히 동시이행관계에 있다고 한다. BGHZ 147, 152, 157. 이 경우, 즉 쌍방 모두 반환이 가능한 경우에는 받은 급여와 준 반대급여 중 어느 것이 가치가 높은가 하는 점은 문제되지 아니한다. 이른바 재산지향적 고찰(vermögensorientierte Betrachtungsweise)을 취하더라도, 손해배상에서 차액설(Differenzhypothese)은 금전배상에서만 문제되고 원상회복에서는 구체적 손해 자체가 회복되어야 하는 것처럼 부당이득에서도 원물반환에서는 총체 재산상 이득은 불필요하다는 설명으로, A. Frieser, Der Bereicherungswegfall in Pararelle zur hypothetischen Schadensentwicklung, 1987, S. 56 ff., 163 ff.

39) 착오 · 사기 · 강박, 무능력 등으로 계약이 체결되었거나 재판이 부당하게 이루어진 경우 이전 상태로의 복구(원상회복)를 명하는 법무관의 특별구제로써, 받은 것을 되돌려주되 준 것은 돌려주는 것이 전제되었다. Ph. Hellwege, “In integrum restitutio and the requirement of counter-restitution in Roman law”, Juridical Review 2004, 165.

40) 대표적으로 von Tuhr, Oertmann 등. 상세한 전거는 F.-L. Schäfer(주 7), Rn. 209.

별 지지를 받지 못하였다. 그리하여 판례의 결론에 찬성하되 하나의 부당이득반환청구권만이 성립한다는 그 법적구성에만 반대하여 두 부당이득반환청구권의 대립을 전제로 두 청구권 사이에 쌍무적 견련성을 부여하려는 이론적 시도가 이루어졌다. 캐머러와 그 제자인 레저(H.-G. Leser)는 사실적 쌍무관계를,[41] 플루메는 받은 급여의 운명을 자신의 위험으로 돌리려는 급여수령인의 재산적 결정에 터 잡은 이득소멸 항변의 제한을[42] 그러한 법적구성으로 제시하였다. 판례는 차액설을 고수하고 있으나, 제국법원이 그 근거를 부당이득의 재산지향성에서 찾은데 비하여, 독일연방대법원의 접근은 1970년대 이래 미묘한 변화를 보여, 당사자가 급여와 반대급여의 쌍무적 결부를 의욕하였다는 점에서 근거를 찾는 경향이 나타났다.[43] 특히 판례는 차액설을 사기에 의하여 계약을 체결한 사람, 의사무능력자, 폭리행위의 피해자에는 적용하지 아니함으로써[44] 당사자에게 무효 또는 취소된 계약의 쌍무적 견련성 내지 급여와 반대급여의 결부의사를 귀속시킬 수 없는 한계를 설정해가고 있다.

급여부당이득에서 주목되는 두 번째 개별 쟁점은 이른바 급여부당이득의 삼각관계이다.

전용물소권이 부정되는 한, 이른바 단축된 급여에서 최초 급여자가 최종적으로 이득한 사람에게 직접 부당이득반환을 청구하는 것이 -제822조 등의 예외를 제외하면- 허용될 수 없다는 점에 대하여는 이미 독일 보통법에서도 의문이 없었다. 그렇다면 급여지시인의 지시에 따라 지시수령인이 급여지시인과 사이에 계약 등 관계에 있는 급여수령인에게 직접 급여하였는데 급여지시인과 지시수령인 사이의 기

41) 가령 E. von Caemmer(주 26), S. 260-264.

42) W. Flume(주 35), S. 102 ff.

43) BGHZ 53, 144, 146 f.; 78, 216, 223.

44) BGHZ 53, 144 (사기); BGH NJW 2000, 3562 (의사무능력); BGHZ 146, 298 (폭리행위).

본관계가 무효였던 경우 지시수령인이 급여수령인이 아닌 급여지시인에 대하여 부당이득반환을 구하여야 한다는 결론도 피할 수 없었을 것이다. 문제는 직접적 재산이전 요건 하에서 이러한 결론을 어떻게 도출할 것인가 하는 점이었다. 제국법원은 지시수령인은 지급처, 급여수령인은 수령처에 불과하고, -투어(A. von Tuhr)의 견해에 따라[45]- 급여(Leistung)는 지시수령인이 급여수령인에 대하여 하였더라도, 출연은 지시수령인이 급여지시인에게, 급여지시인이 급여수령인에게 하였다는(indirekte Zuwendung) 다소간 의제적인 구성으로[46] 이에 대응하였다. 독일민법 제정 전후 학설도 대체로 비슷하였다.[47]

이후 분리설이 대두하면서 물권법과 유리된 부당이득법적 급여 개념을 통하여 이러한 결론을 정당화하려는 시도(주 29)가 이루어졌다. 연방대법원도 1961년 판결에서 급여부당이득에 관하여 "비용" 요건을 포기하였고,[48] 이어서 부당이득법적 급여 개념을 채택하여, 삼각관계를 이 개념에 의하여 해결하였다. 즉 급여자가 추구하는 급여목적과 그 방향이 부당이득반환관계의 당사자를 결정한다는 것이다.[49]

물론 변화가 전혀 없었던 것은 아니었다. 제국법원은 제3자와 사이의 대가관계를 법적 원인으로 고려하는 로마법 이래의 접근(suum recepit)을[50] 원용하여, 방론(obiter dictum)이기는 하나, 이른바 이중흠결에서는 지시수령인의 급여수령인에 대한 직접 부당이득반환청구가

45) A. von Tuhr, Allgemeiner Teil des Deutschen Bürgerlichen Rechts, Bd. Ⅱ/2, 1918, S. 92 ff.

46) RG JW 67, 1329.

47) 상세한 문헌지시는 F.-L. Schäfer(주 8), S. 317 ff.

48) BGHZ 36, 30.

49) BGHZ 43, 1; 48, 70; 72, 246 등.

50) 자신의 것을 받았다는 뜻이다. 이상훈, "부당이득법상 suum recepit 논거 검토-고전기 로마법상 지시 사안을 중심으로-", 법사학연구 제55호(2017), 35면 이하. 이러한 접근은 오늘날 독일에서는 더는 쓰이지 아니하나 독일 밖에서는 여전히 종종 쓰이고 있다.

가능할 것이라고 하였고,[51] 당시 학설 중에도 이중흠결에서는 직접 부당이득반환청구가 가능하다는 것이 있었다.[52] 그러나 분리설은 이를 부당이득반환청구권의 부당이득(Kondiktion der Kondiktion)으로 구성할지, 가액반환으로 구성할지를 다투었을 뿐 직접청구를 부정하는 데는 일치하였고, 이제는 판례도 이를 따르고 있다.[53] 또 제국법원은 급여자는 본인의 급여를 의욕하였으나 급여수령인이 위임인을 위한 급여로 착오한 사안에서 급여수령인의 착오를 고려하지 아니한 채 독일 보통법의 원칙을 따라 급여자의 급여수령인에 대한 직접 부당이득반환청구를 인정하고 그 대신 대가관계에서 지급한 매매대금을 이득소멸 항변으로 고려한 데 비하여,[54] 연방대법원은 급여수령인의 인식(視界; Empfängerhorizont)을 기준으로 삼았다.[55]

그러나 이러한 접근은 (가령 수표에 포함된) 지급지시가 위조되었거나, 의사무능력자가 지시하였거나, 지시금액을 초과한 지급이 이루어진 경우에는 적용되지 아니하였다. 이미 제국법원이 채택한 지시수령인의 급여수령인에 대한 직접 부당이득반환구성은[56] 새로운 판례에 그대로 도입될 수 없었다. 연방대법원은 1980년대 들어 지급지시가 철회된 사안에서 급여수령인의 선·악의에 따라 직접 부당이득반환 여부를 결정하여야 한다는 입장을 채택하였다.[57] 학설상의 해명시도는 두 방향 모두에서 이루어졌다. 가령 카나리스(C.-W. Canaris)는 이를 권리외관(Rechtsschein) 법리로 정당화하려고 시도한 반면, 플루메 등은 재산적 결정의 귀속가능성이 결여되어 이득소멸 항변이 허용

51) RGZ 86, 343; RG JW 54, 2269 등.

52) 가령 Oertmann. 당시의 학설상황에 대한 상세한 문헌지시는 F.-L. Schäfer(주 8), S. 320 f.

53) RG JW 40, 274.

54) RGZ 98, 64.

55) BGHZ 40, 272, 276; BGH NJW 1974, 1132, 1133; 1999, 2890, 2891.

56) 이러한 취지의 하급심 재판례에 대하여는 F.-L. Schäfer(주 8), S. 342.

57) BGHZ 87, 246; 87, 393; 89, 376.

되지 아니하는 경우로 설명할 수 있다고 주장하였다.[58)]

나아가 판례는 삼각관계에서는 '일체의 도식적 해결'이 금지된다는 캐머러의 언명을[59)] 인용하면서 지시관계가 아닌 다른 삼각관계에서 개별 사안의 특수성을 고려하여 서로 다른 해결을 제시하기도 하였다. 가령 원고가 채무자의 피고에 대한 채무의 이행을 인수하는 대신 병존적 채무인수를 한 이유가 단지 피고의 법적 지위를 강화해주기 위함이고 피고에 대하여 고유한 급여 목적을 추구하지는 아니하였다는 이유로 원고와 채무자 사이의 계약이 무효임에도 피고에 대한 급여부당이득반환청구를 기각하거나,[60)] 단축된 급여의 실질을 가지는 제3자를 위한 계약이 해소된 때에는 낙약자의 수익자에 대한 직접 부당이득반환청구를 부정하면서도[61)] 이해관계인의 관념상 대가관계가 아닌 기본관계에 ('경제적') 중점이 있을 때에는 수익자에 대한 직접 부당이득반환청구를 인정하기도 하였다.[62)] 채권양도 후 채무자가 양수인에게 변제하였는데 그 채권의 원인이 무효인 경우 원칙적으로 양수인이 반환의무를 진다고 하나,[63)] 채권 양도담보에서는 양도인이 반환의무를 진다고 한다.[64)]

---

58) 각각 C.-W. Canaris, "Der Bereicherungsausgleich im bargeldlosen Zahlungsverkehr", WM 1980, 354 = GS Bd. Ⅲ, 2012, S. 777 ff., W. Flume, "Der Bereicherungsausgleich in Mehrpersonenverhältnissen", AcP 199 (1999), 1 = Studien zur Lehre von der ungerechtfertigten Bereicherung, 2003, S. 168 ff.; J. Wilhelm(주 35), S. 158 ff. 그 밖의 학설에 대하여는 D. Reuter/M. Martinek(주 12), S. 422 ff.

59) E. von Caemmerer, "Bereicherungsansprüche und Drittbeziehungen", JZ 1962, 385 = GS Bd. Ⅰ, 1968, S. 325.

60) BGHZ 72, 246.

61) BGHZ 5, 281.

62) BGHZ 58, 184.

63) RG JW 1938, 1329; BGH NJW 193, 1869; BGHZ 78, 201; 82, 28. 그러나 뒤의 두 판결은 양도인반환청구의 가능성을 배제하지는 아니한다. 이에 대한 분석은 D. Reuter/M. Martinek(주 12), S. 488 f. 같은 문헌이 지적하듯 이러한 판례의 경향은 양도인반환설이 다수인 학설과는 배치된다.

64) BGHZ 105, 365; 122, 46. 그러나 BFHE 173, 1은 양도인반환설이다.

이러한 개별화는 다시 부당이득법적 급여 개념이 삼각관계를 충분히 해결하지 못하고 있음을 드러내었다. 부당이득법적 급여 개념보다는 실질적 평가규준, 가령 계약 당사자는 무효인 계약상 항변을 주장할 수 있어야 하고, 제3자와 사이의 법률관계에서 생긴 항변(exceptio de iure tertii)의 대항은 받지 아니하여야 하며, 자신이 인수한 무자력 위험만을 인수하여야 한다는 관점이 중시되었고,[65] 물권법과 구별되는 부당이득법적 재산 처분 · 이전관념으로 이를 해결하려는 시도가[66] 이루어지고 있다. 뒤의 견해는 급여가 누구에게 귀속되는지 자체를 급여자의 재산적 결정의 문제로 보므로 급여수령인이 아닌 급여자의 인식을 기준으로 하고-그 대신 이득소멸 항변을 고려한다-재산이전과 관련하여 "비용" 요건을 되살린다.

독일 급여부당이득법에서 주목되는 마지막 개별 쟁점은 물권법과의 관계이다.

독일의 판례 · 통설은 부당이득법을 물권법과 원칙적으로 분리하고 있다. 무엇보다도 추상성 원칙 때문에 급여부당이득반환청구권과 물권적 반환청구권이 동시에 성립하는 경우가 드물기 때문이다. 그리하여 가령 급여부당이득에 관한 제814조(비채의 인식), 제815조(결과의 불발생) 및 제817조 제2문(법률 또는 양속에 반하는 급여의 반환금지)은 물권적 청구권에는 적용되지 아니한다고 해석되고 있다.[67] 나아가 학

65) C.-W. Canaris, "Der Bereicherungsausgleich im Dreipersonenverhältnis", FS für Larenz 1973, 799 = GS Bd. Ⅲ, 2012, S. 717 ff. 다만 그 자신은 이들 규준에 직접 삼각관계의 해결책을 도출하는 기능이 아닌 다른 방법으로 도출된 결과를 통제 및 승인하는 기능만을 부여한다. K. Larenz/C.-W. Canaris, Lehrbuch des Schuldrechts Besonderer Teil 2. Hb., 13. Aufl., 1994, S. 247.

66) W. Flume(주 58), S. 155 ff.; J. Wilhelm(주 35), S. 118, 156 등.

67) D. Reuter/M. Martinek(주 12), S. 668 f. 악의의 비채변제 등의 반환배제는 신의칙의 구체화이고, 불법원인급여의 반환배제는 법 정책적으로 의심스러운 것이라면서, 이 규정을 물권적 청구권에 적용하였을 때 발생할 점유와 소유의 분리가 더 문제라고 한다.

설상으로는 급여부당이득이 성립하는 경우에는 물권적 반환청구권은 배제된다는 견해도 주장되고 있다. 소유자가 자의로 급여함으로써 물권적 보호가 아닌 계약상 보호의 대상이 되었고, 이 경우 물권적 청구권에는 보충성이 있다고 한다.[68] 통설은 집행·도산 등 물권적 청구권을 부정하면 부당한 불이익이 생긴다고 여겨지는 사안을 고려하여 두 청구권의 경합을 인정하나, 그럼에도 불구하고 부수적 청산, 특히 선의의 점유자의 과실수취권과 관련하여서는 의문이 제기되었다. 판례는 점유자-회복자법을 우선 적용하나, 점차 이 규정이 급여청산에는 적합하지 아니하고, 소유자가 급여한 경우와 소유자 아닌 사람이 급여한 경우가 달라지는 것은 불합리하다는 비판이 제기되어, 오늘날에는 오히려 점유자-회복자법의 적용범위를 제한하거나 (급여)부당이득법을 이 규정에 대한 특칙으로 봄으로써 그 선후를 뒤바꾸는 견해가 유력하다.[69] 같은 문제는 이른바 삼각관계와 관련하여서도 발생하는데, 학설은 동산이나 금전의 이전에 관하여 이중의 지시취득(Geheißerwerb) 등 의제적 구성을 통하여 물권법적인 권리이전의 경로를 급여부당이득법적 청산에 맞추려고 하기도 하나,[70] 등기로 공시되어 그와 같은 구성이 불가능한 부동산의 경우 등에서는 물권적 청구권에 의하여 삼각관계의 처리에 관한 급여부당이득법적 평가가 깨어져도 어쩔 수 없다고 본다. 그리하여 서로 다른 방향의 물권적 청구권과 급여부당이득반환청구권의 병존·경합을 인정하고 있다.[71]

68) L. Raiser, "Die Subsidiarität der Vindikation und ihre Nebenfolgen", JZ 1961, 529. 다만, 이 견해도 자의에 의하지 아니하고 점유를 상실한 때에는 예외적으로 물권적 보호를 인정한다.
69) 학설의 상세는 D. Reuter/M. Martinek(주 12), S. 674 ff.
70) 이러한 방향으로 G. Hassold, Zur Leistung im Dreipersonenverhältnis, 1981, S. 62 ff.
71) D. Reuter/M. Martinek(주 12), S. 668 f.

(2) 침해부당이득에서는 주목되는 첫 번째 쟁점은 이른바 "비용" 요건이다.

당초 제국법원은 급여부당이득에서와 같이 직접적 재산이전을 요구하였다. 전통적인 관념상 이는 이득과 손실(Verlust)의 동일성을 전제하였다. 그러나 선의취득과 같이 타인 권리의 귀속을 침해한 경우는 별론, 다른 사람의 권리의 무단이용, 즉 다른 사람의 물건을 무단으로 사용하거나 저작물을 이용한 때에는 이전이라 할 만한 행위가 없고 이득과 손실도 다를 수 있다는 점이 문제되었다. 제국법원은 이를 이득과 손실 사이의 인과관계 내지 단일 과정에서 이득과 손실의 발생을 요구하는 방식으로 완화하여,[72] 소유자가 이용할 계획이 없었던 부동산의 무단사용이나 권리자가 이용할 생각이 없었던 저작권의 무단이용의 경우에도 침해부당이득을 인정하면서 "비용"은 적극적 재산 감소가 아닌 다른 사람의 재산 상태에의 접촉(berührt)으로 족하다고 하였다.[73] 문제는 이 기준 또한 분명하지 아니하다는 것으로써, 가령 인격표지의 상업적 이용이 문제된 이른바 기수(騎手) 사건에서는 기수에게 자기의 초상(肖像)을 광고에 쓰게 할 의사가 전혀 없었던 이상 손해가 없다는 이유로 부당이득반환청구를 부정하기도 하였다.[74] 이후 판례는 이득과 손실의 동일성이 요구되지 아니함을 분명히 하고,[75] 1980년대 들어서는 피해자의 재산 감소가 아닌 이득자의 법적 원인 없는 이득 증가만을 문제 삼아야 함을 명백히 하였으며,[76] 반드시 일관된 것은 아니지만, 대체로 사실적 재산의 이전이 아닌 권리의 법적 할당내용을 문제 삼는 경향을 보이고 있다.[77] 이에 따라 저작권

72) RGZ 121, 258 등.

73) RG JW 32, 101; RGZ 90, 137.

74) BGHZ 26, 349 (Herrenleiterfall).

75) BGHZ 20, 345 (Paul Dahlke).

76) BGHZ 81, 75 (Carrera).

77) BGHZ 82, 299; 99, 244; 129, 66 등. 그러나 여전히 직접성에 의지하여 논증하기

외에 특허권, 디자인권, 상표권은 물론[78] 및 인격권(주 74-76)에 이르기까지 일체의 지배권으로 침해부당이득의 보호대상을 확장해갔다. 그러나 지배권이라고 할 수 없는 이른바 영업권(Recht am eingerichteten und ausgeübten Gewerbebetrieb) 침해 내지 부정경쟁행위에서는 여전히 확장을 거부하고 있다.[79] 이는 대체로 캐머러의 견해와 일치하는데, 학설상으로는 부정경쟁행위에서도 일정한 범위에서 침해부당이득을 인정하여야 한다는 반론 또한 유력하다.[80]

침해부당이득에서 주목되는 두 번째 쟁점은 이른바 침해부당이득의 보충성이다.

제국법원은 급여부당이득과 침해부당이득을 서로 다른 범주로 다루지 아니하였으므로 이러한 의미의 보충성도 인정하지 아니하였다.[81] 그리하여 무권리자가 소유자에 대하여 유효하게 처분을 한 경우와 타인 권리를 무단으로 이용한 경우 권리자는 그에게 침해부당이득반환청구를 할 수 있고, 그는 제3자에게 지급한 대가만큼 이득이 소멸하였다는 항변을 할 수는 없다고 하였다.[82] 그러나 1961년 연방대법원은 원고가 착오로 피고와 사이에 전기설비 매매계약이 성립하였다고 여겨 피고에게 (소유권이전 없이) 전기설비를 인도하였으나 피고는 자신이 전기설비납품을 위임한 제3자로부터 공급받았다고 여기

도 하고, 두 요소를 모두 언급하기도 한다. F.-L. Schäfer(주 7), Rn. 94.

78) BGHZ 68, 90; 99, 244 등. 제국법원은 이들에서 침해부당이득을 부정하였으나, 그 이유는 특허법 등이 구제수단에 관하여 완결적으로 규정하고 있다고 보아야 하고, 경계가 분명하지 아니한 권리에서 무과실의 이득반환의무를 지우는 것은 부당하다는 점에 있었다.

79) 가령 BGHZ 71, 86.

80) 학설의 개관은 우선, D. Reuter/M. Martinek(주 12), S. 249 ff.

81) F.-L. Schäfer(주 8), S. 476. 다만 학설상으로는 제816조 제1항 제2문의 책임은 이득자의 권원(titulus)에도 불구하고 부당이득반환을 인정하나 제812조 제1항 제1문의 책임은 그렇지 아니하다고 하여 채무자 중심 보충성의 원형이 나타났다.

82) RGZ 106, 4 등. 연방대법원도 초기에는 이러한 입장을 취하였다. BGHZ 9, 333; 14, 7.

고 공사를 마쳐 부합에 의하여 설비 소유권을 취득한 사안에서, 부합에서 부당이득법의 준용(제951조 제1항 제1문)은 법률요건 지시여서 급여에 의한 이득인지 기타의 이득인지가 문제되는데, 이득자의 관점에서 이는 제3자의 급여이지 원고의 급여가 아니라면서, -에써의 보충성설을[83] 수용하여-이처럼 이득자가 누군가로부터 급여 받은 것은 침해부당이득의 대상도 되지 아니한다고 하였다.[84] 그런데 이후 건설수급인이 타인 소유의 도난당한 자재를 이용하여 건물을 신축하여 도급인이 그 자재 소유권을 부합으로 원시취득한 사안에서 소유자의 도급인에 대한 직접 부당이득반환청구를 인정하여[85] 논란이 되었다. 오늘날의 학설은 이러한, 아마도 결론에 있어서는 타당한, 구분을 설명하기 위하여 아예 보충성을 부정하고 물권법적 평가, 특히 선의취득 규정을 유추하여야 한다고 한다. 이에 대하여 보충성을 인정하되 채무자의 관점이 아닌 채권자 관점에서, 즉 채권자가 스스로 누군가에게 급여한 것을 침해부당이득으로 반환 받을 수는 없다고 보아 이러한 구분을 정당화하는 견해,[86] 제국법원의 해결을 따르되 수령자의 보호가치 있는 신뢰는 이득소멸 항변으로 고려하여야 한다는 견해도[87] 있다.

침해부당이득와 관련하여 주목되는 마지막 쟁점은 반환대상 내지 범위이다. 특히 원물반환이 처음부터 불가능한 (비대상적) 사용이익이 중요하다. 학설 중에는 악의의 침해자는 사용의 객관적 가치를 초과하여 거둔 이득도 반환하여야 한다는 견해도 있으나,[88] 판례 · 통설은

83) 대표적으로 J. Esser(주 30), S. 788, 808.

84) BGHZ 40, 272. 이 판결은 이른바 부당이득법적 급여 개념을 채택한 판결이기도 하다. 한편 비슷한 사안(다만, 이 사안은 무권대리에 의하여 공급이 이루어졌다)에서 같은 결론을 취한 BGHZ 36, 30의 경우 주로 수령자 시계가 기준이 된다는 점을 근거로 들었다.

85) BGHZ 55, 176.

86) 학설의 개관은 우선, D. Reuter/M. Martinek(주 12), S. 399 ff.

87) W. Flume(주 58), S. 191 ff.

확고하게 수익반환을 부정한다.[89] 무엇보다도 고의의 무단관리자에 대하여 부진정사무관리로 그 이득의 반환을 명하는 제687조 제2항 제1문, 제681조 제2문, 제667조가 더 나은 해결이라는 점이 근거이다.[90] 역으로 수령자가 거둔 경제적 이득이 객관적 가치에 미치지 못하여도 객관적 가치는 반환하여야 한다. 제국법원은 이득을 총체 재산적 관점의 비용절약으로 보았으나, 경제적 이득이 객관적 가치에 미치지 못한다는 항변을 배척함으로써 이미 같은 결론을 취하고 있었다.[91] 이는 무권리자가 타인의 권리를 유효하게 처분한 경우 취득자로부터 실제로 받은 대가를-객관적 가치를 초과하여도-반환하는 것(제816조 제1항 제1문)과 구별된다.[92]

3. 쾨니히(D. König)의 개정안

캐머러의 제자이기도 한 쾨니히는 연방법무부의 위임으로 진행되어 1981년 출간된 채권법 개정에 관한 감정의견서에서 독일 부당이득법에 관한 포괄적 감정을 행한 다음 개정사안(改訂私案)을 제시하였다.[93] 이 안에 대하여는 이미 번역과 상세한 소개가 이루어진 바 있으므로[94] 이하에서는 앞서의 서술에 비추어 몇 가지 주목할 만한 점

88) J. Wilhelm(주 35), S. 83. 또한 H.-H. Jakobs(주 21), S. 146 ff.

89) BGHZ 20, 345; 82, 299; 99, 244 등 다수.

90) 학설의 상세는 D. Reuter/M. Martinek(주 12), S. 538 ff.

91) RGZ 97, 310. 급여부당이득에서도 같은 문제가 있는데, BGHZ 55, 128 (Flugreisefall)은 제819조, 제818조 제4항을 이득의 발생 내지 존재 여부에 유추하여 같은 결론에 이르렀다.

92) 제816조 제1항 제1문을 침해부당이득이 아닌 총체 재산적 이득을 박탈하는 제3유형으로 분류하는 전제 하에, 이것이 다른 경우와 모순이 아니라는 견해로 D. Reuter/M. Martinek(주 12), S. 533 f.

93) D. König, "Ungerechtfertigte Bereicherung", BMJ (hrsg). Gutachten und Vorschläge zur Überarbeitung des Schuldrechts, Bd. II, 1981, S. 1515.

94) 양창수, "서독부당이득법의 입법론적 전개-König의 부당이득법개정에 관한 감정의견의 소개-", 서울대 법학 제26권 제4호(1985), 166면 이하.

을 지적하는 데 그친다.

먼저, 쾨니히의 개정사안은 급여부당이득, 침해부당이득, 비용부당이득, 삼각관계에 관하여 순차로 규정한 뒤 마지막에 보충적 일반조항을 두고 있다. 보충적 일반조항은 기타의 방법에 의한 부당이득에 대하여 앞의 규정을 준용하는 취지로, 유형분류가 완결적인 것이 아니라는 그 자신과 캐머러의 견해에 터 잡은 것이다.[95]

그밖에는 기본적으로 법문상 분명하지 아니하였고, 다툼이 있었던 쟁점들에 대하여 기존의 판례 · 통설을 명문으로 규정한 부분이 많다. 가령 급여부당이득에서 원물반환이 불가능한 경우 가액은 불능시를 기준으로 산정함을 명시한 점, 쌍무계약의 청산과 관련하여 무효규범의 보호목적을 고려하여 이득소멸의 항변을 제한할 수 있음을 명시한 점, 동시이행의 항변권을 여기에 준용한 점, 취득한 초과이익(Gewinn)반환을 널리 인정한 점 등이 그러하다. 또한 침해부당이득과 관련하여서 소유권 기타 절대권 이외에 '재산적 가치 있는 법익'을 대상으로 명시하고, 그중 재산적 이익의 의미를 개방해둠으로써 할당내용설을 전제로 어디까지 할당내용이 인정될 것인가를 둘러싸고 논쟁과 법 발전이 진행 중이었음을 고려한 점, 침해부당이득의 반환범위는 침해시의 통상의 가액임을 명시한 점도 같다. 반면 이미 학설상 비판을 받고 있던 급여목적(Leistungszweck)은 수용하지 아니하였다. 부당이득 배제사유를 모두 급여부당이득에 관한 규정으로 위치 지운 것은 제1차적으로는 일람성(一覽性)을 제고하기 위함이었을 것이다.

그러나 몇몇 변화도 엿볼 수 있다. 가령 무권리자의 유효한 처분에서도 통상의 가액을 반환범위로 보되, 유상처분의 경우 처분대가를 통상의 가액으로 '추정'한 점, 고의나 중대한 과실로 인한 침해에 대하여 수익반환을 인정한 점, 비용부당이득과 관련하여 이득자의 선 ·

---

95) 그러나 부당이득 유형이 완결적이라는 주장으로, D. Reuter/M. Martinek(주 12), S. 371 ff.

악의는 묻지 아니하고 이득자가 수거(Wegnahme)를 청구할 수 있고 청구한 때, 청구권자가 비용지출 계획을 상당기간 내에 알리는 것을 유책하게 게을리 한 때 및 비용지출 전 상대방이 이의한 때를 반환배제사유로 규정한 점이 그러하다.

삼각관계와 관련하여서는 지시관계와 채권양도만 규정하면서 채권양도에 관하여도-통설을 따라, 판례에는 반하여-양도인반환설을 명문화하고, 급여관계와 오상채권자가 급여 유발에 책임이 있는지 여부도 고려요소임을 명시하며, 급여관계의 당사자에 관하여는-판례·통설과 달리-수령자가 아닌 급여자의 인식을 기준으로 할 것을 제안하고 있다.

Ⅲ. 오스트리아·스위스 부당이득법

1. 오스트리아 부당이득법

(1) 비채변제

오스트리아 부당이득법은 오스트리아일반민법의 한 특징인 '프랑스적 형식과 독일적 내용'의 결합을 잘 보여주는 예이다. 오스트리아 일반민법(Allgemeines bürgerliches Gesetzbuch)에서 부당이득법의 기능을 하는 규정은, 2016년 개정 전 프랑스민법에서처럼,[96] 비채변제(Nichtschuld)와 비용상환청구권(Verwendungsanspruch)으로 나뉘어 있고, 그중 비채변제에 관한 규정은 변제에 관한 절의 끝에 있다. 주요 규정부터 본다:

> 제1431조: "어느 누군가가 급여자에 대하여 어떠한 권리도 가지지 아

96) 다만 프랑스 판례는 그밖에 전용물소권(action de in rem verso) 내지 부당이득(enrichment sans cause)도 인정해왔고, 이는 2016년 개정 프랑스민법 제1303조 이하에 입법적으로 수용되었다.

니함에도 착오(법률의 착오도 같다)로 물건 또는 행위를 급여 받은 때에는, 물건의 경우에는 원칙적으로 그 물건의 반환을, 행위의 경우에는 그로부터 발생한 이득(Nutzen)에 적절한 보수(Lohn)의 지급을 청구할 수 있다."

제1437조: "비채(非債)의 수령자는 급여자(Geber)의 착오를 알았거나 제반사정상 추측하였어야 했는지 여부에 따라 선의 또는 악의의 점유자로 본다."

법문상 분명하듯, 비채변제의 경우 급여자의 착오가 적극적 요건이고,[97] 급여자의 비용이나 손해는 요건이 아니며,[98] 심지어 이득도 요건이 아니다. 단지 급여만이 요건이 된다. 다만, 이와 같이 급여자의 착오를 반환의 적극적 요건으로 하면 급여 후 계약이 취소 등으로 해소된 경우를 포섭할 수 없다는 문제가 생기는데, 오스트리아 일반민법은 착오, 사기, 강박 등 취소사유에 관한 규정 뒤에 '동의의 흠으로 계약의 해소를 구하는 사람은 그와 상환으로(dagegen) 그 계약으로 그의 이익으로 받은 모든 것을 반환하여야 한다'는 규정(제877조)을 두어 이를 보충한다. 통설은 착오 요건을 피하기 위하여 의사무능력, 금지규범 및 양속위반, 가장행위에도 이를 확장한다.[99] 제877조는 문언상 계약해소를 구한 사람의 의무만을 규정하는 것처럼 보이나, 위 "그와 상환으로"에서도 알 수 있듯 (쌍무계약에서) 상대방의 반

97) 따라서 반환청구권자 자신이 착오 사실을 주장 · 증명하여야 한다. 물론 판례는 법적 원인이 없었음이 증명되면 착오도 일응 추정(Prima-Facie-Beweis)되는 것으로 본다. OGHZ 4 Ob 546/30. 또한 B. Lurger in Kletečka/Schauer, ABGB-ON 1.00, 2010, § 1431 Rz. 2.

98) 이미 W. Wilburg(주 23), S. 97 ff.

99) OGH 7 Ob 669/87; 7 Ob 546/90; 8 Ob 510/90; 9 Ob 255/00 s; F. Bydlinski, "Grundfragen der Unerlaubtheitskondiktion, entwickelt an einem exemplarischen Fall", FS für Zöllner, Bd. Ⅱ, 1998, S. 1036 f., 1046; R. Pletzer in Kletečka/Schauer, ABGB-ON 1.00, 2010, § 877 Rz. 2 ff. 그밖에도 일단 존재하였던 채무가 사후에 소멸한 경우의 반환에 관한 제1435조를 적용하여야 한다는 견해, 금지목적을 고려하는 견해 등이 있다.

환의무를 전제한다. 판례·통설은 이 규정에 의한 반환의무도, 상대방의 반환의무도 제1431조 이하의 비채변제에 관한 규정을 암묵적으로 지시하고 있다고 본다.[100] 나아가 계약해제의 효과에 관한 제921조도 손해배상 이외에 부당이득반환을 명하는데, 이 또한 비채변제에 관한 제1435조의 한 예이고, 그 효과도 그에 따른다고 이해된다.[101] 그 결과 비채변제, 무효이거나 취소된 계약의 청산 및 계약해제가-서로 다른 규정과 체계적 위치에도 불구하고-모두 같은 규율에 따르게 된다.

비채변제에서 급여 대상은 물건과 행위를 포괄한다. 반환 대상이 문제인데, 초기에는 독일 보통법의 전통을 따라 총체 재산적 의미의 '이득(Bereicherung)'이라는 견해도 있었으나,[102] 점차 급여 자체가 반환되어야 한다는 견해가 받아들여졌다.[103] 먼저, 물건의 원물반환이 불능이 되거나 비현실적이 된 때에는 손해배상법상 원상회복이 불능(unmöglich)이거나 비현실적(untunlich)이 된 때에는 가액으로 배상하여야 한다고 정하는 제1323조를 유추한다.[104] 다만 이때 그 가액의 산정에 관하여는 다시 다른 사람 소유의 건축자재를 이용하여 자기 토지 위에 건물을 신축한 경우 선의자는 통상 가액으로, 악의자는 시장의 최고가액으로 보상하여야 한다고 한 제417조를 유추한다. 그 결

---

100) OGH 7 Ob 672/86; 7 Ob 669/87; 1 Ob 687/90; 1 Ob 57/04 w; R. Pletzer (주 99), Rz. 18.

101) OGH 3 Ob 550/95; M. Gruber in Kletečka/Schauer, ABGB-ON 1.00, 2010, § 921 Rz. 12 ff.

102) E. Swoboda, Bereicherung, Geschäftsführung ohne Auftrag, Versio in rem, 1918.

103) 비채변제의 반환을 부당이득이 아닌 물권적 반환청구권 유사의 권리로 본 A. Ehrenzweig, System des österreichischen allgemeinen Privatrechts, 2. Aufl., Bd. II/1, 1928, S. 733 참조.

104) B. Lurger(주 97), Rz. 6; *ders* in Kletečka/Schauer, ABGB-ON 1.00, 2010, § 1437 Rz. 3.

과 악의자는 시장에서 받을 수 있었을 최고가를 반환하고, 선의자는 통상 가액을 반환하여야 하나,[105] 얻은 이익이 통상 가액에도 미치지 못하는 경우에는 얻은 이익만 반환하면 족하다.[106] 나아가 선의자는 물건이 우연히 멸실되었고 다른 대체적 이익(Ersatz)이 없는 경우에는 우연한 이행불능의 채무 해방효를 정한 제1447조에 따라 원물반환의무와 가액반환의무 모두를 면한다.[107] 이는 비용상환청구권에 대하여 침해사안에 대한 제417조를 유추한 것이 비채변제의 반환에 옮겨진 것으로써, 두 청구권 사이의 관련성이 의식되고 있음을 보여준다. 다음, 행위는 작위와 부작위는 물론, 물건 등의 이용가능성의 제공도 포괄한다고 이해된다. 이때에는 처음부터 원물반환이 불가능하므로 가액반환만이 문제된다. 사용이익의 가액은 비용절감을 기준으로 산정한다.[108] 그러나 순수한 행위, 즉 노무급여에서는 급여 당시 의도한 결과의 달성 여부와 무관하게 적절한 보수액을 정하여 지급하여야 한다. 노무급여를 인수한 사람은 통상 결과를 달성할 의무를 지지 아니하기 때문이다.[109]

물건급여의 경우 그 물건으로 인하여 얻은 과실이나 이익은 어떻게 되는가. 이러한 부수적 청산에 관하여 정하는 것이 제1437조이다.

---

105) 통설이다. B. Lurger(주 104), Rz. 6 f.

106) OGH 2 Ob 318/25; 1 Ob 29/32; 6 Ob 280/98 i.

107) B. Lurger(주 104), Rz. 4. OGH GIUNF XIII Nr. 5167도 그러한 입장이라고 한다.

108) OGH 9 Ob 22/90.

109) OGH 4 Ob 67/83. F. Bydlinski, "Lohn-und Kondiktionsansprüche aus zweckverfehlenden Arbeitsleistungen", FS für Wilburg, 1965, S. 60 ff.; B. Lurger(주 97), Rz. 7. 그 결과 아무런 이득도 발생하지 아니한 경우에도 보수 상당액을 지급하여야 한다. 이와 같은 오스트리아일반민법의 노무급여에 대한 의식적 규율은 노무급여를 비채변제(repetition de l'indu)가 아닌 일반적 부당이득반환(enrichissement sans cause)으로 처리하여야 한다는 견해가 우세한 프랑스민법과는 구별된다. 이 점에 대한 프랑스의 학설상황은 우선, Ch.-P. Filios, L'Enrichissement sans cause en droit privé français. Analyse interne et vues comparatives, 1999, n° 209 참조.

같은 규정은 선·악의 점유자로 본다고 하고 있을 뿐이나, 그 취지는 점유자-회복자 관계에 관한 제329조 내지 제336조가 이에 적용됨을 전제로 그와 관련하여 선의의 점유자로 다룰 것인지 악의의 점유자로 다룰 것인지를 규율하는 데 있다.[110] 오스트리아 점유자-회복자법은 선의 점유자는 [소유자에 대하여] 책임(Verantwortung)을 지지 아니하고 물건을 자유로이 사용, 소비, 파손(vertilgen)할 수 있고(제329조), 분리된 과실을 수취할 수 있으며(제330조), 필요비 또는 유익비는 이득이 현존하는 한도에서 보상을 받을 수 있는 반면(제331조),[111] 악의 점유자는 실제로 얻은 이익 전부 및 피해자가 얻을 수 있었을 이익을 반환하고 그의 손해를 배상하여야 하며(제335조), 비용지출이 있었다 하더라도 사무관리에 관한 규정에 따라-매우 제한적으로[112]-보상받을 수 있을 뿐이라고(제336조) 정한다. 그러나 판례·학설은, 선의 점유자의 책임을 배제하는 제329조는 비채변제의 반환에 적용되지 아니하고, 선의 점유자의 과실수취권에 관한 제330조도 삼각관계에 관한 규정으로써 여기에 적용되지 아니한다고 한다.[113] 결국 비채변제의 반환과 관련하여서는 선의자도 과실(果實)과 이득 전부를 반환하여야 하는 것이다. 다만 통설은 선의자의 경우 통상의 가치를 넘는 이득은 반환할 필요가 없다고 한다.[114] 반면 악의자는 얻은 이익은 통상의 가

110) B. Lurger(주 104), Rz. 1. 오스트리아 일반민법이 물건점유(Sachbesitz) 이외에 비유체물의 권리점유(Rechtsbesitz)도 점유로 보고 있다는 점(제311조)이 여기에 참조가 될지 모른다. 오스트리아의 통설은 물건점유와 관련되어 있는 권리에서만 권리점유를 인정하나, 역사적 입법자의 의사는 그렇지 아니하였다. 우선 G.-E. Kodek in Kletečka/Schauer, ABGB-ON 1.00, 2010, § 311 Rz. 6.

111) 그 대신 투입한 비용이 객관적 가치보다 많고 물건의 실체를 해하지 아니한 채 수거할 수 있을 때에는 선의 점유자는 그의 선택에 따라 그것을 수거할 수 있다. 제332조 참조.

112) 오스트리아 사무관리법은 극히 좁은 범위에서만 사무관리를 인정한다.

113) OGH 7 Ob 672/86.

114) B. Lurger(주 104), Rz. 6.

치를 넘더라도 전부 반환하여야 한다. 그러나 단순히 고가(高價)에 처분한 것이 아니라 수령자 자신의 기여가 있으면 그 기여도에 따라 이익을 분할한다. 이는 오스트리아 부당이득법에 대한 빌부르크의 영향의 한 예라고 보인다.[115]

이득소멸에 대한 일반적 규율은 존재하지 아니한다. 과거에는 독일 보통법의 예를 따라 이를 일반적으로 고려하여야 한다는 견해도 있었으나(주 102), 이제는 주장되지 아니한다. 이미 얻은 이득 자체가 그 뒤 소멸한 때에는 뒤에 보는 바와 같이 비용상환청구권에 대하여 이를 고려하지 아니할 것임을 명시하고 있어 비채변제에 대하여도 고려하지 아니한다는 데 별 이론(異論)이 없다.[116] 단지 행위무능력자에게 변제한 경우 그가 실제로 이득을 얻지 못하였다면 그 범위에서 다시 변제하여야 한다고 정하는 제1424조 제2문과 관련하여 예외적으로 고려될 여지가 남을 뿐이다. 반면 이득으로 인하여 손해가 생긴 경우, 가령 제3자 변제를 믿고 채무증서를 훼멸하거나 담보를 포기한 경우에는 급여자가 부주의하였고 수령자가 선의였을 때에 한하여 제한적으로 공제된다.[117] 수령자가 비용을 지출한 경우에는 제331조 등에 따라 독자적인 비용상환청구권이 인정되고, 여기에 유치권이 부여된다.[118]

오스트리아일반민법은 동산 · 부동산물권변동과 채권양도에 관하여 유인론(有因論)을 취한다(제380조). 그리하여 비채변제 중 상당수에서 소유물반환청구권(Eigentumsklage, 제366조)이 성립하게 된다. 판례 · 학설은 일찍부터 비채변제의 반환청구권이 소유물반환청구권에 대

115) OGH 2 Ob 404/67; 5 Ob 910/76; 1 Ob 590/89; W. Wilburg(주 23), S. 131 ff.; B. Lurger(주 104), Rz. 7 f.

116) B. Lurger(주 104), Rz. 4.

117) OGH 7 Ob 748/83; 2 Ob 644/87; 6 Ob 580/91, 508/92; B. Lurger(주 104), Rz. 11.

118) B. Lurger(주 104), Rz. 8.

하여 보충관계에 있지 아니함을 당연한 전제로 받아들였다.[119] 그리하여 비채변제의 반환청구권과 소유물반환청구권은 제한 없이 경합한다는 데 일치한다.[120] 이때 소유물반환청구의 부속규정인 제329조 이하가 비채변제의 반환과 관련하여 수정 해석되고 있어 문제되는데, 판례 · 학설은 제329조를 두 사람 사이의 급여반환에 적용하지 아니함으로써 위 문제를 해결한다.[121] 그러나 독일에서와는 반대로 악의의 비채변제나 불법원인급여(제1174조) 같은 반환배제 사유는 법정취득권원 또는 권원 없는 취득사유가 되어 소유물반환청구권도 배제한다.[122]

또 하나의 문제는 쌍무계약의 청산이다. 판례 · 통설은 이(二)부당이득설을 취하면서 두 반환청구권은 상환 이행되어야 한다고 한다.[123] 그러나 그중 한 급여가 우연히 멸실되어 수령자가 반환의무를 면한다 하더라도 그는 반대급여의 반환을 구할 수 있다.[124] 이에 대하여 독일에서와 같이 차액설을 취하여야 한다는 견해도 주장되고 있다.[125] 나아가 유력한 학설은 수령자로의 위험이전에 법적 흠이 없을

119) R. Schmitt(주 17), S. 128 ff.

120) 판례와 학설의 상세는 F. Kerschner, Irrtumsanfechtung insbesondere beim unentgeltlichen Geschäft, 1984, S. 80 ff.

121) OGH 2 Ob 815/52; 5 Ob 231/98 a; K. Spielbüchler, Der Dritte im Schuldverhältnis, 1973, S. 220; B. Lurger in Kletečka/Schauer, ABGB-ON 1.00, 2010, § 329 Rz. 3.

122) K. Auckenthaler, Irrtümliche Zahlung fremder Schulden, 1980, S. 53 ff.; B. Lurger in Kletečka/Schauer, ABGB-ON 1.00, 2010, § 1174 Rz. 2.

123) 제877조가 "그와 상환으로"라고 한 것이 그 단서이다. 그러나 항변하여야 하고, 직권으로 고려하지는 아니한다. OGH 8 Ob 60/70; 6 Ob 265/01 s; B. Lurger (주 104), Rz. 10; R. Pletzer(주 99), Rz. 17. 이러한 규율은 소유물반환청구권에 대하여도 확장된다.

124) OGH 2 Ob 1137/32; 1 Ob 31/75; W. Wilburg, "Zusammenspiel der Kräfte im Aufbau des Schuldrechts", AcP 163 (1964), 346, 353 ff.

125) 가령 H. Koziol/R. Welser, Grundriss des bürgerlciehn Rechts Bd. Ⅱ, 12. Aufl., 2001, S. 280 f.; H. Honsell, "Aktuelle Probleme der Sachmängelhaftung", JBl 1989, 212 f.

때(이른바 채권법적 소급효)에는 쌍무계약의 위험부담규칙이 고려되어야 하므로 차액설적 해결이 타당하나 원인행위뿐 아니라 수령자로의 위험이전에도 법적 흠이 있을 때(물권법적 소급효)에는 그렇지 아니하다고 한다.[126)]

비채변제의 반환의 당사자가 급여한 사람과 급여를 받은 사람으로 명시되어 있으므로 삼각관계의 해결도 급여의 내용과 목적의 문제가 된다. 그러므로 전용물소권은, 비채변제의 반환으로는, 인정되지 아니하며, 지시관계에서 대가관계나 보상관계가 무효일 때에도 각 관계의 당사자 사이에서 비채변제의 반환이 이루어져야 한다는 데 일찍부터 이론(異論)이 없었다.[127)] 오늘날의 판례 · 통설도 독일의 부당이득법적 급여 개념을 수용하여 원칙적으로 급여목적지정의 해석을 통하여 삼각관계를 해결하여야 한다고 본다.[128)] 그러나 지시 자체가 무효인 경우에는 지시수령인의 급여수령인에 대한 직접 부당이득반환청구가 인정된다.[129)] 이러한 반환청구권이 비채변제의 반환(제1431조)에 해당하는지, 비용상환청구(제1041조)에 해당하는지 학설상 논란이 있으나, 판례는 명확히 하지 아니하고 있다.[130)] 제3자를 위한 계약에 대하여는 지시관계와 같은 해결이 타당하다는 것이 통설이고, 채권양도에 대하여는 판례 · 통설이 양수인반환을 원칙으로 하나 일부 학설은 양도인반환도 추가로 인정하여야 한다고 한다.[131)]

---

126) 가령 J. Aicher in RummelKommABGB, 3. Aufl., 2000, §§ 1048-1051, Rz. 17; F. Bydlinski, System und Prinzipien des Privatrechts, 1996, S. 288 ff.

127) W. Wilburg(주 23), S. 113 f.

128) OGH 3 Ob 557/86; 9 Ob 39/02 d; B. Lurger in Kletečka/Schauer, ABGB-ON 1.00, 2010, Vor §§ 1431-1437 Rz. 5. 상세한 정당화는 K. Spielbüchler(주 121), S. 185 ff.

129) OGH 6 Ob 204/02 x.

130) 우선, B. Lurger(주 128), Rz. 7.

131) B. Lurger(주 128), Rz. 10 f. 특히 채권양도에 관하여는 OGH 6 Ob 734/83; 6 Ob 697/86; 5 Ob 212/00 p; A. Rahmatian, Der Bereicherungsausgleich in

문제는 이 경우 소유물반환청구권과의 경합이다. 두 청구권은 삼각관계에서도 경합하고,[132] 지시관계에서 기본(보상)관계가 무효인 경우 권원연속(Titelkette)이 깨어져 지시수령인의 급여수령인에의 권리이전이 무효가 된다. 그 결과 지시수령인의 비채변제 반환청구는 급여지시인을 향하나, 그의 소유물반환청구권은 급여수령인을 향하는 일이 발생할 수 있다.[133] 동산의 경우 급여지시인과 급여수령인 사이의 대가(출연)관계가 유효하다면 선의취득 규정(제367조)을 유추하여 지시수령인의 소유물반환청구권을 배제할 여지가 있다. 그러나 언제나 그러한 구성이 가능한 것은 아니다. 그리하여 그러한 구성이 불가능한 경우, 가령 부동산에서는 부당이득반환관계를 물권적 반환관계에 맞추어야 한다는 견해도 주장되고 있다.[134] 한편 출연관계가 무효라면 동산에서는 지시수령인의 급여수령인에의 인도로 급여지시인에 대한 인도와 소유권 이전이 이루어졌다고 보아 급여지시인의 소유물반환청구를 인정함으로써 소유물반환청구권과 비채변제 반환청구권을 일치시키거나,[135] 지시수령인에게 소유권이 있으나 그는 급여지시인에 대한 유효한 기본관계상 이를 행사하지 아니할 의무를 진다는 이유로 소유물반환청구를 결과적으로 배제하는 구성이 시도되고 있다.[136] 이중흠결의 경우에는 지시수령인의 급여수령인에 대한 소유물반환청구를 배제할 만한 근거가 없고, 때문에 학설의 일부는 오히려 부당이득반환을 여기에 맞추어야, 즉 직접 청구를 인정하여야 한다고 한다.[137]

Zessionslagen, 1989, S. 118 ff.

132) B. Lurger(주 128), Rz. 16.

133) 통설. 가령 H. Koziol/R. Welser(주 125), S. 270.

134) K. Spielbüchler(주 121), S. 184 ff., 248.

135) K. Spielbüchler, "Übereignung durch mittelbare Leistung", JBl 1971, 589; M. Lukas, in Kletečka/Schauer, ABGB-ON 1.00, 2010, § 1400 Rz. 15.

136) K. Spielbüchler(주 121), S. 193, 208 ff.

(2) 비용상환청구권

다음으로 비용상환청구권에 관한 규정을 본다. 이 규정은 사무관리에 관한 절의 끝에 있다:

> 제1041조: "물건이 사무처리 없이 다른 사람의 이익으로 이용되었을(verwendet worden ist) 때에는 소유자는 그 원물, 또는 이것이 더는 되지 아니할 때에는, 비록 그 뒤에 수익(Nutzen)이 좌절되었다 하더라도, 이용할 때 그것이 가졌던 가치를 청구할 수 있다."
>
> 제1042조: "다른 사람을 위하여 법률상 그가 스스로 지출하였어야 할 비용을 지출(Aufwand)한 사람은 보상(Ersatz)을 청구할 권리가 있다."

위 규정의 의미는 오랜 기간 다투어졌다. 제1041조는 누구도 다른 사람의 손해로 이득을 얻어서는 안 된다는 기본사상에서 출발하였지만 사무관리법 뒤에 이어져 있어 당초 사무관리와 일정한 관련을 갖는다고 이해되었다. 초안에서는 '우리는 증여의사 없이 우리의 이익으로 비용을 지출한(verwendet hat) 다른 사람에게 그것을 보상하여야 한다'고 되어 있어 이 점이 더욱 명백하였다. 그러나 오스트리아 일반민법의 아버지인 차일러(F.-A. von Zeiler)는 1806. 5. 5. 제안에서 그 문언을 수동형, 즉 '이용되었을 때'로 바꾸었고, 그것이 입법되었다. 이러한 변경의 의도나 경위는 분명하지 아니하나,[138] 이 규정은 이러한 문언변경 덕분에 그 후 비용상환 외에 침해부당이득도 포괄하는 것으로 해석될 수 있었다.

차일러는 이 규정을, 독일 보통법의 전통에 따라, 사무관리와 관

---

137) K. Spielbüchler(주 121), S. 248 ff. 물권법적 측면을 문제 삼은 것은 아니나, F. Bydlinski(주 126), S. 258 f.도 같다.

138) P. Apathy, Der Verwendungsanspruch, 1988, S. 12; B. Kupisch, Die Versionsklage, 1965, S. 93. 이들은 실질적 변경이 아니라 전용물소권을 규정한 것으로 침해사안을 염두에 두었다고 할 수 없다고 한다.

련된 (제한된) 전용물소권을 정한 것으로 이해하였다. 즉, 사무관리자가 사무귀속주체에 대하여 갖는 비용상환청구권 및 대지급청구권을 압류·추심하는 대신 그러한 요건이 갖추어졌을 때에 사무관리자에게 급여한 사람이 직접 사무귀속주체에게 비용상환을 구하는 것을 가능하게 하는 규정이라는 것이다.[139] 그밖에 그는 의식불명인 사람을 구호한 경우에도 이 규정을 적용할 수 있다고 보았다. 그리고 제1042조는 로마법에서 인정되었던 비기술적 전용물소권, 즉 피후견인이 후견인의 동의 없이 행위하여 이득을 얻은 경우 그에게 이득한 범위에서 반환의무를 정하는 규정이라고 하였다. 이로써 전용물소권이 이(二)당사자관계로 확장되었다.[140] 스보보다(E. Swoboda)는 오스트리아 일반민법의 사무관리 금지는 의사자유 침해에 근거를 두고 있어, 사무귀속주체가 의사무능력이면 사무관리가 될 수 없으므로 이러한 규정을 두었다면서, 대리인 없는 무능력자가 이득한 경우에 이 규정을 적용할 수 있다고 하였다. 그러나 이와 같이 이(二)당사자관계에 이 규정을 적용하는 것은 제877조 등이 비채변제를 규율하고 있고, 사무관리는 부재자에 한하여 성립할 수 있다거나 의사무능력자를 위하여는 성립할 수 없다는 잘못된 가정에 터 잡고 있다는 비판을, 삼각관계에 이 규정을 적용하는 것은 사무관리자가 사무귀속주체 이름으로 행위한 때에 대하여는 이미 제1016조가 규율하고 있고, 사무관리자가 자기 자신의 이름으로 행위한 때에는 소유자는 '스스로 포기한 소유권이나 그 계속으로서 전용물소권을 원용할 수 없다'는 비판을 받았다.[141] 판례도 1956년 이래 전용물소권을 부정하였다.[142]

그렇다면 이 규정에는 어떠한 적용영역이 남았는가.

139) B. Kupisch(주 138), S. 97.
140) P. Apathy(주 138), S. 13 ff.; B. Kupisch(주 138), S. 38 f.
141) P. Apathy(주 138), S. 16 ff. 또한 앞의 사안유형에 대하여는 B. Kupisch(주 138), S. 104 f., 뒤의 사안유형에 대하여는 W. Wilburg(주 23), S. 76도 각 참조.
142) OGH 3 Ob 91/55.

이미 1830년대 그 문언에 터 잡아 사무관리의사도, 급여목적도 없는 비용지출에 이 규정을 적용할 수 있다는 견해가 나왔고,143) 에렌츠바이크(A. Ehrenzweig)는 비용지출이 소유자에 의하여 이루어지든 이득자에 의하여 이루어지든 제3자에 의하여 이루어지든 우연적이든 관계없다고 하였다.144) 빌부르크도 이를 이어받아 비용부당이득과 침해부당이득 등 일체의 비급여부당이득의 근거를 이 규정에서 찾고,145) 그 이론적 기초를 할당내용에서 구하였다.

제1041조부터 본다. '물건(Sache)'은 오스트리아 일반민법의 넓은 물건 개념(제285조)에 의한다. 유체물은 물론, 그 집합, 가령 기업 및 인격권, 지식재산권, 채권, 임차권 및 노무급여를 포함한다.146) 판례는 다른 사람의 지식의 무단이용에 대하여는 제1041조의 비용상환청구를 인정하지 아니하나,147) 침해자가 고의로 양속(良俗)에 반하여 경쟁상 지위를 침해한 경우에는 이를 인정한다.148) 독일민법 제823조 제1항, 제2항, 제826조에 대응하여 절대권 침해 이외에 보호법규 위반, 고의의 양속 위반에 의한 이득에 대하여도 할당내용의 침해가 인정된다는 빌부르크의 견해를149) 따른 것이다. 이와 관련하여서는 오스트리아의 통설이 비용상환청구권이 있는 한 명문 규정 없이 부진정 사무관리를 인정할 필요는 없다고 하는 것도 참고가 된다.150)

---

143) 상세한 전거는 P. Apathy(주 138), S. 24.

144) A. Ehrenzweig(주 103), S. 722.

145) W. Wilburg(주 23), S. 27, 69.

146) OGH 5 Ob 525/94 (제285조); 9 ObA 43/01 s (집합물); 4 Ob 2385/96 f (지식재산권); 8 Ob 512/95 (채권); 3 Ob 323/98 s (임차권).

147) OGH 4 Ob 337/80. 이에 대하여는 P. Apathy(주 138), S. 68 f. 참조.

148) OGH 8 Ob 198/76, 240.

149) W. Wilburg(주 23), S. 44 f.

150) P. Apathy(주 138), S. 59; H. Koziol in KBB, 2005, § 1035 Rz. 8. 그러나 인정하여야 한다는 견해로, A. Ehrenzweig(주 103), S. 716. 또한 OGH 4 Ob 334/59; 4 Ob 369/75.

‘이용’(Verwendung)은 이득자에 의한 침해와 손실자에 의한 비용 지출, 제3자에 의한 경우를[151] 포괄한다. 다른 사람의 권리를 권한 없이 처분한 경우에는 처분이 유효하여야 ‘이용’이 된다는 것이 통설이다.[152] 그러나 독일민법 제816조 제1항 제1문의 영향을 받은 이러한 해석은 소유물반환청구권을 실현할 수 있을지 분명하지 아니한 상황에서 소유자에게 무단 처분을-독일 학설에 따르면 대가반환과 상환으로-추인할 것을 요구하게 되어 소유권보호에 충분하지 아니하다면서, 그러한 규정이 없는 오스트리아에서는 무효인 무단 처분도 ‘이용’에 해당하고 소유물반환청구권과 비용상환청구권이 경합하여 금전으로 비용상환을 받았다 하더라도 원물을 발견하면 비용을 반환하고 소유권을 관철할 수 있다는 견해도 있다.[153]

제1041조는 단지 원물반환이 불가능하면 가액(Wert)반환을 구할 수 있다고 규정할 뿐이다. 그러나 비들린스키(F. Bydlinski)가 다른 사람 소유의 자재를 이용하여 자기 토지 위에 건물을 신축한 경우 토지 소유자가 그 선·악의에 따라 재료 소유자에게 각각 통상 가치와 최고가 및 손해를 보상하여야 한다고 규정한 제417조를 유추하여야 한다고 주장한 이래,[154] 이득자의 선·악의에 따라 가액을 달리 산정하여야 한다는 것이 판례·통설이다.[155] 선의자는 취득한 이득이 통상 가치에 못 미칠 때에는 취득한 이득만 반환하면 되나[156] 통상 가치를

151) 채권양도가 있었음에도 양도인에게 변제하여 채무자가 면책된 경우 채무자의 행위로 양수인의 권리를 양도인이 침해하게 된다.

152) H. Koziol(주 150), Rz. 9.

153) P. Apathy(주 138), S. 59 ff. 또한 OGH 1 Ob 511/92.

154) F. Bydlinski, “Zum Bereicherungsanspruch gegen den Unredlichen”, JBl 1969, 253.

155) H. Koziol(주 150), Rz. 15; W. Wilburg(주 23), S. 128 ff.

156) 그러나 주관적 이득이 그보다 적다는 사실을 증명한 선의자는 자신이 실제로 절약한 비용만을 반환하면 된다. OGH 7 Ob 628/81; P. Apathy(주 138), S. 123; W. Wilburg(주 23), S. 126.

초과하는 이득을 취득하였을 때에는 통상 가치만 반환한다.157) 반면 악의자는 이득이 없어도 시장 최고가 상당을 반환하여야 하고, 실제 취득한 이득이 최고가를 초과하는 경우에는 초과수익도 반환하여야 한다.158) 다만 자신의 고유한 기여가 있다면 이득을 분할하여야 한다. 이에 대하여 아파티(P. Apathy)는 이와 같은 구별은 비용지출(Aufwendung) 사안에서는 적합하지 아니하다면서 이때에는 자기 소유의 재료로 다른 사람 소유의 토지 위에 건물을 신축한 경우 건축을 한 사람(Bauführer)이 선의면 필요비와 유익비를 청구할 수 있으나 악의이면 사무관리에 관한 규정에 따른다고 하여 소유자, 즉 비용지출자의 선·악의에 따라 반환의 범위를 달리 정한 제418조의 구분을 유추하여야 한다고 한다.159) 제1041조가 명문으로 정하는 바와 같이 이미 발생한 이득이 그 뒤 소멸하였다는 사정은 고려되지 아니한다.160)

법문은 '소유자'가 비용상환청구권자라고 하고 있다. 그러나 '이용된'(verwendete) 권리를 할당받은 사람이면 누구든 청구권을 가질 수 있다. 반환의무자는 그로부터 이익한 사람이다. 제419조는 이미 다른 사람의 토지 위에 또 다른 사람의 자재로 건물을 신축하면 재료 소유권은 토지 소유자에게 이전하고, 재료 소유자와 건축을 한 사람(Bauführer) 사이에는 제417조에, 건축을 한 사람과 토지 소유자 사이에는 제418조에 따른 법률관계가 각 생긴다고 정한다. 그러나 제1041조에 따라 재료 소유자가 토지 소유자에 대하여 직접 비용상환청구를

---

157) 그러나 선의의 이득자라 하더라도 자신의 기여가 없는 한 양도대가 전액을 반환하여야 한다는 견해로, P. Apathy(주 138), S 115 f.

158) OGH 3 Ob 85/59; 1 Ob 555/82; 1 Ob 65/97 h; B. Lurger in Kletečka/Schauer, ABGB-ON 1.00, 2010, § 1041 Rz. 25; P. Apathy(주 138), S. 114 f.; W. Wilburg(주 23), S. 133 ff.; F. Bydlinski(주 154), S. 253 ff.

159) P. Apathy(주 138), S. 119 f.

160) E. Swoboda는 이러한 점을 들어 이 규정의 비용상환청구권이 부당이득이 아니라고 주장하였으나 오늘날 그러한 주장은 거의 받아들여지지 아니하고 있다. P. Apathy(주 138), S. 21 f.

하는 것도 가능하다고 해석된다.[161]

이(二)당사자관계에서 비채변제의 반환청구권이 성립하는 경우 비용상환청구권은 인정되지 아니한다. 즉, 비용상환청구는 급여관계의 당사자 사이에서는 부정된다. 그러나 삼각관계에서 비채변제의 반환청구권과 비용상환청구권은 제한 없이 경합한다는 데 이론(異論)이 없다. 앞서 본 바와 같이 전용물소권은 부정되므로 유효한 계약상 급여로 제3자가 이익을 취득한 경우 그에 대한 직접 비용상환청구는 허용되지 아니하지만,[162] 계약이 무효인 때에는 직접 비용상환청구권이 인정될 여지가 있다. 가령 임대차가 종료하였는데 임차인이 목적물을 전대(轉貸)한 경우, 지시수령인이 급여지시인의 지시로 직접 급여수령인에게 급여하였는데 대가관계와 보상관계가 모두 무효인 경우 등에는 제1041조에 의한 직접 비용상환청구가 경합적으로 인정된다. 이러한 점에서 suum recepit의 흔적이 남아 있다고 할 수도 있다.[163]

161) P. Apathy(주 138), S. 76.

162) 당초 오스트리아 판례는 전용물소권을 일반적으로 인정하였는데, 그로 인한 과도한 확장을 통제할 방법이 문제되었다. 이에 OGH GIU 330은 벨슈파허(M. Wellspacher)의 통과처이론(Lehre von der Durchgangsstation)을 받아들여 직접 계약 상대방이 자기 고유의 이익을 갖지 아니하는 허수아비(Strohmann)나 통과처에 불과한 경우에 한하여 전용물소권이 허용된다고 하였는데, 그 결과 대부분의 사안에서 전용물소권이 부정되게 되었다. OGH 2 Ob 667/55는 "이타적 동기로 다른 사람을 위한 계약의 당사자가 되는 허구적 중간자는 거래생활에 낯선 것"이라면서 "그러한 법형상(法形象)은 극히 가까운 가족으로 제한되어 있다"고 하였고, OGH 5 Ob 311/80은 부(夫)가 위임한 주택신축에 대한 보수를, 그 후 무자력이 된 부(夫) 대신 그 처에게 구한 사건에서 이를 부정하였다. 다만, OGH E SZ 9/225는 환자의 친구가 환자의 치료비를 부담하기로 한 사안에서 환자 자신에 대하여 제1041조의 책임을 인정하였다는 점도 주의. P. Apathy(주 138), S. 83.

163) B. Lurger(주 158), Rz. 12 ff. 어떠한 기준으로 두 경우를 구별할 것인지는 까다로운 문제이다. 유효한 계약으로는 충분하지 아니하고 그에 따른 유효한 이행이 있어야 전용물소권의 배제의 효과가 생긴다는 견해로, P. Apathy(주 138), S. 78 ff. 이러한 경우 비용상환청구권은 부정하고, 그 반전된 형태로서 유치권의 선의취득을 인정하는 견해도 있다. 우선 이동진, "「물권적 유치권」의 정당성과 그 한계", 민사법학 제49-1호(2010), 60면 참조.

제1042조는 제1041조의 하부유형으로써 다른 사람의 채무의 (대위)변제를 다룬다. 대위변제한 사람이 의무를 부담하고 있는 사람의 이익을 위하여 변제한 때에는 사무관리가 성립하나, 이행을 받는 사람을 위하여 변제한 때에는 제1042조가 적용된다. 그러나 무상(無償) 출연의사가 있었을 때에는 비용상환을 받을 수 없다.[164] 학설은 다른 사람의 채무를 자기 채무로 착오하여 변제한 경우-타인 권리의 처분과 마찬가지로-비채변제의 반환과 제1042조의 구상권이 경합적으로 인정되어 연대채무관계가 생기고, 추인은 필요하지 아니하다고 한다.[165]

2. 스위스 부당이득법

(1) 현행법

끝으로 스위스 부당이득법을 본다. 스위스채무법(Obligationenrecht)상 부당이득은 제62조 이하에 규정되어 있다. 그 주요 규정은 다음과 같다:

> 第62조[요건 일반] ① "다른 사람의 재산(Vermögen)으로 부당하게(in ungerechtfertigter Weise) 이득한 사람은 그 이득을 반환하여야 한다."
>
> 第63조[요건 비채변제] ① "비채를 임의로 지급한 사람은 그가 채무에 관하여 착오에 빠져 있었음을 증명할 수 있을 때에 한하여 급여된 것의 반환을 구할 수 있다."
>
> 第64조[반환의 범위] "반환은 수령자가 반환시에 더는 이득하지 아니하고 있음을 증명할 수 있을 때에는 요구되지 아니한다. 그러나 그가 스스로 이득을 소멸시켰고 그 당시 선의가 아니었거나 반환을 고려하였어야 했다면 그러하지 아니하다."

164) H. Koziol in KBB, 2005, § 1042 Rz. 1, 3.

165) K. Auckenthaler(주 122), S. 32 ff.

몇 가지 점이 주목된다. 첫째, 독일과 마찬가지로 통일적 부당이득 제도를 두고 있다. 즉, 제62조 제1항이 일반조항으로 급여부당이득과 침해부당이득 등 일체의 부당이득을 규율한다. 둘째, 제62조에서 '다른 사람의 재산(Vermögen)'으로 인한 이득이어야 함을 명시하고 제64조 본문도 현존이익반환을 원칙으로 정함으로써 법문 자체에서 총체 재산지향을 드러내고 있다. 이들 규정은 기본적으로 1881년 구 채무법의 규정을 이어받은 것으로써 그 당시 발표되었던 독일민법 제1초안의 강력한 영향 하에,[166] 그리하여 결국은 독일 보통법의 강력한 영향 하에 제정되었다고 할 수 있다.[167]

그러므로 스위스법에서 부당이득의 요건은 급여와 비급여를 구별하지 아니하고 통일적으로 파악된다. 판례와 통설은 이득, 손실(Entreicherung) 및 인과관계(Kausalzusammenhang)가 필요하고, 이들을 합치면 재산이전(Vermögensverschiebung)에 다름 아니라고 한다. 그리고 이때 이득과 손실은 차액설로, 즉 총체 재산적으로 파악한다.[168] 그러나 구체적 논의는 급여와 침해 등으로 나누어 이루어지고 있다.

먼저, 급여부당이득을 본다. 제63조는 비채변제에 관하여 별도의

166) I. Schwenzer, "Rezeption deutschen Rechtsdenkens im schweizerischen Obligationenrecht", Schuldrecht, Rechtsvereinheitlichung an der Schwelle zum 21. Jahrhundert, 1999, S. 70.

167) B. Schmidlin, "Der Einheitstatbestand der Bereicherungsregel im Schweizerischen OR Art. 62: ein Sieg des Pandektenrechts", FS für Kramer, 2004, S. 663 ff. 이렇게 제정된 1881년 구 채무법의 부당이득조항은 다시 독일민법 제812조의 일반조항 형성에 영향을 미쳤다. E.-A. Kramer, "Die Lebenskraft des Schweizerischen Obigationenrechts", ZSR 1983 I, 241, 248.

168) E. Bucher, Schweizerisches Obligationenrecht Allgemeiner Teil (ohne Delkitsrecht), 2. Aufl., 1988, S. 658-659, 690; I. Schwenzer, Schweizerisches Obligationenrecht Allgemeiner Teil, 3. Aufl., 2003, S. 345-349; H. Schulin in BSK, 6. Aufl., 2015, Art. 62 OR N 1-10f. 이는 독일법학의 스위스에 대한 영향이 채무법 제정 이후 감소하고 자국법을 기준으로 한 논의가 중심을 이루고 있음을 보여주는 한 예이기도 하다. E.-A. Kramer(주 167), S. 249 f.

규정을 두고 있으나 이는 착오 요건을 덧붙이기 위한 것이고, 독자적 청구권근거규정으로 의도된 것은 아니다.[169] 반환을 구하려면 첫째, 급여가 있어야 한다. 재산이전은 급여로 일응 충족된다. 둘째, 그것이 법적 원인 없이 이루어졌어야 한다. 제62조 제1항은 '부당하게'라고 하나[170] 그 의미가 '법적 원인(causa) 없이'라는 데 이론(異論)이 없다. 계약해제에 관하여는 제109조가 별도로 규정하는데, 종래 판례 · 통설은 그 효과는 소급적이고, 반환청구권의 실질은 부당이득이라고 보았으나,[171] 최근에는 채권적 청산관계로 전환된다는 입장으로 바꾸었으므로,[172] 여기에서 제외된다. 셋째, 원칙적으로 급여자가 그 당시에 착오에 빠져 있었어야 한다. 위 사실은-오스트리아와 같고 독일과는 다르게-반환을 구하는 급여자가 주장 · 증명하여야 한다(제63조 제1항).[173]

반환은 원칙적으로 원물반환을 의미한다. 그러나 스위스 민법은 부동산(스위스민법 제974조 제2항) 및 동산[174] 물권변동에 대하여 이른바 유인론(有因論)을 취하므로[채권양도에 대하여는 추상성(無因性)을 인정한다] 그 범위에서 소유물반환청구권(스위스민법 제641조 제2항)이 함께 성립하게 마련인데, 판례 · 통설은 소유물반환청구권(Vindikation)에 대한 부당이득반환청구권의 보충성을 인정하므로, 채권양도를 목적으

169) A. Koller, "Die Kondiktionssperre von Art. 63 Abs. 1 OR", AJP 2006, 486.

170) 그러나 프랑스어본(sans cause légitime)과 이탈리아어본(senza causa legittima)은 '법적 원인 없이'라고 한다.

171) BGE 63 II 258; 61 II 255; E. Bucher(주 168), S. 376 f.

172) BGE 114 II 152 이래 다수. P. Gauch, "Wirkung des Rücktritts und Verjährung des Rückforderungsanspruches bei Schuldnerverzug (Anerkennung der Umwandlungstheorie)", recht 1989, 122; W. Wiegand in BK, 6. Aufl., 2015, Art. 109 OR N 4 ff.

173) BGE 64 II 121; E. Bucher(주 168), S. 668 ff.; H. Schulin in BGK, 6. Aufl., 2015, Art. 63 OR N 9.

174) 명문 규정은 없으나 부동산에 관한 규정을 유추한다. BGE 55 II 302; 121 III 345.

로 하는 계약은 별론, 물권의 이전을 목적으로 하는 계약이 무효이거나 취소된 때에는 소유물반환청구권이 부당이득반환청구권을 배제한다. 학설은 그 이유를 무엇보다도 손해가 없다는 점에서 찾는다.[175] 명문 규정은 없으나 금전급여나 노무급여처럼 처음부터 원물반환이 불가능하거나 당초 가능하였던 원물반환이 이후 불능이 된 때에는 가액으로 반환하여야 한다는 데 별 이론(異論)이 없다. 이 경우 노무급여나 지식재산권의 침해로 실제로 어느 정도의 이익을 얻었는지를 따지지 아니하고 통상 지급되어야 할 보수 내지 이용료를 반환하여야 한다.[176] 그밖에 금전에서는 통상적으로 거둘 수 있었던 이자 상당의 수익,[177] 물건인도의 경우에는 실제 수취한 그 사용이익, 대위물 등이 포함된다.

반환범위가 총체 재산을 지향하므로 이득과 함께 또는 이득 후 그와 인과관계 있는 별도의 손해가 발생하였거나 이득이 발생한 뒤 소멸하였을 때에는 반환범위에서 차감된다.[178] 가령 받은 급여 목적물이 우연히 멸실한 경우 반환의무를 면한다. 그러나 쌍무계약이 무효이거나 취소된 경우에는, 투어(von Tuhr, 주 40) 이래로, 급여와 반대급여가 각각 독립된 부당이득반환의 대상이 된다는 것이 통설이다[이(二)부당이득설].[179] 그 결과 반환의무를 면한 급여자도 반대급여의 반환을 구할 수 있게 되는데, 근래의 학설 중에는 이러한 결론이, 특히 급여 목적물에 흠이 있는 경우 기초착오(Grundlagenirrtum)를 이유로 취소할 때와 하자담보책임을 물어 해제할 때 결과가 달라진다는

175) BGE 45 Ⅱ 541; 73 Ⅱ 199; 110 Ⅱ 228; H. Schulin(주 168), N 37. 이는 독일에서는 이미 '극복된' 한 학설[R. von Mayr, Der Bereicherungsanspruch des deutschen bürgerlichen Rechts, 1903]의 영향이라고 한다. R. Schmitt(주 17), S. 119 ff.

176) E. Bucher(주 168), S. 688 f. 또한 BGE 134 Ⅲ 438.

177) 연 5%의 법정이율에 의하지 아니한다. BGE 84 Ⅱ 186 E. 4.

178) 일반적으로 H. Schulin in BSK, 6. Aufl., 2015, Art. 64 OR N 5 ff.

179) G. Petitpierre in CR CO I, 1e éd., 2003, art. 62 n° 32 et suiv.

점에서 부당하다면서 독일의 차액설을 채택하여야 한다고 주장하는 것이 많다.[180] 연방대법원은 최근 판결에서[181] 차액설을 일반적으로 거부하지는 아니하였으나, 적어도 일방 급여에 대하여 물권적 반환청구가 가능한 경우에는 이를 적용하지 아니할 것임을, 그리하여 일방의 급여가 멸실되어도 반대급여의 반환을 구할 수 있음을 분명히 하였다. 판례는 쌍무계약이 무효 · 취소되었을 경우 반환급여는 상환이 행되어야 하고, 일방이 물권적 반환청구권을 가지는 경우에도 같다고 하였는데,[182] 학설로는 이를 이용하여, 반대급여의 반환에 (이미 불능이 된) 급여반환과 상환으로만 이행하겠다는 항변(채권적 유치권)을 허용함으로써 위와 같은 결과를 피하려는 시도도 유력하다.[183]

그러나 이득자가 급여 목적물에 대하여 비용을 지출한 경우에 대하여는 별도의 규정이 있어 스위스 채무법 제65조가 필요비는 언제나, 유익비는 선의인 때에는 전액, 악의인 때에는 현존이익의 한도에서 상환 받을 수 있고, 물건을 해하지 아니하고 수거할 수 있는 경우에는 상환을 구할 수 없다고 규정한다. 따라서 이득소멸의 관점이 아닌 이 규정에 따른 독자적 항변권으로 규율된다. 이 규정이 나아가 청구권을 인정한 것인지에 대하여는 다툼이 있다. 이 규정은 부당이득법에 따른 반환청구에 대하여만 적용되고, 물권적 반환청구에는 적용이 없다.[184] 물권적 반환청구에 대한 비용지출자의 권리는 스위스민법 제939조, 제940조가 따로 정하는데, 이는 독자적 청구권으로 해석되고 악의의 비용지출자는 현존하는 이득의 범위에서도 상환을 구하

180) 가령 E. Bucher(주 168), S. 690. 또한 H. Honsell, “Drei Fragen des Bereicherungsrechts”, FS für Schulin, 2002, S. 25 ff.

181) BGE 110 Ⅱ 247.

182) BGE 83 Ⅱ 18; 132 Ⅲ 242; 129 Ⅲ 320. 또한 H. Schulin(주 178), N 11.

183) E. Bucher, “Hundert Jahre schweizerisches Obligationenrecht: Wo stehen wir heute im Vertragsrecht?”, ZSR 1983 II, 251, 289 f.; H. Honsell(주 180), S. 30; I. Schwenzer(주 168), S. 365 f.

184) H. Schulin in BSK, 6. Aufl., 2015, Art. 65 OR N 1.

거나 취거할 수 없다는 차이가 있다. 그밖에 같은 규정은 부당이득법에서는 볼 수 없는 선의의 점유자의 과실수취권 및 수취한 과실과 지출한 비용의 법정공제를 정하고 있다.185) 이 규정에 따른 반환의 거절은 일반적 유치권에 의한다. 이처럼 두 규정이 서로 다른 규율을 정하고 있으나 부당이득반환청구권과 물권적 청구권이 분리되어 경합하지 아니하는 결과 양자의 차이를 조정하려는 시도는 거의 없었다.

법적 원인 없음에 대하여 알았거나 알았어야 했던 때에는 이득소멸을 주장하지 못한다.

스위스에서는 부당이득에 관하여 분리설이 정면에서 주장되거나 관철된 바 없고, 부당이득법적 급여 개념도 낯선 편이어서, 삼각관계의 규율과 관련하여서도 급여의 당사자가 누구인지보다는186) 통일적 부당이득 요건이나 관련자의 이익조정 차원에서 접근하는 경향이 있다.187) 물론 결론 자체는 이미 독일법에서 도달한 지점과 다르지 아니하다. 가령 지시관계가 무효인 경우 급여지시인의 지시수령인에 대한 부당이득반환만이 인정된다. 대가관계가 유효한 이상 급여수령인에게 이득이 없기 때문이라고 한다.188) 반대로 대가관계만 무효라면 급여지시인의 급여수령인에 대한 부당이득반환만 인정된다. 문제는 이중흠결의 경우인데, 판례는 직접부당이득반환청구를 부정하되 그 근거를 계약 상대방에 대한 항변 상실을 피하여야 한다는 점에서 찾는다.189) 그러나 지시가 무효인 경우에는 직접부당이득반환청구를 인정한다.190) 무권대리인에 의한 또는 무권대리인에 대한 급여도 같

---

185) E.-W. Stark in BSK, 2. Aufl., 2003, Art. 939 ZGB N 4 ff. und Art. 940 ZGB N 12.

186) 이러한 관점을 중시하는 것으로, I. Schwenzer(주 168), S. 354 f.

187) 이미 BGE 70 Ⅱ 117은 추상적 규칙이 아닌 개별 사안의 구체적 사정이 고려되어야 한다고 하였다.

188) BGE 116 Ⅱ 689; 117 Ⅱ 404. 이는 suum recepit의 항변을 인정하는 셈이 된다.

189) BGE 116 Ⅱ 691; 117 Ⅱ 404.

다.[191] 그러나 물권변동에 관하여 유인론(有因論)을 취하고 있고, 이때에는 기본관계만이 물권변동의 원인(causa)인 것으로 이해되고 있어, 물권의 이전을 목적으로 하는 계약에 터 잡아 제3자에게 직접 급여가 이루어졌는데 계약이 무효인 경우 그 물건의 소유권은 여전히 급여한 당사자에게 남아 있고 그는 수령인에게 물권적 청구권을 행사할 수 있으며 부당이득반환청구권은 부정된다.[192]

비급여부당이득으로는 침해부당이득과 제3자에 의하여 또는 우연적으로 부당이득이 된 경우를 들 수 있다. 어떤 경우에 인정되는가 하는 문제가 있는데, 근래에는 독일의 할당내용설이 스위스에서도 통설적인 지위를 차지하고 있다.[193] 다른 사람의 권리를 무단으로 이용하거나 다른 사람의 채권을 추심하는 등[194] 무단처분한 경우가 대표적이다. 다만 독일민법 제816조 제1항과 같은 규정이 없는 스위스에서는 처분대가가 통상 가치보다 큰 때에는 통상 가치만을 반환하면 된다는 것이 통설이다.[195] 나아가 연방대법원은 선의의 점유자에게 추정되는 권리에 따라 사용수익한 데 대하여는 배상의무를 지지 아니한다는 스위스민법 제938조를 무단처분에도 적용하여 선의인 이상 아예 처분대가의 반환의무 자체가 없다고 한다.[196] 한편 지식재산권침

190) BGE 130 Ⅲ 547; 121 Ⅲ 109. 특히 지시가 철회된 경우에는 급여수령인이 금전을 수령할 때 철회 사실을 알지 못하였고 알았어야 했던 것도 아닌 한 지시수령인의 직접 부당이득반환청구를 부정한다. BGE 121 Ⅲ 114.

191) BGE 97 Ⅱ 66; 90 Ⅱ 404.

192) H. Schulin(주 168), N 28 ff.

193) H. Schulin(주 168), N 19; R.-H. Weber, "Gewinnherausgabe-Rechtsfigur zwischen Schadensersatz-, Geschäftsführungs-und Bereicherungsrecht", ZSR 1992 Ⅰ, 333, 348 ff. 급여부당이득에도 할당내용설을 적용하려는 시도로, L. Sieber, Der bereicherungsrechtliche Ausgleich bei Leistungsketten, 2015, S. 92 ff.

194) BGE 110 Ⅱ 199.

195) H. Schulin(주 168), N 22.

196) BGE 110 Ⅱ 244. 학설은 다투어지는데, 반대하는 견해가 다수이다. E.-W.

해도 문제가 되나, 스위스 실무상 이는 부진정사무관리에 관한 채무법 제423조로 해결되는 경우가 더 많다. 스위스채무법 제423조는 사무관리의사 없이 다른 사람의 사무를 관리한 때에는 이득의 박탈을 구할 수 있게 하고 있는데, 이 규정의 적용범위가 침해부당이득의 그것과 겹치는 것이다. 그 결과 스위스법상 비급여부당이득법의 실무상 의의는 미미한 편이다.[197]

한편 스위스채무법의 입법자는 오스트리아 일반민법의 입법자와는 달리, 그리고 독일민법의 입법자와 마찬가지로 부당이득반환소권(condictio)만 규율하고 전용물소권(actio in rem verso)은 규정하지 아니하였으므로, 전용물소권이 원칙적으로 부정되어야 한다는 데는 이론(異論)이 없다.[198] 그러나 독일민법 제822조와 같은 명문 규정이 없어, 침해자가 무상처분을 한 경우 예외적으로 무상전득자에 대한 부당이득반환청구가 가능한가 하는 점은 다투어지고 있다.[199]

근래에는 학설상 계약해제와 무효·취소를 구분할 근거가 없을 뿐 아니라 특히 쌍무계약의 견련성을 고려할 필요가 있고, 매매계약에서 한 급여는 파산법상 환취권이 인정되는 물권적 반환청구권으로, 다른 한 급여는 채권적 부당이득반환청구권으로 규율하는 것은 부당하다는 점을 들어, 스위스채무법 제62조에도 불구 계약이 무효이거나 취소된 경우에도-해제에서 같이-계약이 비소급적 청산관계로 전환된다는 견해(Umwandlungstheorie)가 유력하고,[200] 판례도 비채변제 반

Stark(주 185), N 5.

197) I. Schwenzer(주 168), S. 72 ff.

198) BGE 87 II 20; 106 II 29; E. Bucher(주 168), S. 677.

199) 학설의 개요는, H. Schulin(주 168), N 22. L. Sieber(주 193), S. 138 ff.는 무상취득이 스위스법 여러 곳에서 취약한 보호를 받는다는 점으로부터 이러한 결론을 끌어낸다.

200) 가령 W. Wiegand, "Zur Rückabwicklung gescheiterter Verträge", FS für Gauch, 2004, S. 717 ff. 또한 S. Hartmann, Die Rückabwicklung von Schuldverträgen, 2005, S. 176 ff., 329 ff. 이러한 부당이득법의 적용범위의 축

환의 근거를-입법연혁에 반하여-제62조가 아닌 제63조에서 찾아 급여부당이득과 비급여부당이득을 법적으로 분리하고 있다.[201] 그밖에 근래 들어 판례가 법문에 반하여 부진정사무관리를 고의에 의한 침해로 제한할 것을 시사하고 있다는 점[202] 또한 중요하다. 스위스채무법상 부진정사무관리의 대상에 관하여는 종래 할당내용의 관점에서 절대권에 한정하는 견해, 상대권 및 기타 이익도 포함하는 견해 등이 대립하였으나 판례는 선의의 사무처리의 경우에도 초과이익반환이 가능함을 전제하여 지나치게 넓은 범위에서 초과이익반환을 허용한다는 비판을 받아왔던 것이다.[203]

(2) 채무법(Obligationenrecht) 2020

2013년 스위스국립[학술연구]재단(Schweizerischer Nationalfond; SNF)의 재정지원으로 다수의 스위스민법학자들이 참여하여 마련한 2020년 채무법 총칙의 전면 개정을 위한 사안(私案)이 발표되었다.[204] 일반적으로 '채무법 2020'(OR 2020)으로 불리는 이 개정사안은 부당이득에 관하여도 중대한 변경을 포함하고 있다.

먼저 채무법 2020은 제64조 제1항, 제65조 제3호에서 현행법 제62조의 일반조항과 제64조를 그대로 수용하되, 부당이득과 별개의 절

소에는 스위스채무법 제67조가 안 날로부터 1년, 발생한 날로부터 10년의 단기시효를 정하고 있다는 점도 고려되고 있다고 보인다.

201) BGE 123 Ⅲ 101.

202) BGE 126 Ⅲ 69. 이는 종래의 판례의 흐름과도 배치되는 것이다.

203) M. Nietlisprach, Zur Gewinnheraugabe im schweizerischen Privatrecht, 1994, S. 108 ff.; R.-H. Weber in BSK, 6. Aufl., 2015, Art. 423 OR N 5-8. 한편 이처럼 침해부당이득과 사무관리가 모두 할당내용에 근거하고 있다고 이해된 결과 스위스채무법에서는 둘 다 본질적으로는 침해부당이득에 속한다는 견해가 유력하게 주장되고 있다.

204) 이 개정사안의 준비 및 성안과정에 대하여는 C. Huguenin/B. Meise, "OR 2020: Braucht die Schweiz ein neues Vertragsrecht?", OR 2020-Die Schweizerische Schuldrechtsreform aus vergleichender Sicht, 2016, S. 26 ff.

로 (계약)청산[(Vertrags-)Liquidation]에 관한 절을 두고, (계약)청산에 관하여는 그에 관한 절의 규정에 유보하고 있다(제64조 제2항). 물론 종전과 같은 급여부당이득에 관한 규율은 유지된다(제65조 참조). 그러나 계약에 따라 급여가 전부 또는 일부 이루어졌는데 그 계약이 무효였거나 취소되거나(제37조, 제45조 및 제196조 제3항), 철회되거나(제18조), 해제되거나 해지되거나(제116조 제4항, 제134조, 제147조) 해제조건이 성취되거나 정지조건이 발생하지 아니한 때(제210조 제2항, 제213조 제2항)에는 이제 (계약)청산에 맡겨지고, 급여부당이득은 전혀 존재하지 아니하는 채무를 착오로 변제한 때, 가령 착오입금을 한 때 등으로 그 적용범위가 제한된다.[205)]

원물반환이 불능이거나 기대될 수 없을 때(unzumutbar)에는 가액으로 반환하여야 한다. 그러나 그것이 이득자에게 이익이 되지 아니한 때에는 그러하지 아니하다. 이로써 원칙적으로 초과이득은 반환하지 아니하나 이득이 가액에 미치지 못할 때에는 이득한 범위에서 반환하면 족하다는 점이 명문으로 확인되었다. 가액산정시점과 관련하여 이득자가 선의이면 이득자가, 악의이면 반환청구권자가 이득시와 반환시 중에서 선택할 수 있게 한 점이 주목된다(제66조). 사용이익과 이자에 대하여 명문 규정을 두었고(제67조), 이득자가 지출한 비용과 관련하여서는 현행법 제65조의 태도를 그대로 수용하였다(제68조).

나아가 침해부당이득과 수익반환(Gewinnhaftung)에 관하여 명문 규정을 두어, 다른 사람의 법적으로 보호되는 이익이 침해되어 이득한 때에는, 그가 그 사실을 인식하지 못하였고 인식하였어야 했던 것도 아닐 때가 아닌 한, 수익도 반환되어야 하고(제69조), 이때 수익은 소명(glaubhaft machen)하여야 하며, 그 액수를 산정하기 어려운 이득에 대하여는 법원이 사태의 통상의 경과를 고려하여 액수를 산정할

---

205) C. Chappuis/J. de Werra, in Huguenin/Hilty (hrsg.) Schweizer Obligationenrecht 2020, 2013, Art. 64 N 8.

수 있다고 하여(제70조), 매우 대담한 접근을 하고 있다. 이때 '다른 사람의 법적으로 보호되는 이익'은 절대권은 물론 상대권, 나아가 양속(良俗)에 반하는 경쟁행위 등도 포괄한다고 한다.[206] 그와 함께 각칙 위임 뒤에서 총칙 부당이득에 관한 절 바로 뒤로 옮겨진 사무관리에 관한 절에서 부진정사무관리를 삭제한 점도 주목된다. 이 규정은 부진정사무관리를 부당이득법으로 옮기는 취지인 것이다.[207] 이와 관련하여 법원에 권리자의 특별한 이익을 보호할 필요성과 이득자 자신의 기여를 고려하여 반환액을 정하여야 한다고 하여(제72조) 요건의 구체화를 어느 정도 포기하고 법원에 재량을 부여하는 방법으로 해결한 점도 특징적이다.

마지막으로 (계약의) 청산에 관하여 부당이득과 별개의 절을 두었다. 계약이 무효이거나 그 효력이 소멸한 경우, 즉 무효, 취소는 물론, 해제조건의 성취, 해제, 해지 기타 계약의 종료의 경우 그것이 청산(liquidieren)되어야 한다(제79조 제1항). 즉 이미 한 급여가 반환된다(제81조 제1항). 급여가 반환되어야 한다고 할 뿐 손해나 이득과 같은 요건은 존재하지 아니한다. 반환관계는 본래의 계약의 채권법적 변환으로 물권관계에 영향을 주지 아니한다. 그러므로 유인론(有因論)이 부정되거나 대폭 축소되는 반면,[208] 쌍무계약의 견련성, 가령 동시이행관계와 위험부담은 그대로 유지된다. 원물반환이 불가능하거나 부적

206) C. Chappuis/J. de Werra, in Huguenin/Hilty (hrsg.) Schweizer Obligationenrecht 2020, 2013, Art. 69 N 1, 7.

207) C. Chappuis/J. de Werra, in Huguenin/Hilty (hrsg.) Schweizer Obligationenrecht 2020, 2013, Introduction aux art. 64-72 N 10.

208) W. Ernst, in Huguenin/Hilty (hrsg.) Schweizer Obligationenrecht 2020, 2013, Vorbem. zu Art. 79-84 N 60 ff. 즉, 계약의 무효(Ungültigkeit) 또는 해소에도 불구하고 물권변동의 원인(causa)은 존재하여 부당이득(Kondiktion)은 물론 소유물반환청구권(Vindikation)도 배제된다. 그리하여 사실상 무인론에 근접하게 된다. Ch. Kern/N. Bettinger, "Schuldrechtsmodernisierung in der Schweiz? -Der Entwurf Obligationenrecht 2020", ZEuP 22 (2014), 562, 575.

절하면 가액으로 반환하는데, 가액은 시장가격으로 산정된다(제81조 제2항, 제82조 제1항). 다만 청산에 이르게 된 원인이 급여의 가치산정과 무관한 경우에는 가액은 계약체결 당시 당사자의 의사에 따라 산정된다. 예컨대 노무급여의 가치는 원칙적으로 계약상 약정된 가격이 된다. 그 결과 계약해제는 물론 다수의 무효·취소 사안에서도 계약상 약정한 가격으로 반환하면 족하고, 급여의 가치산정과 무관한 계약청산으로 급여의 가치평가와 그 변동위험의 배분이 흐트러지는 것을 피할 수 있다.[209] 한편 이득자는 급여 목적물의 유지에 필요하거나 그에 도움이 된 비용의 상환을 구할 수 있다(제83조). 일반 부당이득법과 달리 이득자의 선·악의와 관계없이 통일적으로 규율하고 있다는 점이 주목된다.[210] 그러나 청산원인에 책임 있는 당사자는 계약의 이행과 관련하여 상대방이 지출한 비용을 보상하여야 한다(제84조). 나아가 채무법 2020은 어느 시점을 기준으로 청산할 것인가에 대하여, 계약의 성질(Natur), 청산의 원인 또는 이행의 정도를 고려하여 결정되어야 한다고 함으로써(제80조), 비소급적 청산의 길을 열어주고 있다. 특히 계속적 계약의 청산을 염두에 둔 규정이다. 끝으로 계약이 효력이 없어도 청산관계에 관한 약정은 유효하다(제79조 제2항).

Ⅳ. 우리 민법에의 시사(示唆)

1. 입법론

(1) 독일 부당이득법에서 해석상 어려움을 초래하는 부분 중 상

---

209) 이것이 원칙적으로 타당한 접근이라는 점에 대하여는 우선, S. Meier, “Die Rückabwicklung gescheiterter Verträge: Neue europäische Entwicklungen”, RabelsZ 80 (2016), 851, 880.

210) 상환이행관계와 채무자위험부담주의를 비롯한 일체의 계약적 규율도 유지된다. 가령 M. Lehmann, “Innovation durch den OR 2020-Entwurf: Die Vorschriften über die Liqiudation”, SZW/RSDA 4/2015, 348.

당수는 급여부당이득과 관련되어 있다. 부당이득법을 통일적으로 규정한 것은 계약에 따라 이루어진 급여, 특히 쌍무계약상 급여를 계약이나 반대급여와 별개 독립의 권리로 보는 로마법적 관념에[211] 터 잡고 있었는데, 이러한 관념은 더는 그대로 유지되기 어렵고 어떻게든 교정이 필요하다는 점이 드러났다. 그로부터 100여년이 지난 지금의 사정도 별로 다르지 아니하여 독일과[212] 스위스에서는[213] 무효이거나 취소된 계약의 청산을 부당이득법에서 떼어내어 계약적 해결의 대상으로 옮기는 이론구성이 시도되고 있고, 독일의 쾨니히 초안이나 스위스의 채무법 2020도 그러한 입장을 따르고 있다. 이미 오스트리아 일반민법은-프랑스민법과 함께-처음부터 비채변제를 비용상환청구권과 구분해왔다. 무효이거나 취소된 계약의, 그리고 아마도 해제된 계약의 청산에 관하여 부당이득과는 다른 요건과 효과를 설정할 필요가 있다. 물론 지금도 해석론으로 같은 결과가 달성되고 있지만, 상당히 힘겹게 달성되고 있다. 그보다는 무효이거나 취소된, 그리고 아마도 해제된 계약의 청산에 관하여 별도의 규율을 마련하는 것이 낫다. 이러한 필요는 특히 물권변동에 관하여 유인론(有因論)을 취하고 계약해제의 효과와 부당이득의 효과가 서로 다른 경우 더욱 커지는데,[214] 우리의 사정도 그러하다.

물론 이때에도 무효이거나 취소된 계약의 청산이 어느 정도 내지 범위로 계약법적 규율을 받아야 하는가 하는 점은 여전히 논쟁거리이다. 오스트리아의 일부 학설처럼 무효이거나 취소된 이상 계약법적

211) W. Flume, Rechtsakt und Rechtsverhältnis, 1990, S. 23 f.

212) 가령 F. Peters, “Die Erstattung rechtsgrundloser Zuwendungen”, AcP 205 (2005), 159는 급여부당이득의 법률관계 일체를 부당이득반환책임이 아닌 계약체결상 과실책임으로 해결하여야 한다고 주장한다.

213) 가령 W. Wiegand(주 200), S. 717 ff.

214) M. Schwab, “Liquidation und Bereicherungsrecht”, OR 2020-Die Schweizerische Schuldrechtsreform aus vergleichender Sicht, 2016, S. 227.

규율이 영향을 미칠 여지는 제한된다는 입장에서부터 스위스 채무법 2020과 같이 원물반환이 불가능할 때 가액의 산정이나 청산의 소급효도 계약법적 규율의 대상이 되어야 한다는 입장에 이르기까지 다양한 접근이 있을 수 있다. 이 점은 입법론적으로 면밀한 검토를 요한다.

(2) 나아가 이 경우에도 급여부당이득은 완전히 폐기되지 아니한다. 독일의 학설과 쾨니히 초안, 스위스 채무법 2020이 보여주듯 여전히 일정한 비채변제는 부당이득법에 맡겨져 있고, 이들은 침해부당이득과 그 요건 및 효과에서 상당한 공통점을 보인다. 아무 계약관계도 없이 이루어진 순수한 비채변제, 가령 다른 사람의 은행계좌에 착오입금·이체한 경우가 그 예이다. 그 규율이 침해부당이득과 비슷해지는 까닭은 침해부당이득은 전형적으로 침해자의 행위가, 급여부당이득은 전형적으로 급여자의 급여 이외에 수령자의 수령이, 즉 이득자의 행위가 있을 것을 상정하고 있기 때문이라고 보인다. 두 경우 모두 이득자의 선·악의에 따라 반환범위를 달리 정한 까닭이 여기에 있다. 반면 전형적으로 손실자의 행위만을 상정하는 비용부당이득에 대하여 독일의 쾨니히 초안과 오스트리아의 학설은 손실자의 선·악의에 따라 반환범위를 달리하고 있고, 비채변제의 경우 어느 나라나 손실자, 즉 변제자의 착오나 선·악의를 고려한다.

한편 침해부당이득과 관련하여서는 모든 나라에서 중대한 과실 또는 적어도 악의의 침해자에 대하여 수익반환을 명할 필요가 있다는 점이 의식되고 있음이 주목된다. 통일적 부당이득 규정과 부진정사무관리의 인정 여부에 따라 비용상환청구권과 사무관리 중 어느 쪽에서 처리할 것인지가 달라질 뿐이다. 그러나 부진정사무관리는 본질상 사무관리가 아니다. 또한 수익반환은 손해배상이 아닌 이득반환에 속한다. 부당이득법에서 처리함이 바람직한 까닭이다. 이때에는 절대권 침해 이외에 이른바 보호법규 위반과 고의의 재산적 이익의 침해 등도 일정한 범위에서 포함시킬 필요가 있겠다. 다만, 과실이 없거나 경과실만 있어도 초과이득반환을 명할지, 명한다면 어떠한 경우에 명할지는 논란의 소지가 있다. 그밖에 침해자의 이득에 대한 기여도 고려될 필요가 있다.

나아가-오스트리아법의 예가 보여주듯-급여부당이득에서도 이득자의 행위가 개입하는 한 이와 같은 고려가 가능하다고 생각된다. 예컨대 고의로 영업비밀 보유자에게 비밀을 제공하여야 할 이유가 있다고 믿게 하여 그 비밀을 제공받은 사람이 거둔 이득의 반환이 비밀을 불법 탈취한 사람이 거둔 이득의 반환과 달리 평가될 까닭은 없는 것이다.[215)]

이상을 종합하면 결국 통상 가치에 못 미치는 주관적 이득, 통상 가치 및 통상 가치를 초과하는 이득(수익) 등 서로 다른 척도를 손실자와 이득자의 주관적 사정 내지 기여의 양태와 그 정도, 피침해이익의 성질 등 서로 다른 요건 내지 요소에 결부시키는 법 기술(技術), 가령 일반 손해배상법에 비견할 만한 일반 이득반환법을 구상할 수 있을지도 모른다.[216)]

(3) 재산지향(Vermögensorientierung)은 독일 보통법 이래 독일사법(私法)의 특징으로써, 다른 나라에서는-적어도 일반적으로는-다소 간 낯설다. 특히 물권행위의 유인성(有因性)을 인정하는 경우 (총체) 재산적 고찰을 전제한 차액설(Saldotheorie)이나 이득자가 이득대상에 대하여 지출한 비용을 이득소멸항목으로 고려하는 접근은 자연스럽지

215) 이와 관련하여서는 영미법에서는 이러한 경우 의제신탁(constructive trust)을 인정하곤 한다는 점도 참조. 우선 Lord Nichols, "Knowing Receipt: The Need for a New Landmark", Restitution Past, Present and Future, 1998, pp. 231 ff.

216) 이득반환이라는 측면에 착안하여 이들을 묶는 것이 의미가 있을 수 있다. F. Bydlinski, "Die Leistungskondiktionen als Bereicherungsansprüche", FS für Hausheer, 2002, S. 49 ff. 참조.

아니하다. 오스트리아와 스위스 법이 이를 이득소멸 항변의 대상이 아닌 별도의 독립적 항변권 내지 청구권으로 구성하고 유치권을 부여한 것도 그와 무관하지 아니하다고 보인다. 우리 법에서도 참고하여야 할 것이다.

나아가 물권변동과정과 물권적 청구권이 고려되어야 한다. 독일에서처럼 추상성 원칙을 취하는 경우에는 덜 드러나지만[217] 스위스와 오스트리아처럼 유인론을 취하는 경우에는 물권법의 영향이 서로 다른 방식으로 뚜렷하게 드러난다. 이는 이른바 부당이득의 삼각관계는 물론, 이(二)당사자관계에서도 가령 물권적 반환청구권 및 점유자-회복자법과의 경합과 반환배제의 물권법적 영향 등에서 문제되고 있다. 이러한 영향은 한편으로는 물권법이 규율대상에 대하여 더 직접적인 선택 내지 결단을 하였기 때문이지만, 다른 한편으로는 물권법과 부당이득법이 전형적으로 경합 내지 충돌하는 일이 자주 생기는 경우 어느 한쪽 규정이 사실상 규율대상을 잃는 사태를 피하려고 하는, 즉 모든 규정에 어느 정도 합당한 규율대상을 확보해주려고 하는 법해석자의 자연적 경향과도 관계되어 있다고 보인다.[218] 어떻든 유인론을 취하는 한 이러한 영향이 불가피하다는 점은 부당이득법을 입법하는 과정에서 미리 고려되어야 한다. 이때 고려의 대상에는 부당이득법뿐 아니라 물권법적 결단, 가령 유인론과 그 타당범위도 포함된다.[219]

---

217) 그러나 겉으로 보이는 것보다는 훨씬 더 영향을 미치고 있다. 무엇보다도 이미 물권행위에 대하여 추상성 원칙을 채택한 점 자체가 이 문제에 대한 독일 입법자들의 결정을 보여준다. 이 점에 대하여는 가령 C.-W. Canaris(주 65), S. 733 ff.

218) 가령 불법원인급여의 반환배제가 물권적 반환청구권에 미치는지 여부에 관한 독일과 오스트리아, 스위스의 서로 다른 입장은 이러한 관점에서 가장 잘 이해될 수 있다.

219) 이와 관련하여서는 스위스에서 채무법 2020과 관련하여 계약해제가 아닌 원시적 흠에서 유인론을 사실상 포기하는 것이 타당한지 여부와 파산절차에서 유인론이 갖는 장점을 포기하는 것이 타당한지 여부를 둘러싸고 논쟁이 벌어지고 있다는 점(이는 무인론을 취하는 독일에서 무인론의 입법론적 비판으로도 빈번하게 제기

그리고 계약의 청산과 부당이득 또는 급여부당이득과 비급여부당이득을 구별하는 경우 이미 오스트리아법이 보여주듯 양자 사이에 어떤 보충관계를 인정하는 것은 필연도 아니고 당위도 아니라는 점이, 그리하여 양자가 경합한다는 해석론이 곧 나올 가능성이 높다는 점이 인식될 필요가 있다. 특히 물권적 청구권이 별도로 인정된다면, 전자(前者)의 청산은 문제된 계약의 당사자 사이에서 이루어지나 후자(後者)는 최종 이득자를 상대로 직접 하는 사안이 생길 수 있다. 요컨대 전용물소권의 문제가 여러 형태로 다시 제기될 가능성이 높다. 이에 대한 입법적 결단과 기준설정이 필요하다. 제747조는 입법론적으로 그 타당성이 의심스러울 뿐 아니라 무엇보다도 유인론을 취하는 한 발생할 수 있는 여러 문제에 대한 대책으로는 매우 부족하다.

(4) 물론 이러한 입법적 개선이 갖는 실천적 의의는 제한적이다. 그 성과는 대부분 구체적 해결과 무관하고 일람성과 명료성에 관계한다.[220] 그러나 모든 점에서 그러한 것은 아니다. 뿐만 아니라 그러한 측면은 그 자체 부당이득법이 입법론적으로 지나치게 성기게 조직되어 판례와 학설에 많은 부분을 맡기고 있었다는 사정에서 비롯한 것인데, 법전편찬(codification)은 본래 그러한 복잡한 규율 복합체에 일반적이고 명료한 체계와 언어를 부여하는 작업이다. 그 정도의 입법적 개선이라도 그 의의를 반드시 폄훼할 것은 아닌 것이다.

2. 해석론

이상의 검토는 해석론과 관련하여서도 다소나마 시사(示唆)하는

되어왔다)도 참고가 된다. V. Buz, “Rückabwicklung gescheiterter Verträge, Kritische Bemerkungen zu Art. 79 ff. OR 2020”, SJZ 111 (2015), 565, 570 f.

220) 독일의 쾨니히 초안에 대하여 리프도 같은 평가를 한 바 있다. M. Lieb, “Bereicherungsrecht lege ferenda”, NJW 1982, 2034.

바가 있다.

첫째, 플루메 등이 주장한 신통일론은 도그마틱적으로는 흥미로우나, 실질적 관점에서 이미 도출된 결론을 재산지향적-통일적인 독일 부당이득법의 규정에 끼워 맞추려는 시도에 그침을 부정하기 어렵다. 재산적 결정과 같은 개념으로 포섭한 계약관계의 청산에는 계약적 결정이 부분적으로 고려되어야 한다는 측면 자체는 기본적으로 분리설의 핵심적인 통찰인 것이다. 이 이론을 이해하고 적용하는 데 드는 적지 않은 노력은 대부분 실제 문제의 해결이나 그 명확한 이해가 아닌, 해석적 기교에 투입된다. 그러나 다른 한편 독일의 유형론이 "급여로 인하여 또는 기타의 방법에 의하여 다른 사람의 비용으로"라고 정하는 독일민법 제812조 제1항 제1문을 전제로 형성되었다는 점 또한 간과되어서는 안 된다. 이 규정은 문언과 구조상 비용 요건을 급여부당이득에서 제외하는 것을 허용하나, 우리 민법 제741조나 스위스채무법은 그러한 해석을 허용하지 아니한다. 스위스에서 분리설이 쉽게 주장되지 못하였고, 그리하여 입법적 해결로 나아가게 된 점, 오스트리아에서 통일론이 진지하게 논의되지 아니하는 점도 이들이 자신의 법전과 법 규정을 기초로 작업한 결과라고 보인다. 우리의 논의도 주어진 실정법규의 '해석'에 어떻게든 뿌리내려야 한다. 이와 관련하여 때로는 거의 무의미한 요건으로, 때로는 특정 결론을 정당화하는 관건(關鍵)적인 장치로 쓰이고 있는 '손해'가 특히 문제될 것이다.

둘째, 손해배상법에서 '손해' 개념과 그 산정이 그러한 것처럼, 침해된 법익의 성질과 침해의 태양에 따라 '이득'을 좀 더 섬세하게 규정할 필요가 있다. 가령 오스트리아일반민법에서는 노무의 부당이득에 관하여 별도의 규율을 가하고 있고 사용이익도 그 일종으로 보고 있으며, 독일에서는 순수한 노무와 사용이익에서 '이득'의 대상과 이득액의 산정방법에 관하여 복잡한 논의가 있고,[221] 순수한 노무에 대하여는 사무관리법만 적용하여야 한다는 주장도 있다.[222] 부진정사무관리를 부정하는 오스트리아일반민법에서 악의의 수령자는 초과수익도 반환하여야 한다. 우리에게도 비슷한 논의가 필요할 것이다.

아울러 이와 관련하여 판례 · 통설이 일반 부당이득에서는 초과수익반환을 허용하지 아니하고 객관적 가치의 반환을 명하면서도 다른 사람의 권리의 무단처분에 대하여는 그로 인한 이득 전부를 반환할 것을 명하는 것처럼 읽히는 것도[223] 재고하여야 한다. 명문 규정이 있는 독일민법 제816조 제1항에서는 그러한 해석이 불가피하나, 쾨니히 초안이나 오스트리아, 스위스의 해석론이 보여주듯 명문 규정이 없는 현행법에서 그러한 결과는 전혀 자명하지 아니하다.

셋째, 물권법적 규율과 부당이득법의 관계가 좀 더 탐구될 필요가 있다. 오스트리아 · 스위스의 예가 보여주듯 물권행위와 관련하여 유인론(有因論)을 채택하면 부당이득법에도 여러 영향을 미치게 된다. 그러나 독일민법학에서 이 문제는 그와 같은 방식으로 나타나지 아니하거나 전혀 다른 방식으로 나타난다. 무엇보다도 독일민법에서와 같이 부당이득법과 물권법의 평면을 거의 완전히 분리하는 것이 우리법에서는 가능하지 아니하다. 아울러 이는 해제의 이해와 관련하여서도 의미가 있다. 부당이득법과 해제법을 분리하는 독일민법은 어떻든 무인론을 취한다. 반면 유인론을 취하는 오스트리아일반민법에서는 두 제도가 분리되어 있지 아니하고, 양자를 분리시킨 스위스채무법에서는 그로 인하여 새로운 부당이득법의 필요성이 대두하였다. 비슷한 문제는 우리 법에도 존재하는 것이다.

221) 논의의 개관으로는 D. Reuter/M. Martinek(주 12), S. 530 ff.

222) D. Reuter/M. Martinek(주 12), S. 705 ff.

223) 판례와 문헌지시는 곽윤직/양창수, 민법주해(XVII), 2005, 249-250면(그러나 같은 문헌은 목적물의 객관적 가액의 범위 내로 제한되어야 한다고 주장한다).

[부록] 스위스채무법(총칙) 2020 초안

이하는 스위스채무법(총칙) 2020 중 부당이득에 관한 규정의 번역이다.

제3절: 부당이득으로 인한 (채무의) 발생

제64조 A. 부당이득의 반환 Ⅰ. 원칙	1 부당하게 다른 사람의 재산으로 이득한 사람은 그 다른 사람에게 이득을 반환하여야 한다. 2 청산에 관한 규정은 유보된다.
제65조 Ⅱ. 배제	1 반환은 다음의 경우에 배제된다: 1. 의무 지워지지 아니한 급여를 임의로 한 때, 다만 급여한 사람이 착오에 빠져 있었거나 정당하게 반대급여를 기대하였음을 증명한 때에는 그러하지 아니하다; 2. 채무자가 급여를 거절할 권리가 있는데 채무의 변제를 위하여 급여한 때. 2 반환은 이득한 사람이 반환시에 더는 이득하지 아니하고 있음을 증명하는 한 그때에도 배제된다. 다만, 그가 이득 취득 또는 소멸시에 반환의무를 지게 될 수 있다는 점을 알았거나 알았어야 했을 때에는 그러하지 아니하다.
제66조 Ⅲ. 방법과 산정	1 원물반환이 가능하지 아니하거나 기대될 수 없을 때에는 가액을 반환하여야 한다. 다만, 이득이 이득한 사람에게 이익(Interesse)이 없을 때에는 그러하

지 아니하다.

2 가액의 산정에 대하여는 이득 취득시 또는 반환시의 시장가치 중 선의로 이득한 사람이 선택한 것이 기준이 된다; 이득한 사람이 악의인 때에는 이 선택은 이득을 박탈당한 사람에게 귀속한다.

제67조

Ⅳ. 사용과 이자가산

1 이득한 사람은 그가 사용이 적법하다고 믿은 경우가 아닌 한 그 물건의 사용에 대하여 적절한 보상을 하여야 한다.

2 반환되어야 하는 금전급여에 대하여는 받은 때부터 이자가 가산되어야 한다.

제68조

Ⅴ. 비용지출

1 이득한 사람은 이득대상의 유지에 필요하거나 유익하였던 비용지출에 대한 보상청구권을 가진다.

2 이득한 사람이 악의였던 경우 유익비에 대한 보상청구권은 반환할 때 현존하는 가치증가액으로 제한된다.

3 다른 비용지출에 대하여 이득한 사람은 보상을 청구하지 못한다; 그는 그가 투입(verwendet)한 것의 수거가 (이득한) 물건을 해하지 아니하는 한 그는 그 물건을 반환하기 전에 투입한 것을 수거할 수 있다.

제69조

B. 부당하게 얻은 초과수익(Gewinn)의 반환

Ⅰ. 원칙

다른 사람의 법적으로 보호되는 이익을 침해하여 초과수익을 얻은 사람은 그 권리자에게 그 전부 또는 일부 반환하여야 한다. 다만, 그가 다른 사람의 이익을 침해한다는 점에 관하여 의식하지도 아니하였고 의식하였어야 했던 것도 아닐 때에는 그러하지 아니하다.

제70조
Ⅱ. 초과수익의 계산
1. 증명규칙

1 권리자는 초과수익이 거두어졌음을 소명(疏明; glaubhaft machen)하여야 한다.
2 수치화하여 증명될 수 없는 초과수익은 법원이 사물의 통상의 경과를 고려하여 산정하여야 한다.

제71조
2. 공제

초과수익을 거두기 위하여 한 비용지출은 그것이 적절하였고 증명될 수 있는 한 공제된다.

제72조
Ⅲ. 반환액의 산정

1 법원은 제반 사정을 고려하여 반환액을 정한다.
2 법원은 특히 다음을 고려한다:
a. 권리자의 특별한 이익을 보호하기 위하여 반환이 필요한지 여부와 그 정도;
b. 반환의무자가 자기의 급여로 초과이득을 거둔 것인지 여부와 그 정도.

제5절: (계약)청산으로 인한 (채무의) 발생

제79조
A. 원칙

1 계약이 (처음부터) 효력이 없거나 (ungültig) 다른 사정으로 그 효력이 사후에 소멸한 때에는, 그것은 계약이나 법률이 이를 예정한 이상 청산되어야 한다.
2 분쟁해결이나 계약의 청산시 또는 그 뒤의 당사자 사이의 관계에 관한 합의는 (그럼에도 불구하고 계속) 유효하다.

제80조
B. 시점

법률관계가 청산되어야 하는 시점은 계약의 성질, 청산의 원인 또는 이행의 정도에 따라 정해진다.

제81조
C. 반환
Ⅰ. 방법

1 이미 한 급여들은 반환되어야 한다.
2 원물반환이 불능이거나 부적절한 때에는 가액으로 반환한다.

제82조 Ⅱ. 가액의 산정	1 가액은 계약체결 당시의 당사자의 의사에 따라 산정된다. 2 청산의 원인이 급여의 가치산정에 있는 때에는 가액은 시장가격에 따른다. 3 급여에 흠이 있는 경우 가액은 비례하여 감액되어야 한다.
제83조 Ⅲ. 사용, 이자 가산 및 급여의 유지를 위한 비용 지출	1 물건급여의 사용에 대하여 원물반환의무를 지는 당사자는 다른 당사자에게 적절한 보상을 하여야 한다. 2 반환되어야 할 금전급여에 대하여는 그 지급시부터 이자가 가산된다. 3 반환의무를 지는 당사자는 다른 당사자에게 반환될 급여의 유지에 필요하였거나 유익하였던 지출비용의 보상을 구할 수 있다.
제84조 Ⅳ. 이행에 관한 비용지출	계약의 청산의 원인에 책임이 있는 당사자는 사정상 그것이 정당한 때에는 다른 당사자에게 그가 계약의 이행과 관련하여 지출한 비용을 보상하여야 한다.

▩ 참 고 문 헌[자료와 주석서 제외]

Ⅰ. 국내문헌

양창수, "독일민법상 이득개념의 형성과 그 구체적 적용", 법조 제34권 제3호(1985).

______, "서독부당이득법의 입법론적 전개-König의 부당이득법개정에 관한 감정의견의 소개-", 서울대 법학 제26권 제4호(1985).

______, 일반부당이득법의 연구, 서울대학교 법학박사학위논문(1987).

이동진, "「물권적 유치권」의 정당성과 그 한계", 민사법학 제49-1호(2010).

이상훈, "부당이득법상 suum recepit 논거 검토-고전기 로마법상 지시 사안을 중심으로-", 법사학연구 제55호(2017).

Ⅱ. 외국문헌

川角由和, "民法 703條 · 704條 · 705條 · 708條", 廣中俊雄 · 星野英一 編 民法典の百年 Ⅲ 個別的觀察(2) 債權編, 1998.

藤原正則, 不當利得法, 2001.

P. Apathy, Der Verwendungsanspruch, 1988.

K. Auckenthaler, Irrtümliche Zahlung fremder Schulden, 1980.

E. Bucher, "Hundert Jahre schweizerisches Obligationenrecht: Wo stehen wir heute im Vertragsrecht?", ZSR 1983 Ⅱ, 251.

________, Schweizerisches Obligationenrecht Allgemeiner Teil (ohne Delkitsrecht), 2. Aufl., 1988.

V. Buz, "Rückabwicklung gescheiterter Verträge, Kritische Bemerkungen zu Art. 79 ff. OR 2020", SJZ 111 (2015), 565.

F. Bydlinski, "Die Leistungskondiktionen als Bereicherungsansprüche", FS für Hausheer, 2002.

__________, "Grundfragen der Unerlaubtheitskondiktion, entwickelt an

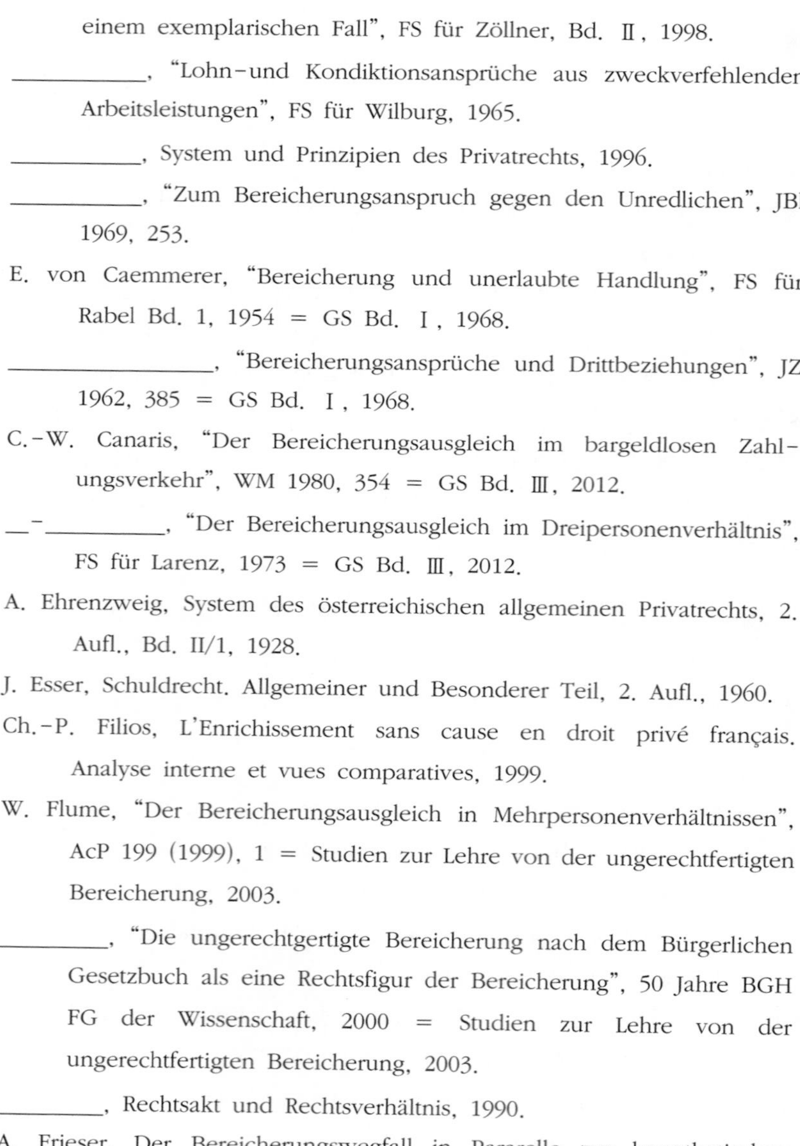

einem exemplarischen Fall", FS für Zöllner, Bd. Ⅱ, 1998.

__________, "Lohn-und Kondiktionsansprüche aus zweckverfehlenden Arbeitsleistungen", FS für Wilburg, 1965.

__________, System und Prinzipien des Privatrechts, 1996.

__________, "Zum Bereicherungsanspruch gegen den Unredlichen", JBl 1969, 253.

E. von Caemmerer, "Bereicherung und unerlaubte Handlung", FS für Rabel Bd. 1, 1954 = GS Bd. Ⅰ, 1968.

______________, "Bereicherungsansprüche und Drittbeziehungen", JZ 1962, 385 = GS Bd. Ⅰ, 1968.

C.-W. Canaris, "Der Bereicherungsausgleich im bargeldlosen Zahlungsverkehr", WM 1980, 354 = GS Bd. Ⅲ, 2012.

__-__________, "Der Bereicherungsausgleich im Dreipersonenverhältnis", FS für Larenz, 1973 = GS Bd. Ⅲ, 2012.

A. Ehrenzweig, System des österreichischen allgemeinen Privatrechts, 2. Aufl., Bd. II/1, 1928.

J. Esser, Schuldrecht. Allgemeiner und Besonderer Teil, 2. Aufl., 1960.

Ch.-P. Filios, L'Enrichissement sans cause en droit privé français. Analyse interne et vues comparatives, 1999.

W. Flume, "Der Bereicherungsausgleich in Mehrpersonenverhältnissen", AcP 199 (1999), 1 = Studien zur Lehre von der ungerechtfertigten Bereicherung, 2003.

_________, "Die ungerechtgertigte Bereicherung nach dem Bürgerlichen Gesetzbuch als eine Rechtsfigur der Bereicherung", 50 Jahre BGH FG der Wissenschaft, 2000 = Studien zur Lehre von der ungerechtfertigten Bereicherung, 2003.

_________, Rechtsakt und Rechtsverhältnis, 1990.

A. Frieser, Der Bereicherungswegfall in Pararelle zur hypothetischen Schadensentwicklung, 1987.

P. Gauch, “Wirkung des Rücktritts und Verjährung des Rückforderungsanspruches bei Schuldnerverzug (Anerkennung der Umwandlungstheorie)”, recht 1989, 122.

S. Hartmann, Die Rückabwicklung von Schuldverträgen, 2005.

G. Hassold, Zur Leistung im Dreipersonenverhältnis, 1981.

Ph. Hellwege, “In integrum restitutio and the requirement of counter-restitution in Roman law”, Juridical Review 2004, 165.

H. Honsell, Aktuelle Probleme der Sachmängelhaftung, JBl 1989, 212.

__________, “Drei Fragen des Bereicherungsrechts”, FS für Schulin, 2002.

C. Huguenin/B. Meise, “OR 2020: Braucht die Schweiz ein neues Vertragsrecht?”, OR 2020 - Die Schweizerische Schuldrechtsreform aus vergleichender Sicht, 2016.

H.-H. Jakobs, Eingriffserwerb und Vermögensverschiebung in der Lehre von der ungerechtfertigten Bereicherung, 1964.

Ch.-M. Kaehler, Bereicherungsrecht und Vindikation, 1972.

Ch. Kellmann, Grundsätze der Gewinnhaftung, 1969.

Ch. Kern/N. Bettinger, “Schuldrechtsmodernisierung in der Schweiz?-Der Entwurf Obligationenrecht 2020”, ZEuP 22 (2014), 562.

F. Kerschner, Irrtumsanfechtung insbesondere beim unentgeltlichen Geschäft, 1984.

A. Koller, “Die Kondiktionssperre von Art. 63 Abs. 1 OR”, AJP 2006, 486.

D. König, “Ungerechtfertigte Bereicherung”, BMJ (hrsg). Gutachten und Vorschläge zur Überarbeitung des Schuldrechts, Bd. Ⅱ, 1981.

H.-W. Kötter, “Zur Rechtsnatur der Leistungskondiktion”, AcP 153, 193 (1954).

H. Koziol/R. Welser, Grundriss des bürgerlciehn Rechts Bd. Ⅱ, 12. Aufl., 2001.

E.-A. Kramer, “Die Lebenskraft des Schweizerischen Obigationenrechts”, ZSR 1983 I, 241.

B. Kupisch, Die Versionsklage, 1965.

K. Larenz/C.-W. Canaris, Lehrbuch des Schuldrechts Besonderer Teil 2. Hb., 13. Aufl., 1994.

M. Lehmann, "Innovation durch den OR 2020-Entwurf: Die Vorschriften über die Liqiudation", SZW/RSDA 4/2015, 348.

M. Lieb, "Bereicherungsrecht lege ferenda", NJW 1982, 2034.

S. Meier, "Die Rückabwicklung gescheiterter Verträge: Neue europäische Entwicklungen", RabelsZ 80 (2016), 851.

Lord Nichols, "Knowing Receipt: The Need for a New Landmark", Restitution Past, Present and Future, 1998.

M. Nietlisprach, Zur Gewinnheraugabe im schweizerischen Privatrecht, 1994.

F. Peters, "Die Erstattung rechtsgrundloser Zuwendungen", AcP 205 (2005), 159.

A. Rahmatian, Der Bereicherungsausgleich in Zessionslagen, 1989.

L. Raiser, "Die Subsidiarität der Vindikation und ihre Nebenfolgen", JZ 1961.

D. Reuter/M. Martinek, Ungerechtfertigte Bereicherung, 1983.

F.-L. Schäfer, Das Bereicherungsrecht in Europa, 2001.

B. Schmidlin, "Der Einheitstatbestand der Bereicherungsregel im Schweizerischen OR Art. 62: ein Sieg des Pandektenrechts", FS für Kramer, 2004.

R. Schmitt, Die Subsidiarität der Bereicherungsansprüche, 1969.

F. Schulz, "System der Rechte auf den Eingriffserwerbs", AcP 105, 1 (1909).

M. Schwab, "Liquidation und Bereicherungsrecht", OR 2020 - Die Schweizerische Schuldrechtsreform aus vergleichender Sicht, 2016.

I. Schwenzer, Schweizerisches Obligationenrecht Allgemeiner Teil, 3. Aufl., 2003.

__________, "Rezeption deutschen Rechtsdenkens im schweizerischen Obligationenrecht", Schuldrecht, Rechtsvereinheitlichung an der Schwelle zum 21. Jahrhundert, 1999.

L. Sieber, Der bereicherungsrechtliche Ausgleich bei Leistungsketten, 2015.

K. Spielbüchler, Der Dritte im Schuldverhältnis, 1973.

__________, "Übereignung durch mittelbare Leistung", JBl 1971, 589.

R. Stammler, "Zur Lehre von der ungerechtfertigten Bereicherung nach dem Bürgerlichen Gesetzbuch", FG für Fitting, 1903.

E. Swoboda, Bereicherung, Geschäftsführung ohne Auftrag, Versio in rem, 1918.

A. von Tuhr, Allgemeiner Teil des Deutschen Bürgerlichen Rechts, Bd. II/2, 1918.

G. Virgo, "What is the Law of Restitution About?", Restitution Past, Present and Future, 1998.

R.-H. Weber, "Gewinnherausgabe-Rechtsfigur zwischen Schadensersatz-, Geschäftsführungs-und Bereicherungsrecht", ZSR 1992 I, 333.

W. Wiegand, "Zur Rückabwicklung gescheiterter Verträge", FS für Gauch, 2004.

W. Wilburg, Die Lehre von der ungerechtfertigten Bereicherung nach österreichischem und deutschem Recht, Kritik und Aufbau, 1934.

__________, "Zusammenspiel der Kräfte im Aufbau des Schuldrechts", AcP 163 (1964), 346.

J. Wilhelm, Rechtsverletzung und Vermögensentscheidung, 1973.

제 5 장

네덜란드의 부당이득법*

김 형 석

Ⅰ. 들어가는 말

1. 문제의 제기

(1) 1990년대 이후 우리나라 부당이득법의 발전은 괄목할 만하다. 종래 논의되고 있지 않았던 쟁점들이 학설에서 조명을 받게 되었으며, 그에 발맞추어 법원 역시 주목할 만한 다수의 재판례를 선고하였다. 이러한 부당이득법의 발전에는 여러 원인이 있을 수 있겠지만, 그동안 학계에서 꾸준히 비교법적 연구를 통해 새로운 시각과 소재를 제공하였다는 것도 그 하나에 해당할 것이라는 점은 쉽게 부정하기 어려울 것이다. 무엇보다도 독일의 학설과 판례의 소개를 출발점으로 하였던 부당이득법의 비교법적 연구는 근래 프랑스법과 영미법의 연구로 확대되어 깊이를 더하고 있다고 보인다.

이에 비하여 서양의 각 법계를 대표하는 몇 나라 및 일본에 대한 연구를 제외하면, 그 밖의 나라의 부당이득법에 대한 연구는 상대적으로 많지 않은 편이다.[1)] 이러한 상황에서 네덜란드의 부당이득법을

---

* 이 논문은 서울대학교 법학발전재단 출연 법학연구소 기금의 2017학년도 학술연구비(공동연구) 보조를 받았음.

1) 예외로서 이스라엘 민법초안의 부당이득법을 중심으로 살펴보는 이준형, "부당이득의 현대적 기능과 입법", 채무불이행과 부당이득의 최근 동향(2013), 392면 이하 참조.

살펴보고 우리에 대한 시사점을 검토하는 작업은 나름의 의미를 가질 것으로 생각된다. 네덜란드 신민법전은 비교적 최근에 제정된 민법전으로, 입법작업에서 나타난 정책적 평가와 이후 해석론적인 운용이 우리의 관점에서도 여러 가지 유용한 시사점을 줄 수 있다고 보이기 때문이다. 특히 네덜란드 신민법전은 그 독창적인 내용으로 인해 어느 하나의 법계에 해당한다고 평가하기 어렵고,[2] 이는 부당이득법에서도 상당 부분 그러하다.[3] 그러므로 네덜란드 민법의 연구를 통한 논의의 심화는 우리 민법에 대한 해석론적·입법론적 작업에 유용한 기여를 할 것으로 기대된다.

(2) 아래에서는 우선 네덜란드 신민법의 부당이득 규정을 번역해 소개한 다음(아래 II. 2.), 한편으로 입법자료를 통해 그 의미를 해명하고(아래 II. 1,), 다른 한편으로 문헌과 판례를 통해 그 구체적인 적용례를 살펴본다(아래 III.). 그러나 그 전에 역사적 맥락의 이해를 위해 네덜란드 신민법의 성립 경과를 간단하게 살펴보기로 한다(아래 I. 2.). 마지막으로 네덜란드 부당이득법이 우리 민법의 해석론과 입법론에 가지는 시사점을 요약하며 마무리한다(아래 IV.).

2. 네덜란드 신민법전 성립에 관한 소묘

(1) 민법전이 성립하기 이전에는 네덜란드에서도 로마법이 계수되어 지역 관습과 결합해 형성된 보통법이 적용되고 있다.[4] 특히 스페인으로부터 독립을 쟁취한 이후 17~18세기에 이르는 동안 네덜란드의 경제적 번영과 대학의 발전을 배경으로 하여 높은 수준의 보통

---

2) Zweigert/Kötz, *Einführung in die Rechtsvergleichung*, 3. Aufl., 1996, S. 101.

3) Schlechtriem, *Restitution und Bereicherungsausgleich in Europa*, Band 1, 2000, Kap. 1 Rn. 58, 61.

4) Mincke, *Einführung in das niederländische Recht*, 2002, Rn. 2f.

법학이 영위되었다.[5] 이 시기에 적용되던 보통법을 로마-네덜란드법(Roman-Dutch law, römisch-holländisches Recht)이라고 한다.

그런데 프랑스 대혁명 이후 나폴레옹은 군사적으로 네덜란드를 점령하고 1806년 그의 동생 루이를 네덜란드 왕으로 즉위시켰다.[6] 이러한 정치적 격변은 네덜란드 민사법질서의 변화도 수반하였다. 즉 1809년 루이는 네덜란드 관습법을 고려해 근소한 수정을 가한 프랑스 민법전을 네덜란드 민법전으로 공포하였고, 이어 1810년 루이가 퇴위하여 네덜란드 지역이 프랑스 제국의 일부가 된 후에는 프랑스 민법전의 직접 적용을 받게 되었던 것이다.

네덜란드의 독자적인 민법전 제정 작업은 나폴레옹의 패퇴로 네덜란드가 해방되어 왕국으로 성립한 이후에 시작되었다. 그러나 벨기에의 분열 등으로 작업은 지연되어, 1838년에 이르러 비로소 민법전(Burgerlijk Wetboek)이 제정 · 공포되었다.[7] 이 네덜란드 민법전은 친족법 등에서 고유의 관습을 고려하기는 하였으나, 광범위하게 프랑스 민법전의 영향을 받은 법전이었고, 특히 재산법 부분은 거의 프랑스 민법전의 번역에 해당하는 내용이었다. 이 1838년의 민법전은 네덜란드 민사법 질서의 기초를 이루었고, 20세기 중반까지 큰 개정 없이 적용되었다. 학계에서 민법전의 체계와 내용에 대해 많은 비판이 이루어졌음에도 불구하고, 입법자는 시대상황에 비추어 불가피한 최소한의 개입에 그쳤다고 한다. 이러한 법상태는 20세기 중반까지 지속하였다.

(2) 새로운 민법전의 제정 작업은 1947년 4월 25일 새로운 민법

5) Zimmermann, "Römisch-holländisches Recht-ein Überblick" in Feenstra/Zimmermann (hrsg.), *Das römisch-holländisches Recht: Fortschritte des Zivilrechts im 17. und 18. Jahrhundert*, 1992, S. 10ff.

6) 아래의 내용에 대해 Zweigert/Kötz (주 2), S. 100 참조.

7) 경과에 대해서는 Mincke (주 4), Rn. 7ff. 참조.

전의 제정을 주장하던 메이어스(E.M. Meijers)에게 왕명으로 민법 초안을 제출할 것이 위임됨으로써 시작되었다. 당시 새 민법전 제정론이 우세한 위치에 있다고 보기는 어려운 상황이었으나, 정치적인 결단에 의해 입법과정이 궤도에 오르게 된 것이었다.[8] 메이어스는 중요한 50가지 주요 쟁점을 정리·제출하여 의회로 하여금 이를 결정하도록 하는 한편, 각계 전문가들의 의견을 광범위하게 청취하면서 초안을 작성하였다. 그 과정에서 전체 9편[9]으로 이루어진 민상법 통일법전의 체계를 구상한 메이어스는 1954년 우선 제1편부터 제4편까지의 초안과 이유서를 제출하였다. 이후 같은 해 메이어스가 사망하자, 제5편 이후의 초안 작성은 다른 여러 학자와 전문가에게 위임되었고, 이들은 메이어스가 남긴 작업을 토대로 하여 초안을 완성하였다. 그에 따라 제5편은 1955년, 제6편은 1961년, 제7편의 일부는 1972년, 제8편은 1972년과 1978년에 초안과 이유서가 공개되었다.

이러한 민법 초안은 그 체계와 내용에 대한 일부의 반대가 없지 않았음에도 순차적으로 민법전의 일부로 성립해 시행되었다.[10] 그래서 제1편은 1970년, 제2편은 1976년에 시행되었고, 이후 제8편의 상당부분이 1991년 1월 1일에, 제3편, 제5편, 제6편 및 제7편의 일부가 1992년 1월 1일에 시행됨으로써, 옛 민법전과 상법전의 일부만이 존속하여 효력을 가지는 외에는 공식적으로 새 민법전으로 교체되었다.

---

8) 그 배경에 어떠한 고려가 있었는지는 아직 완전히 해명되지 않았다고 한다. Hondius, "Das Neue Niederländische Zivilgesetzbuch. Allgemeiner Teil" in Bydlinski/Mayer-Maly/Pichler (hrsg.), *Reniassance der Idee der Kodifikation. Das Neue Niederländische Bürgerliche Gesetzbuch 1992*, 1991, S. 42.

9) 제1편 인법 및 친족법, 제2편 회사법을 포함한 법인, 제3편 재산법 총칙, 제4편 상속법, 제5편 물권법, 제6편 채권법 총칙, 제7편 전형계약, 제8편 운송법, 제9편 지적재산법이 그것이다. Hartkamp, "Civil Code Revision in the Netherlands", *Louisiana Law Review*, Vol. 35, 1974/1975, 1059, 1061 참조.

10) 경과에 대해 Valk in Nieuwehuis, Stolker & Valk, *Tekst & Commentaar Burgerlijk Wetbooek*, Tiende druk, 2013, Inleiding aan. 2 참조.

더 나아가 상속법을 다루는 제4편이 2003년 1월 1일에 시행되었고, 국제사법을 다루는 제10편이 추가되어 2012년 1월 1일 시행되기에 이르렀다. 그 밖에도 제7편과 제8편에는 계속 규율을 추가하고 개정하는 입법작업이 행해지고 있다. 반면 원래 메이어스의 계획에 포함되어 있었던 지적재산권을 다루는 제9편은 많은 논란 끝에 현재 작업이 거의 이루어지고 있지 아니하며, 민법전 외의 개별 입법으로 규율되고 있다.

Ⅱ. 신민법전의 부당이득 규율

1. 부당이득에 관한 규정들

(1) 앞서 네덜란드 신민법의 역사에 대해 간단히 살펴보면서 확인한 바이지만, 구민법의 재산편은 기본적으로 프랑스 민법전의 규율을 거의 그대로 계수한 것이었고, 이는 부당이득의 경우에도 다르지 않았다. 즉 구민법은 당시 프랑스 민법 제1235조 및 제1376조 내지 제1381조(2016년 개정 이후에는 제1302조 내지 제1302-3조)를 거의 그대로 받아들인 동법 제1395조 내지 제1400조에서 비채변제를 규정하고 있음에 그쳤고, 불법원인급여나 일반 부당이득에 관한 규정은 알지 못했다.[11] 더 나아가, 프랑스의 경우 파기원이 유명한 부디에 판결에 의해 일반적인 부당이득 소권을 인정하기에 이르렀음에 반하여,[12] 네덜란드 법원은 20세기 중반까지도 법률에 규정이 없는 일반적인 부당이득 반환청구권을 인정하는 것에 소극적이었다.[13]

---

11) Dickson, "Unjust Enrichment Claims: A Comparative Overview", *Cambridge Law Journal*, Vol. 54(1), 1995, 100, 117 참조.

12) 이에 대해 츠바이게르트·쾨츠, 비교사법제도론, 양창수 역, 1997, 400면 이하 참조.

13) Hoge Raad 30.1.1959., NJ 1959, 548. 이 판결 및 그 하급심 판결의 영역을 수록하고 있는 Beatson and Schrage (ed.), *Cases, Materials and Texts on Unjustified Enrichment*, 2003, p. 63-67 참조.

(2) 신민법전은 비채변제를 전면에 두는 구법의 태도를 승계하면서도, 일반적인 부당이득 조항을 신설하여 구법의 결함을 정정하고자 하였다. 즉 신민법 제6편 제4장은 계약 또는 불법행위가 아닌 원인으로부터 발생하는 채무에 대해 규율하고 있는데, 그 제2절이 비채변제, 제3절이 부당이득으로 편제되어 규율되고 있다. 관련 규정을 살펴보면 다음과 같다.

제2절 비채변제(onverschuldigde betaling)

제6:203조 ① 법률상 원인 없이 타인에게 재산을 공여한 자는 수령자로부터 이를 비채변제로서 반환청구할 권리가 있다.

② 비채변제가 금액에 관한 경우, 청구는 같은 금액의 반환을 내용으로 한다.

③ 법률상 원인 없이 다른 종류의 급부를 한 자도 마찬가지로 수령자를 상대로 그 회복의 권리를 가진다.

제6:204조 ① 수령자가 그 재산의 반환의무를 고려할 필요가 없음이 상당하였던 기간 동안 그 재산에 대해 주의 깊은 채무자로서의 주의를 다하지 않은 경우에도, 이러한 사정은 그에게 귀속되지 아니한다.

② 타인의 이름으로 그러나 권한 없이 그 타인에게 채무 없는 금액을 수령한 자는, 그가 [반환]의무에 대해 고려할 필요가 없음이 상당하였던 기간 동안 그 금액을 그 타인에게 지급한 범위에서는, 자신의 반환의무에서 벗어난다.

제6:205조 수령자가 그 재산을 악의로 수령한 경우, 그는 최고 없이 이행지체에 빠진다.

제6:206조 제3편의 제120조, 제121조, 제123조 및 제124조는 과실의 반환 및 비용·손해의 배상을 규정하는 바와 관련해 준용된다.

제6:207조 수령자는, 그가 재산을 악의로 수령한 경우가 아닌 한, 수령 및 반환으로부터 발생하는 비용의 배상 및 제204조가 정하는 기간 동안 그 재산을 수령하지 않았더라면 이루어지지 않았을 지출의 배상에 대해서도 상당한 범위에서 권리가 있다.

제6:208조 상대방이 자신의 반환청구권을 포기하고 또 필요한 경우 비용의 배상을 만족시키기 위해 비채변제된 것을 수령자에게 양도하는 때에는, 수령자는 전2조가 정하는 권리를 상실한다.

제6:209조 비채변제를 수령한 무능력자에 대해서는, 수령한 것이 그에게 실제로 이익이 되었거나 그의 법정대리인의 지배에 들어온 범위에서만 본절에서 규정된 의무가 있다.

제6:210조 ① 재산을 주는 것이 아닌 급부의 회복에 대해서는 제204조 내지 제209조가 준용된다.

② 급부의 성질이 그 회복을 배제하는 경우, 수령자가 급부에 의해 이익을 받고 있거나, 급부가 행해진 사정이 그에게 귀속될 수 있거나, 또는 그가 반대급부를 할 것에 동의하였던 경우에는, 상당한 범위에서 수령 시점의 급부의 가치를 배상하는 것이 [반환의무에] 갈음한다.

제6:211조 ① 무효인 계약을 원인으로 하여 행해진 급부가 그 성질에 따라 회복될 수 없고 또한 금전에 대한 권리로 산정되기 적절하지 아니한 경우, 반대급부의 회복 또는 그 가치의 배상을 내용으로 하는 청구도 그 이유로 신의성실에 반하는 한에서는 마찬가지로 배제된다.

② 전항에 따라 양도된 재산의 반환청구가 배제되는 경우, 계약의 무효는 양도의 무효를 야기하지 아니한다.

제3절 부당이득(ongerechtvaardigde verrijking)

제6:212조 ① 타인의 손실로 부당하게 이득한 자는 그것이 상당한 범위에서 자신의 이득액까지 그 손해를 배상할 의무가 있다.

② 수익자에게 귀속될 수 없는 사정으로 인하여 이득이 감소한 범위에서는 그 이득은 고려되지 아니한다.

③ 수익자가 손해배상 의무를 고려할 필요가 없음이 상당한 기간 동안 이득이 감소한 때에는, 이는 그에게 귀속되지 아니한다. 이득이 없었다면 이루어지지 않았을 지출도 이 감소를 확정할 때 고려된다.

(3) 한편 제6:206조에 의해 준용되는 제3:120조 내지 제3:124조는 점유의 맥락에서 점유자와 회복자 사이의 관계를 규율하는 규정이다(우리 민법 제201조 내지 제203조 참조). 네덜란드 민법은 점유(bezit)와 소지(houlderschap)를 구별하여 자기 자신을 위해[14] 소지하는 경우를 점유라고 한다(제3:107조 제1항). 점유자와 회복자 사이에 적용되는 규정에 따른 법률관계를 간략하게 살펴보면 다음과 같다.

선의의 점유자에게는 분리된 천연과실과 이행기가 도래한 법정과실이 귀속한다(제3:120조 제1항). 반면 권리자는 선의의 점유자에게 비용 기타 부담을 배상할 의무가 있으나(동조 제2항 제1문 전단), 선의의 점유자가 과실 기타 그 밖의 이익으로 비용지출에 대한 보상을 받은 한도에서는 상환할 필요가 없다(동항 제1문 후단). 선의의 점유자는 이상의 배상을 받을 때까지 재산의 반환을 거부할 권리가 있다(동조 제3항). 반면 악의의 점유자는 권리자에게 재산의 반환 외에도 분리된 천연과실 및 이행기가 도래한 법정과실을 반환해야 하고, 그 밖에 부당이득 반환의무가 있으면 그 역시 부담한다(제3:121조 제1항). 그리고 악의의 점유자는 부당이득 규정이 허용하는 범위에서만 비용의 배상을 청구할 수 있다(동조 제2항). 그리고 소 제기 이후에는 선의의 점유자도 악의로 취급된다(동조 제3항). 그런데 권리자는 전2조에 따른 의무를 면하기 위해 반환청구의 대상인 재산을 점유자에게 양도할 수 있으며, 점유자는 이에 협력해야 한다(제3:122조). 또한 권리자는 점유자가 가한 가공이나 첨부에 대해 비용의 배상 대신 그 제거를 청구할 수도 있다(제3:123조). 이상의 내용은 타인을 위해 재산을 소지하는 자에 대해 반환청구가 이루어진 경우에도 점유자와 소지자의 법률관계를 고려하여 적용된다(제3:124조).

14) 우리 민법의 소유의 의사에 상응하는 개념이다. Rank-Berenschot in *T&C BW* (주 10), Art. 3:107 aan. 2b 참조.

2. 기초자의 설명에 따른 규율의 내용

이상의 규정을 살펴보면, 네덜란드 신민법은 비채변제를 중심에 규정하고 이를 보충하는 일반 부당이득 규정을 두고 있다는 점에서 프랑스 민법 및 구민법의 태도에서 출발한 것으로 볼 수 있지만, 개별적인 규정들은 구민법과 비교할 때 상당히 새로운 내용을 규율하고 있다. 이러한 새로운 내용을 이해하기 위해서는 초안 작성에 참여한 사람의 규율 의도를 탐색하는 것이 의의를 가질 것이다. 아래에서는 우리의 관점에서 유의미한 부분을 중심으로 입법이유를 살펴본다.

(1) 편제에 관하여

이유서는 신민법전이 다른 민법전들과는 달리 비채변제와 부당이득을 별도의 절로 규정하고 있다고 하면서 그 이유를 다음과 같이 설명한다.[15] 비채변제의 반환도 그 목적에 있어서는 부당이득을 방지하기 위한 것이라고 말할 수 있기는 하지만, 그럼에도 비채변제의 반환이 단순한 부당이득의 적용례라고 보아서는 안 된다고 한다. 비채변제의 반환은 재산이동(vermogensverschuiving)이 일어났는지 여부와 무관하게 법률상 원인 없이 행해진 변제의 원상회복을 목적으로 한다는 점에서, 재산이동이 전제되는 부당이득과 구별된다는 것이다. 그 예시로 이유서는 채무 없이 소유권 이전을 위한 변제가 있었으나 유인성을 이유로 소유권이 이전되지 아니한 경우, 당사자들 사이에서 재산이동이 없음에도 비채변제로 원상회복을 구할 수는 있다는 점을 지적한다. 다만 이유서는 비채변제와 부당이득이 경합하는 경우가 있을

---

15) Meijers, *Ontwerp voor een Nieuw Burgerlijk Wetboek. Toelichting*, Derde Gedeelte (Boek 6), 1961, p. 716. 하원(Tweede Kamer)에 제출된 답변서에서도 같은 취지가 서술되어 있다. Van Zeben et al. ed., *Parlementaire Geschiedenis van het Nieuw Burgerlijk Wetboek. Beok 6: Algemeen Gedeelte van het Verbintenissenrecht*, 1981, p. 803-804.

수 있음은 인정한다.

이러한 이유제시는 현재 우리 학설의 관점에서 보면 급부이득반환이 비급부이득반환에 대해 가지는 독자성을 이유로 전자에 대한 규율을 별도로 마련한다는 의미로 이해할 수 있다. 즉 비급부이득의 반환과는 달리, 급부이득에서는 별도의 재산이동의 검토 없이 법률상 원이 없이 급부가 행해졌다는 것으로 반환청구의 요건은 충족된다는 점이 강조되고 있는 것이다. 우리 판례도 지적하듯이, "상대방이 얻은 계약상 급부는 다른 특별한 사정이 없는 한 당연히 부당이득으로 반환되어야"하며, "이 경우의 부당이득반환의무에서 민법 제741조가 정하는 '이익' 또는 '그로 인한 손해'의 요건은 계약상 급부의 실행이라는 하나의 사실에 해소되는 것"이기 때문이다.[16] 물론 신민법의 규율은 독일식 급부이득과 비급부이득의 구별을 전제로 입법화된 것이 아니므로, 세부적인 접근에서 차이가 있음은 주의할 필요가 있다.[17]

(2) 비채변제 반환청구권

1) 제6:203조는 비채변제를 이유로 하는 반환청구권의 청구근거규범이다. 동조는 주는 채무의 비채변제 반환을 규정하고(동조 제1항), 주는 객체가 금전인 경우를 특별히 규율하며(동조 제2항), 주는 급부 아닌 급부가 행해진 경우에도 같은 효과를 부여한다(동조 제3항, 제6:210조 제1항). 금전이 변제된 경우를 별도로 규율하는 이유는 수령한 그 금전의 반환이 아닌 금액의 조달의무를 인정하기 위해서이다.[18] 주는 급부 아닌 급부를 별도로 규율하는 이유는, 반드시 명시적으로

---

16) 대법원 2010. 3. 11. 선고 2009다98706 판결.

17) van Kooten, "The Structure of Liability for Unjustified Enrichment in Dutch Law, with References to German, French and Italian Law", Zimmermann (hrsg.), *Grundstrukturen eines Europäischen Bereicherungsrechts*, 2005, p. 235-238 참조.

18) Meijers (주 15), p. 717.

표현되어 있지는 아니하나, 그러한 급부는 성질상 원물반환이 처음부터 불가능한 경우가 존재한다는 차이를 고려한 것으로 보인다.[19)]

2) 신민법은 프랑스 민법 및 구민법과는 달리 "비채"(onverschuldigd) 대신 "법률상 원인 없이"(zonder rechtsgrond)라는 표현을 사용한다. 여기서는 핵심적으로 변제를 정당화하는 사실인 원인(causa)의 존재 여부가 문제되는 것이기 때문이다.[20)] 이로써 이 문언은 처음부터 채무가 없었던 경우뿐만 아니라, 법률상 원인에 해당하는 계약이 소급적으로 취소되거나 조건 성취로 장래에 대해 실효한 경우도 포괄한다. 반면 일정한 장래의 사건을 염두에 두고 변제가 행해진 경우에는 그 사건이 불발생하였다고 하더라도 이를 반환청구할 수 없으며, 사정변경의 문제로 해결되어야 한다고 한다.[21)] 즉 목적부도달을 이유로 하는 반환청구(condictio ob rem)는 배제할 의도였던 것으로 보인다. 이러한 법률상 원인 없음의 입증책임은 당연히 원고에게 있으므로, 구민법(제1395조)처럼 이를 추정하는 규정은 둘 필요가 없다고 한다.[22)]

3) 한편 신민법은 프랑스 민법이나 구민법과는 달리 변제자의 착오를 비채변제 반환청구의 요건으로 설정하지 않는다. 채무가 없음을 알면서 변제하는 자도 이의를 유보하였음 없이 반환청구할 수 있다고 한다.[23)] 이는 구민법에서의 통설과 판례가 해석상 인정하고 있던 내용이며, 신민법 입법자에 의해 그대로 승계되었다.[24)] 또한 오상채무

19) Meijers (주 15), p. 717, 719, 723 참조.
20) Meijers (주 15), p. 717.
21) Meijers (주 15), p. 718.
22) Meijers (주 15), p. 719.
23) Meijers (주 15), p. 718.
24) 전거와 함께 Hartkamp & Sieburgh, *Asser-Verbintenissenrecht* 6-Ⅳ, dertiende druk, 2011, nr. 420.

자의 변제의 경우 수령자를 보호하는 구민법 제1397조(우리 제745조 참조)는 채택하지 않는데, 표시와 불일치하는 내심의 의사를 고려하지 않는다는 제3:35조의 적용으로 수령자의 보호는 도모될 것이기 때문이다.

(3) 비채변제 반환의 내용

1) 비채변제의 회복은 우리의 용어로 말하자면 원물반환이 원칙이다. 여기서 비채변제의 반환의 내용은 급부의 성질에 따라 다양하게 나타날 수 있다. 예컨대 수령자가 자신의 명의로 된 등기의 말소에 협력할 의무일 수도 있고, 채권의 양수인이 채무자에게 채권양도 무효임을 통지할 의무일 수도 있다.[25)]

신민법은 반환범위와 관련해 "수령자가 그 재산의 반환의무를 고려할 필요가 없음이 상당하였"는지 여부에 따라 반환범위를 결정한다(제6:204조 제1항).[26)] 즉 합리적으로 반환의무를 고려할 필요가 없었던 수령자는 반환할 재산의 손상·멸실·변경 등과 관련해 책임을 부담하지 않으며, 부당이득의 규정이 정하는 바에 따라서만 책임이 있다.[27)] 이는 현존이익 반환을 의미할 것이다. 반면, 합리적으로 반환의무를 고려할 필요가 있었던 수령자는 일반적인 채무불이행의 규정에 따라 책임을 부담한다. 즉 책임 있는 사유가 있었던 때에는 채무불이행 책임을 부담하고, 그렇지 않은 경우에는 현존이익의 범위에서 책임을

25) Meijers (주 15), p. 718.

26) 이러한 문언은 입법론적으로 선의·악의를 기준으로 하는 것보다 합리적이다. 예를 들어 무효인 사용대차에 기해 물건이 차주에 인도된 경우, 차주가 무효라는 사실에 대해 선의였다고 하더라도 그는 물건이 멸실 등에 대해 현존이익 상실의 항변을 할 수 없어야 한다. 그는 차용물의 반환의무 있음을 알고 있어 그 종국적 보유를 신뢰할 수 없고 따라서 차용물 활용에 따른 위험을 스스로 부담해야 하기 때문이다. 그는 그 한도에서 악의의 수익자로서 취급되어야 하는 것이다(Schwab in *Münchener Kommentar zum BGB*, Band 5, 6. Aufl., 2013, § 819 Rn. 12). 이러한 결과는 신민법과 같은 문언을 채택하면 자연스럽게 도출될 것이다.

27) Meijers (주 15), p. 720.

진다.[28)] 관련해 제6:204조 제2항은 그러한 현존이익 상실의 한 가지 사례를 규율한다.[29)]

한편 악의의 수령자, 즉 법률상 원인 없음을 알면서 마치 권리가 있는 것처럼 비채변제를 수령한 자는 수령의 시점부터 이행지체에 빠진 것으로 취급되어(제6:205조), 청구권자에게 반환의 지연으로부터 발생하는 손해를 배상할 뿐만 아니라 원칙적으로 책임 없는 사유로 반환불능이 발생하더라도 채무불이행 책임을 부담한다.[30)] 그러나 수령자가 나중에 악의로 된 때에는 그때로부터 이행지체 상태에 들어가는 것은 아니며, 청구권자의 최고가 필요하다고 한다.[31)]

반환의무자가 무능력자인 경우에는, 현존이익의 한도 또는 법정대리인의 관리가 미친 범위에서만 반환의무가 발생한다(제6:209조). 무능력자 보호를 위한 규정으로, 법률상 원인을 없게 하는 사정은 무능력을 이유로 하는 취소 외에도 다른 어떤 것이어도 무방하다고 한다.[32)] 다만 이유서는 무능력자가 불법행위에 기해 책임을 질 가능성은 존재한다고 지적한다.

2) 원물반환에 수반하는 과실반환이나 비용상환의 문제에 대해 신민법은 회복자와 점유자 사이의 관계에 대한 규정을 준용하는 태도를 취한다(제6:206조). 이유서는 신민법이 유인주의를 채택하기 때문에 물건의 반환을 청구할 때 비채변제 반환청구권과 소유물 반환청구권이 경합할 것임을 지적하고, 그러한 경우 어느 편에 의하는지에 따

28) Meijers (주 15), p. 720.

29) 동항은 메이어스의 초안에는 없던 규정이나, 이후의 판례(Hoge Raad 31.3.1978, NJ 1978, 363)가 입법과정에서 반영된 것이다. Hijma in *T&C BW* (주 10), Art. 6:204 aan. 2b 참조.

30) Meijers (주 15), p. 721.

31) Meijers (주 15), p. 722. 다만 신의칙상 고지의무가 발생할 수 있고, 그 위반을 이유로 책임을 부담할 수는 있다고 한다.

32) Meijers (주 15), p. 723.

라 결과가 달라져서는 안 되므로, 점유와 관련해 규정된 바를 준용한다고 한다.[33] 이른바 점유자와 회복자 사이의 법률관계와 부당이득이 경합하는 문제[34]에 대해 명문의 규정을 두어 의식적으로 해결한 드문 입법례의 하나이다. 더 나아가 원물에 지출되는 비용 외에도, (악의 아닌) 수령자가 비채변제의 수령·반환과 관련해 비용을 지출하거나 그 밖에 원물과 결부된 지출을 하였다면 수령자는 그 상환의 권리를 가진다(제6:207조). 이는 형평의 관점에서 인정되는 것이다.[35] 그러나 이러한 상환청구권이 반대로 청구권자의 부담이 되어서는 안 되기 때문에, 신민법은 청구권자가 반환청구권을 포기하고 (권리가 수령자에게 이전되지 않았다면) 대상재산을 수령자에게 양도함으로써 상환의무에서 벗어날 수 있게 한다(제6:208조).[36]

3) 급부의 성질상 원물반환이 처음부터 불가능한 경우는 어떠한가? 이는 주는 급부에서는 문제될 여지가 없으므로, 신민법은 주는 급부 아닌 급부가 행해진 사안을 전제로 규율을 두고 있다(제6:210조). 즉 주는 급부 아닌 급부의 경우 성질상 원상회복이 가능하다면 이는 주는 급부와 동일하게 취급하면 되겠지만(동조 제1항), 성질상 불가능하다면 가액반환이 고려된다(동조 제2항).[37] 가액 산정시점은 수령시점이다.[38]

---

33) Meijers (주 15), p. 722.

34) 김형석, "점유자와 회복자의 법률관계와 부당이득의 경합", 서울대 법학, 제49권 제1호(2008), 249면 이하 참조.

35) Meijers (주 15), p. 722. 우리 민법의 해석으로도 같다. 곽윤직 편집대표, 민법주해(XVII), 2005, 583-584면(양창수) 참조.

36) Meijers (주 15), p. 722-723.

37) Meijers (주 15), p. 724.

38) Meijers (주 15), p. 725. 현재 학설도 이유서에 따라 수령시점의 객관적 가치를 반환해야 한다고 해석하고 있다. Hijma in *T&C BW* (주 10), Art. 6:210 aan. 4a, 4b.

여기서 이유서는, 한편으로 원상회복이 처음부터 불가능하였더라도 급부가 재산적 가치를 가지고 있고 수령자에게 현존이익이 있는 경우 반환이 적절하다는 점을 강조하면서도, 다른 한편으로 급부가 행해진 사정을 고려함 없이 반환의무를 지우는 것은 수령자의 의사에 반하여 그에게 일정한 소비행태를 강요하는 결과가 될 수도 있다는 점을 지적한다. 그러나 그럼에도 중점은 전자에 두어야 한다고 확인하고, 다음의 세 가지 경우에 가액반환이 이루어져야 한다고 설명한다.[39] ① 첫 번째는 비용지출의 절약 등의 형태로 수령자에게 현존이익이 존재하는 경우이다. 급부한 자의 손실로 이득이 발생한 것인지 여부는 중요하지 않다. 다만 강요된 이득의 경우에는 제6:210조 제1항에서 말하는 "상당한 범위"에 해당하지 않아 가액반환이 배제된다. ② 두 번째는 급부가 행해진 사정이 수령자에게 귀속되는 경우이다. 법률상 원인이 없음에도 수령자가 급부자에게 잘못된 정보를 제공하였거나 사기·강박을 한 경우가 그러하다고 한다. 한편 착오가 수령자와 급부자 모두에게 있었던 경우는 "상당한 범위"를 고려하는 과정에서 반환범위를 감축할 수 있다. ③ 세 번째는 수령자가 반대급부를 할 것에 동의하였던 경우이다. 반대급부에 대한 동의는 쌍무계약의 과정에서 이루어지는 사안이 많겠지만, 엄밀한 의미의 쌍무계약이 아니더라도 급부의 교환이 일어나는 계약이나 대가로서 성질을 가지는 증여에서도 행해지는데, 여기서 중요한 사정은 수령자가 그러한 급부에 대해 재산적 가치 있음을 표명하였다는 것이고, 그 경우 계약이 무효인지 여부는 중요하지 않다고 한다. 즉 계약이 무효이더라도 수령자는 반환의무가 자신의 의사에 반하는 소비행태를 강요한다고 주장할 수 없다는 것이다.[40]

---

39) Meijers (주 15), p. 724-725.

40) 그러나 이때에도 의사의 흠결, 사기·강박, 불합의 등으로 동의로 표시된 주관적 등가성에 교란이 있다고 할 때에는 실제로 수령자의 의사에 좇아 실현된 등가성

(4) 불법원인급여와 관련된 규율

1) 구민법은 프랑스 민법과 마찬가지로 불법원인급여에 대한 규정을 두고 있지 않았다. 그런데 프랑스 민법에서는 학설과 판례가 해석에 의해 불법원인급여는 반환청구할 수 없다는 법리를 전개하였음에 비해,[41] 네덜란드의 판례는 학설의 비판에도 불구하고 이를 인정하지 않고 불법원인급여도 반환청구할 수 있다는 태도를 견지하였다고 한다.[42] 이유서는 둘 중 어느 규율을 채택하든 부당한 경우가 있을 수 있다고 지적한다.[43] 불법원인급여를 반환청구할 수 없다고 하는 규율 하에서는 일방이 자신의 급부를 하였음에도 상대방이 반대급부를 이행하지 않는 경우에 부당한 결과가 발생할 수 있다. 반대로 불법원인급여의 반환을 허용하는 규율 하에서는 양당사자 모두 이행을 마친 경우에 부당한 결과가 발생할 수 있다. 양속에 반하는 급부는 많은 경우 금전적 가치를 평가하는 것이 불가능할 것이므로, 양속위반의 급부를 한 자는 반환청구를 할 대상이 없으나 그 상대방은 자신의 반대급부를 반환청구할 수 있을 것이기 때문이다. 어느 편이든 이러한 불합리한 결과를 용인하는 것은 적절하지 않다고 지적된다. 이는 특히 이른바 제재나 일반예방의 관점에서도 정당화되기 어려운데, 이는 민사법이 일차적으로 추구하는 목적이 아니기 때문이다.[44]

2) 따라서 신민법은 종래의 법상태에 따라 불법원인급여라도 원

범위에서만 반환의무가 인정되며, 이는 제6:210조 제2항의 상당성 요건으로 제어된다. Meijers (주 15), p. 725 참조.

41) Voirin et Goubeaux, *Droit civil*, tome 1, 33e éd., 2011, n°s 918, 1041 참조.

42) 전거와 함께 Meijers (주 15), p. 725-726. 또한 Schrage, *Verbintenissen uit andere bron dan onrechtmatige daad of overeenkomst*, tweede druk, 2009, nr. 83, 84도 참조.

43) Meijers (주 15), p. 726.

44) Meijers (주 15), p. 727.

칙적으로 반환을 청구할 수 있도록 하면서, 다만 이로써 부당한 결과가 발생하는 경우에 대해 제6:211조를 규정하고 있다. 즉 불법원인으로 무효인 계약을 체결한 당사자가 급부를 하였다면, 그는 비채변제로서 급부한 것의 반환을 청구할 수 있으며, 이는 급부가 주는 급부이든 그 밖의 급부이든 무방하다.

제6:211조 제1항은 다음과 같은 경우에만 비채변제 반환을 배제한다. 예컨대 갑이 병을 살해하거나 상해하기로 하고 을이 그에 대한 대가로 금전을 지급할 것을 약속한 계약에서, 갑과 을 모두 계약을 이행한 경우를 상정한다. 이때 갑은 을에게 양속위반 계약의 이행으로 금전을 청구할 수는 없다. 더 나아가 갑은 을에게 비채변제의 반환을 청구할 수도 없는데, 제3자의 살인이나 상해가 상대방에게 부여하는 이익은 원물반환이 불가능한 성질인데다가 법원으로 하여금 그 객관적 가액을 산정하도록 하는 것은 부적절하기 때문이다. 그런데 이 상황에서 을이 갑에 대해 대가로 지급한 금전을 비채변제로 반환청구할 수 있다고 하는 것은 부당할 것이다. 그러한 경우 제6:211조 제1항에 따라 을은 갑에게 지급한 금전의 반환을 청구할 수 없고, 그 금전은 형법이 정하는 바에 따라 몰수되어야 한다.[45]

그러나 양속위반 계약이 모두 이행되었더라도 일방의 반환청구가 허용되어야 하는 경우가 있다. 이는 계약 일방이 상대방의 피해자인 경우에 그러하다.[46] 이유서가 드는 예에 따르면 갑이 을의 부정행위를 을의 배우자에게 말하지 않기로 하고 금전을 갈취한 경우, 그러한 계약은 무효일 것이지만 을은 갑에게 지급한 금전의 반환을 청구할 수 있어야 한다고 한다. 그러한 경우는 반환청구가 신의성실에 반하지 아니하므로(제6:211조 제1항) 허용되는 것이다.

이상과 같은 법률관계는 주로 쌍무계약에서 문제될 것이지만, 그

45) Meijers (주 15), p. 728.
46) Meijers (주 15), p. 728.

외에도 급부의 교환이 일어나는 계약이나 대가로서 성질을 가지는 증여에서도 가능하다고 한다.47)

3) 제6:211조 제1항에 따라 당사자 일방이 비채변제의 반환을 청구할 수 없는 경우에도, 재산이동의 법률상 원인이 되는 계약이 무효이므로 물권변동도 무효일 것이다. 따라서 비채변제를 한 당사자는 물권변동의 무효를 이유로 하여 원상회복을 청구할 수 가능성을 가질 수 있다. 주지하는 바와 같이 이를 허용할 것인지 여부는 각국의 학설과 판례에서 다투어지고 있다.48) 신민법은 물권적 청구권을 주장할 가능성을 배제하는 입법을 채택한다. 즉 "계약의 무효는 양도의 무효를 야기하지 아니한다."(제6:211조) 이는 물권변동의 유인성 원칙에 대한 예외에 해당한다.49)

(5) 일반 부당이득법

1) 앞서 살펴보았지만 구민법은 일반 부당이득 규정을 두지 않고 있었고 법원의 재판례 역시 해석으로 이를 인정하는 것에 소극적이었기 때문에(앞의 II. 1. (1) 참조), 초안 작성을 담당한 메이어스는 -자신은 지지하는 입장이었음에도- 이를 입법화할 것인지의 문제를 의회의 결정에 회부하였다(앞의 I. 2. (2) 참조). 처음에 이를 심의한 위원회에서는 반대 의견이 채택되기도 하였으나, 결국 의회는 일반적인 부당이득 규정을 두는 방향으로 결단하였다.50) 신민법은 이러한 결정해

---

47) Meijers (주 15), p. 729.

48) 프랑스, 독일, 일본, 우리나라의 학설과 판례에 대해 정상현, 불법원인급여제도론, 2002, 110, 130, 150, 324면 이하 참조.

49) Meijers (주 15), p. 729.

50) Schrage, "Unjust Enrichment: Recent Dutch developments from a comparative and historical perspective", *Netherlands International Law Review*, Vol. XLVI, 1999, 57, 58-59. 상세한 경과는 *Parlementaire Geschiedenis* (주 15), p. 823 이하 참조.

기초해 제6:212조에서 비채변제 반환을 제외한 일반적 부당이득을 규율하는 규정을 신설하였다. 그 이유로는 부당이득이 문제될 개별 사안들에 대한 특별규정을 일일이 두는 것은 불가능하다는 점이 지적되었다.[51]

2) 부당이득의 요건은 우선 피고가 이득을 하였어야 하고 그 이득이 원고의 손해배상 청구를 정당화하는 손실로 인해 발생한 것이어야 한다. 즉 이득과 손해 사이에 일정한 관련성(een zeker verband)이 존재해야 한다. 다만 법률에서 개별 사안에서 그러한 관련성이 존재하는지 여부에 대해 구체적으로 규율하는 것은 불가능하며, 그 판단은 실무에 위임되어야 한다고 한다.[52]

더 나아가 그러한 이득이 법률상 원인이 없어야 한다.[53] 이유서는 법률상 원인에 대해 개념적인 정의를 시도하는 대신, 개별적인 사례를 들어 설명한다. 당사자들 사이에 그 이득과 관련해 법률행위 예컨대 계약이 있으면 법률상 원인이 없다고 할 수 없음은 당연하다. 더 나아가 이득의 취득에 대해 법률에 규정이 있으면 그에 따라 법률상 원인이 존재하게 된다. 예컨대 선의 점유자의 과실취득권을 정하는 규정(제3:120조), 沖積이나 浦落에 대해 정하는 규정(제5:29조), 무주물 선점에 대해 정하는 규정(제5:4조) 등이 그 예로 언급된다. 반면 부합·혼화·가공에 의해서는 부당이득이 성립할 수 있으며, 따라서 관련 규정(제5:14조 내지 제5:16조)이 법률상 원인을 제공하는 것은 아니다. 왜냐하면 이 규정들은 소유권 귀속의 문제만을 규율하고 있을 뿐이기 때문이다.[54] 그러므로 요컨대 이득을 발생시키는 법률 규정이 법률상

51) Meijers (주 15), p. 730.
52) Meijers (주 15), p. 730.
53) Meijers (주 15), p. 730.
54) Meijers (주 15), p. 731.

원인이 되는지 여부의 문제는 그 규율의 목적에 따라 판단되어야 한다.

3) 부당이득이 성립하는 경우에도 다른 규율에 따라 책임이 성립하는 때에는 원칙적으로 경합이 허용된다. 예를 들어 부당이득을 발생시키는 사정으로 불법행위가 성립한 경우 손해배상 청구는 부당이득과 경합하여 행사가능하다. 그러나 다른 규율이 해당 문제에 대한 배타적 규율인 때에는 그에 경합하여 부당이득은 성립할 수 없다. 예를 들어 법률행위의 취소와 관련해 취소권이 배제되는 범위에서는 부당이득으로 취소의 효과를 주장할 수 없다.[55]

4) 부당이득의 요건인 이득은 부당이득을 발생시키는 사건 전후의 재산 차이로 파악되며, 적극재산의 증가 외에도 비용지출의 절약, 손해의 예방, 채무로부터의 해방 등의 모습으로 나타날 수 있다.[56] 한편 이득의 원인이 되는 원고의 손해 역시 같은 방법으로 산정하며 일실된 이득도 포함된다. 다만 강요된 이득의 경우에는 일정 범위에서 이득이 없는 것으로 평가될 수 있는데, 이는 제6:212조 제1항의 "상당한 범위에서"의 적용에 따른 것이다.[57]

부당이득은 원고의 손해로 피고의 이득이 발생하는 순간에 성립하며, 원고가 청구할 수 있는 반환범위는 원칙적으로 그 시점의 이득이다.[58] 다만 신민법도 현존이익 상실의 가능성을 인정한다. 즉 수익자에게 귀속될 수 없는 사정으로 인하여 이득이 감소한 범위에서는 그 이득은 고려되지 아니하며(제6:212조 제2항), 수익자가 반환의무를 고려할 필요가 없음이 상당한 기간 동안 이득이 감소한 경우에도 그

55) Meijers (주 15), p. 731.
56) Meijers (주 15), p. 732.
57) Meijers (주 15), p. 731-732.
58) Meijers (주 15), p. 732.

한도에서 반환의무는 감축된다(동조 제3항). 예컨대 수익자가 이득이 발생하여 평소라면 하지 않았을 비용지출을 한 경우가 그러하다. 입증책임은 피고에게 있다.

신민법은 부당이득 반환의 내용도 기본적으로 손해배상에 적용되는 법리에 따라 결정되는 것으로 이해한다.[59] 그래서 예컨대 반환은 원칙적으로 금전으로 이루어지지만, 예외적으로 법원의 정함에 따라 원상회복도 가능하다(제6:103조). 이유서에 따르면 특정 재산권이 이전되는 등 원물반환이 가능한 경우에 원고의 청구에 따라 법원은 원물반환을 명할 수 있다고 한다. 부당이득 반환청구권은 손해배상청구권에 적용되는 소멸시효 기간의 적용을 받는다(제3:310조).[60]

Ⅲ. 주요 내용의 비교

아래에서는 부당이득에 관한 비교법학에서 특징적으로 문제되는 사안유형을 중심으로 신민법이 적용되는 모습을 살펴본다. 비교법학에서 구체적 적용례를 살펴보지 않고서는 유의미한 비교 분석이 가능하지 않을 것이기 때문이다. 물론 분량의 제약이 있어 유의미한 모든 사안유형을 개관할 수는 없을 것이므로, 우리 민법과 비교할 때 네덜란드 부당이득법의 태도를 전형적으로 보일 수 있는 사안유형 몇 가지를 선정해 소개하는 것으로 그치기로 한다.

1. 급부이득반환

(1) 급부이득반환 일반

앞서 살펴본 내용에서 이미 명백하게 나타나듯, 두 당사자 사이에서의 급부이득반환은 비채변제에 관한 규정이 적용됨으로써 해결되

59) Meijers (주 15), p. 732.
60) Meijers (주 15), p. 732.

고, 그 결과는 우리 민법에서 인정되는 바와 거의 동일하다. 그래서 예컨대 반환청구권자는 상대방에 대하여, 무효인 등기가 급부된 경우 그 말소에 필요한 행위를 청구할 수 있고, 채권양도가 무효인 경우 채무자에게 양도가 무효라는 사실을 통지할 것을 청구할 수 있다.[61] 다만 네덜란드 신민법의 경우 채무불이행을 이유로 하는 해제는 소급효가 없고 계약상 채무는 여전히 법률상 원인으로 작용하므로(제6:271조 참조), 해제에 따른 원상회복은 독자적인 청산관계로서의 규율에 따르고 부당이득으로서의 성질을 가지지 않는다는 점에서[62] 우리 민법과는 차이가 있다. 또한 해제조건이 성취된 경우의 원상회복도 별도의 규정이 존재하므로(제6:24조) 비채변제 규정이 직접 적용되지 않는다.

(2) 인식 있는 비채변제

이미 지적한 바와 같이(앞의 II. 2. (2) (다) 참조), 신민법은 급부자의 착오를 비채변제 반환의 요건으로 정하지 않는다. 그러므로 채무 없음을 알면서 변제한 자도 비채변제 규정에 따라 급부한 것의 반환을 청구할 수 있다. 따라서 우리 민법에서 제742조가 적용될 사안에서 네덜란드 신민법은 정반대의 결론에 도달한다. 이로써 우리 판례가 채무 없음을 알고 있었다 하더라도 변제를 강제당한 경우나 변제거절로 인한 사실상의 손해를 피하기 위하여 부득이 변제하게 된 경우에 인정하는 예외 법리[63]는 네덜란드 신민법에서는 불필요할 것이다. 물론 네덜란드법에서도 예외적으로 신의성실의 원칙에 따라 반환청구가 부정되거나 개별적인 예외가 인정될 가능성은 존재한다.[64]

---

61) Meijers (주 15), p. 718; Hijma & Olthof, *Nederlands Vermogensrecht*, twaalfde druk, 2014, nr. 444. 전자에 대해 대법원 1975. 6. 25. 선고 74다128 판결, 후자에 대해 대법원 2011. 3. 24. 선고 2010다100711 판결 참조.

62) Nieuwenhuis, *Hoofstukken Vermogensrecht*, elfde druk, 2015, nr. 6.6.3.

63) 대법원 1988. 2. 9. 선고 87다432 판결; 1992. 2. 14. 선고 91다17917 판결; 대법원 2009. 8. 20. 선고 2009다4022 판결 등 참조.

64) Schlechtriem (주 3), Kap. 2 Rn. 116 참조.

(3) 불법원인급여

네덜란드 신민법이 불법원인급여에 관하여 독특한 규율을 하고 있음은 이미 살펴보았다(앞서 II. 2. (4) 참조). 즉 동법은 불법원인으로 행해진 급부이더라도 원칙적으로 반환을 청구할 수 있게 하면서, 다만 예외적으로 일방의 반환이 성질상 불가능하거나 금전으로 산정하기 부적절한 경우에만 타방의 반환을 배제하고, 그에 따른 재산이동에 대해서는 효력을 부여한다(제6:211조). 입법관여자가 설명하는 대로, 이는 구민법에서의 학설과 판례를 승계하면서도 그에서 발생할 수 있는 난점을 해결하기 위해 도입된 규율이다.

이에 따르면 예컨대 다음과 같은 사안, 즉 임야 X는 원래 피고의 아버지 소외인의 소유였는데, 그가 원고와 불륜의 내연관계를 맺고 그 대가로 원고에게 이를 증여하여 소유권이전등기가 경료되었으나, 피고는 아버지가 임야 X를 여자관계로 증여한 사실을 알고 이를 되찾고자 원고를 기망하여 원인 없이 임야 X에 대한 소유권이전의 가등기를 경료하였고, 원고는 이후 가등기 사실을 알고 임야 X에 대한 피고 명의의 가등기의 말소를 청구한 경우에,[65] 네덜란드 신민법은 우리 판례가 민법 제746조와 관련해 도달하는 바와 동일한 결론에 도달할 것이다. 원칙적으로 소외인과 원고는 서로 받은 급부를 반환해야 하지만, 원고가 소외인에 제공한 급부는 우리 법질서에서 가액산정하는 것이 적절하지 아니한 성질이므로 반환이 배제되어야 하고, 그에 상응해 원고가 받은 급부도 반환될 필요가 없으며 이는 법률상 원인을 가지고 종국적으로 원고에게 귀속할 것이기 때문이다. 명문의 규정에 따라 소유권에 기한 물권적 청구권은 배제된다.

이러한 결과는 일방의 급부가 양속에 위반하거나 형사적으로 가벌적인 경우에 통상 인정될 것이다. 반면 행정적인 목적을 이유로 하

65) 주지하는 바와 같이 대법원(전합) 1979. 11. 13. 선고 79다483 판결의 사실관계이다.

는 강행법규 위반으로 법률행위가 무효인 경우, 그 이행을 위한 급부의 원상회복에 대해서는 제6:211조가 장애가 되지 않을 것이다. 예외규정으로서 제6:211조는 신중하게 적용되어야 한다고 지적된다.[66] 이러한 내용에 따른다면 대부분의 강행법규 위반의 경우에는 불법원인급여의 문제는 발생하지 아니하며, 이행된 부분은 원상회복되어야 한다. 반면 범죄적이거나 법공동체의 가치에 현저히 반하는 행위가 약속된 경우, 예컨대 행정처분을 전제로 뇌물을 공여하거나 성매매를 전제로 선불금을 지급한 사안에서, 상대방이 행정처분을 하거나 성매매를 하지 않으면 뇌물이나 선불금은 비채변제로 반환청구할 수 있지만, 행정처분이 행해지거나 성매매가 행해진 경우에는 이를 반환청구할 수 없다는 결과가 된다. 그리고 이때 뇌물이나 선불금에 대해서는 형사상 몰수 등의 문제만이 남는다. 이러한 해법은 불법원인급여와 관련해 종래 우리 민법에서 발생하는 문제의 상당수[67]를 회피하는 장점이 있다고 생각된다.

(4) 쌍무계약의 원상회복

쌍무계약이 원상회복되어야 하는 경우에, 개별적인 급부이득반환청구권이 각각의 관계에서 개별적으로 성립하고 행사되어야 하는지 아니면 견련성에 대한 고려에 기초해 일정한 제약을 받는지 문제는 네덜란드법에서도 마찬가지로 제기된다.

구민법에서 판례는 쌍무계약의 일방의 반환의무와 관련해 전부 또는 일부 불능을 이유로 현존이익이 감축된 경우에도 그의 책임 있는 사유를 묻지 않고 가액반환을 명함으로써 원상회복에서의 견련성은 유지하는 태도를 견지하고 있었다고 한다.[68] 이에 대해 신민법 제

66) 판례 · 학설의 전거와 함께 Schrage (주 42), nr. 86.

67) 민법주해(XVII) (주 35), 443면 이하(박병대) 참조.

68) 전거와 함께 Hartkamp & Sieburgh (주 24), nr. 437; Schlechtriem (주 3), Kap. 3 Rn. 243.

6:204조, 제6:205조는 경우를 나누어 규율하면서 특히 선의의 수익자로서 반환의무를 고려할 필요가 없음이 상당하였던 기간 동안에 발생한 훼손이나 멸실은 그에게 귀속되지 않는다고 정하므로(제6:204조 제1항), 그러한 경우 반환의무자가 주장할 수 있는 현존이익 상실의 주장이 쌍무계약의 원상회복에서도 제기될 수 있는지의 물음이 제기된다.

이에 대한 판례는 없는 것으로 보이나, 다수설은 규정에 충실하게 해석하고 있다. 즉 반환의무를 고려할 필요가 없었던 선의의 수익자에게는 반환할 급부의 훼손이나 멸실이 그에게 귀책되지 아니하므로, 그는 이 경우 적용되는 채무불이행 법리(제6:74조)에 따라 배상의무를 부담하지 않는다. 이는 결과적으로 쌍무계약에서도 제한 없이 현존이익 상실의 항변을 허용하는 태도이다. 다만 수익자가 반환불능을 야기한 사정으로부터 이익을 받았다면(예컨대 멸실로 인한 보험금청구권, 전매로 인한 매매대금청구권 등), 비채변제 반환을 청구하는 자는 대상청구권(제6:78조)을 행사해서 그 이익의 반환을 청구할 수 있을 뿐이다.[69] 그러나 대상이 없는 경우 원상회복에서 견련성은 유지될 수 없으며, 학설은 그러한 결과를 수인하는 것으로 보인다. 이에 대해 학설에서는 쌍무계약의 원상회복에서도 견련성이 유지되지 않으면 부당한 결과가 발생한다는 이유로, 독일에서 주장되는 학설에 따라 문제의 해결을 시도하려는 주장도 발견된다.[70]

(5) 회복자와 점유자의 관계 및 급부이득반환의 경합

이미 살펴본 바와 같이(앞의 II. 2. (3) (나) 참조), 신민법은 명시적

---

69) 명시적으로 Hartkamp & Sieburgh (주 24), nr. 438; Schlechtriem (주 3), Kap. 3 Rn. 247. 쌍무계약의 원상회복을 특별히 구별하지 않고 서술하는 것으로 Schrage (주 42), nr. 66; Hijma in *T&C BW* (주 10), Art. 6:204 aan. 2; Hijma & Olthof (주 61), nr. 445.

70) 예컨대 카나리스의 견해를 수용하려는 견해로 Damminga, *Ongerechtvaardigde Verrijking en Onverschuldigde Betaling als Bronnen van Verbintenissen*, 2014, nr. 5.6.4.8.

으로 이 경우 회복자와 점유자의 관계를 규율하는 규정에 따라 이익 조정이 이루어지도록 정하여(제6:206조) 경합문제를 입법적으로 해결하였다.

2. 비급부이득반환

강학상 비급부이득반환으로 문제되는 사례들은 신설된 신민법 제6:212조에 따라 규율된다. 이는 침해이득반환이나 비용/구상이득반환 등을 포괄한다. 그래서 예컨대 절대권 기타 법질서가 배타적으로 할당하는 이익에 대한 침해로부터 이익을 받은 자는 손실을 받은 자에게 그 이익을 반환해야 하며, 이는 이제 제6:212조에 따라 어려움 없이 인정된다. 그래서 예컨대 타인의 물건을 무단으로 사용한 경우, 수익자가 긴급피난을 이유로 타인의 소유물을 사용함으로써 그 소유자가 손실을 받은 경우, 수익자가 타인 소유 물건을 유효하게 처분하여 대가를 수령한 경우 등에서 부당이득이 성립한다.[71] 부합·가공·혼화로 소유권을 상실한 자의 보상청구권도 규정은 없으나 제6:212조에 따라 인정됨은 의문의 여지가 없다.[72] 또한 비용상환이나 구상의 경우에서도 마찬가지로, 예컨대 제3자의 변제의 경우에 사무관리의 요건이 성립하지 않으면 부당이득으로 구상권이 발생할 수 있다.[73]

그러나 제6:212조 제1항이 정하는 바와 같이, 부당이득으로 반환청구할 수 있는 범위는 청구하는 자의 손실, 상대방의 이득, 상당한 범위의 세 가지 요건에 따라 제약된다.[74] 특히 신민법에서 부당이득은 손해배상적 성질을 가지고 있다고 이해되어 침해이득반환의 경우

---

71) *Parlementaire Geschiedenis* (주 15), p. 833; Schrage (주 50), 68-69; Hartkamp & Sieburgh (주 24), nr. 470.

72) Hartkamp & Sieburgh (주 24), nr. 470; Hijma in *T&C BW* (주 10), Art. 6:212 aan. 7 b, j.

73) Hartkamp & Sieburgh (주 24), nr. 471.

74) Hijma & Olthof (주 61), nr. 451.

에도 손실(손해) 요건은 불가결하다고 설명된다.[75] 따라서 수익자가 받은 이익이 손실자의 손실 특히 객관적인 가액에 따라 산정되는 손실을 상회하는 경우에, 일반 부당이득은 이른바 이익환수를 위한 수단으로는 활용될 수 없다. 그러나 침해이득이 성립하는 사안의 다수에서는 동시에 불법행위가 성립할 가능성이 있는데,[76] 이때 신민법 제6:104조가 피해자에게 이익환수의 가능성을 부여한다. 이 규정에 따르면 채무불이행이나 불법행위로 손해배상책임이 성립하는 경우, 법원은 원고의 청구에 따라 가해자가 받은 이익 또는 그 일부를 손해로 산정할 권한을 가진다. 이 규정은 이익환수 자체나 징벌적인 목적을 추구하는 규범은 아니며, 일종의 추상적 손해산정의 법률상 근거로 파악되고 있다.[77] 그러므로 절대권 등의 침해가 있는 경우 부당이득 외에 불법행위의 요건이 충족된다면 제6:104조에 따라 법원의 재량에 따른 전부 또는 일부의 이익환수가 손해배상의 형태로 가능하다. 이는 예를 들어 특허침해[78]나 경업금지위반[79]의 사안에서 논의된다.

75) Hartkamp & Sieburgh (주 24), nr. 462; Schrage (주 42), nr. 125. 반대 견해로 Damminga (주 70), nr. 4.4.3.3. 그러한 통설에 따르면, 예컨대 타인 소유물의 사용·수익의 경우 소유자에게 용익의사가 없었고 실제로 용익한 바도 없었던 경우, 손실을 부정하는 우리 판례(대법원 1985. 10. 22. 선고 85다카689 판결 등 참조)와 비슷하게 판단될 것이다. Koolhoven, *Niederländisches Bereicherungsrecht*, 2011, Rn. 2.2.3. a.E. 참조.

76) 일반 부당이득의 보충성은 부정된다. Hartkamp & Sieburgh (주 24), nr. 464.

77) Oosterveen & Frenk in *T&C BW* (주 10), Art. 6:104 aan. 1.

78) Hoge Raad 14.4.2000., NJ 2000, 489 = Beatson and Schrage (주 13), p. 561-562. 우리 특허법 제128조 제2항 참조.

79) Hoge Raad 24.12.1993, NJ 1994, 421 = Beatson and Schrage (주 13), p. 558-559. 김형석, "대상청구권", 서울대 법학, 제55권 제4호(2014), 131면에서 주장된 해석론 참조.

3. 삼면관계에서의 부당이득

(1) 지급지시에 따른 단축된 급부

병에 대해 100만원의 채무를 부담하는 을이 자신에게 100만원의 채무를 부담하는 갑에게 100만원을 바로 병에게 지급하도록 지시하는 경우, 중간자 을의 지급지시에 따라 갑과 을 그리고 을과 병 사이의 채권관계에서 급부가 행해진다.[80] 이때 만일 갑의 을에 대한 채무가 존재하지 않거나(보상관계 흠결) 을의 병에 대한 채무가 존재하지 않는 경우(대가관계 흠결), 누가 누구를 상대로 부당이득 반환을 구할 수 있는지가 문제된다.

이 문제에 대해 네덜란드 통설은 우리나라나 독일에서와는 달리[81] 수령자가 단축된 급부로 변제된 것을 보유할 수 있기 위해서는 보상관계 및 대가관계 모두가 법률상 원인으로 존재해야 한다고 해석하고 있다.[82] 독일식 급부 개념은 원용되지 않는다. 따라서 갑의 을에 대한 채무가 없는 것으로 밝혀지거나 을의 병에 대한 채무가 없는 것으로 밝혀지는 경우, 원칙적으로 갑은 병을 상대로 지급한 것을 비채변제로 반환청구할 수 있다고 해석된다. 그리고 네덜란드 학설은 갑의 병을 상대로 하는 직접청구로부터 발생할 수 있는 문제들은 다른 방법으로 개별적으로 해결하는 태도를 보인다. 그래서 우선 보상관계 흠결의 경우, 갑은 병을 상대로 지급한 것을 반환청구할 수 있겠지만 병이 을에 대해 유효한 채무를 가지고 있고 을에 대해 반대급부를 이행

80) 대법원 2003. 12. 26. 선고 2001다46730 판결: “계약의 일방 당사자가 계약 상대방의 지시 등으로 급부과정을 단축하여 계약 상대방과 또 다른 계약관계를 맺고 있는 제3자에게 직접 급부한 경우, 그 급부로써 급부를 한 계약 당사자의 상대방에 대한 급부가 이루어질 뿐 아니라 그 상대방의 제3자에 대한 급부로도 이루어지는 것”.

81) 우선 김형석, “지급지시 · 급부관계 · 부당이득”, 서울대 법학, 제47권 제3호(2006), 290면 이하 참조.

82) Hartkamp & Sieburgh (주 24), nr. 433; Koolhoven (주 75), Rn. 4.5.3.1.

하였다면 선의 보호 및 현존이익 상실의 관점에서 갑의 병에 대한 청구를 부정한다.[83] 이 경우 갑은 을을 상대로 반환을 청구해야 하는데, 그 근거로서는 지급지시로 표현된 위임이나 을이 병을 상대로 채무에서 벗어남을 이유로 하는 부당이득이 거론된다. 마찬가지로 대가관계 흠결의 경우에도 갑의 병에 대한 직접청구를 출발점으로 하지만, 지급지시에 따름으로써 갑의 을에 대한 채무는 소멸할 것이므로[84] 결과적으로 부당이득은 부정된다. 그 근거로는 신민법 제3:36조 또는 제6:34조가 원용되거나,[85] 아니면 갑의 을에 대한 채무의 소멸로 갑이 병에 대해 가지는 반환청구권은 갑의 부당이득이 되어 을에게 반대급부를 제공한 병은 이에 대항할 수 있다고 설명된다.[86] 그리고 이상의 내용은 보상관계 및 대가관계가 모두 흠결된 사안, 즉 이른바 이중흠결의 사안에도 그대로 적용되는 것으로 보인다.[87] 그러나 이에 대해 목적적 급부 개념을 사용해 독일 학설에서와 유사하게 해결하자는 견해도 주장된다.[88]

또한 네덜란드 학설은 지급지시 자체가 부존재하거나 무효인 경우도 별도로 구별하여 취급하지는 않는 것으로 보인다. 관련해서 판례는 예금주의 이체지시가 없음에도 은행이 계좌이체를 하여 수령자의 예금주에 대한 채무가 유효하게 변제된 사안에서 은행은 그러한 지급지시의 존재를 보증한다는 관점에서 은행의 수령자에 대한 반환청구를 부정하고 있다.[89] 그러한 경우 유효한 이체지시가 없었으므로

83) Hartkamp & Sieburgh (주 24), nr. 433; Koolhoven (주 75), Rn. 4.5.3.2.

84) Hartkamp & Sieburgh (주 24), nr. 432 참조.

85) Scheltema, "Restitution and Mistaken Payment" in Schrage ed., *Unjust Enrichment and the Law of Contract*, 2001, p. 96.

86) Hartkamp & Sieburgh (주 24), nr. 433; Koolhoven (주 75), Rn. 4.5.4.1.

87) Hartkamp & Sieburgh (주 24), nr. 433; Koolhoven (주 75), Rn. 4.5.5.

88) Damminga (주 70), nr. 6.2. 및 6.4. 참조.

89) 전거와 함께 Hartkamp & Sieburgh (주 24), nr. 432; Schrage (주 50), 66-67; Schoordijk, "The Position of Third Parties in Enrichment Law" in Schrage ed.

은행은 예금주로부터 계약상 해당 금액의 상환을 받을 수는 없지만, 예금주는 채무가 소멸하는 이익을 받았으므로 은행은 부당이득으로 구상을 청구할 수 있다.[90)]

(2) 전용물소권

지급지시 사례에서 보상관계와 대가관계가 함께 법률상 원인이 되어 어느 하나라도 흠결된 경우 직접청구를 허용하는 것과 평행하게, 네덜란드의 학설과 판례는 채권관계에 따라 급부를 수령한 자로부터 이익이 제3자로 파급된 경우 급부자의 제3자에 대한 부당이득 반환청구 즉 전용물소권에 대해서도 원칙적으로 허용하는 태도를 보인다.[91)] 이는 특히 물건 급부의 경우 소유물반환청구에 따른 추급이 가능한 결과에 상응하는 취급으로 이해되며,[92)] 이득과 손실 사이의 직접적 인과관계는 요구되지 않는다.[93)]

그래서 예컨대 갑이 자신의 아버지 을의 토지에 양돈장을 짓기 위해 병과 도급계약을 체결하였고 병이 그에 따라 양돈장을 완성한 경우, 을이 사정을 잘 알고 있었다면 병은 을을 상대로 부당이득의 반환을 청구할 수 있고,[94)] 임대차 종료 시점에서 임차인이 부속물을 수거하지 않은 경우 (임차인은 임대인을 상대로 보상을 청구할 권리가 없음에도) 임차인의 도산관재인은 건물의 소유자를 상대로 부당이득으로 보상을 청구할 수 있으며,[95)] 부동산을 이중매매한 매도인이 제1매수

(주 85), p. 137. 한편 Damminga (주 70), nr. 6.4.4도 참조.

90) Hoge Raad 26.1.2001., NJ 2002, 118 = Beatson and Schrage (주 13), p. 200-203. Hijma in *T&C BW* (주 10), Art. 6:212 aan. 7 f; Schrage (주 42), nr. 43, 116 참조.

91) Hartkamp, “Unjust Enrichment alongside Contracts and Torts” in Schrage ed. (주 85), p. 28.

92) Koolhoven (주 75), Rn. 5.6.pr.

93) Hartkamp & Sieburgh (주 24), nr. 461.

94) Hoge Raad 29.1.1993, NJ 1994, 172 = Beatson and Schrage (주 13), p. 147-148.

인에게 대금의 일부를 수령한 다음 그만큼 할인된 가격으로 제2매수인에게 매도하고 소유권을 이전해 준 경우 제1매수인은 제2매수인을 상대로 부당이득을 청구할 수 있다.[96] 다만 이러한 적용례들에 대해서는 부당이득법 고유의 기능보다는 부정한 행태를 보인 수익자에 대한 제재의 관점(sanctie op "unclean hands")이 전면에 있다는 지적이 있다.[97]

전용물소권을 긍정할 때 발생하는 난점에 대해 학설은 지급지시에서와 마찬가지로 여러 개별적인 관점을 적용하여 그 적용범위를 제한하는 것으로 보인다. 그래서 예컨대 갑이 을에게 급부하고 그 이익이 병에게 파급된 사안에서, 을로부터 대가나 부당이득 반환을 받지 못한 갑은 원칙적으로 병에게 부당이득 반환을 청구할 수 있으나, 병이 을에 대한 관계에서 계약관계에 있고 그에 기초해 반대급부를 한 때에는 현존이익 상실의 관점에서 책임이 배제될 수 있다.[98] 이는 물론 병이 선의인 때 가능하며, 반면 악의라면 부당이득과 함께 불법행위책임도 부담할 수 있다.[99] 그러나 을이 도산절차에 있는 때에는 그

95) Hoge Raad 17.9.1993, NJ 1993, 740. 다만 이 사안에서는 건물주와 임대인이 동일인이며 임차인의 경영자(directeur)였기 때문에 이해상반이라는 특수성이 존재하였다. 이후 판례는 일정한 사정 하에서만 그러한 부당이득이 성립한다는 법리를 채택하였다. 전거와 함께 Hartkamp & Sieburgh (주 24), nr. 472; Dozy in *T&C BW* (주 10), Art. 7:217 aan. 4.

96) Hoge Raad 27.6.1997., NJ 1997, 719. 이 판결에 대해서는 비판도 상당하나, 실제로 사건에서 피고는 부당이득이 성립하였음을 자인하면서 기술적이고 절차적인 쟁점들로 상고하였으므로 법원의 판단은 제약될 수밖에 없었다는 지적도 존재한다. Hartkamp & Sieburgh (주 24), nr. 474 참조.

97) Vranken, "De strijd om het nieuwe verrijkingsrecht. Literatuur versus rechtspraak", *Nederlands Juristenblad* 1998, 1495, nr. 6, 32.

98) Schrage (주 42), nr. 112; Koolhoven (주 75), Rn. 5.6.5., 5.6.6.; Hartkamp (주 91), p. 32. 그러므로 을과 병 사이에서 무상으로 재산이 이동한 때에는 부당이득 반환을 회피할 방법이 없게 된다. Koolhoven (주 75), Rn. 5.6.9; Schoordijk (주 89), p. 136-137, 142.

99) Koolhoven (주 75), Rn. 5.6.7.; Schoordijk (주 89), p. 136.

취지상 갑의 병을 상대로 하는 직접청구는 허용되지 않으며, 이는 상당성 요건의 적용으로 달성된다.100)

Ⅳ. 평 가

이 논문의 성격상 내용을 요약하는 것은 적절하지 않을 것이다. 그 대신 네덜란드 민법의 부당이득법에 대한 개관 및 그에 관한 해석론을 배경으로 하여, 그 규율을 입법론 및 해석론의 관점에서 평가하는 것이 우리 관점에서 유용할 것이라고 생각된다. 이는 이후 우리 민법의 해석과 운용 그리고 더 나아가 개정작업과도 관련해서도 의미를 가질 수 있기 때문이다.

우선 전체 구조와 관련해서, 부당이득을 비채변제와 일반 부당이득으로 나누어 구별하는 신민법의 태도는 구민법이 비채변제에 관한 규율만을 두었다는 연혁적인 사정에 기인하는 것으로서, 우리의 관점에서 볼 때 시사점이 크다고 할 수는 없다. 물론 급부이득반환이 독자적으로 상세히 규율되고 있다는 점에서 이후 개정작업에서 고려할 바가 있음은 분명하지만, 그것이 종래 전통적인 비채변제의 형태로 이루어질 이유는 없을 것이다. 또한 비급부이득을 규율하는 규정 역시 원리적인 규정 하나에 그치는 아쉬움이 있다. 물론 다양한 적용례를 전제로 상세한 규율을 두기 어려울 수 있다는 점에서 그러한 입법적 선택에 납득이 가는 부분이 있는 것도 사실이다. 그러나 최소한 비교법학에서 확립된 사안유형들에 일정한 규율이 이루어지는 것이 입법론적으로는 보다 바람직할 수도 있을 것이다. 또한 부당이득의 성질

100) Koolhoven (주 75), Rn. 5.6.2; Snijders, "Unjust Enrichment: the Relative Value of Statutory Provisions" in Schrage ed. (주 85) p. 150-151; Wiersma, "Unjustified Enrichment and Oblgations to Undo a Received Prestation" in Schrage (주 85), p. 439-440. Damminga (주 70), nr. 4.5.6.도 참조.

을 손해배상적으로 포착하는 입법태도 역시 일반 손해배상법의 규정을 통해 통일적으로 규율하는 장점이 있으나, 그와는 다른 전통이 있는 나라에서 채택할 만큼 매력적인 대안이라고 하기는 어렵다.

한편 개별 규정의 내용이나 규율기법의 차원에서 본다면, 신민법에는 이후 우리 입법에서도 참조할 만한 내용이 적지 않다. 몇 가지만 언급해 본다면 다음과 같다. ① 현존이익 상실과 관련해 선의·악의를 요건으로 하지 않고 귀책가능성과 선의·악의를 함께 고려하는 태도(제6:204조, 제6:212조)는 우리나라나 독일에서 목적론적 해석으로 처리하는 내용을 명백한 문언에 의해 해결하게 한다(주 26 참조). ② 인식 있는 비채변제의 반환을 원칙적으로 허용하고 예외적으로 신의칙 등에 의해 제한하는 규율(제6:203조 참조)은 우리나라에서 문제되었던 사안들을 고려할 때 오히려 적절한 해결을 보장할 가능성이 크다고 보인다. ③ 신민법의 불법원인급여 규정(제6:211조)은 종래 비교법학에서 지적되었던 많은 문제를 회피한다는 점에서 상당히 성공적인 규율의 하나라고 평가된다. ④ 점유자와 회복자 사이의 관계와 발생할 수 있는 경합문제를 입법적으로 해결한 것은 적절하다. ⑤ 그밖에 급부이득반환과 관련해 다툼의 여지가 있는 쟁점들에 대해 정해진 세부적 규율들(제6:207조 내지 제6:209조, 제6:210조 제2항 등)도 참조할 만한 내용이다.

해석론의 차원에서 네덜란드 학설과 판례의 특징이라면 독일식 급부개념을 차용하지 아니하면서 삼면관계에서 직접청구를 널리 인정하되 현존이익 상실 등의 다른 항변을 통해 수령자를 보호한다는 점이다. 즉 네덜란드 학설과 판례는 독일이나 우리나라에서 선호되는 추상적 신뢰보호보다는 청구를 인정하되 다른 수단으로 개별적으로 수령자의 신뢰를 보호하는 구체적 신뢰보호에 호의적이라고 평가할 수 있는 것이다.[101] 다만 판례에서 신민법의 적용례가 아직 많다고는

101) 직접청구 금지에 의한 '추상적 신뢰보호'와 현존이익 상실 항변이나 손해배상에 의한 '구체적 신뢰보호'를 대비하는 Canaris, "Der Bereicherungsausgleich im

할 수 없으므로 앞으로 학설과 판례가 어떻게 진행될지에 대해서는 이후 조금 더 주목할 여지가 있다고 생각된다.

Dreipersonenverhältnis", *Festschrift für Larenz*, 1973, S. 825ff. 참조.

▩ 참 고 문 헌

Ⅰ. 국내문헌

1. 단행본

곽윤직 편집대표, 민법주해(XVII), 박영사, 2005.

정상현, 불법원인급여제도론, 영남대학교 출판부, 2002.

츠바이게르트 · 쾨츠, 비교사법제도론, 양창수 역, 대광문화사, 1997.

2. 논문

김형석, "지급지시 · 급부관계 · 부당이득", 서울대 법학, 제47권 제3호(2006).

______, "점유자와 회복자의 법률관계와 부당이득의 경합", 서울대 법학, 제49권 제1호(2008).

______, "대상청구권", 서울대 법학, 제55권 제4호(2014).

이준형, "부당이득의 현대적 기능과 입법", 채무불이행과 부당이득의 최근 동향(2013).

Ⅱ. 외국문헌

Beatson and Schrage (ed.), *Cases, Materials and Texts on Unjustified Enrichment*, 2003.

Canaris, "Der Bereicherungsausgleich im Dreipersonenverhältnis", *Festschrift für Larenz*, 1973.

Damminga, *Ongerechtvaardigde Verrijking en Onverschuldigde Betaling als Bronnen van Verbintenissen*, 2014.

Dickson, "Unjust Enrichment Claims: A Comparative Overview", *Cambridge Law Journal*, Vol. 54(1), 1995, 100.

Hartkamp & Sieburgh, *Asser-Verbintenissenrecht* 6-IV, dertiende druk, 2011.

Hartkamp, "Civil Code Revision in the Netherlands", *Louisiana Law Review*, Vol. 35, 1974/1975, 1059.

Hartkamp, "Unjust Enrichment alongside Contracts and Torts" in Schrage ed., *Unjust Enrichment and the Law of Contract*, 2001.

Hijma & Olthof, *Nederlands Vermogensrecht*, twaalfde druk, 2014.

Hondius, "Das Neue Niederländische Zivilgesetzbuch. Allgemeiner Teil" in Bydlinski/Mayer-Maly/Pichler (hrsg.), *Reniassance der Idee der Kodifikation. Das Neue Niederländische Bürgerliche Gesetzbuch 1992*, 1991.

Koolhoven, *Niederländisches Bereicherungsrecht*, 2011.

Meijers, *Ontwerp voor een Nieuw Burgerlijk Wetboek. Toelichting*, Derde Gedeelte (Boek 6), 1961.

Mincke, *Einführung in das niederländische Recht*, 2002.

Münchener Kommentar zum BGB, Band 5, 6. Aufl., 2013.

Nieuwehuis, Stolker & Valk, *Tekst & Commentaar Burgerlijk Wetbooek*, Tiende druk, 2013.

Nieuwenhuis, *Hoofstukken Vermogensrecht*, elfde druk, 2015.

Scheltema, "Restitution and Mistaken Payment" in Schrage ed., *Unjust Enrichment and the Law of Contract*, 2001.

Schlechtriem, *Restitution und Bereicherungsausgleich in Europa*, Band 1, 2000.

Schoordijk, "The Position of Third Parties in Enrichment Law" in Schrage ed., *Unjust Enrichment and the Law of Contract*, 2001.

Schrage, "Unjust Enrichment: Recent Dutch developments from a comparative and historical perspective", *Netherlands International Law Review*, Vol. XLVI, 1999, 57.

Schrage, *Verbintenissen uit andere bron dan onrechtmatige daad of overeenkomst*, tweede druk, 2009.

Snijders, "Unjust Enrichment: the Relative Value of Statutory Provisions" in Schrage ed., *Unjust Enrichment and the Law of Contract*, 2001.

van Kooten, "The Structure of Liability for Unjustified Enrichment in Dutch Law, with References to German, French and Italian Law", Zimmermann (hrsg.), *Grundstrukturen eines Europäischen Bereicherungsrechts*, 2005.

Van Zeben et al. ed., *Parlementaire Geschiedenis van het Nieuw Burgerlijk Wetboek. Beok 6: Algemeen Gedeelte van het Verbintenissenrecht*, 1981.

Voirin et Goubeaux, *Droit civil*, tome 1, 33e éd., 2011.

Vranken, "De strijd om het nieuwe verrijkingsrecht. Literatuur versus rechtspraak", *Nederlands Juristenblad* 1998, 1495.

Wiersma, "Unjustified Enrichment and Oblgations to Undo a Received Prestation" in Schrage ed., *Unjust Enrichment and the Law of Contract*, 2001.

Zimmermann, "Römisch-holländisches Recht-ein Überblick" in Feenstra/Zimmermann (hrsg.), *Das römisch-holländisches Recht: Fortschritte des Zivilrechts im 17. und 18. Jahrhundert*, 1992.

Zweigert/Kötz, *Einführung in die Rechtsvergleichung*, 3. Aufl., 1996.

제 6 장

부당이득반환에서 노무이득 반환과 선의수익자 보호: 유럽민사법 공통참조기준안(DCFR)과의 비교를 통한 시사점을 중심으로*

이 상 훈**

Ⅰ. 들어가며

민법은 제3편 제4장에 법정채권관계인 부당이득에 관하여 일반조항인 제741조에서 시작하여 제749조까지 총 9개 조문을 두고 있다. 그중에서 부당이득의 효과론에 해당하는 반환의 대상과 방법 그리고 범위에 관하여는 제747조와 제748조 단 두 개의 조문만을 두고 있다. 구체적으로 살펴보면, 제747조 제1항은 원물반환이 불능인 경우 가액반환을 하도록 규정하고 있고, 제747조 제2항은 악의의 무상전득자의 반환책임을 규정하고 있다. 제748조는 수익자의 선악 여부에 따라 반환범위를 차등적으로 규정하고 있으며, 제749조는 수익자의 악의 인정에 관한 조문이다. 부당이득 반환에 관한 기본 조문은 제747조 제1

* 이 글은 2017. 12. 22. "부당이득반환의 비교법적 연구와 민법개정"에서 발표한 내용을 보완한 것으로, 필자의 박사학위 논문 중 제1부 제5장 및 제2부 제2장 1.을 기초로 대폭 수정하여 작성되었고, 발표 이후의 문헌들을 추가하였다. 소중한 발표의 기회를 주신 남효순 교수님과 이계정 교수님께 깊이 감사드린다.

** 서울대학교 법학전문대학원 강사, 법학박사

항으로, 그에 따르면 받은 이익이 물건임을 전제로("그 받은 목적물"), 원물반환이 불능한 경우 가액반환을 하도록 규정하고 있다.

이와 같이 민법상 부당이득 반환규정은 매우 간략한 내용만을 담고 있어서 부당이득법상 제기되는 여러 가지 난제들에 대한 충분한 답을 제공해주지 못하고 있고, 이에 관한 학설상의 논의도 상대적으로 저조한 편이다. 일례로 이득이 노무제공인 경우를 들 수 있다. 부당이득에 관한 일반조항인 민법 제741조에서는 "재산"뿐만 아니라 "노무"도 이익의 대상이 됨을 명시적으로 인정하고 있고, 아울러 제746조에서는 이득의 방식으로 "재산을 급여"하거나 "노무를 제공"하는 것을 언급하고 있다. 이는 경제적 가치 있는 객체를 모두 이득의 대상으로 삼는다는 근대 부당이득법 이론을 수용한 것으로,[1] 유형의 재화 못지않게 다종다양한 무형의 서비스가 활발히 거래되는 현대 시장경제 상황을 감안하여 보면 타당한 입법으로 볼 수 있다. 그런데 이처럼 민법은 이득의 객체 관점에서는 재산급여 부당이득과 노무제공 부당이득으로 나누고 있지만, 반환범위에 관하여는 주로 재산급여 부당이득을 중심으로 하여 규율하고 있고 노무제공 부당이득의 특수성을 고려한 규정은 별도로 두고 있지 않다. 즉 재산급여 부당이득의 경우에는 "그 받은 목적물"을 반환하고 그것이 불능한 경우 "그 가액"을 반환하는 것은 큰 문제가 없다. 그리고 선의수익자의 경우 "그 받은 이익이 현존한 한도에서" 반환책임을 부담한다는 제748조 제1항도 재산급여 부당이득의 경우에는 충분히 상정가능하다. 그러나 노무제

1) 이는 로마법상 condictio 소권에 관한 고찰을 토대로 사비니에 의해 정초된 부당이득법, 즉 "우리의 재산으로부터 타인의 원인 없는 이득"(grundlose Bereicher-ung des Andern aus unsrem Vermögen)이라는 공통원리가 적용되는 독자적 법영역으로서의 부당이득법을 의미한다. Friedrich Carl von Savigny, *System des heutigen Römischen Rechts*, Bd. 5 (1841), 526. 이에 대하여는 양창수, "부당이득에 관한 일반규정의 사적형성", 서울대학교 법학, 제30권 제1·2호(1989. 5), 162면 이하 참조.

공 부당이득(이하 '노무부당이득')의 경우에는 성질상 원물반환불능이므로 애초부터 가액반환만이 문제되고, 현존이익반환의 의미에 대하여는 별다른 논의가 이루어지고 있지 않다. 한편 이른바 '강요된 이득'에 있어서 받은 이득이 유체의 재산이라면 수익자는 받은 그대로 돌려주면 되고 그 사이에 멸실·훼손되더라도 그에 대한 책임을 지지 않는데 비해, 노무의 경우에는 과연 그것이 '이득'인지, 가액산정은 어떻게 해야 하는지, 그리고 선의수익자의 보호는 어떻게 이루어질 수 있는지가 문제되는 것이다.

아울러 선의수익자의 반환범위와 관련하여 민법은 제748조 제1항에서는 현존이익한도로 반환책임이 있다고 규정하고 있다. 이는 선의수익자에 대한 예외적 특혜를 부여한 것으로 이해되고 있는데,[2] 여기서의 선의는 일반적으로 단순한 不知, 즉 '수익에 법률상 없인이 없다는 것을 알지 못하는 것'으로 설명된다.[3] 그러나 민법상 다른 제도들과 비교해 보았을 때 과연 단순히 이득의 법률상 원인이 없다는 것을 모른다는 사정만으로 이와 같은 특혜를 부여하는 것이 타당한 것인지에 대하여, 즉 이러한 선의수익자 보호의 근거가 무엇인지에 대하여는 충분한 고찰이 이루어지고 있지 않은 것으로 보인다.

이와 관련하여 유럽에서의 민사법통일 과정의 일환에서 국제모델규정으로 성안된 「유럽민사법 공통참조기준안」(2009)(Draft Common Frame of Reference, 이하 'DCFR')을 참조하는 것은 도움이 될 것으로 보인다.[4] DCFR 제7편은 부당이득(Unjustified enrichment)에 관한 것인

2) 곽윤직 편, 민법주해(XVII)(양창수 집필부분), 2005, 580면.

3) 곽윤직, 채권각론, 2003, 370면; 송덕수, 채권법각론, 2014, 460면; 김증한·김학동, 채권각론, 2006, 751면: "단순한 부지이고 제201조에서와 같이 나아가 권리가 있다고 믿었고 그렇게 믿을 만한 근거가 있어야 하는 것은 아니"라고 부언하고 있다.

4) DCFR의 개관과 성안과정에 대하여는 권영준, "유럽사법통합의 현황과 시사점-유럽의 공통참조기준초안(Draft Common Frame of Reference)에 관한 논쟁을 관찰하며", 비교사법, 제52권(2011. 3), 38면 이하; 부당이득편의 성안과정으로는 이상훈, 유럽민사법 공통참조기준안(DCFR) 부당이득편 연구, 서울대학교 대학원 법학

데, 유럽연합 회원국을 대상으로 한 비교법 연구를 기반으로 그동안의 법발전의 성과를 반영하였을 뿐만 아니라, 여러 가지 점에서 혁신적인 점을 도입하고 있다는 점에서 주목할 가치가 있다. 앞서 언급한 노무부당이득의 문제와 선의수익자 보호의 문제에 있어서도 DCFR은 상세하고도 세분화된 규정을 두고 있다.

이하에서는 먼저 DCFR 부당이득 효과론을 제7편 제5장 이득의 반환(Reversal of enrichment)의 규정들을 중심으로 민법과의 비교하에 살펴본다(II.). 그리고 노무부당이득의 경우와 선의수익자 보호에 대한 DCFR의 규율을 중심으로 민법과 비교하고 우리에게 주는 시사점을 모색한다(Ⅲ.). 마지막으로 DCFR이 부당이득법의 국제적 발전추세를 보여주는 모델규정이라는 점에서 장차 있을 우리의 민법개정과 관련한 시사점을 간략하게 언급함으로써 글을 마무리 짓고자 한다(Ⅳ.).

Ⅱ. DCFR 부당이득편 효과론 검토

1. 개 관

DCFR 제7편 부당이득은 제1장에서 기본규정(Basic rule)[5]을 두고

박사 학위논문(2016. 8), 5면 이하 참조. 유럽 민사통일법전(European Civil Code)의 초안으로 마련된 DCFR에서 부당이득법에 관한 독자의 장을 편성한 것은 주목할 필요가 있는데, 특히 1990년대 이래 부당이득법 분야에 관한 독일법과 영국법 간의 비교법적 연구가 그 토대가 되었다.

5) Ⅶ.-1:101: Basic rule

(1) A person who obtains an unjustified enrichment which is attributable to another's disadvantage is obliged to that other to reverse the enrichment.

(2) This rule applies only in accordance with the following provisions of this Book.

Ⅶ.-1:101: 기본규정

(1) 타인의 손실에 해당하는 부당한 이득을 얻은 자는 그 타인에게 그 이득을 반환할 의무를 진다.

(2) 이 규정은 본편의 이하의 조문들과 조화되어서만 적용된다.

제2장에서 제4장까지는 반환청구의 요건, 제5장은 그 효과에 해당하는 반환의 방법과 범위, 제6장은 수익자의 항변사유, 제7장에서는 다른 법규정과의 관계를 규정하고 있다. 제2장에서 제4장까지의 요건들이 충족되면 그 효과로서 부당이득반환의무가 발생한다.

그중에서 제5장에서는 총 4개 조문을 두고 부당이득의 효과로 이득의 반환(Reversal of enrichment)을 규정한다. 우선 이득의 이전가능성을 기준으로[6] Ⅶ.-5:101에서는 받은 이득이 이전가능한 경우 원칙적으로 원물반환("그 이득"), 예외적으로 가액반환("그 금전가치")을 규정하고, Ⅶ.-5:102에서는 받은 이득이 이전불가능한 경우 가액반환("그 금전가치")을 규정하면서 반환책임의 내용을 차등적으로 정하고 있다. 이어지는 Ⅶ.-5:103에서는 이득의 금전가치와 비용절감에 대한 정의(定義) 규정을, 마지막 Ⅶ.-5:104에서는 부수적 이득반환으로서 이득으로부터 수취한 과실(果實)과 이득의 사용이익에 대한 반환의무를 규정하고 있다.

이하에서는 민법과의 비교하에 DCFR 규정의 차이점과 특징을 중심으로 서술한다.[7]

---

6) 이미 임시초안부터 이러한 구분법을 따랐다. Stephen Swann, "The Structure of Liability for Unjustified Enrichment: First Proposals of the Study Group on a European Civil Code", in Reinhard Zimmermann (Hg.), *Grundstrukturen eines Europäischen Bereicherungsrechts: Tagung der privatrechtlichen Sektion der Deutschen Gesellschaft für Rechtsvergleichung in Dresden, September 2003* (2005), p. 281. 한편 1998년 Clive 초안은 제5조에서 반환책임을 이득 항목별로 금전지급, 재산이전, 기타의 경우로 구별하여 규정하고 있다.

7) DCFR은 2009년 최종본 개요판이 발표되고 이듬해 종합판이 공간되었다: Christian von Bar/Eric Clive (eds.), *Principles, Definitions and Model Rules of European Private Law, Draft Common Frame of Reference (DCFR)*, Full Edition, Vol. 4, Oxford University Press (2010) (이하에서는 위 문헌은 "해설서, 조문, 면수"로만 인용한다). 종합판은 그 제목대로 원리(Principles), 정의(Definition), 모델규정(Model Rules)의 순서로 구성되어 있는데 그중에서 가장 핵심적인 부분은 마지막에 있는 모델규정으로, 제1편 총칙에서 제10편 신탁에 이르기까지 총 10개 편(Book)으로 구성되어 있다. 각 편별로 조문과 그에 대한 해설(Comments) 및 관

2. 받은 이득이 이전가능한 경우

VII.－5:101: Transferable enrichment

(1) Where the enrichment consists of a transferable asset, the enriched person reverses the enrichment by transferring the asset to the disadvantaged person.

(2) Instead of transferring the asset, the enriched person may choose to reverse the enrichment by paying its monetary value to the disadvantaged person if a transfer would cause the enriched person unreasonable effort or expense.

(3) If the enriched person is no longer able to transfer the asset, the enriched person reverses the enrichment by paying its monetary value to the disadvantaged person.

(4) However, to the extent that the enriched person has obtained a substitute in exchange, the substitute is the enrichment to be reversed if:

(a) the enriched person is in good faith at the time of disposal or loss and the enriched person so chooses; or

(b) the enriched person is not in good faith at the time of disposal or loss, the disadvantaged person so chooses and the choice is not inequitable.

(5) The enriched person is in good faith if that person neither knew nor could reasonably be expected to know that the enrichment was or was likely to become unjustified.

VII.－5:101: 이전가능한 이득

(1) 이득이 이전가능한 재산인 경우, 수익자는 손실자에게 재산을 이전함으로써 그 이득을 반환한다.

(2) 재산의 이전이 수익자에게 불합리한 노력이나 비용을 초래하는 경우 재산의 이전 대신에 수익자는 손실자에게 그 금전가치를 지급함으로써 이득을 반환

련 사례(Illustration)가 기술되어 있으며, 마지막 참조(Notes) 부분에는 해당 조문에 대한 각 국가별 비교법적 자료가 소개되어 있다. 종합판의 경우 본문만 약 6,000페이지에 달하는 방대한 분량이며 마지막 권인 제6권의 말미에는 부록으로 유용한 자료들이 수록되어 있다.

> 하는 것을 선택할 수 있다.
> (3) 수익자가 더 이상 재산을 이전할 수 없는 경우, 수익자는 손실자에게 그 금전가치를 지급함으로써 이득을 반환한다.
> (4) 그러나 수익자가 대가로 代償을 얻은 한도에서 다음의 경우 그 代償이 반환되어야 할 이득이다:
> (a) 수익자가 처분 또는 상실 당시에 선의이고 수익자가 그렇게 선택한 경우; 또는
> (b) 수익자가 처분 또는 상실 당시에 선의가 아닌 때에는, 손실자가 그렇게 선택하고 그 선택이 형평에 반하지 않는 경우.
> (5) 수익자가 선의인 경우란, 그가 그 이득이 부당하였거나 부당해질 것이라는 것을 알지 못하였고 또 아는 것이 합리적으로 기대될 수 없는 경우이다.

(1) DCFR 규정 검토

1) 원물반환

Ⅶ.-5:101(1)에서는 받은 이득이 이전가능한 재산(transferable asset)인 경우 원물반환책임을 규정하고 있다. 여기서 이전가능성은 법적·이론적 가능성이 아닌 실용적 견지에서부터 판단되어야 한다. 따라서 수익자가 이득한 재산 이상을 반환하도록 강요받음으로써 손실을 입어야 한다면 이전불가능한 경우에 해당하여 가액반환책임으로 전환된다. 해설서에서는 그 예로 건축자재인 벽돌이 건물에 부합된 사례가 언급된다.[8)]

2) 가액반환으로 전환: 원물반환이 불합리하거나 불가능해진 경우

이득 자체는 이전가능하지만 가액반환책임으로 전환되는 경우로, Ⅶ.-5:101(2)은 재산의 이전이 수익자에게 불합리한 노력이나 비용을 초래하는 경우를, Ⅶ.-5:101(3)은 재산이전이 후발적으로 불가능해진 경우를 규정하고 있다.

먼저 Ⅶ.-5:101(2)에 의하면 재산의 이전이 수익자에게 불합리한

8) 해설서, Ⅶ.-5:101, 4104, 사례 1.

노력이나 비용을 초래하는 경우 가액반환의 선택권은 수익자에게 있고, 따라서 수익자가 가액반환이 아닌 원물반환을 선택한 경우, 반환청구자는 반환의무를 강매의무로 전환시킬 수 없다.[9] 그러므로 손실자는 반환받을 물건이 자신에게 더 이상 필요 없는 물건이라고 하여 수익자에게 가액반환의무를 부과할 수 없다.[10] 다만 손실자에게 고유한 가치가 있는 재산의 경우, 가령 감정적 애호가치(예: 연애편지)가 있거나 그 자체로 고유성이 있는 경우(예: 유명 작가의 친필원고 또는 원작 예술작품)에는 금전가치의 반환이 원물반환을 대체(replacement)할 수 없다는 점에서 수익자는 가액반환을 선택할 수 없다.[11]

Ⅶ.-5:101(3)에서는 재산이 후발적으로 이전가능하지 않게 된 경우,[12] 가령 멸실·훼손 나아가 처분 등의 경우에도 가액반환의무로 전환된다. 이득의 일부 처분이나 훼손 시에는 남아있는 이득에 대하여는 원물반환책임이, 처분 또는 멸실로 이전불가능하게 된 부분에 대하여는 가액반환책임이 발생한다.[13] 다만 수익자가 선의로 무상처분(가령 증여)한 경우라면 Ⅶ.-6:101상의 이득소멸(disenrichment) 항변이 인정되어 반환의무를 면하게 된다. 선의수익자가 시가보다 낮은 금액으로 처분한 경우에도 그 부분에 한하여는(pro tanto) 이득소멸 항변이 인정된다.[14]

---

9) 해설서, Ⅶ.-5:101, 4105.

10) 해설서, Ⅶ.-5:101, 4105, 사례 3.

11) 해설서, Ⅶ.-5:101, 4105, 사례 2 (가보로 대대로 내려오는 조상의 초상화를 강박하에 증여한 사안).

12) 그 예로 해설서, Ⅶ.-5:101, 4106, 사례 4에서는 세무사가 자신의 사무실(practice)과 함께 영업권(goodwill)을 양도하였고 그 계약이 무효이나 고객들은 여전히 영업양수인을 찾는 경우를 들고 있다. 한편 2006년 수정안에서는 "수익자가 그 재산을 처분한 경우"로 되어 있었는데 2009년 최종본에서 "수익자가 더 이상 재산을 이전할 수 없는 경우"로 변경되었다.

13) 해설서, Ⅶ.-5:101, 4106, 사례 5 (토지 한 필을 매수한 후 분필 후 일부를 전매한 사안).

14) 해설서, Ⅶ.-5:101, 4106; Ⅶ.-6:101, 4144.

3) 대상(代償)이 발생한 경우

수익자가 원물을 대가로(in exchange) 대상(代償)을 얻게 된 경우 Ⅶ.-5:101(3)이 적용되면 재산이 더 이상 이전가능하지 않은 경우가 되어 가액반환의무로 전환되는데, 이때 선의수익자는 가액반환 대신 代償반환을 선택할 수 있다(Ⅶ.-5:101(4)(a)).[15] 선택권은 처분 또는 멸실 당시 선의였던 수익자에게 있으며, 代償반환을 선택하지 않으면 금전가치로의 가액반환책임을 부담하게 된다. 이는 선의수익자의 이득보유에 대한 신뢰를 보호하기 위한 것으로 이득반환 전에는 이득을 임의로(더 싸게) 처분할 수도 있는 지위에 있었는데, 그러한 경우에도 Ⅶ.-5:101(3)에 따라 가액반환이 요구된다면 代償을 객관적 가액으로 매도하도록 강요받게 되기 때문이라는 점이 근거로 제시된다.[16] 한편 수익자가 악의인 경우, 즉 반환의무가 있음을 알았거나 알아야 했던 경우에는 반대로 손실자에게 代償반환청구의 선택권이 부여되는데(Ⅶ.-5:101(4)(b)), 이는 수익자가 반환의무 불이행으로 인해 이득을 얻는 것을 방지하는 것을 취지로 한다.[17] 악의수익자는 보호의 필요성이 없으므로 代償반환이 강제되어도 불평할 수 없다. 다만 이 경우 代償반환이 형평에 반하지 않을 것이 요구된다("and the choice is not inequitable."). 즉 반환청구자인 손실자가 代償반환을 선택한 경우에도 반환의무자인 수익자는 원래의 이득을 넘어서는 부분을 반환함

15) 代償반환과 관련한 조문은 2006년 수정안에서 신설되었다. 2006년 수정안에는 수익자가 이득을 처분한 경우만을 규정하였는데 2009년 최종본에서는 처분 이외에 상실의 경우도 포함시켰다.

16) 해설서, Ⅶ-5:101, 4107. 다만 해설서에 따르면 계약관계 청산에서는 5:102(3)의 유추해석상 처분의 자유는 제한이 있다. 해설서, Ⅶ.-5:101, 4109.

17) 해설서, Ⅶ-5:101, 4107. 한편 p. 4108에서 "반환의무가 있는 것을 유책하게 팔아버린 수익자는 일종의 불법관리자로 여겨도 된다."라고 되어 있는 서술은 오해의 소지가 있다. 이는 수익자가 시가보다 비싸게 매각한 경우 받은 이득 전부를 환수해도 된다는 취지로 읽힐 수 있으나, 동호 단서의 형평조항과 이어지는 해설서의 설명에 의하면 그러한 경우에도 원래의 이득만을 반환하는 것으로 되어야 한다.

으로써 희생을 입어서도 안 되고 손실자도 원래의 이득을 넘어서는 이득을 얻어서도 안 된다는 것이 그 취지이다. 그러므로 악의수익자라 하더라도 자신의 수완이나 기여를 통해 또는 다른 재산을 투입하여 원래 이득보다 더 비싸게 매각한 경우에는 代償 중 그것에 해당하는 부분을 제외한 나머지 부분에 대하여만 반환의무가 발생한다. 따라서 이 경우에는 손실자와 수익자 간에 代償의 분배(apportionment of substitute)가 이루어지게 된다.[18]

4) '선의'의 의미

DCFR은 Ⅶ.-5:101(5)에서 수익자의 선의에 관한 정의 규정을 두고 있다. 선의수익자란, "이득이 부당하다거나 부당해지리라는 것을 몰랐고 또 그것을 아는 것이 합리적으로 기대될 수 없는 자"를 말한다. 따라서 이득의 정당성에 대한 단순한 不知로는 부족하고 그것을 모르는 데 유책사유가 없어야 한다.[19] 반면 이득이 부당하다는 것을 알거나 소급적으로 부당하게 되리라는 것(즉 착오, 사기, 강박 등의 계약의 취소사유를 알고 있는 경우)을 아는 경우라면 선의가 아니다. 실제로 이득의 부당성을 알았는지가 아니라 합리적인 사람이라면 알아야만 했을 것이 기준이 된다.[20] 모든 경우에 수익자에게 이득의 정당성에 대한 조사의무(further inquiry, laborious research)가 있는 것이 아니고,

18) 해설서, Ⅶ.-5:101, 4109.

19) 해설서, Ⅶ.-5:101, 4108: "... the enriched person ought to be aware of those facts [the facts rendering the enrichment unjustified or making it likely that it will become unjustified] ..." 선의가 부정된 사례로 해설서, Ⅶ.-6:101, 4164, 사례 6 (공공재정 회계담당자가 공무상 여비 관련 계좌이체권한을 가진 것을 기화로 화대(花代)를 지급한 경우, 상식적으로(sensibly) 공금계좌에서 적법하게 화대가 지급될 수 있다고 상정하기는 어려우므로 이에 관하여 실제 몰랐더라도 성매수인은 선의가 부정됨).

20) 해설서, Ⅶ.-2:101, 3903, 사례 38 (은행 직원의 실수로 현금인출기에서 현금이 2배로 인출된 경우 인출자는 초과인출된 금액이 사람이나 기술적 오류에서 기인했다는 것을 알았어야만 하므로 악의); 해설서, Ⅶ.-6:101, 4153, 사례 14 (세상물정에 어두운 고령의 노인의 경우에는 선의 인정).

제반사정들이 이득의 정당성을 조사할 합리적인 필요성을 제시하는 경우에만 조사의무가 부여된다.[21)]

DCFR에서 수익자의 '선의'는 후술하듯이 代償반환 선택권(Ⅶ.-5:101(4)(a)), 이득이 이전불가능한 경우와 부수이익 반환에 있어서의 비용절감액(saving)으로의 반환범위 제한(Ⅶ.-5:102(2)(b), Ⅶ.-5:104(1)), 그리고 이득소멸항변(Ⅶ.-6:101) 및 선의유상취득항변(Ⅶ.-6:102)이 부여되기 위한 요건으로 기능한다는 점에서 대단히 중요하다.

(2) 민법과의 비교

1) 반환방법

민법은 제747조 제1항에서 반환의무의 내용에 관하여 규정하고 있다. 민법도 DCFR과 마찬가지로 이득의 이전가능성을 전제로 원물반환과 가액반환을 인정하는데, 노무와 같이 성질상 원물반환할 수 없는 경우처럼 처음부터 이전가능성이 없는 경우뿐만 아니라 물건이 소비되거나 처분된 경우,[22)] 법률에 의하여 원물을 분리하는 것이 부정되는 경우(가령 부합), 원물반환이 이익형량상 기대될 수 없는 경우들이 이에 해당된다.[23)] 이는 DCFR Ⅶ.-5:101(2)과 (3) 및 5:102에 상응한다.

2) 代償반환의 문제

수익자가 이득에 갈음하는 代償을 얻은 경우 DCFR은 명시적 규정을 두고 있다. 민법은 관련 규정을 두고 있지 않은데,[24)] 학설은 원

21) 해설서, Ⅶ.-5:101, 4108f.: "수익자는 이득의 정당화에 의심을 던지는 명백한 사실에 눈감는 것을 가장할 권리가 없다. 또한 수익자는 상상의 나래(flight of fantasy)에 의하여만 지지될 수 있는 정당한 이득에서 선의로 되지 않는다."

22) 이득의 객체가 대체물인 경우 동종·동량의 물건을 조달하여 원물반환해야 하는지 아니면 가액반환으로 충분한지가 문제되는데, 다수설과 판례는 가액반환의무가 발생한다고 본다. 선택가능하다는 견해로 김주수, 채권각론, 1997, 574면.

23) 곽윤직 편, 민법주해(XVII)(양창수 집필부분), 2005, 565면 이하.

24) 독일민법은 이에 관한 명문의 규정을 두고 있다. 제818조 제1항("취득한 목적물의

물반환책임의 연장으로서 代償반환을 인정하면서,[25] 다만 이행불능으로 인한 대상청구권의 경우[26]와는 달리 부당이득의 경우에는 물건에 기한 이득(lucrum ex re)으로만 한정하고 거래행위에 기한 이득(lucrum ex negotiatione)은 원물반환 불능으로 보아 가액반환책임이 발생한다고 본다.[27] 거래행위에 기한 이득의 경우 대상청구권을 부정하는 이유로는, 代償반환을 인정하게 될 경우 수익자의 수완이나 노력을 통한 운용이익까지도 반환대상에 포함시키게 된다는 우려가 깔려있는데, DCFR은 전술한 바와 같이 이러한 우려를 형평조항의 삽입을 통하여 해소하고 있다.

판례는 "수익자가 법률상 원인 없이 이득한 재산을 처분함으로 인하여 원물반환이 불가능한 경우에 있어서 반환하여야 할 가액은 특별한 사정이 없는 한 그 처분 당시의 대가"로 보는데, 다만 수익자가 이득을 얻기 위하여 지출한 비용과 수익자가 자신의 노력 등으로 부당이득한 재산을 이용하여 남긴 이른바 운용이익은 반환범위에서 공제하고 있다.[28] 결과적으로는 DCFR과 동일한 결론에 이를 것으로 보

멸실, 훼손 또는 침탈에 대한 배상으로 얻은 것"). 동법 제285조와 비교.

25) 한편 반대설로 이은영, 채권각론, 2005, 698면 + 주 3에서는 독일민법 제818조 제1항과 같은 규정이 없는 민법의 경우 모두 가액반환이 문제된다고 한다.

26) 채무불이행의 경우에는 채무자가 목적물을 제3자에게 매도하여 얻은 매매대금이나 그 청구권도 代償이 된다고 본다. 곽윤직 편, 민법주해(Ⅸ)(양창수 집필부분), 1995, 292면. 김형석, "대상청구권-민법개정안을 계기로 한 해석론과 입법론", 서울대학교 법학, 제55권 제4호(2014. 12), 123면 이하도 이를 긍정하면서 다만 부당이득법과의 평가모순을 피하기 위하여 그 범위는 채권자가 입은 손해의 범위내로 제한한다.

27) 김증한 · 김학동(주 3), 749면; 곽윤직 편, 민법주해(XVII)(양창수 집필부분), 2005, 561면 이하; 안병하, "부당이득 반환의 대상에 관한 몇 가지 쟁점들", 민사법학 제93호(2020. 12), 264면 이하 참조. 반대설로 주석민법/현병철(2002), § 747, 544면은 양자 모두 代償반환을 인정한다. 한편 서종희, "침해부당이득에서 수익자의 초과수익반환-독일법을 중심으로 한 비교법적 고찰-", 저스티스, 통권 제151호(2015. 12), 173면 이하는 고의적인 침해를 통해 취득한 초과수익의 경우에는 초과수익 환수의 인정을 진지하게 고민할 필요가 있다고 한다.

28) 대법원 1995. 5. 12. 선고 94다25551 판결(타인 소유 임야에서 굴취한 토석을 제

인다.

그러나 민법과 DCFR은 그 접근법에 있어 결정적인 차이가 있다. 민법상 代償반환은 원물반환의 연장이라는 관점에서 어디까지나 반환청구자에게 代償청구라는 선택권을 줄 것인지로 접근되지만, DCFR은 선의수익자의 처분권 보장의 관점에서 1차적으로는 수익자에게 선택권을 부여하는 것으로 접근하고 있다는 점이다.[29] 그리하여 물건 자체에 기한 이득의 경우에도 선의수익자의 경우에는 代償반환의 "선택"을 할 수 있게 되고, 그로 인해 반사적으로 망외(望外)의 득을 얻게 될 가능성이 있게 된다. 이러한 점에서 DCFR은 선의수익자의 이득처분의 자유 보호 쪽에 치중함으로써 부당한 이득의 반환이라는 부당이득법의 본연의 임무를 저버리는 결과로 되었다. 이러한 이유에서 선의수익자에 대한 처분의 자유보장은 거래행위에 기한 이득의 경우에만 적용되어야 하고, 물건 자체에 기한 이득의 경우에는 원물반환의 연장이라는 점에서 수익자의 선악을 불문하고 손실자에게 대상청구권을 인정하는 민법의 태도가 타당하다.

3) '선의'의 인정 범위

민법은 제749조에서 수익자의 악의 인정에 대하여 규정하고 있다. 악의의 대상은 "법률상 원인없음"인데, 판례는 여기서 '악의'의 의미를 자신의 이익 보유가 법률상 원인 없는 것임을 인식하는 것을 말하고, 그 이익의 보유를 법률상 원인이 없는 것이 되도록 하는 사정, 즉 부당이득반환의무의 발생요건에 해당하는 사실이 있음을 인식하는 것만으로는 부족한 것으로 본다.[30] 반면 선의는 단순한 不知를 의미하

방성토 작업장에 운반·사용하고 그 재료비, 노무비, 경비 등을 합하여 토석 성토 대금으로 받은 경우, 노무비, 경비 명목 부분은 반환이득의 범위에서 제외를 인정한 사례).

29) 해설서, Ⅶ.-5:101, 4107은 이러한 선택권이 "공정성에 대한 고려"(considerations of fairness)로 정당화된다고 하는데, 과연 그러한지는 의문이다.

30) 대법원 2010. 1. 28. 선고 2009다24187,24194 판결. 문제된 사안에서는 계약명의

고 과실 유무를 불문한다.[31] 이 점에서 이득의 부당성에 대하여 아는 것이 합리적 기대가능성이 없을 것까지 요구하는 DCFR상의 '선의' 요건과는 차이가 있다.

한편 민법에서는 이득 당시에는 선의이지만 그 후에 법률상 원인이 없음을 안 때에는 그때부터 악의 수익자로서 반환책임을 지게 된다(제749조 제1항).[32] 악의수익자는 그 받은 이익에 이자를 붙여 반환하고 손해가 있으면 배상까지 해야 하므로(제748조 제2항) 이로써 악의자로 하여금 빠른 시일 내로 이득을 반환하도록 압박을 가하고 있다. 그리고 제749조 제2항에서는 "선의의 수익자가 패소한 때에는 그 소를 제기한 때부터" 악의로 의제하고, 판례는 "그 소"를 부당이득반환청구소송으로 본다.[33] 그런데 소유자는 본권에 관한 소를 제기하면서 그 소송에서 점유자가 패소할 것을 전제로 하여 부당이득반환 등의 청구를 병합할 수 있으므로, 이때 제197조 제2항의 악의점유 의제와 관련하여 점유자가 본권에 관한 소에 패소한 때에는 그 소의 제기시로부터 선의점유자의 과실수취권(제201조 제1항)을 주장할 수 없게 되어 점유기간 동안의 사용이익에 대한 반환의무를 지게 된다.[34] 반면

신탁에서 명의수탁자가 수령한 매수자금이 명의신탁약정에 기하여 지급되었다는 사실을 안 것으로는 부족하고 그 명의신탁약정이 「부동산 실권리자명의 등기에 관한 법률」 제4조 제1항에 의하여 무효임을 알았다는 등의 사정이 부가되어야 악의자가 된다고 판시하였다. 이러한 판례의 입장은 최근의 판결에서도 확인된다. 대법원 2018. 4. 12. 선고 2017다229536 판결. 이러한 판례의 태도에 대하여 비판적인 견해로 최우진, "민법 제748조 제2항에서 정한 "악의"의 의미-대법원 2018. 4. 12. 선고 2017다229536 판결에 관한 연구-", 민사법학 제93호(2020. 12), 325면 이하 참조.

31) 곽윤직(주 3), 370면; 김상용, 채권각론, 2009, 560면; 김증한·김학동(주 3), 751면; 김형배, 사무관리·부당이득[채권각론 Ⅱ], 2003, 232면. 선의수익자의 반환 면제는 신뢰보호의 목적범위 내로 제한해야 한다고 보는 견해로 이은영(주 25), 699면.

32) 계약이 취소된 후라면 계약을 취소한 자도 악의자로 된다. 대법원 1993. 2. 26. 선고 92다48635,48642 판결(매도인의 사기를 이유로 매수인이 매매계약을 취소한 후 매수인의 과실로 반환목적물인 잉어가 폐사한 경우 수익자는 악의에 해당).

33) 대법원 1974. 7. 16. 선고 74다525 판결; 대법원 1987. 1. 20. 선고 86다카1372 판결.

DCFR에서는 각각 문제되는 시점에서의 '선의'일 것이 요구된다. 즉 代償반환 선택에 있어서는 이득의 처분 또는 상실 당시(Ⅶ.-5:101(4)(a)), 이전불가능한 이득의 반환이나 부수적 이득반환에서의 반환책임 경감의 경우에는 이득 당시(Ⅶ.-5:102(2)(b), Ⅶ.-5:104(1)), 이득소멸항변의 경우에는 이득소멸 당시(Ⅶ.-6:101(2)(b)), 선의유상취득항변의 경우에는 이득의 유상취득 당시 '선의'이어야 한다(Ⅶ.-6:102(b)).

비교하면 DCFR에서의 '선의'는 '선의·무과실'을 의미하고 이는 단순한 '부지(不知)'를 의미하는 민법에서의 '선의'와는 차이가 있다. 그 점에서 DCFR에서의 선의 개념이 민법에서보다 더 제한적이라고 볼 수 있다. 이러한 부당이득법상 선의 개념의 차이는 악의자의 반환범위에서의 차이와도 관련이 있다. DCFR에서의 반환범위는 어디까지나 받은 이익을 기준으로 하면서 선의자의 경우 반환책임을 제한하는 혜택만을 부여하고(비용절감액만 반환, 이득소멸 항변 등) 악의 수익자라고 하여 반환책임을 받은 이익 이상으로 확장시키고 있지는 않다. 그러나 민법에서는 한편으로는 선의자의 경우 현존이익 한도로의 책임감경(제748조 제1항)의 혜택을 부여하면서 다른 한편으로 악의자의 경우에는 받은 이득을 넘어서 손해가 있으면 그에 대한 배상책임까지 부과하는 방식으로 그 책임을 가중시키고 있다(제748조 제2항).[35] 이러한

34) 대법원 1987. 1. 20. 선고 86다카1372 판결.

35) 민법 제748조 제2항의 법적 성질에 대하여는 불법행위 책임이라는 견해가 지배적이고(곽윤직(주 3), 370면; 김상용(주 31), 572면; 백태승·박수곤, 민법상 부당이득 반환범위의 개정시안 연구(2012년도 법무부 연구용역 과제보고서(2012), 58면), 악의의 수익자가 반환의무를 이행하지 않고 있는 동안 손실자에게 발생한 손해는 수익자에게 부담시키는 것이 공평의 원리에 맞는다는 취지에서 비롯한 (채무불이행책임에 가까운) 일종의 특수한 손해배상의무로 보는 견해(곽윤직 편, 민법주해(XVII)(양창수 집필부분), 2005, 599면; 양창수·권영준, 민법 II 권리의 변동과 권리구제, 2015, 541면: 여기에서의 손해는 "이자 상당액을 초과하는 손해")도 있다. 제748조 제2항의 "손해"는 일반적인 손해배상법에서의 "손해"와는 개념상 구별되고 오히려 제741조에서의 "손해"와 동일한 의미이거나 이를 포함하는 것으로 보는 견해로 정욱도, "부당이득반환에 있어서 운용이익의 반환범위", 민사판례

점에서 선의 개념을 엄격하게 새기는 것은 다른 한편으로 악의의 범위를 확장시키게 되고 그에 따라 반환책임의 범위를 넓히게 되는 결과를 초래하는 것이다. 이러한 점에 있어서도 민법과 DCFR은 큰 차이를 보인다.

3. 받은 이득이 이전 불가능한 경우

Ⅶ.-5:102: Non-transferable enrichment

(1) Where the enrichment does not consist of a transferable asset, the enriched person reverses the enrichment by paying its monetary value to the disadvantaged person.

(2) The enriched person is not liable to pay more than any saving if the enriched person:

(a) did not consent to the enrichment; or

(b) was in good faith.

(3) However, where the enrichment was obtained under an agreement which fixed a price or value for the enrichment, the enriched person is at least liable to pay that sum if the agreement was void or voidable for reasons which were not material to the fixing of the price.

(4) Paragraph (3) does not apply so as to increase liability beyond the monetary value of the enrichment.

Ⅶ.-5:102: 이전불가능한 이득

(1) 이득이 이전가능한 재산이 아닌 경우, 수익자는 이득의 금전가치를 손실자에게 지급함으로써 이득을 반환한다.

(2) 다음과 같은 경우, 수익자는 비용절감(saving) 이상을 지급할 책임이 없다.

(a) 수익자가 이득에 대하여 동의하지 않았던 경우; 또는

(b) 수익자가 선의였던 경우.

(3) 그러나 이득이, 이득에 대한 가격 또는 가치를 확정하는 합의하에 얻어진 경우, 그 합의가 가격 확정에 중요하지 않았던 사유로 무효였거나 취소될 수 있었던 때에는 수익자는 적어도 그 액수를 지급할 책임이 있다.

연구, 제31권(2009), 497면.

(4) (3)항은 이득의 금전가치를 상회하여 책임을 증가시키기 위하여는 적용되지 않는다.

(1) DCFR 규정해설

이전가능한 이득의 반환방법에 관한 Ⅶ.-5:101에 이어서 Ⅶ.-5:102는 이득이 성질상 이전불가능한 재산인 경우를 규율하고 있다. 여기에는 이득이 재산증가 이외의 형태인 채무감소, 노무나 완성된 일의 수령, 재산이용 등의 항목에 속하는 경우가 해당되고,[36] 나아가 Ⅶ.-5:102는 이득이 실용적 견지에서 이전이 불가능한 경우(예: 건물에 부합된 벽돌)에도 적용된다. 특징적인 점은 Ⅶ.-5:102에서는 반환책임의 크기를 세 가지 형태로 구분하여 규정하고 있다는 점이다. (1)항에서는 책임의 최대한도로서 금전가치 반환(객관적 가치), (2)항에서는 강요된 이득 또는 선의수익자의 경우 최소책임으로 비용절감액, 그리고 (3)항에서는 중간책임으로서 이득의 대가로 지급하기로 합의된 금액이 그것이다. 이득의 금전가치와 비용절감액에 대한 정의는 Ⅶ.-5:103에서 규정하고 있다.

1) 금전가치 반환: 최대책임

가액반환의 기본책임('basic liability')은 금전가치의 반환이고(Ⅶ.-5:102(1)), 이것이 가액반환책임의 최대한도를 구성한다. 이때 가액산정의 기준은 실제 이득('항목별 이득')의 가치이고, 그로 인한 가치증가분(차액)이 아니다. 가령 건물증축의 경우 수급인의 노무가치(일의 완성)가 가액산정의 기준이 되는 것이고, 건물의 가치증가분이 가액산정 기준이 되는 것이 아니다.[37] 가치산정의 기준시점은 이득수령시이다. 따라서 계약에 기하여 노무제공을 받고 계약이 취소된 경우 계약취소

36) 해설서, Ⅶ.-5:102, 4120.

37) 해설서, Ⅶ.-5:103, 4128, 사례 1.

시가 아니라 노무제공을 받은 시점에서의 가치가 기준이 된다.[38] 금전가치에 대한 정의는 후술하는 Ⅶ.-5:103(1) 참조.

2) 비용절감액: 최소책임

이득이 이전불가능한 경우 수익자가 이득에 동의하지 않았거나 수익자가 선의이면('선의'의 의미에 관하여는 전술) 이득으로 인한 비용절감액만을 반환하면 되는데('reduced liability') 이것이 최소책임이다(Ⅶ.-5:102(2)). 이 조항은 아무도 동의 없이 거래하도록 강요받지 않는다는 사적자치의 소극적 측면에 그 근거를 두고 있는데, 이전불가능한 재산의 경우 금전가치 반환을 명한다면 수익자의 입장에서는 사실상 강매하는 것과 같은 결과가 된다는 것을 이유로 한다.[39] 비용절감액에 대한 정의는 후술하는 Ⅶ.-5:103(2) 참조.

3) 재산권이용 또는 노무계약의 청산의 경우 합의가치: 중간책임

최대책임을 규정한 (1)항과 최소책임을 규정한 (2)항에 이어서 (3)항에서는 중간책임('intermediate liability')을 규정하고 있다. 이는 무효·취소된 재산권 이용 또는 노무계약에서 반환해야 하는 이득, 즉 재산권의 이용가치 또는 노무가치 산정과 관련한 것으로, 이 경우에는 선의수익자라 하더라도 Ⅶ.-5:102(2)의 최소책임이 아니라 당사자 간에 합의한 가격이 기본책임으로 정해진다. Ⅶ.-5:102(3)의 취지에 대하여 해설서에서는 당사자 간에 가격에 관하여 합의가 이루어진 경우라면 적어도 그 액수만큼에 대하여는 수익자의 '지급용의'(preparedness to pay)가 나타났다는 점이 언급된다.[40] 이는 물론 계약의 무효·취소사유가 가격에 대한 합의에 영향을 미친 하자가 아닐 것을 그 전제로 한다.

---

38) 해설서, Ⅶ.-5:103, 4128.
39) 해설서, Ⅶ.-5:102, 4121.
40) 해설서, Ⅶ.-5:102, 4122.

Ⅶ.-5:102(3)이 적용되면 무효·취소된 계약이 사실상 이행된 것과 같은 결과가 되므로, 이러한 계약체결이 강제된 상태를 막기 위해서 두 가지 제한을 두고 있다. 첫째는 가격 합의에 있어서 하자 없는 사유로 계약이 무효·취소되었어야 한다.[41] 따라서 가격판단과 관련하여 하자가 있는 경우, 가령 제한능력이나 착오, 사기로 계약이 무효·취소된 경우에는 본조는 적용되지 않고, 수익자가 선의라면 (2)항이, 악의라면 (1)항이 적용될 것이다. 둘째로 Ⅶ.-5:102(3)의 책임은 객관적 가격을 상회하지 않는 범위일 경우에만 적용된다(Ⅶ.-5:102(4)). 즉 그 한도 내에서는 합의한 가격에 대한 책임을 인정하는 것이 불합리하지 않게 된다. 따라서 당사자 간에 합의된 금액이 최대책임으로서 금전가치(monetary value)와 최소책임으로서의 비용절감(actual saving) 사이인 경우에만, 즉 수익자가 진정으로 지급하기로 합의된 것이 비용절감액보다는 많지만 시장가치보다는 적은 경우에만 적용된다는 점에서 Ⅶ.-5:102(3)의 책임은 "중간책임"을 구성한다(Ⅶ.-5:102(4)). 다시 말해 수익자가 객관적 가치 이상을 지급하기로 하는 이른바 '밑지는 거래'(bad bargain)를 하는 경우나 합의된 가격 이상으로 비용절감한 경우에는 Ⅶ.-5:102(3)은 적용되지 않는다.[42]

(2) 민법과의 비교

민법의 경우 부당이득의 효과와 관련하여 원물반환을 전제로 그것

41) 해설서, Ⅶ.-5:102, 4123의 표현에 따르면 "당사자의 판단능력에는 영향이 없어서 합의 내용과는 무관한 기술적 이유로만 계약이 무효로 된 경우"라고 하는데 방식위반으로 무효인 경우가 여기에 해당될 것이다. 일례로 불법체류 노동자와의 고용계약의 경우 강행규정 위반에 해당하여 무효이지만(Ⅱ.-7:302), Ⅶ.-6:103에 따라 부당이득반환청구는 인정되는데, 다만 계약의 불법성(즉 고용주 입장에서의 피고용인의 불안정한 고용상태)을 고려한 실제 제공한 노무가치의 가액만이 반환청구될 수 있고 따라서 고용시장에서의 통상적인 노임보다는 더 낮을 것이라고 한다. 해설서, Ⅶ.-6:103, 4168. 이는 불법체류 노동자의 고용계약을 유효하게 보고 '동일노동 동일임금' 원칙에 따른 임금청구를 인정하는 우리 법제와는 차이가 있다.

42) 해설서, Ⅶ.-5:102, 4122.

이 불가능한 경우 가액반환을 규정하고 있지만(제747조 제1항) 이는 전통적으로 부당이득법상 이득의 객체로 이전가능한 재산(certa res 또는 certa pecunia)을 염두에 두었기 때문으로 보인다. 그러나 민법은 재산뿐만 아니라 노무도 명문으로 이득 항목으로 인정하고 있다는 점에서(제741조), 반환방법은 DCFR에서와 마찬가지로 1차적으로는 받은 이익의 이전가능성에 따라 결정되어야 할 것이다.

차이점은 가액반환의 책임에 있어 민법은 객관적 가액반환 책임만을 규정하고 있는데 비해 DCFR은 세 가지 종류의 분화된 책임을 규정하고 있다는 점이다. 즉, 금전가치 반환을 원칙으로 하면서, 수익자가 선의이거나 이득에 동의하지 않은 경우에는 비용절감액으로 반환범위를 줄여주고, 당사자 간에 가격에 대한 진정한 합의가 있는 경우 이를 존중하여 합의된 가격으로의 가액반환을 인정하고 있다. 이러한 세분화된 규정방식은 참조할 만하다.

4. 이득의 금전가치와 비용절감의 정의

Ⅶ.-5:103: Monetary value of an enrichment; saving

(1) The monetary value of an enrichment is the sum of money which a provider and a recipient with a real intention of reaching an agreement would lawfully have agreed as its price. Expenditure of a service provider which the agreement would require the recipient to reimburse is to be regarded as part of the price.

(2) A saving is the decrease in assets or increase in liabilities which the enriched person would have sustained if the enrichment had not been obtained.

Ⅶ.-5:103: 이득의 금전가치; 비용절감(saving)[43]

(1) 이득의 금전가치는 합의에 도달할 실제 의도를 가진 제공자(provider)와 수령자가 그 가격으로 적법하게 합의하였을 금액이다. 합의가 수령자에게 변상될 것을 요구하는 노무 제공자의 비용은 가격의 일부로 여겨져야 한다.

(2) 비용절감이란 수익자가 이득을 얻지 못하였다면 입게 되었을 재산감소 또는 채무증가이다.

(1) DCFR 규정해설

Ⅶ.-5:103(1)은 이득의 금전가치(monetary value), Ⅶ.-5:103(2)은 비용절감(saving)에 대한 정의규정이다. 금전가치로 반환해야 하는 경우로는 이득이 이전가능하더라도 그 이전이 노력이나 비용면에서 불합리한 경우 수익자가 이를 선택하거나(Ⅶ.-5:101(2)), 멸실이나 처분 등으로 사후적으로 이전불가능하게 된 경우(Ⅶ.-5:101(3))가 있다. 또한 애초부터 성질상 이전불가능한 이득의 경우에도 금전가치 반환이 이루어진다. 이때 이득의 금전가치란 가상매매(hypothetical sale)에서 진정으로 매매에 관심 있는 당사자 간의 교섭 결과 합의되었을 가격이 기준이 되는데,[44] 해당 이득항목이 거래되는 시장이 존재하는 경우 이는 대체로 시장가치(시가)로 정해질 것이다.[45] Ⅶ.-5:103(1) 제2문에서는 가격결정에 있어서 수령자가 부담할 것이 요구되는 비용은 가격에 산입되도록 하고 있다. 가령 수급인이 자재를 조달하여 건축한 경우 자재비용은 노무의 금전가치에 포함된다. 아울러 은행이 지급이체를 지시받은 경우에도 은행이 제공한 노무(이체서비스)의 금전가치로서의 수수료도 반환대상에 포함되는데, 왜냐하면 이는 지급이체를 지시한 고객이 부담해야 할 금액이기 때문이다.[46]

---

43) saving에 대한 역어는 역자에 따라 다르다. 가령 박희호, “DCFR 부당이득편에 관한 고찰”, 외법논집, 제33권 제2호(2009), 126면에서는 “절약액”, 법무부, 가정준 역, 유럽민사법의 공통기준안 비계약편: DCFR 제5권~제10권(2015), 319면에서는 “절감액”, 백태승·박수곤(주 35), 158면은 “出費의 절약”이라는 번역어를 사용한다. 독: Ersparnis; 프: 표제는 dépense épargnée, 본문에서는 économie.

44) 해설서, Ⅶ.-5:103, 4129.

45) 한편 해설서, Ⅶ.-5:103, 4129, 사례 2는 무허가 건축업자가 건물 보수공사를 한 경우 그 계약은 자격 결여로 무효가 되는데, 이때 무허가업자가 제공한 노무의 가치는 그가 무자격자라는 것과 그 공사가 요구되는 수준으로 행해지지 못하였다는 것을 감안하여(완성된 부분에 하자가 있다면 그 하자도 고려) 산정될 것이라고 한다.

46) 해설서, Ⅶ.-5:103, 4129.

'비용절감'이란 수익자가 이득을 얻지 못하였다면 입게 되었을 재산감소 또는 채무증가를 말한다(Ⅶ.-5:103(2)). 수익자가 노무를 수령하였거나 타인의 재산을 이용한 경우 그 이득이 없었더라면 수익자가 동일한 성질의 이득을 스스로 조달하였을 텐데 그때 수익자가 비용지출이나 채무부담을 했어야만 하는 경우에 비용절감이 발생하고, 수익자의 재산계획상 그러한 노무나 재산이용이 전혀 불필요하거나 무익하였다면 비용절감은 발생하지 않게 된다. 즉 비용절감은 이득이 (적어도 부분적으로) 수익자가 어쨌든 얻었을 어떠한 것을 대체하였을 것을 전제하고,[47] 그 내용은 수익자의 평소 행태와 제반사정에 따라 정해지게 된다. 가령 청소업자가 주소를 착오하여 창문 청소를 한 경우, 수익자의 입장에서는 강요된 이득이라는 점에서 그로 인한 비용절감만을 책임지게 되는데(Ⅶ.-5:102(2)(a)), 이때 수익자가 정기적으로 창문 청소를 청소업체에 맡겨왔는지 여부, 창문 청소가 직전에 다른 업체에 의하여 이루어졌는지 여부, 다른 업체가 청소하기로 예약된 경우라면 위약금 없이 해제 가능한지 여부 등에 따라 비용절감액이 정해지게 된다.[48]

(2) 민법과의 비교

가액평가의 기준에 대하여 민법에는 명문의 규정이 없지만 학설은 원물의 객관적 가치를 금전으로 환가한 것, 즉 객관적 시가를 원칙으로 해석하고 있다. 그 기준시점에 관해서는 가액반환의무의 발생시기를 기준으로, 즉 노무나 사용이익과 같이 애초부터 가액반환이 문제되는 경우에는 급부시를, 후발적으로 원물반환이 불능인 경우에는 불능시를 기준으로 삼는 견해와[49] 이득의 목적물에 따라 양자를 달리

47) 해설서, Ⅶ.-5:103, 4129.
48) 해설서, Ⅶ.-5:102, 4121.
49) 곽윤직 편, 민법주해(XVII)(양창수 집필부분), 2005, 568면(이 경우에는 가액증가를 수익자가 이용하여 재산적 이익을 취할 여지가 애초 없다는 것을 논거로 제시

취급하는 것을 비판하면서 부당이득 제도의 취지상 반환시 남아 있는 이득을 제거하는 것이므로 모두 반환시를 기준으로 삼는 견해가 있다.[50] DCFR은 부당이득반환청구권의 요건 충족시를 기준으로 삼고 있는데, 통상은 이득시가 된다고 한다.[51] 민법상 학설 중 앞의 견해에 따르면 노무제공 이득의 경우 DCFR과 같은 결론으로 된다.

비용절감에 대하여도 민법은 별도의 규정을 두고 있지 않지만, 비용지출의 절약이론은 민법상 두 가지의 맥락에서 기능하고 있다.[52] 첫째, 이득 자체가 재산이용인 경우 이로써 소극적으로 재산적 불이익을 면하게 되면 이득은 비용절감액으로 산정된다. 즉 이 경우 재산의 소극적 증가, 즉 당연히 발생하였을 재산의 감소를 면한 것이 이득이 된다. DCFR은 이전불가능한 이득에 있어서 선의수익자의 경우와 강요된 이득의 경우 이러한 방법으로 이득의 범위를 산정한다("최소책임"). 둘째, 비용절감이론은 반환책임이 정해진 후에는 선의수익자의 현존이익 한도로의 반환책임 감경 항변을 저지한다. DCFR은 이를 이득소멸항변에 관한 Ⅶ.-6:101에서 규율하고 있다.[53]

한다); 이은영(주 25), 701면. 목적물 처분으로 인한 불능시 처분 당시의 대가를 기준으로 한다는 판결로 대법원 1995. 5. 12. 선고 94다25551 판결 참조.

50) 김증한·김학동(주 3), 757면 이하. 그러나 이 견해는 후발적 원물반환 불능의 경우만을 언급하고 이득의 성질상 원물반환이 불가능한 노무 등의 경우에는 별다른 설명을 제시하고 있지 않다.

51) 해설서, Ⅶ.-5:103, 4128. 이때 부당이득반환책임이 발생하고 따라서 가액반환의 경우 이 시기를 기준으로 반환책임의 크기를 정하는 것이 필요하다고 한다.

52) 곽윤직 편, 민법주해(XVII)(양창수 집필부분), 2005, 155면 주 7 및 589면.

53) 해설서, Ⅶ.-6:101, 4149 참조. 통상의 지출(normal outgoings)은 이득소멸항변을 발생시키지 않는다.

5. 이득의 과실(果實)과 사용으로 인한 이익(사용이익)의 반환

Ⅶ.-5:104: Fruits and use of an enrichment

(1) Reversal of the enrichment extends to the fruits and use of the enrichment or, if less, any saving resulting from the fruits or use.

(2) However, if the enriched person obtains the fruits or use in bad faith, reversal of the enrichment extends to the fruits and use even if the saving is less than the value of the fruits or use.

Ⅶ.-5:104: 이득의 과실(果實)과 사용

(1) 이득반환은 이득의 果實과 사용이익까지 미치거나, 이보다 적은 경우에는 果實이나 사용으로부터의 비용절감이 포함된다.

(2) 그러나 수익자가 果實이나 사용이익을 악의로 얻은 경우, 이득반환은, 비용절감이 果實이나 사용이익의 가치보다 적은 경우라 할지라도, 果實과 사용이익이 포함된다.

(1) DCFR 규정해설

Ⅶ.-5:104에서는 부당이득반환책임에 있어 부수적으로 발생하는 이득의 과실(果實)과 사용이익에 대한 반환책임을 독립적으로 규정하여 기본책임을 확장시키고 있다. 이는 이득 보유기간 동안 발생하는 부수적 이득에 대한 처리에 관한 규정이다. "과실"에는 민법에서와 마찬가지로 천연과실(가축의 새끼, 수목의 열매)과 법정과실(이자, 차임, 배당금 등)이 있다. 그리고 이득의 "사용"은 기본적으로 물건의 마모(wear and tear)에 대한 금전배상의 의미를 가진다.[54] Ⅶ.-5:104에서 이득의 사용이익 반환은 이득 자체가 사용이익인 경우와 구별되어야 한다. 가령 타인의 재산을 무단으로 임대함으로써 이득한 경우에는 이득이 이전불가능한 경우이므로 Ⅶ.-5:102가 적용된다.

54) 해설서, Ⅶ.-5:104, 4134.

여기에서도 수익자의 선악에 따라 기본책임의 크기가 결정된다. 악의수익자는 이득의 과실과 사용으로 인한 이익을 모두 반환해야 하지만, 선의수익자의 반환책임은 비용절감액(Ⅶ.-5:103)으로 감축된다. 이와 같이 차등 취급되는 이유로 악의자의 경우에는 이득 당시에 부수적 수익에 대한 권리가 없다는 점을 알았다는 점이 언급된다.

해설서는 Ⅶ.-5:104가 물권행위 무인성과 관련이 있음을 지적한다.[55] 가령 자동차 매매계약을 체결하였으나 매매계약이 무효인 사안에서, 독일법과 같이 무인성을 취하는 경우 자동차의 점유뿐만 아니라 소유권도 원물반환대상에 속한다(Ⅶ.-5:101). 그러나 점유기간 동안 소유자는 매수인이므로, 매수인은 자신의 소유물로부터 사용이익을 수취할 권한이 있게 되는데, 이러한 경우에 Ⅶ.-5:104가 적용되어 수익자가 악의라면 사용이익 전부를(Ⅶ.-5:104(2)), 선의라도 비용절감한 것에 대하여는 반환의무가 발생하도록 한다(Ⅶ.-5:104(1)).[56] 반면에 물권행위 유인성을 취한다면, 매도인이 계속하여 자동차의 소유자이므로 부당이득법상 원물반환은 자동차의 점유만을 대상으로 한다(Ⅶ.-5:101).[57] 이 경우 자동차 사용으로 인한 이득은 그 자체로 이득항목을 구성하므로(Ⅶ.-3:101 (1)(c)), Ⅶ.-5:102에 의하여 이루어지게 된다. 이 때 악의자는 사용이익에 대한 금전가치를 반환해야 하지만(Ⅶ.-5:102(1)), 선의자는 비용절감액만을 반환하면 된다(Ⅶ.-5:102(2)). 적용규정에 있어서는 차이가 있으나 결론에 있어서는 동일하게 된다. 다만, 이는 급부이득과 관련된 것이고 침해이득인 경우에는 Ⅶ.-5:104가 바로 적용될 것이다.

(2) 민법과의 비교

민법에서도 부당이득반환에 있어서 받은 이득의 연장물 내지 확

55) 해설서, Ⅶ.-5:104, 4134.

56) 이 사례는 해설서, Ⅶ.-1:101, 3849, 사례 10.

57) 물론 이 경우 소유물반환청구와의 경합이 인정된다. 해설서, Ⅶ.-1:101, 3850 참조.

장물로서 과실과 사용이익 반환이 문제되는데,[58] 기본적으로 수익자가 실제로 취득한 과실 기타 종된 이익만이 반환대상으로 된다. 그런데 구체적으로 살펴보면 원물반환인지 가액반환인지에 따라, 그리고 수익자가 선의인지 악의인지에 따라 복잡한 논의가 전개된다.

우선 원물반환에 있어서 민법이 물권행위 유인성을 취한다는 점에서 부당이득반환청구권과 소유물반환청구권(제213조)의 경합이 인정되는데, 그 부수적 이익조정에 관하여 민법 제201조 이하의 규정의 적용이 문제된다. 특히 계약의 무효·취소로 인한 급부부당이득의 경우 부수적 이익조정과 관련하여 적용법조에 있어서는 학설상 견해대립이 있는데, 이는 특히 제201조가 적용되면 선의점유자는 과실(여기에는 이자와 사용이익이 포함된다)을 취득하게 될 것이고, 제748조가 적용되면 선의수익자라 하더라도 이익이 현존한 한도에서는 수취한 과실을 반환해야 한다는 점에서 견해대립의 실익이 있다. 다수설은 소유물반환청구가 원물반환에 관한 특수한 부당이득반환의 내용을 규정한 것으로 보고 이 경우 부수적 이익조정은 제201조 내지 제203조에 의하여야 한다는 입장인데,[59] 그 논거로는 그렇지 않다면 소유권을 취득했었던 경우(계약청산)보다 그렇지 않았던 경우(소유물반환관계)가 선의 점유자의 과실취득권(제201조 제1항)과 관련하여 더 유리하게 된다는 불균형이 발생한다는 점이 언급된다.[60] 이러한 다수설에 대하여 부당이득의 유형을 나누어 급부부당이득의 경우에는 부당이득에 관한 제748조를 적용하여 선의수익자라 하더라도 현존하는 과실을 반환할 의무가 있다고 보는 유력설이 주장된다.[61] 그리고 이 문제에 대한 치

---

58) 곽윤직 편, 민법주해(XVII)(양창수 집필부분), 2005, 558면 이하.

59) 곽윤직(주 3), 349면(이는 의용민법시대부터 일본의 통설로 되어 있는 특수한 해석론이라고 한다); 송덕수(주 3), 421면, 464면.

60) 따라서 예외적으로 수익자가 소유권을 취득하는 경우에도 이러한 불균형을 시정하기 위하여 제201조 내지 제203조의 규정이 유추적용되어야 한다고 본다. 곽윤직(주 3), 373면; 송덕수(주 3), 421면.

열한 학설대립이 계속하여 이어지고 있고,[62] 이를 해소하기 위한 개정론도 활발히 제시되고 있다.[63]

한편 악의 수익자/점유자의 경우 제201조 제2항에서 수취한 과실에 대한 반환의무를 인정한다는 점에서 적용법조의 문제는 선의자의 경우만큼 첨예하지는 않지만, 수취한 과실(果實)이 수익자의 과실(過失) 없이 훼손된 경우의 반환책임과 관련해서는 견해대립은 여전히 실익

61) 곽윤직 편, 민법주해(XVII)(양창수 집필부분), 2005, 552면에서는 "물적 지배질서의 유지를 목적으로 하는 물권적 청구권의 제도를 … 계약법과의 기능상의 연속성이 인정되는 장면에 적용하는 것은 민법이 정하는 역할분배에 어긋난다고 하겠다."; 김형석, "점유자와 회복자의 법률관계와 부당이득의 경합", 서울대학교 법학, 제49권 제1호(2008. 3), 249면 이하는 그 근거로 근대 주요 입법례의 성립과정을 고찰해보면 민법 제201조 이하의 규정은 점유자가 점유를 소유자가 아닌 제3자로부터 취득한 사안을 전제로 하여 규정을 마련하고 있다는 점, 우리 민법상 자신이 체결한 계약의 유효성에 대한 신뢰는 보호되지 않으므로 이에 기초한 선의취득이나 과거 법률관계에 대한 현상유지가 정당화되지 않는다는 점을 제시한다. 동지: 김형배(주 31), 206면.

62) 위의 유력설에 대한 반론으로 김상중, "쌍무계약의 무효·취소에 따른 과실·사용이익의 반환-민법 제201조와 제748조의 관계에 대한 판례 법리의 재조명-", 민사법학, 제37호(2007. 6), 161면 이하, 165면 이하; 유력설 측의 재반론으로 김형석(주 61), 266면 이하; 이러한 해석론적 문제의 연원을 입법사적으로 검토한 문헌으로는 제철웅, ""지연이자 및 부당이득으로서의 이자"에 대한 지연배상청구권", 비교사법, 제13권 제1호(2006. 3), 255면 이하.

63) 개정론으로 제201조 이하를 존치하되 제748조의 규정을 제201조 이하의 규정에 부합하게 개정하는 방안(백태승·박수곤(주 35), 53면 이하), 선의 점유자에게 과도한 특혜를 부여하는 제201조를 재정비하고 독일민법과 같이 무상 취득자를 악의 점유자와 동치하는 규정을 신설하는 방안(김재형, "점유자의 소유자에 대한 부당이득반환청구권-민법 제201조와 제748조의 관계를 중심으로-", 민법론 I (2004), 196면), 제201조 이하를 삭제하고 제748조에 통합하는 방안(제철웅, "소유물반환청구권에 부수하는 채권관계를 독자적으로 규율할 필요가 있는가? 점유물로부터 수취한 과실 등과 관련된 부당이득법의 개정제안", 김재형·제철웅 편, 채무불이행과 부당이득의 최근동향(2013), 301면 이하) 등이 주장되고 있다. 김상중, "민법 제203조의 비용상환청구권과 제741조, 제748조의 부당이득반환청구권의 적용관계-계약의 무효·취소, 해제에 따라 반환할 목적물에 지출한 비용의 상환을 중심으로-", 민사법학, 제47호(2009. 12), 45면도 민법 제201조 이하의 소유물반환에 따른 부수적 법률관계를 채권법 영역으로 보내는 것을 진지하게 고민할 여지가 있다고 한다.

이 있다. 왜냐하면 제201조 제2항에 따르면 그 경우 악의 점유자의 반환책임은 배제되지만 제748조에 의하면 이득소멸항변을 원용할 수 없으므로 여전히 반환책임이 있기 때문이다. 물론 수익자의 과실(過失)로 수취하지 못한 과실(果實)의 경우라면 제748조 제2항에 의하더라도 손해배상의무가 인정된다는 점에서 적용법조에 따른 결과상의 차이는 없다.[64]

한편 악의 수익자의 반환범위에 관하여 민법은 "그 받은 이익"에 법정이자를 붙이고 손실자에게 남는 손해가 있으면 손해도 배상하도록 규정하고 있다(제748조 제2항). 이때 법정이자 가산과 관련하여 가액반환의 경우에는 불능시점부터 가액에 법정이자를 붙여 반환해야 하는 데에는 의문이 없지만, 원물반환의 경우에는 견해대립이 있으나 과실이나 사용이익의 반환을 하면 충분할 것이다.[65]

판례는 부당이득의 사안유형을 불문하고, 또한 원물반환인지 가액반환인지를 불문하고 점유자의 선악 여부만을 기준으로 삼고 선의 수익자에 대하여는 민법 제201조 제1항이 제748조 제1항에 우선적용된다는 입장이다.[66] 그리고 쌍무계약 취소시 선의 매수인에게 과실취득권이 인정되는 것에 대한 균형으로 선의의 매도인에게는 제587조 유추적용으로 수령한 대금의 이자취득을 인정한다.[67] 한편 타인 물건을 악의로 권원 없이 점유함으로써 얻은 사용이익의 반환이 문제되는 사안에서 민법 제748조 제2항과 제201조 제2항의 관계에 대하여는, 후자가 전자의 특칙이라거나 우선적용되는 것은 아니라는 이유로, 악

---

64) 곽윤직 편, 민법주해(Ⅳ)(양창수 집필부분), 1992, 355면 이하.

65) 곽윤직 편, 민법주해(XVII)(양창수 집필부분), 2005, 597면 이하 참조.

66) 점유자가 선의여서 반환의무를 부정한 판결로는 대법원 1976. 7. 27. 선고 76다661 판결(불법점유) 이래 대법원 1987. 9. 22. 선고 86다카1996,1997 판결(토지사용이익도 과실과 同視) 등. 악의여서 반환의무를 인정한 판결로는 대법원 1995. 8. 25. 선고 94다27069 판결(타인 토지 위에 송전선로를 설치한 사안).

67) 대법원 1993. 5. 14. 선고 92다45020 판결.

의 수익자가 반환하여야 할 범위는 민법 제748조 제2항에 따라 받은 이익에 이자를 붙여 반환하여야 한다고 판시하였다.[68)]

지금까지의 논의를 정리하여 과실 또는 사용이익의 반환범위를 비교해 보면, 급부부당이득에 있어서는 선의수익자의 경우 민법상 다수설·판례(반환의무 없음) < DCFR(비용절감액) ≦ 민법상 유력설(현존이익 반환)로 될 것이다. 반면 침해부당이득에 있어서는 민법의 경우 제201조 이하가 특칙으로 적용되므로, 선의수익자에게도 비용절감액의 반환의무를 부담시키는 DCFR의 경우가 반환범위가 더 넓다. 한편 악의 수익자의 경우 민법이 제748조 제2항에서는 "그 받은 이익"에 "이자를 붙여" 반환하도록 하고 있고, 나아가 손해가 있으면 손해배상의무까지 부과하고 있다는 점에서, 받은 이익에 과실이나 사용이익만을 반환시키도록 하는 DCFR보다는 반환범위가 넓다.

Ⅲ. 민법에의 시사점

1. 서

지금까지 DCFR 제7편 부당이득편 제5장을 중심으로 부당이득의 반환방법과 범위에 대하여 민법과의 비교를 중심으로 살펴보았다. 앞서 살펴본 바와 같이 DCFR은 부당이득의 효과에 해당하는 부당이득 반환과 관련하여 상세한 규정을 두고 있다. 이들 규정은 큰 틀에서 보았을 때는 민법과 유사성이 많아 보이지만, 몇 가지 점에서 유의미한 차이점이 발견된다. 이하에서는 부당이득반환에 있어서 노무이득 반환의 문제와 선의수익자 보호의 문제를 중심으로 DCFR이 주는 시사점을 살펴본다.

68) 대법원 2003. 11. 14. 선고 2001다61869 판결. 이 판결에 대하여는 많은 논의가 이루어지고 있다. 이에 관하여는 우선 안병하(주 27), 262면 주 40 참조.

2. 노무 부당이득 반환

(1) 문제의 제기

부당이득에 관한 일반조항인 민법 제741조에서는 "재산"뿐만 아니라 "노무"도 이익의 대상이 됨을 명시적으로 인정하고 있고, 제746조에서는 이익을 얻는 방식으로 "재산을 급여"하거나 "노무를 제공"하는 것으로 구분하고 있다. 이는 경제적 가치 있는 이득의 객체를 모두 이득의 대상으로 삼는다는 근대 부당이득법 이론을 수용한 것으로,[69] 재화 못지않게 다양한 종류의 서비스가 활발히 거래되는 현대 시장경제 상황을 감안해 보면 타당한 입법으로 볼 수 있다.

이와 같이 이득의 객체 관점에서 민법은 재산급여 부당이득과 노무제공 부당이득으로 나누고 있지만, 반환의 방법과 범위와 관련하여 후자의 특수성을 고려한 규정은 두고 있지 않고, 원물반환불능이라는 점에서 "그 가액을 반환하여야 한다."라고만 규정하고 있을 뿐이다(제747조 제1항). 그러나 노무부당이득은 재산부당이득과 비교해 볼 때 여러 가지 점에서 특수성이 있다. 즉 받은 이득이 유체물인 재산급여 이득인 경우 원물반환이 가능하고 예외적으로만 가액반환이 문제되는데 비해, 무체적 이득인 노무의 경우 일단 제공되면 원상으로 되돌릴 수 없는 불가역적 성질을 지니기 때문에 가액반환만이 문제된다. 그런데 노무이득의 경우 가액반환을 한다고 할 때 그 가액산정에 있어서 어려움이 제기된다. 재산급여 이득의 경우 원물반환이 가능한 경

69) 민법의 이러한 입장은 일본 明治민법 제702조에서 유래한 것이고(박세민, "일본 메이지민법 부당이득법상의 기본개념의 형성", 민사법학 제68호(2014. 9), 475면), 그 단초는 사비니가 마련하였다. 사비니는 "우리의 재산으로부터 원인 없는 이득"이라는 공통정식을 통해 일정한 금전가치가 있는 노무도 이득의 대상으로 보았는데, 이로써 종래 소유권 이전(datio)에 기반한 condictio 적용영역이, 금전가치를 환산되는 다른 재산(사비니 스스로 '노무'를 예로 들고 있음)의 경우까지 확장되는 새로운 전기가 마련되었다. Friedrich Carl von Savigny, *System des heutigen Römischen Rechts*, Fünfter Band (1841), S. 521f.

우에는, 이른바 '강요된 이득'의 경우라 하더라도, 수익자는 원물 그대로 반환하거나 선의수익자에게 이득소멸항변을 인정한다. 그리고 원물반환이 불능인 경우에는 객관적 시장가치로 획일적으로 산정하더라도 큰 문제가 없다. 그러나 노무이득인 경우에는 가령 그것이 수익자가 원치 않았던 일방적으로 제공된 노무인 경우에는 객관적인 금전가치로만 반환을 하게 하면, 법에 의하여 거래가 강제되는 것으로 된다. 그 점에서 노무부당이득의 반환범위를 정함에 있어서는 일반규정에 의한 통일적인 처리보다는 노무가 제공된 맥락에 따른 구별이 필요해 보인다.

DCFR도 노무를 이득의 한 항목으로 명시적으로 인정한다. 즉 Ⅶ.-3:101(1)(b)에서는 이득의 항목으로 "서비스를 받거나 일이 완성된 경우(receiving a service or having work done)"를 규정하고 있는데[70] 그 이유로는 일정한 유형의 서비스가 시장에서 거래되는 경우 용역제공자는 수령자에게 일정한 가치를 제공한 것이고 그로 인해 가치의 이전이 발생한 것으로 보기 때문이라고 한다.[71] 한편 노무는 이전불가능한 이득이라는 점에서 전술한 Ⅶ.-5:102에 의해 반환책임이 산정되며, 이때 DCFR은 사안유형에 따른 반환범위에 있어서 구분을 하고 있다. 이하에서 살펴본다.

(2) DCFR에서 노무 부당이득의 가액산정

DCFR은 노무제공이 계약관계에서 이루어진 경우와 그렇지 않고 일방적으로 제공된 경우를 나누고, 후자는 그것이 수익자의 동의하에

---

70) 해설서, Ⅶ.-3;102, 4008. 서비스의 개념은 정의하기 어렵지만 통상적으로 보수를 대가로 행해지는 유형의 작위나 부작위를 의미하고 순수한 소비나 즐거움(enjoyment)은 물론(예: 식사, 공연 등), 공사, 재산관리, 운송, 세탁, 미용 등도 여기에 포함된다. '용역 또는 일'(service or work, 본고에서는 '노무'로 통칭)이라는 용어는 무체적인 수익을 포괄하기 위하여 의도된 합성어라고 한다.

71) 해설서, Ⅶ.-3;102, 4007.

제공된 경우(수익자가 악의인 경우)와 그렇지 않은 경우(강요된 이득 또는 수익자가 선의인 경우)로 다시 구분하면서 이에 따라 반환책임을 차등화하고 있다.

1) 계약관계에서 제공된 노무의 가액산정

우선 노무가 계약을 통해 제공되었으나 계약이 무효·취소된 경우(대표적으로 유상위임, 고용, 도급), Ⅶ.-5:102(3)에 따르면 당사자들 간의 계약에 따라 정해진 보수액을 기준으로 반환책임의 크기가 산정된다. 물론 이는 계약의 무효·취소사유가 보수를 정함에 있어서 영향이 없는 경우에만 적용된다. 이 경우 유효한 계약이 아니라는 점에서 Ⅶ.-5:102(4)에서는 객관적 가치를 한도로만 당사자 간의 합의의 구속력을 인정한다. 그리하여 우선은 당사자들 간에 합의한 보수액이 기본반환범위가 될 것이고, 보수 합의 부분에 하자가 있다는 점을 주장·입증하는 자가 제공된 노무의 객관적 가치를 주장·입증해야 한다. 이로써 노무가 계약관계에서 제공되는 경우의 가액산정 문제가 처리된다.

한편 노무계약이 공서양속 또는 강행규정 위반으로 무효인 경우, 대표적으로 성매매, 일정한 자격이 필요한 업종에서 무자격자와의 계약,[72] 불법고용[73] 등의 경우가 문제된다. 이러한 사안들의 경우에는 공서양속 또는 강행법규 위반과 관련하여 위법성 항변에 관한 Ⅶ.-6:103의 적용 여부에 대한 검토가 요구된다. 계약이 강행법규 위반으로 무효이지만 반환청구권이 인정되는 경우 이득가치의 산정에 있어서 무자격 또는 위법성에 대한 고려가 반영되어야 하고 따라서 일반적으로 시장에서 거래되는 보수보다는 낮게 산정될 것이다.[74]

72) 해설서, Ⅶ.-5:103, 4129, 사례 2.

73) 해설서, Ⅶ.-6:103, 4167, 사례 1.

74) 무허가업자의 건축과 관련하여 건축상 하자도 감안되어야 하고(해설서, Ⅶ.-5: 103, 4129, 사례 2), 취업허가증이 없는 외국인 노동자의 불법고용 관련하여서는

2) 비계약관계에서의 노무제공: 수익자의 동의가 있었던 경우

계약관계가 없는 상태에서 노무제공이 이루어진 경우 가액산정과 관련하여 DCFR은 해당 노무가 수익자의 동의하에 제공되었는지를 기준으로 삼는다. 수익자의 요청이 있었던 경우라면 Ⅶ.-5:102(1)이 적용되어 금전가치(monetary value)의 반환의무를 부담한다. 이는 전술하였듯이 시장에서의 가상거래를 염두에 두고 거래되었을 금액을 의미하는데(Ⅶ.-5:103(1)), 대개는 해당 서비스가 거래되는 시장에서의 가격으로 결정될 것이다. 이때 노무의 객관적 가치의 산정은 노무에 대한 보수 부분(인건비 항목)과 아울러 재료비, 수수료 등의 항목도 모두 포함한 총액(composite price)으로 산정되는데(Ⅶ.-5:103(1) 제2문), 노무 가액산정에 있어서는 총액만이 문제가 되고 세부 내역은 문제되지 않기 때문이다.[75)]

3) 비계약관계에서의 노무제공: 수익자의 동의가 없었던 경우

동의하지 않은 노무제공(unsolicited service)을 받은 경우 제공된 노무에 대한 객관적 가액반환을 관철시키는 것은 전술한 바와 같이 사실상 법이 계약의 체결을 강제한다는 문제점이 있다. DCFR은 비용절감액의 반환의무만을 인정함으로써(Ⅶ.-5:102(2)) 이 문제를 해결한다.[76)]

만약 손실자가 보수를 받을 '목적'이나 '기대'를 가지고 기습적으로 노무를 제공한 경우 DCFR은 매우 엄격한 요건하에서만 이득의 부당성을 인정한다. 즉, 일방이 일정한 목적이나 기대를 가지고 일방적으로 이득을 부여한 경우 이득이 '부당'해지기 위해서는(is unjustified)

해당 고용계약의 위법성이 감안되어야 한다고 한다(해설서, Ⅶ.-6:103, 4167, 사례 1과 4168).

75) 해설서, Ⅶ.-5:103, 4129. 가령 건축의 경우에는 인건비에 해당하는 노임과 자재비 등을 합산한 금액이다.

76) 이에 대하여는 해설서, Ⅶ.-3:102, 4009의 사례 8(호텔 직원의 착오로 요청이 없었음에도 투숙객의 옷을 세탁한 경우). 이때 DCFR은 서비스 자체를 이득으로 보고 동의하지 않거나 선의의 수익자라면 비용절감액만 반환하도록 한다.

Ⅶ.-2:101(4)에 의하면 (a) 목적이 도달되지 않거나 기대가 실현되지 않을 것, (b) 수익자가 그러한 목적이나 기대를 알았거나 아는 것이 합리적으로 기대가능할 것, (c) 수익자가 그러한 목적이 부도달되거나 기대가 실현되지 않은 경우 이득이 반환되어야 한다는 것을 받아들였거나 받아들이는 것이 합리적으로 예상될 것이 요구되는데,77) 여기서는 (b) 요건의 충족 여부가 관건이 된다. 가령 어떤 자가 주차장에 주차된 자동차 소유자의 동의 없이 세차를 하고 나서 세차비를 청구하는 경우 당사자 간에는 계약이 없다는 점에서 계약에 따른 보수청구는 인정되지 않고, 따라서 '세차'라는 노무제공 이득에 대한 반환청구가 문제될 것이다. 이 사안과 관련하여 DCFR은 차주가 세차가 다 끝난 뒤에 왔든지, 세차 도중에 왔으나 세차업자가 세차하는 것을 뻔히 보고서도 이를 저지하지 않았든지 간에 이는 세차업자가 보수를 받지 못할 것을 무릅쓰고서 위험을 부담하는 경우이므로 수익자에게 대가를 바라지 않고 이득이 부여된 것으로 본다. 즉, 이득이 손실자의 투기성(speculative enterprise)으로 부여되었다는 점에서 수익자에게 이득반환의무를 인정하는 것은 비일관적이라는 이유가 제시된다.78)

77) 로마법상 '목적 부도달 이득반환청구소권'(condictio causa data causa non secuta; D.12.4)을 연상시키는 이 규정과 관련해서는 긍정적인 평가도 있지만(Detlev W. Belling, "European Trends in the Law on Unjustified Enrichment-From the German Perspective", *Korea University Law Review*, Vol. 13 (2013), 58. 다만 대륙법계가 아닌 법률가들의 경우에는 해설서 없이는 동 조항의 적용범위를 파악하기는 어렵다고 본다), 부정적인 평가가 보다 우세하다. Christiane C. Wendehorst, "The Draft Principles of European Unjustified Enrichment Law Prepared by the Study Group on a European Civil Code: A Comment", *Europäisches Rechtsakademie-Forum (ERA-Forum)*, Vol. 2, Issue 2 (2006), 248f. 동지: Helmut Koziol, "Außervertragliche Schuldverhältnisse im CFR", in Martin Schmidt-Kessel (Hrsg.), *Der Gemeinsame Referenzrahmen: Entstehung, Inhalte, Anwendung* (2009), 110 등.

78) 해설서, Ⅶ.-2:101, 3907. '세차 사안'에 관해서는 이상훈, "타인 생활영역의 권한 없는 개입과 이득반환: 법사학적 고찰", 법사학연구, 제60호(2019. 10), 245면 이하, 271면 이하도 참조.

4) 검 토

DCFR에서 노무부당이득 반환과 관련한 내용을 정리하면 다음과 같다. 우선 당사자 간의 계약관계에서 노무제공된 경우라면 당사자 간의 합의된 보수액이 가액산정의 1차적인 기준이 될 것이다. 물론 보수 산정에 영향을 미치는 하자로 계약이 무효·취소되는 경우라면 이 기준은 적용되지 않고 원칙적으로 돌아가 금전가치 반환으로 될 것이다. 한편 비계약관계에서의 일방적 노무제공인 경우에는 손실자의 선악에 관계 없이 수익자의 이득에 대한 동의 여부 또는 이득의 부당성에 대한 선의가 반환책임의 기준이 된다. 수익자가 이득에 동의하지 않았거나 이득의 부당성에 대하여 선의인 경우 손실자는 비용절감액만 반환받게 된다. 그 한도에서 손실자는 불이익을 부담하는 것이다. 한편 손실자가 보수를 받을 '목적'으로 노무를 제공한다면 이는 스스로 대가 불지급의 위험을 부담한 경우에 해당하고 수익자 측에서 손실자의 그러한 목적이나 기대를 알았거나 아는 것이 합리적으로 기대되는 경우가 아닌 한 이득은 정당화되어 반환청구 자체가 배제된다. 반면에 수익자가 손실자의 그러한 목적이나 기대를 알았거나 아는 것이 합리적으로 기대되는 경우에는 역시 이득에 동의하였는지 여부에 따라 반환범위가 결정될 것이다. 이를 표로 정리하면 다음과 같다.

<table>
<tr><th colspan="2" rowspan="2">일방적 노무제공</th><th colspan="2">수익자</th></tr>
<tr><th>선의</th><th>악의(이득에 대하여)</th></tr>
<tr><td rowspan="3">손실자</td><td>선의(착오)</td><td>비용절감액만 반환</td><td>이득에 동의한 경우: 금전가치반환
이득에 동의 안 한 경우: 비용절감액</td></tr>
<tr><td>악의</td><td>비용절감액만 반환</td><td>이득에 동의한 경우: 금전가치반환
이득에 동의 안 한 경우: 비용절감액</td></tr>
<tr><td>목적 또는 기대</td><td>스스로 위험 감수
→ 이득 정당화
(2:101(4) 요건 불충족)</td><td>손실자의 목적/기대를 알았거나 아는 것이 합리적으로 기대되는 경우:
- 이득에 동의한 경우: 금전가치반환
- 이득에 동의 안 한 경우: 비용절감액
손실자의 목적/기대 몰랐거나 아는 것이 합리적으로 기대되지 않는 경우: 이득 정당화</td></tr>
</table>

(3) 민법과의 비교

전술한 바와 같이 민법은 노무제공 역시 재산급여와 마찬가지로 이득의 한 유형임을 명시적으로 인정하고 있으나, 그 반환범위에 대하여는 부당이득에 관한 장에서는 구체적인 규정을 두고 있지 않다. 노무이득의 반환의 경우 민법의 해석론상 다음과 같이 처리될 것이다.

우선 노무공급계약(도급, 위임 등)이 계약성립 당시의 하자로 인해 무효·취소로 되는 경우 부당이득법의 규율영역으로 들어오게 된다. 이러한 경우 이미 제공된 노무 또는 일의 결과에 대한 원상회복의 문제와 관련하여, 노무제공계약에 있어서 노무제공 자체가 가령 도급인의 의사에 따른 것이고 계약에 따른 채무이행이라는 점에서 이득강요의 문제는 없으며 반환내용도 합의한 대금 또는 객관적 시가를 기준으로 정하면 족하다는 견해가 주장된다.[79] 이 경우 객관적 시가를 기준으로 한다면 계약이 유효하게 이행된 경우와 같게 되므로, 합의된 보수를 기준으로 하되 객관적 시가를 상한으로 하고 있는 DCFR의 규율태도가 참고될 만하다.[80]

한편 비약관계에서 노무제공의 결과 일정한 가치를 물건에 침전시킨 경우라면 민법 제203조상의 비용상환에 관한 규정으로 처리된다. 이에 따르면 민법은 이른바 비용3분설에 따라 필요비는 전부(제1항), 유익비는 가액증가가 현존한 경우에 한하여 회복자의 선택에 좇아 그 지출금액이나 증가액의 상환을 인정하고(제2항), 사치비는 상환청구가 배제되고 있다. 따라서 노무제공의 결과가 유익비에 해당하고 물건의 가치증가의 형태로 남아 있는 한 가액증가의 현존부분 만큼에

79) 김상중(주 62), 36면. 다만 동, 주 98에서는 도급계약이 수급인의 사기·강박 또는 도급인의 제한능력을 이유로 취소되는 경우에는 달리 평가될 것이라고 한다.

80) 김상중(주 62), 37면 주 99에서는 이 경우 우리나라에서는 소급적 무효법리에 따라 객관적 시가를 기준으로 하고 있으나 유럽의 경우에는 대체로 합의된 대가에 따라 산정하고 있다고 한다.

대하여는 이득반환을 인정된다고 볼 수 있다.[81] DCFR의 경우 이러한 경우의 비용상환에 관하여는 제8편에서 규정하고 있는데(Ⅷ.-7:104(1)) 이때 비용상환은 제7편 부당이득에 의하도록 하고 있다. 따라서 앞서 살펴본 바와 같이 소유자(수익자)의 선·악의 및 이득에 대한 동의 여부에 따라 반환범위가 결정될 것이다.

남는 것은 노무제공이 유체적 결과물로 남지 않는 순수하게 무체적 서비스인 경우이다. 이와 관련해서는 무단(사무)관리에 관한 제739조 제3항이 참고가 된다.[82] 민법은 본인의 의사에 반하는 사무처리와 관련하여서는 본인의 "현존이익의 한도에서" 필요비와 유익비 상환을 인정한다. 여기에서의 이익이 객관적 이익인지 아니면 본인을 기준으로 한 주관적 이익인지가 문제된다. 생각건대 적법한 사무관리의 경우에도 "가장 **본인에게 이익**이 되는 방법"(강조는 인용자)으로 관리되어야 하고(제734조 제1항), 제739조 제3항의 무단사무관리의 경우 "**본인의** 현존이익 한도"에서 비용상환을 인정하도록 한다는 점에서 이 경우에는 민법이 예외적으로 수익자의 주관적인 사정을 고려하고 있다고 볼 수 있고, 결과적으로는 DCFR에서의 비용절감액과 유사하게 산정될 것이다. 한편 타인의 사무임을 알면서도 악의적으로 개입하는 무단관리자의 경우 비용상환청구는 부정되어야 한다는 견해도 제시되는데,[83] 이 견해는 앞서 살펴본 DCFR에서 보수 내지 비용상환을 받아낼 것을 목적으로 (기습적으로) 노무제공한 손실자에게는 아예 반환청구권이 배제되는 것과 결론에서 상응한다.

81) 김상중(주 62), 46면에서는 비용상환에 관한 민법 제203조에 따른 규율은 (i) 현존이익과 함께 지출비용의 이중적 척도, (ii) 수익자(소유자) 이외에 비용을 지출한 손실자(점유자)의 선의·악의의 고려라는 측면에서 부당이득법 내에서 특별한 영역을 이루고 있다고 한다.

82) 제739조 제3항은 사무관리가 아니라 부당이득(비용이득부당이득)에 관한 규정으로 보아야 한다는 견해로는 김형석, "제3자의 변제·구상·부당이득", 서울대학교 법학, 제46권 제1호(2005. 3), 353면 이하 참조.

83) 곽윤직 편, 민법주해(XVII)(최병조 집필부분), 2005, 99면.

정리하면 악의 비용지출자의 비용상환 인정 문제는 사회 · 경제적 객관적 이득창출과 타인의 생활영역에 대한 개입 억지 사이의 형량이 요구된다. DCFR은 수익자 측의 사정이 반환범위를 정하는 데 중요한 기준이고, 수익자가 이득에 동의하지 않았거나 이득의 부당성에 대하여 선의인 경우 비용절감액만을 반환하도록 하여 수익자를 보호하고 있다. 반면 민법은 노무제공의 결과가 물건에 침전되는 유익비에 해당하는 경우 제203조에서 객관적인 가액증가의 현존을 기준으로 삼아 지출금액이나 증가액의 상환을 청구할 수 있다는 점에서 수익자의 입장에서는 원치 않는 이득인 경우에도 이득 반환의무를 부과하고 있다.[84] 반면 제739조 제3항의 무단(사무)관리의 경우에는 수익자의 주관적 사정을 고려한 현존이익을 비용상환의 기준으로 삼고 있는데 민법 제739조 제3항에 의한 "본인의 현존이익 한도"에서의 비용상환과 DCFR에서의 비용절감액 반환은 그 내용에 있어서는 유사하게 될 것이다.

3. 선의수익자 보호

(1) 접근방법: 처분의 자유 보장과 강요된 이득 방지

DCFR은 부당이득반환에 있어 '선의' 수익자에게는 여러 가지 특혜(prerogative)를 부여하고 있다. 앞서 살펴본 ① 代償반환 선택권(Ⅶ.-5:101(4)(a)), ② 이득이 이전불가능한 경우 및 ③ 부수이익 반환에 있어서의 비용절감액(saving)으로의 반환범위 제한(Ⅶ.-5:102(2)(b)) 이외에도 ④ 이득소멸항변(Ⅶ.-6:101) 및 ⑤ 선의유상취득항변(Ⅶ.-6:102) 인정이 그러하다. DCFR이 선의수익자에게 이러한 특혜를 부여하는 것은 기

---

84) 다만 이 경우 민법은 수익자/회복자에게 지출금액과 증가액 중 선택권을 부여하고, 수익자/회복자의 청구에 의하여 상당한 상환기간을 허여받을 수 있다. 비교법적으로 우리 민법은 객관주의에 더 가까운 입법례인데, 독일민법의 경우 악의 점유자의 경우 필요비 상환만 인정되고(제994조) 유익비 상환은 인정되지 않는다(제996조).

본적으로는 이득의 존속 또는 보유에 신뢰, 즉 "이득을 자신의 것으로 완전하게 여길 자유"를 보호하기 위한 것이다.[85] 그리고 이는 ① 代償반환 선택권과 관련하여 전술한 바와 같이, 기본적으로 선의수익자의 '처분의 자유'를 보장하는 것에 초점이 맞추어져 있다. ④ 선의수익자의 이득소멸항변과 관련해서도 이득소멸의 방법으로 "이득의 처분"이 언급되어 있다는 점에서 기본적으로는 처분의 자유 보장이 고려되고 있고,[86] ⑤ 선의유상취득항변은 전득자에게 인정되는 항변이라는 점에서 DCFR은 재화의 유통과 거래 안전에 큰 가치를 부여하고 있는 것이 확인된다. 한편 ② 이득이 이전불가능한 경우 및 ③ 부수이익 반환에 있어서의 비용절감액(saving)으로의 반환범위 제한은 반환의 기본책임 자체를 줄여주는 기능을 하는데, 이는 강요된 이득의 방지를 목표로 한다. 물론 DCFR에서의 '선의'란, 과실이 없을 것까지 요한다는 점에서 민법상의 선의보다는 그 인정범위에서 제한적이라는 점은 전술한 바와 같다.

민법과 비교해 보면, ① 代償반환 선택권에 대하여는 전술한 바와 같이 처분의 자유 보장보다는 원물반환의 연장에서 접근해야 한다는 점에서 DCFR이 택한 접근법은 비판이 제기될 수 있다. 타당하게도 민법상 학설은 거래에 기한 이득의 경우 이러한 代償반환 선택권을 인정하지 않는다. ② 이득이 이전불가능한 경우 비용절감액(saving)으로의 반환범위 제한에 대하여는, 앞서 노무부당이득에서 살펴본 바와 같이 민법은 기본적으로 객관적 현존이익을 반환범위로 삼고 있다(제203조)는 점에서 반환의무를 부담하는 수익자에게는 불리한 측면이

85) 해설서, Ⅶ.-6:101, 4145.

86) 수익자의 처분의 자유와 관련하여 William Swadling, "Restitution and Unjust Enrichment", *Towards a European Civil Code* (1994), p. 278에서는 수익자가 언제든지 원하는 때 처분가능해야 하며, 만약 계속해서 부당이득반환청구 당할 것을 대비해야 한다면 이는 용인될 수 없을 것인데, 공익 차원에서 이득의 존속에 대한 신뢰가 보장되지 않으면 경제 전체가 마비될 것이라는 점을 지적한다.

있다. 그러나 ③ 부수이익 반환에 있어서의 비용절감액(saving)으로의 반환범위 제한과 관련해서는, 민법상 다수설과 판례는 선의자에게는 제201조 제1항을 적용하여 과실수취권을 부여하고 있고, 금전의 경우 선의자는 이자 가산의무가 배제된다(제748조 제2항 반대해석)는 점에서 그 한도에서는 DCFR보다도 더 강한 보호가 부여되고 있다고 볼 수 있다. 그리고 ⑤ 선의유상취득항변이 적용되는 사안의 경우 민법은 선의취득법리 등을 통해 해결하고 있는데,[87] 민법의 경우 무상의 선의취득도 인정한다는 점에서 그 한도에서는 DCFR보다 보호범위가 더 넓다고 볼 수 있다.

이하에서는 ④ 선의수익자의 이득소멸항변(Ⅶ.-6:101)에 대하여 살펴본다.

(2) 선의수익자의 반환범위 제한

1) 재산급여 부당이득

민법상 수익자의 선의는 반환책임을 경감시키는 데 기능한다. 이는 특히 받은 이득이 물건인데 그것이 멸실·훼손된 경우에 의미가 있다(제748조 제1항). 즉 악의수익자는 특정물에 대한 선관주의의무(제374조)를 부담하므로 이를 위반하여 물건이 멸실·훼손된 경우라면 면책받을 수 없음은 당연하지만, 선의수익자라면 귀책사유 불문 현존상태대로만 반환하면 되는 것이다.[88] 그리고 이러한 선의수익자의 반환범위 제한의 취지는 선의수익자의 이득존속에 대한 신뢰보호에 있다고 설명된다.[89]

---

87) 이에 대하여는 이상훈, "선의취득 법리를 통한 부당이득법상 전득자 보호: DCFR과의 비교를 중심으로", 민사법학, 제78호(2017. 2), 369면 이하 참조.

88) 곽윤직(주 3), 374면은 이러한 해석은 제202조에 의한 것이나 제747조, 제748조 제1항에 의하더라도 차이가 없다고 한다.

89) 양창수·권영준(주 35), 513면; 이은영(주 25), 699면. 김형배(주 31), 225면. 그러나 이에 대한 비판도 제기되는데, 대표적으로 김증한·김학동(주 3), 751면("입법론상 부적절").

DCFR도 민법과 마찬가지로 선의수익자의 이득소멸항변을 인정하고 있는데, 다음과 같이 대단히 상세한 내용의 규정을 두고 있다.

Ⅶ.-6:101: Disenrichment

(1) The enriched person is not liable to reverse the enrichment to the extent that the enriched person has sustained a disadvantage by disposing of the enrichment or otherwise (disenrichment), unless the enriched person would have been disenriched even if the enrichment had not been obtained.

(2) However, a disenrichment is to be disregarded to the extent that:

(a) the enriched person has obtained a substitute;

(b) the enriched person was not in good faith at the time of disenrichment, unless:

(i) the disadvantaged person would also have been disenriched even if the enrichment had been reversed; or

(ii) the enriched person was in good faith at the time of enrichment, the disenrichment was sustained before performance of the obligation to reverse the enrichment was due and the disenrichment resulted from the realisation of a risk for which the enriched person is not to be regarded as responsible;

or

(c) paragraph (3) of Ⅶ.-5:102 (Non-transferable enrichment) applies.

(3) Where the enriched person has a defence under this Article as against the disadvantaged person as a result of a disposal to a third person, any right of the disadvantaged person against that third person is unaffected.

Ⅶ.-6:101: 이득소멸

(1) 수익자가 이득의 처분 기타의 방법으로 손실을 입은 한도에서(이득소멸) 수익자는 이득을 반환할 책임이 없는데, 다만 이득과 무관하게 재산감소한 경우에는 그러하지 아니하다.

(2) 그러나 다음의 한도에서 이득소멸은 고려되지 않는다:

(a) 수익자가 代償을 얻은 경우;

(b) 수익자가 이득소멸 당시 선의가 아니었던 경우, 다만 다음의 경우에는 그러하지 아니하다.
 (i) 이득이 반환되었더라도 손실자가 이득소멸하였을 경우; 또는
 (ii) 수익자가 이득 당시에는 선의였고, 이득반환의무 이행기 도래 전에 이득소멸을 입었고 또한 이득소멸이 수익자에게 책임 없다고 여겨지는 위험의 실현으로 발생한 경우;
또는
(c) 제5:102조 (이전불가능한 이득) (3)항이 적용되는 경우.
(3) 수익자가 제3자에 대한 처분의 결과로 손실자를 상대로 본조상 항변을 가지는 경우, 그 제3자를 상대로 한 손실자의 어떠한 권리에도 영향이 없다.

해설서에 의하면 이득소멸항변은 수익자의 신뢰보호라고 하는 법적 안정성(security)과 손실자의 착오에 의한 이득부여로 이제는 더 이상 이득하고 있지 않은 선의의 수익자에게 반환책임을 부담시키는 것은 부당(unfair)하다고 하는 정의(justice)의 이념("No grossly excessive demands")이 반영된 것으로 설명되고 있다.[90] 그리고 이득소멸의 방식으로 "처분"을 명시함으로써 수익자의 이득에 대한 처분의 자유를 적극 보장하고 있음이 나타나 있다. 물론 처분을 통해 代償을 얻은 경우라면 이득소멸항변은 배제되고(Ⅶ.-6:101(2)(a)), 이때는 전술한 代償반환의 문제로 된다(Ⅶ.-5:101(4)). 선의수익자의 경우 代償반환을 선택할 수 있다는 점에서 가령 객관적 시가보다 낮은 가격으로 처분한 경우 전술한 바와 같이 그 代償을 반환함으로써 반환의무를 이행하게 되는 것이고 이로써 처분의 자유가 보장된다.[91] 다른 한편으로 처분 이외의 방식으로 이득이 소멸하더라도 수익자의 이득 존속에

90) 해설서, Vol. 1, 52, 58.

91) 따라서 시가와의 차액은 이득소멸된 것으로 처리되므로 그 부분에 대하여는 양수인을 상대로 반환청구를 해야 하는데, 선의 양수인은 Ⅶ.-6:102의 유상취득항변이 가능하므로, 악의의 양수인을 상대로만 반환청구가 가능할 것이다. 결국 무상처분이 아닌 한 수익자가 선의이면 代償반환을 선택하고 양수인도 선의라면 손실자의 부당이득반환청구는 수익자가 취득한 대가로 제한될 것이다.

대한 신뢰는 보장된다. 반환목적물을 스스로 손괴하더라도 그것은 수익자의 재량하에 있는 것이고,[92] 화가 나서 물건을 부숴버리는 행위는 합리성이나 이해타산적인 행위와는 거리가 있다 할지라도 위에서 언급한 처분의 자유, 즉 "내 것"으로 여긴 물건을 "마음대로 다룰 자유"에 포함된다. 여기에는 보관상의 부주의(방치)와 같은 부작위로 야기된 이득소멸도 포함된다.[93]

수익자가 받은 이득을 시가보다 싸게 처분한 경우 DCFR에서와는 달리 민법에서는 반환불능으로 되어 가액반환(제747조 제1항)이 문제된다. 이때 선의수익자가 이득소멸항변을 원용할 수 있는지에 대하여, 수익자가 자신의 재산적 처분에 수반되는 위험을 부당이득반환청구자에게 전가할 수는 없다는 이유로 인정되지 않는다고 보는 견해가 유력하다.[94] 다만 수익자와 전득자 쌍방이 증여된 것으로 요해한 부분에 대하여는 제747조 제2항의 직접청구가 가능할 것이다.[95] 그 한도에서 민법에서도 수익자의 처분의 자유는 보장되고 있다고 볼 수 있다. 그 외의 멸실이나 훼손의 경우 그것이 수익자의 유책사유에 의한 경우라 하더라도(손상, 파괴) 그 한도에서 수익자가 이득을 '내 것'으로 다룰 자유가 보장된다.

2) 노무제공 부당이득

노무부당이득의 경우에도 선의수익자는 "그 받은 이익이 현존한

---

92) 해설서, Ⅶ.-6:101, 4145에서는 곡선이 많고 장식적인 치펀데일 양식의 고급가구(Chippendale furniture)를 땔감으로 사용하더라도 그와 같이 물건을 함부로 마구 다루는 행위(maltreatment)는 이득소멸항변을 배제하지 않는다고 한다. 한편 DCFR Ⅷ.-1:202에 의하면 소유권의 여러 권능에 재산을 '파괴할 권능'도 명시하고 있다("the exclusive right ... to ... destroy ... of ... the property).

93) 해설서, Ⅶ.-6:101, 4145.

94) 곽윤직 편, 민법주해(XVII)(양창수 집필부분), 2005, 588면.

95) 곽윤직 편, 민법주해(XVII)(양창수 집필부분), 2005, 575면. 무상에 가깝게 현저히 불균형한 가격으로 취득한 경우에는 무상과 동일시할 수 있다고 한다는 견해로는 백태승·박수곤(주 35), 131면.

한도에서" 반환책임이 있다. 일반적으로 이득소멸항변은 재산급여 부당이득의 경우에 물건의 (무상) 처분·멸실·훼손의 경우 주로 논의되지만, 민법 제748조 제1항을 재산급여 부당이득에 한정할 이유는 없을 것이다. 다만, 노무제공 부당이득의 경우에는 성질상 (무상) 처분·멸실·훼손을 상정할 수 없으므로, 결국 "그 받은 이익이 현존한 한도"의 의미가 문제되는데, 이는 DCFR과 같이 노무제공 이득으로 인한 비용절감액으로 새기는 것이 타당할 것이다. 즉 무형의 이득이 문제되는 노무부당이득에 있어서는 비용절감액을 수익자에게 현존하는 이익에 상응하는 것으로 볼 수 있기 때문이다. 이는 앞서 살펴본 본인의 의사에 반하여 행해진 무단(사무)관리에 있어서 "본인의 현존이익 한도"에서 비용상환을 인정하는 것(민법 제739조 제3항)과도 궤를 같이 한다고 볼 수 있다.

(3) 선의 개념의 차이

전술한 바와 같이 DCFR에서 선의수익자에 대한 다방면의 보호를 부여하고 있는 것은 엄격한 '선의' 개념을 전제하고 있는 것과 관련이 있다. 즉 단순한 부지(不知)만으로는 보호받지 못하고 이에 대한 과실이 없어야 이득존속에 대한 신뢰가 보호되는 것이다. 이러한 '선의' 개념은 선의취득에서 양수인에게 '선의·무과실'을 요구하는 것과 일치한다(Ⅷ.-3:101(1)(d)). 반면 민법의 경우 부당이득법상 선의는 단순한 부지를 의미하고, 선의취득에서는 선의·무과실을 요구한다는 점에서(제249조)[96] '선의' 개념에 차이를 두고 있다. 그러나 이러한 개념상의 차이가 실제 사안의 결론에서 얼마나 큰 차이를 가져올지는 의문이다. 쌍무계약 청산에 있어서 이득소멸항변 제한의 문제와[97] 특

96) 관련하여 최근 판례가 이득보유의 '법률상 원인'의 판단에 있어 선의취득 법리를 차용하는 것(대법원 2009. 9. 24. 선고 2009다15602 판결)은 부당이득반환청구의 성립요건에 수익자의 선의·무과실을 요구하는 것인데, 이것이 수익자의 주관적 사정은 반환범위에서만 영향을 미치고 이를 반환청구의 요건으로는 삼고 있지 않는 민법의 태도와 어떻게 조화를 이룰 수 있을 것인지는 추후 논의가 더 필요하다.

칙으로 규율되고 있는 제한능력자의 경우를 별론으로 하면(제141조 단서), 유상거래가 보편화되어 있는 현대 사회에서는 일방적 이득부여의 경우 수익자의 '선의'가 인정될 수 있는 사안은 그다지 많아 보이지 않기 때문이다.[98] 물론 채무가 없음에도 착오로 이득을 부여한 자(비채변제자)가 이득소멸의 불이익을 부담해야 한다고 볼 수 있지만, 자신이 이득을 부여받을 법률상 근거를 전혀 가지고 있지 않음에도 난데없이 이득을 받았는데 단지 '부지'라는 이유만으로 이를 마음대로 처분한 자의 반환범위를 쉽게 경감시켜 주는 것이 부당이득법이 예정한 적절한 이익조정인지는 의문이다. 오히려 그 경우 이득 존속에 대한 신뢰를 인정받기 위해서는 민법 제201조 제1항의 선의점유자의 경우처럼 적극적인 오신과 그에 대한 정당한 근거가 있어야 할 것이고,[99] 그렇게 되면 DCFR에서 수익자의 선의·무과실을 요구하는 것과 근접하게 될 것이다.

(4) 선의의 증명책임

부당이득법상 수익자의 선의 인정 문제는, 실제로는 이에 대한 증명책임을 누가 부담하는지의 문제로 연결된다. 판례는 수익자의 선

---

97) 이에 대하여는 이상훈, "쌍무계약 청산에서 원물반환 불능시 이득소멸 항변의 원용이 가능한가", 서울법학, 제25권 제3호(2017. 11), 195면 이하 참조. DCFR에서도 쌍무(유상)계약의 부당이득법적 청산의 경우 이득소멸항변을 제한하는 특별규정(Ⅶ.-6:101(2)(c))을 두고 있다.

98) DCFR 해설서에서 이득소멸과 관련하여 논의되고 있는 사례들 중에서 Ⅶ.-6: 101, p. 4149의 사례 11 (회사가 실수로 월급을 초과 입금하였는데, 수익자는 이를 급여가 인상된 것으로 여기고 사치성 비용으로 지출해 버린 사안)과 p. 4155 사례 16 (배달기사가 케익과 샴페인 선물을 실수로 엉뚱한 주소로 배달하였는데, 그것을 받은 부인은 그것이 남편이 평소에 해오던 로맨틱한 장난(familiar romantic tricks)인 줄 알고 이를 소비한 사안) 정도를 들 수 있다. 두 사안 모두 '선의'가 인정되기 위해서는 일정한 상황적 전제가 필요할 것이다.

99) 곽윤직 편, 민법주해(XVII)(양창수 집필부분), 2005, 579면은 선의수익자에 대한 현존이익 한도로의 반환책임 제한은 선의 점유자에 대한 보호와 마찬가지로 예외적인 보호로 이해해야 한다고 한다.

의를 추정하고 따라서 반환청구자가 수익자의 악의를 입증하도록 하고 있고,[100] 현존이익의 입증책임과 관련하여서도 반환청구자가 이득의 현존사실에 대한 증명책임을 진다고 본다.[101] 다만 금전 또는 이와 유사한 대체물의 경우 이익의 현존을 추정하고 있다.[102] 학설은 수익자의 선의 추정에 있어서는 견해가 나뉘지만,[103] 이득 현존과 관련해서는 금전을 포함한 모든 이득의 현존은 추정되고 따라서 반환의 무자인 수익자가 그 추정을 깨도록 하는 견해가 지배적이다.[104] 그

---

100) 대법원 2010. 1. 28. 선고 2009다24187,24194 판결.

101) 대법원 1970. 2. 10. 선고 69다2171 판결(원고들이 점용허가를 얻어 하천에서 논으로 개량하여 경작해오던 토지가 댐 건설로 인해 수몰지구가 된 사안).

102) 대법원 1987. 8. 18. 선고 87다카768 판결; 대법원 1996. 12. 10. 선고 96다32881 판결; 대법원 2008. 6. 26. 선고 2008다19966 판결 등. 대법원 2005. 4. 15. 선고 2003다60297,60303,60310,60327 판결에서는 미성년자가 신용카드 거래 후 신용카드 이용계약을 취소한 사안에서 판례는 미성년자가 얻은 이익을 가맹점에 대한 매매대금 지급채무를 면제받는 이익으로 보아 현존을 추정하였다. 이익의 현존추정을 깬 사안으로는 대법원 2003. 12. 12. 선고 2001다37002 판결(제3자 기망행위에 기한 원고 은행과 피고 간에 대출계약이 있었고, 금전대출 즉시 원·피고, 제3자 간의 사전 합의대로 대출금이 입금된 피고 명의의 예금통장과 도장을 제3자에게 제공하고 제3자가 그 돈 전액을 인출사용함이 명백한 경우, 그때는 피고가 제3자에 대하여 가지는 위 대출금 상당의 반환채권 자체 또는 그 평가액이 현존이익으로 된다고 판시). 한편 대법원 2009. 1. 15. 선고 2008다58367 판결에서는 의사무능력자가 자신이 소유하는 부동산에 근저당권을 설정해 주고 금융기관으로부터 금원을 대출받아 이를 제3자에게 대여한 사안에서, 대출로 받은 이익이 위 제3자에 대한 대여금채권 또는 부당이득반환채권의 형태로 현존하므로 금융기관은 현존 이익인 위 채권의 양도를 구할 수 있다고 보았다.이에 대하여 안병하(주 27), 266면 이하에서는 대법원이 법적 근거없이 대체이익(代償) 반환을 인정하는 것으로 오히려 위 사안에 대해서는 의사무능력자에게 금융기관에 대한 가액반환의 의무를 현존이익 한도 내에서 인정함이 타당하다고 한다.

103) 선의추정설: 김상용(주 31), 560면(선의 점유를 추정하는 제197조 제1항을 근거로 제시); 김동훈(2009. 12), 92면. 반대설: 황형모, "부당이득 반환청구권의 증명책임", 민사증거법(하), 재판자료 제26집(1985), 264면; 곽윤직 편, 민법주해(XVII)(양창수 집필부분), 2005, 590면.

104) 곽윤직(주 3), 375면; 김증한·김학동(주 3), 753면; 송덕수(주 3), 463면; 양창수·권영준(주 35), 514면; 지원림, 민법강의(2019), [5-254]; 김주수(1997), 579면; 김동훈, "부당이득에서 이득의 개념과 현존이익의 판단기준", 중앙법학, 제11집

근거로는 제748조 제1항은 선의수익자 보호를 위한 특별규정이라는 점, 수익자에게 부담시키는 것이 입증책임 분배의 이념인 공평의 관념이나 입증의 난이, 증거와의 거리 등에 비추어 합리적이라는 것 등이 제시된다.[105)]

DCFR의 경우 증명책임 분배에 있어서 이득소멸은 수익자가 입증해야 하지만, 항변 저지사유로서 수익자가 악의라는 점은 반환청구자가 입증해야 하는 조문 구조를 취하고 있다.[106)] 그 점에서 이득의 현존은 물론 수익자의 선의 역시 추정된다. 그러나 부당이득 반환은 원칙적으로 받은 이익 그대로를 반환하는 것이고, 이득소멸항변은 어디까지나 선의수익자에 대한 특혜로 본다면, 선의에 대한 증명책임 역시 그러한 특혜를 원용하는 수익자에게 있다고 보는 것이 타당해 보인다. 그 내용은 제201조 제1항의 선의점유자의 경우와 마찬가지로, 수익자 본인이 이득이 법률상 원인이 있다고 적극적으로 믿었고 그것에 정당한 근거가 있음을 증명하는 것으로 될 것이다.

Ⅳ. 나가며: 민법에의 시사점을 중심으로

지금까지 DCFR 제7편 부당이득에서의 부당이득 효과에 관한 규정과 해석론을 민법과 비교하면서 검토해 보았다. 마지막으로 민법에의

제4호(2009. 12), 92면; 황형모(주 103), 264면.

105) 일찍이 오석락, “부당이득반환청구와 현존이익의 입증책임”, 민사재판의 제문제(민사실무연구회 편), 제2권(1980), 254면 이하; 황형모(주 103), 264면 이하; 곽윤직 편, 민법주해(XVII)(양창수 집필부분), 2005, 590면 이하; 이계정, “송금된 금원에 대한 예금 명의인의 부당이득반환의무 유무의 판단기준-부당이득에 있어서 이득의 개념을 중심으로”, 민사판례연구, 제35권(2013. 2), 581면 이하.

106) 해설서, Ⅶ.-6:101, 4139에서는 반환의무자인 수익자가 모든 항변사항을 입증해야 한다고 서술되어 있으나 조문구조를 면밀히 분석해보면 수익자는 이득소멸만을 입증하고 항변을 저지하는 사유는 반환청구자인 손실자가 입증해야 하는 것으로 보는 것이 타당해 보인다.

시사점, 나아가 부당이득법 법규정의 정비와 관련하여 장차 있게 될 민법 개정에 있어서의 시사점을 정리함으로써 글을 마무리짓고자 한다.

DCFR 부당이득편은 부당이득법에 관한 최신의 국제모델규정으로 우선 체계성의 면에서 높이 평가할 수 있다. 이는 부당이득의 효과론에 관하여도 그러하다. 우선 이득의 반환과 관련하여 이득의 이전가능성을 기준으로 반환방법 및 반환책임을 구분하여 규정함으로써 문제되는 이득항목별로 관련되는 논점들을 명확하게 하고 있다. 그 외에도 노무부당이득의 반환 문제에 있어서 관련한 다양한 사안 유형들을 모두 포괄하여 규율하고자 하였다는 점도 눈여겨볼 만하다. 민법은 부당이득법에 노무를 이득의 한 유형으로 인정하면서도 반환방법에 관하여는 별다른 규정을 두고 있지 않고 유익비상환청구에 관한 제203조 제3항과 무단(사무)관리 규정인 제739조 제3항에서 그 단초만을 제공하고 있는데, 향후 민법개정에서 관련 규정들을 부당이득장으로 이동하여 체계적으로 정비하는 것을 고민할 필요가 있을 것이다. 그리고 입법론적으로 강요된 이득에 관한 규정을 둘 필요가 있다.

DCFR은 선의수익자 보호와 관련하여 부당이득편 내에 다양한 규정을 두고 있다. 이와 관련하여 민법도 곳곳에서 나름의 선의수익자 보호를 위한 규정들을 두고 있으나 DCFR과 비교해 보았을 때 규정의 방식과 내용 및 보호의 정도에 있어서 통일되지 못하고 산만한 편이다. 특히 DCFR에서 '선의' 개념의 통일적 적용은 주목할 만하다. 이는 과실 있는 선의수익자를 보호해 줄 필요가 있는지의 문제와 관련이 있는데, 선의수익자 보호의 취지와 민법상 다른 제도들(선의 점유자 과실수취권, 선의취득)과 비교해 볼 때 부당이득에서의 선의 개념은 엄격하게 새기는 것이 필요하다. 다만 이를 위해서는 제748조 제2항에서 악의 수익자의 반환범위를 손해배상까지 가중시키는 것은 삭제하는 것이 바람직하다. 부당이득법은 어디까지나 '이득'의 반환만을 규율범위로 삼는 것이 바람직하기 때문이다.

▩참 고 문 헌

Ⅰ. 국내문헌

1. 단행본

곽윤직, 채권각론(제6판), 박영사, 2003.

곽윤직 편, 민법주해(XVII) 채권(10), 박영사, 2005 (양창수 집필부분).

김상용, 채권각론, 화산미디어, 2009.

김주수, 채권각론(제2판), 1997.

김증한 저/김학동 증보, 채권각론, 제7판, 박영사, 2006.

김형배, 사무관리 · 부당이득(채권각론 Ⅱ), 박영사, 2003.

박준서 편, 주석민법[채권각칙(5)], 한국사법행정학회, 2002.

법무부, 가정준 역, 유럽민사법의 공통기준안 비계약편: DCFR 제5권~제10권, 법무부, 2015.

송덕수, 채권법각론, 박영사, 2014.

양창수 · 권영준, 민법 Ⅱ 권리의 변동과 권리구제(제3판), 박영사, 2017.

이상훈, 유럽민사법 공통참조기준안(DCFR) 부당이득편 연구, 서울대학교 대학원 박사학위논문(2016. 8).

이은영, 채권각론(제5판), 박영사, 2005.

지원림, 민법강의(제16판), 홍문사, 2019.

2. 논문

권영준, “유럽사법통합의 현황과 시사점-유럽의 공통참조기준초안(Draft Common Frame of Reference)에 관한 논쟁을 관찰하며”, 비교사법, 제52권(2011. 3).

김동훈, “부당이득에서 이득의 개념과 현존이익의 판단기준”, 중앙법학, 제11집 제4호(2009. 12).

김상중, "민법 제203조의 비용상환청구권과 제741조, 제748조의 부당이득반환청구권의 적용관계-계약의 무효·취소, 해제에 따라 반환할 목적물에 지출한 비용의 상환을 중심으로-", 민사법학, 제47호(2009. 12).

______, "쌍무계약의 무효·취소에 따른 과실·사용이익의 반환-민법 제201조와 제748조의 관계에 대한 판례 법리의 재조명-", 민사법학, 제37호(2007. 6).

김재형, "점유자의 소유자에 대한 부당이득반환청구권-민법 제201조와 제748조의 관계를 중심으로-", 민법론 I (2004).

김형석, "대상청구권-민법개정안을 계기로 한 해석론과 입법론", 서울대학교 법학, 제55권 제4호(2014. 12).

______, "점유자와 회복자의 법률관계와 부당이득의 경합", 서울대학교 법학, 제49권 제1호(2008. 3).

______, "제3자의 변제·구상·부당이득", 서울대학교 법학, 제46권 제1호(2005. 3).

박세민, "일본 메이지민법 부당이득법상의 기본개념의 형성", 민사법학 제68호(2014. 9).

박희호, "DCFR 부당이득편에 관한 고찰", 외법논집, 제33권 제2호(2009).

백태승·박수곤, 민법상 부당이득 반환범위의 개정시안 연구(2012년도 법무부 연구용역 과제보고서).

서종희, "침해부당이득에서 수익자의 초과수익반환-독일법을 중심으로 한 비교법적 고찰-", 저스티스, 통권 제151호(2015. 12).

안병하, "부당이득 반환의 대상에 관한 몇 가지 쟁점들", 민사법학 제93호(2020. 12).

양창수, "부당이득에 관한 일반규정의 사적형성", 서울대학교 법학, 제30권 제1·2호(1989. 5).

오석락, "부당이득반환청구와 현존이익의 입증책임", 민사재판의 제문제(민사실무연구회 편), 제2권(1980).

이계정, "송금된 금원에 대한 예금 명의인의 부당이득반환의무 유무의 판단기준-부당이득에 있어서 이득의 개념을 중심으로", 민사판례연구, 제35권(2013. 2).

이상훈, “선의취득 법리를 통한 부당이득법상 전득자 보호: DCFR과의 비교를 중심으로”, 민사법학, 제78호(2017. 2).

______, “쌍무계약 청산에서 원물반환 불능시 이득소멸 항변의 원용이 가능한가”, 서울법학, 제25권 제3호(2017. 11).

______, “타인 생활영역의 권한 없는 개입과 이득반환: 법사학적 고찰”, 법사학연구, 제60호(2019. 10).

정욱도, “부당이득반환에 있어서 운용이익의 반환범위”, 민사판례연구, 제31권(2009).

제철웅, “소유물반환청구권에 부수하는 채권관계를 독자적으로 규율할 필요가 있는가? 점유물로부터 수취한 과실 등과 관련된 부당이득법의 개정제안”, 김재형 · 제철웅 편, 채무불이행과 부당이득의 최근동향, 박영사(2013), 269-310면.

______, ““지연이자 및 부당이득으로서의 이자”에 대한 지연배상청구권”, 비교사법, 제13권 제1호(2006. 3), 225-263면.

최우진, “민법 제748조 제2항에서 정한 “악의”의 의미-대법원 2018. 4. 12. 선고 2017다229536 판결에 관한 연구-”, 민사법학 제93호(2020. 12).

황형모, “부당이득 반환청구권의 증명책임”, 민사증거법(하), 재판자료 제26집(1985).

Belling, Detlev W., “European Trends in the Law on Unjustified Enrichment-From the German Perspective”, *Korea University Law Review*, Vol. 13 (2013).

Ⅱ. 외국문헌

Bar, Christian von/Clive, Eric (eds.), *Principles, Definitions and Model Rules of European Private Law, Draft Common Frame of Reference (DCFR)*, Full Edition, Vol. 1; Vol. 4 Oxford University Press, 2010.

Clive, Eric, “Restitution and Unjustified Enrichment”, in: Arthur Hartkamp et al. (eds.), *Towards a European Civil Code*, Second Revised and Expanded Edition (1998).

Koziol, Helmut, "Außervertragliche Schuldverhältnisse im CFR", in Martin Schmidt-Kessel (Hrsg.), *Der Gemeinsame Referenzrahmen: Entstehung, Inhalte, Anwendung* (2009).

Savigny, Friedrich Carl von, *System des heutigen Römischen Rechts*, Fünfter Band, 1841.

Swadling, William, "Restitution and Unjust Enrichment", *Towards a European Civil Code* (1994).

Swann, Stephen, "The Structure of Liability for Unjustified Enrichment: First Proposals of the Study Group on a European Civil Code", in Reinhard Zimmermann (Hrsg.), *Grundstrukturen eines Europäischen Bereicherungsrechts: Tagung der privatrechtlichen Sektion der Deutschen Gesellschaft für Rechtsvergleichung in Dresden, September 2003* (2005).

Wendehorst, Christiane C., "The Draft Principles of European Unjustified Enrichment Law Prepared by the Study Group on a European Civil Code: A Comment", *Europäisches Rechtsakademie-Forum (ERA-Forum)*, Vol. 2, Issue 2 (2006).

제 7 장

부당이득에 있어서 이득토출책임의 법리와 그 시사점*

- 반환범위에 있어 손해중심에서 이득중심으로의 전환 -

이 계 정**

Ⅰ. 서 론

부당이득의 반환범위와 관련하여 손실자의 손해를 중시하는 해석론을 전개할지 수익자의 이득을 중시하는 해석론을 전개할지 문제가 된다. 통설 · 판례로 일컬어지는 '손실한도 반환설(중복기준설)'은 손실자의 손실을 중시하는 이론으로 이에 따르면 수익자는 손실자가 입은 한도 내에서 이득을 반환하여야 하므로, 수익자가 얻은 이득 중에서 손실자의 손실을 넘는 부분은 반환할 필요가 없다.[1] 그러나 이에 대하여는 여러 가지 의문이 제시될 수밖에 없다. 예를 들어 손실자의 토

---

* 이 글은 2017. 12. 22. "부당이득반환의 비교법적 연구와 민법개정"에서 발표한 내용을 수정한 것으로 같은 제목으로 저스티스 통권 제169호(2018. 12)에 게재되었다. 당시 소중한 토론을 하여 주신 정태윤, 권영준 교수님께 깊은 감사의 말씀을 전한다.

** 서울대학교 법학전문대학원 부교수, 법학박사.

1) 곽윤직, 채권각론(제6판), 박영사, 2014, 370면; 김주수, 채권각론(제2판), 삼영사, 1997, 580면; 대판 1997. 7. 11, 96다31581(공 1997, 2471); 대판 2008. 1. 18, 2005다34711(공 2008상, 220) 등.

지에 매장되어 있는 옥석(玉石)이 탐이 난 수익자가 야간에 손실자의 토지에 몰래 침입하여 대량으로 옥석을 채굴한 후, 이를 꼭 원하는 제3자에게 옥석의 시장가격보다 훨씬 높은 가격으로 매도하였다고 하자. 이 경우에 손실한도 반환설에 따르면 수익자는 손실자의 손해인 옥석의 시장가격에 해당하는 액수만을 부당이득으로 반환하면 되고 실제로 옥석을 이용하여 얻은 고수익 자체를 반환할 필요가 없다. 이러한 결과가 부당이득이 추구하고 있는 '공평의 이념(公平의 理念)'에 부합하는지 의문이 들 수밖에 없다. 명백하게 손실자의 소유권을 침해한 행위에 대해서 그에 상응하는 불이익을 주지 않고 이익을 얻는 것을 용인하는 것이 부당이득의 이념에 비추어 타당한지 비판적으로 검토할 필요가 있다.

이러한 흐름에서 부당이득제도는 배상청구자가 입은 손해에 초점을 맞추는 불법행위제도와 달리 수익자의 이득의 반환을 목적으로 하는 것이므로, 그 반환범위에 관하여도 수익자가 부당하게 얻은 이익을 기준으로 획정하여야 한다는 견해가 제기되고 있다.[2)]

영미 부당이득법에서는 수익자의 이득에 기초하여 부당이득의 반환범위를 획정하는 법리가 발전되어 왔다. 대표적인 것이 이득토출책임(disgorgement)이다. 이득토출책임은 일정한 경우에 피해자의 손실 여부와 관계없이 위법행위로부터 얻은 이득을 수익자로부터 박탈하는 법리를 말한다.[3)] 이득토출책임은 영미 부당이득법의 초석(礎石)으로 평가되는 중요한 법리이다. 이득토출책임이 원상회복(restitutionary)의

---

2) 대표적으로 손실한도 반환설에 대한 비판적인 견해로는 송덕수, 채권법각론(제3판), 박영사, 2017, 482면; 김상중, "대상청구권의 반환내용", 법조 제725호(2017. 10), 634면 이하; 서종희, "영미 부당이득법상의 이득토출(disgorgement of profits)책임-위법행위를 이유로 한 원상회복(restitution for wrongs)을 중심으로", 서울법학 제24권 제1호, 서울시립대학교 법학연구소(2016), 174면.

3) Andrew Burrows, *The Law of Restitution*, 3rd ed., Oxford(2011), pp. 633, 645, 671; 미국 제3차 부당이득법 리스테이트먼트 §51(4). 이득토출책임(disgorgement) 대신에 이득환수책임(account of profit)이라는 용어가 사용되기도 한다.

성격을 가지는지 손해배상(compensatory)의 성격을 가지는지에 관하여 논란이 있을 수 있다.[4] 그러나 기본적으로 수익자가 토출해야 할 이익이 손실자가 향유하고 있던 권리로부터 비롯되었다는 점에서 원상회복(restitutionary)의 성격을 가진다고 할 수 있다.[5] 그리고 불법행위책임은 피해자가 손해를 입었음을 전제로 그 손해를 전보하는 제도인 반면 이득토출책임은 피해자가 손실을 입지 않았다고 하더라도 수익자로 하여금 이득을 포기하고 피해자에게 전부 반환하게 하는 제도라는 점에서 이득토출책임을 손해배상책임으로 보기는 어렵다.

수익자에게 손실자의 손실을 넘어 초과수익의 반환을 구하기 위한 법리로 무단사무관리, 대상청구권, 무권리자의 처분도 언급될 수 있으나, 초과수익 반환의 문제를 직접적이고도 포괄적으로 다루기에는 부족하다. 또한, 불법행위의 경우 피해자의 손해를 한도로 반환범위를 획정하므로 근본적인 한계가 있다. 이득토출책임은 이러한 한계를 벗어나 초과수익 반환의 문제를 정면으로 다루고 있다는 점에서 우리 법의 부족한 부분을 해소할 수 있다. 이에 필자는 이득토출책임에 비교법적 관심을 두고 연구를 진행하였다.

본고에서 소상히 밝히겠지만, 영미 부당이득의 이득토출책임은 부당이득반환범위와 관련하여 이득 중심의 구제수단(gain-based remedy)을 우선적으로 고려하는 사고의 틀을 제공해 준다. 이러한 사고의 틀은 부당이득의 독자성을 부각시키고, 손실한도 반환설을 극복할 수 있는 토대를 마련해 줄 수 있다. 이하에서는 영미 부당이득의 법리, 그 중에서도 이득토출책임의 법리와 그 시사점을 검토하기 위하여 (1) 영

4) 영미법에서 원상회복(restitution)은 원고에게 원래 귀속되어 있었던 것을 원고에게 돌려준다(give back)는 의미와 피고가 획득한 이익을 포기하게 한다(give up)는 두 가지 의미가 있으며, 이득토출책임은 후자에 속하는 restitution이라고 할 수 있다(Peter Birks, *Unjust Enrichment*, 2nd ed., Oxford (2005), pp. 281-282).

5) Graham Virgo, *The Principles of the Law of Restitution*, 3rd ed., Oxford (2015), p. 419.

국의 부당이득법을 개관하면서 위법행위에 따른 원상회복(restitution for wrongs)의 법리와 이득토출책임의 근거, 적용범위, 효과를 논하고, (2) 미국 제3차 부당이득법 리스테이트먼트(Restatement (Third) of Restitution and Unjust Enrichment, 이하 'R3RUE'라고만 한다)를 중심으로 미국의 부당이득법을 개관하면서 이득자의 반환범위를 검토하고, 그 중 이득토출책임의 내용은 무엇인지 상세히 검토하고, (3) 이러한 비교법적 검토가 우리 민법에 주는 시사점, 특히 수익자의 반환범위를 획정함에 있어 손해중심에서 이득중심으로 사고의 전환, 이를 통한 손실한도 반환설의 극복과 우리 법상 이득토출책임의 도입의 필요성 여부에 관하여 중점적으로 논하고자 한다.

Ⅱ. 영국의 부당이득법과 이득토출책임

1. 영국의 부당이득법 개관

(1) 영국의 부당이득법 발전 과정

영국은 소송체계가 소권 단위로 나뉘어져 있고, 전반적인 법의 형태가 개별적인 소권형식의 기반 위에 발전하였는데, 부당이득 자체가 독자적인 소권을 이루지 않아 대륙법과 같은 일반적인 형태의 부당이득청구권은 인정되지 않아왔다.[6] 1760년 맨스필드 경(Lord Mansfield)이 Moses v Macferlan 사건[7]에서 자연적 정의와 형평(natural justice and equity)을 근거로 부당이득반환의무를 인정하였는데, 영국 부당이득법의 효시로 평가할 수 있다. 그러나 그 뒤로도 부당이득법의 발전은 매우 더디게 진행되어 1991년에야 비로소 Lipkin Gorman v Karpnale Ltd. 사건[8]을 통해 영국은 공식적으로 부당이득반환의 법리를 인정하

6) 콘라트 츠바이게르트·하인 쾨츠, 양창수 역, 비교사법제도론, 대광문화사, 1991, 409-410면.

7) 2 Bur 1005.

였다.

영국에서 이렇게 부당이득법이 더디게 발전한 이유는 크게 두 가지이다.[9] 첫째, 부당이득은 네 가지 소권 중 어느 하나에 기반하여 청구하여야 했기 때문이다. 즉 수취금전 반환청구(money had and received to the defendant's use), 지급금전 반환청구(money paid to the defendant), 물품상당액 지급청구(quantum valebat), 제공노무상당액 지급청구(quantum meruit) 중 하나를 소권으로 삼아 청구를 해야 했는데, 이들 소권은 종래의 보통법상의 소권으로 그 자체가 부당이득반환청구를 독자적으로 표상하는 것도 아니고, 소권이 위와 같이 네 가지로 나누어져 있어 부당이득법이 단일화된 체계로 발전하기 어려웠다. 둘째, 부당이득을 설명함에 있어 수익자가 이득을 반환하기로 묵시적으로 약속하였음이 인정되어야 부당이득반환의무를 부담한다는 묵시적 계약 이론(the implied contract theory)에 의존하였기 때문이었다. 이에 따라 부당이득법은 독자적인 법체계가 아니고 계약법의 부속물이라는 인식이 강하였다.

그러나 고프 경(Lord Goff)이 가레스 존스(Gareth Jones)와 함께 1966년『부당이득법(The Law of Restitution)』초판을 출간하면서 부당이득법이 통일적으로 설명되기에 이르렀다. 이에 영향을 받아 영국의 House of Lords는 1991년 Lipkin Gorman v Karpnale Ltd. 사건(변호사가 로펌의 자금을 절취한 후 이를 카지노 클럽에서 도박자금으로 사용한 사안이다)을 통해 '로펌의 손실로 카지노 클럽이 부당하게 이득을 취득하였다는 점이 입증이 되면, 로펌은 카지노 클럽에 대하여 변호사가 절취한 자금의 반환을 구할 수 있다'고 판시하여 부당이득반환법리를 독자적인 법리로 인정하였다.

8) [1991] 2 AC 548.

9) Graham Virgo, *The Principles of the Law of Restitution*, pp. 45-46.

(2) 영국의 부당이득법 체계와 부당이득의 성립

영국의 부당이득법은 크게 두 영역으로 나누어져 있는데, 손실자의 재산 감소에 따른 부당이득(restitution in unjust enrichment by subtraction)과 위법행위로 인한 원상회복(restitution for wrongs)이 그것이다.[10] 전자는 대륙법의 부당이득 개념에 접근한 것으로 원고의 손실에 의하여 피고가 이득을 얻은 경우에 발생하는 부당이득이다. 한편, 후자는 피고가 원고에 대한 위법행위(wrongs)에 의하여 이득을 얻은 경우에 위법한 이익을 박탈하는 구제수단으로 '원고의 손실에 의하여'는 권리발생요건에 해당하지 않는다. 전자는 정당화할 수 없는 재화의 이전을 교정하는 데 방점이 있는 반면 후자는 위법행위에 대한 억제(deterrence)에 방점을 두고 있는데, 소멸시효 기간, 피고의 항변 등의 법리에 있어서 차이가 있다.[11] 본고와 관련하여서 양자의 가장 의미 있는 차이는 후자(위법행위로 인한 원상회복)에 한하여 이득토출책임이 인정된다는 점에 있는데, 이에 관하여는 후술한다.

손실자의 재산 감소에 따른 부당이득이 성립하기 위해서 원고는

---

10) Andrew Burrows, *The Law of Restitution*, pp. 9-10; 김상중, "영국의 restitution for wrongs와 위법이익의 반환-우리 부당이득법의 수용 여부와 손해배상법의 발전방향에 대한 시사점", 민사법학 제78호(2017. 2), 327면.

11) 고프 경(Lord Goff)과 가레스 존스(Gareth Jones)가 집필한 「The Law of Restitution」은 제7판까지는 손실자의 재산 감소에 따른 부당이득과 위법행위로 인한 원상회복을 모두 기술하였으나, 위법행위로 인한 원상회복은 진정한 의미의 부당이득법이 아니라는 이유로 더는 다루지 않기로 하고 제8판부터 책의 제목을 「The Law of Unjust Enrichment」로 수정하였다(Goff & Jones, *The Law of Unjust Enrichment*, 9th ed., Sweet & Maxwell(2016), p. 5). 그러나 영국의 대부분의 교과서는 위법행위로 인한 원상회복을 부당이득법에서 다루고 있다(Andrew Burrows, *The Law of Restitution*, p. 621 이하; Graham Virgo, *The Principles of the Law of Restitution*, p. 415 이하). 미국 제3차 부당이득법 리스테이트먼트도 마찬가지이다(R3RUE chapter 5 참조). 이와 관련한 논의로는 진도왕, "미국 침해부당이득법 개관-제3차 부당이득법 리스테이트먼트를 중심으로", 재산법연구 제33권 제3호(2016), 260-263면.

원고의 손실에 의하여 피고가 이득을 취득하였을 것 이외에 법적 관점에서 피고의 이득을 부당하다고 볼 수 있는 요소를 입증해야 하는데, 이러한 요소를 「부당요소(unjust factor)」라고 한다.[12] 영국에서 원고의 손실로 피고가 부당하게 이득을 취득하였다고 하여 원고에게 부당이득청구권이 발생한다는 일반적인 법리는 존재하지 않으며,[13] 부당요소가 인정되어야만 부당이득반환청구권이 발생한다. 부당요소에 해당하는 것으로는 착오(mistake), 강박(duress), 부당한 압력(undue influence), 궁박(exploitation of weakness), 행위무능력(human incapacity), 약인의 소멸(failure of consideration), 무지(ignorance), 강요된 제3자의 채무 변제(compulsory discharge of another's legal liability), 긴급피난(necessity), 불법성(illegality), 공공기관의 권한 유월(public authority ultra vires) 등이 있다.

대륙법의 경우 「법률상 원인의 결여(absence of basis, ohne rechtlichen Grund)」의 개념을 사용함으로써 부당이득의 발생원인을 일반적이고 포괄적으로 접근할 수 있지만, 영국은 「부당요소(unjust factor)」의 개념을 사용함으로써 새로운 부당이득의 유형에 유연하게 대처할 수 없고 부당이득을 전체적으로 조망하지 못하는 문제가 있다.[14]

2. 위법행위로 인한 원상회복(restitution for wrongs)

(1) 위법행위로 인한 원상회복(restitution for wrongs)의 법리

영국에서 위법행위로 인한 원상회복은 근본적으로 '어느 누구도

---

12) Andrew Burrow, *The Law of Restitution*, p. 201 이하; Goff & Jones, *The Law of Unjust Enrichment*, p. 15. 부당요소에 대하여 우리나라에 소개한 문헌으로는 박세민, "영국 부당이득법의 부당요소", 법학논집 제18권 제3호, 이화여자대학교 법학연구소(2014).

13) Woolwich Equitable Building Society v IRC [1993] AC 70 at 196-197.

14) 영국의 부당요소에 대한 비판으로는 Reinhard Zimmermann, "Unjustified Enrichment: The Modern Civilian Approach", *15 Oxford J. Legal Stud. 403*, 416 (1995) 참조.

자신의 위법행위로부터 이득을 취할 수 없다(A person shall not profit from his or her wrong)'는 법리에 근거하고 있다.[15] 그러나 이 법리를 논리적으로 관철하게 되면 피고는 모든 위법행위에 대하여 이득을 반환해야 한다는 결론에 이르게 되는데, 그렇게 되면 원고가 자신의 손실을 넘는 이득을 반환받을 수 있어서 오히려 원고가 부당한 이득을 취하는 결과가 발생할 수 있다. 그렇다고 이러한 결과를 의식하여 피고로 하여금 위법행위에 대한 이득을 보유하도록 두면 위법행위를 억제할 수 없게 된다.

영국에서는 위와 같이 충돌하는 두 관점을 절충하고자 일정한 유형의 위법행위에 대해서만 위법행위로 인한 원상회복을 인정하였다. 피고가 위법행위를 한 경우에 원고가 그로 인하여 손실을 입지 않았다고 하더라도, 피고가 그로 인한 이득을 취하는 것을 허용하기보다는 피고가 이득을 반환하는 것이 타당하다고 생각되는 일정한 경우에 한하여 위법행위로 인한 원상회복을 인정한 것이다.[16] 이하에서는 어떤 경우에 위법행위로 인한 원상회복이 인정되는지 살펴보고자 한다.

(2) 위법행위로 인한 원상회복(restitution for wrongs)의 성립

영국에서는 다음과 같은 세 가지 경우에 위법행위로 인한 원상회복이 성립된다고 보고 있다. 즉, ① 불법행위로 인한 원상회복(restitution for torts), ② 계약위반에 따른 원상회복(restitution for breach of contract), ③ 형평법상의 위법행위로 인한 원상회복(restitution for equitable wrongs)이 그것이다.[17] 이하에서는 각각에 관하여 살펴보기로 한다.

---

15) Graham Virgo, *The Principles of the Law of Restitution*, p. 421. R3RUE §3도 같은 내용이다.

16) Halifax Building Society v Thomas 사건에서 Peter Gibson 판사는 "위법행위가 있는 경우 이로부터 발생한 이득을 항상 반환해야 한다는 일반적 법원리를 주장할 수는 없다"고 판시하였다([1996] Ch 217 at 227).

17) Andrew Burrow, *The Law of Restitution*, pp. 621-623; Graham Virgo, *The Principles of the Law of Restitution*, p. 415 이하; James Edelman, *Gain-Based*

1) 불법행위로 인한 원상회복(restitution for torts)

불법행위로 인한 원상회복(restitution for torts)은 피고가 불법행위로 얻은 이익을 원고에게 반환하여야 하는 것을 의미한다. 앞서 본 바와 같이 원고에게 손실이 있었는지 여부와 관계없이 피고로 하여금 얻은 이익을 포기하고 이를 원고에게 반환하도록 한다는 점에서 불법행위책임과 구별된다. 이에 반하여 불법행위로 인한 손해배상(compensation)은 피해자의 손실을 전보하는 데 목적이 있으므로 피해자의 손실이 있는 만큼 불법행위자의 재산을 피해자에게 이전시키는 것이다.

이처럼 불법행위로 인한 손해배상은 피해자의 손실을 중심에 둔 구제수단인 반면, 불법행위로 인한 원상회복은 불법행위자의 이득을 중심에 둔 구제수단이다. 불법행위로 인한 손해배상에서는 피해자(victim)를 불법행위가 발생하기 이전의 지위로 돌려놓는 것인 반면, 불법행위로 인한 원상회복에서는 불법행위자(tortfeasor)를 불법행위가 발생하기 이전의 지위로 돌려놓는 것이다.[18)]

영국에서 모든 불법행위가 원상회복의 원인이 되지는 않고 어떤 불법행위를 저지른 경우에 원상회복이 인정되는지 다양한 견해가 표출되고 있으나, 판례를 일별하면 다음과 같이 설명할 수 있다.

판례는 원고의 물권을 침해하는 불법행위(proprietary torts)와 비재산적 권리를 침해하는 불법행위(non-proprietary torts)를 구별하여 전자의 경우에 불법행위로 인한 원상회복을 인정하고 있다. 전자의 예인 부동산 점유침탈(trespass to land),[19)] 타인 소유물의 횡령(conversion),[20)]

Damages: Contract, Tort, Equity and Intellectual Property, Hart Publishing(2002), p. 113 이하.

18) Francesco Giglio, *The Foundations of Restitution for Wrongs*, Hart Publishing (2007), p. 34.

19) Stadium Capital Holdings (No 2) Ltd v St Marylebone Property Company Plc [2010] EWCA Civ 952.

20) Lamine v. Dorrell (1706) 2 Ld. Raym 1216, 92 ER 303.

지식재산권 침해(interference with intellectual property rights)[21]의 경우에 불법행위로 인한 원상회복을 인정하고 있다. 그러나 후자의 예인 비방, 명예훼손, 상해, 폭행 등의 경우에는 불법행위로 인한 원상회복을 인정하지 않고 있다.[22]

다만, 물권의 향유를 침해하는 생활방해(nuisance)에 대하여 판례는 소극적인 입장인데,[23] 이에 대하여는 대물적 권리(proprietary right)를 명백히 침해하는 불법행위인 경우에는 불법행위로 인한 원상회복을 인정해야 하므로, 생활방해에 대하여도 부동산 점유침탈, 타인 소유물의 횡령과 마찬가지로 불법행위로 인한 원상회복을 인정하여야 한다는 비판이 있다.[24]

한편, 기망(deceit)에 대하여도 판례는 불법행위로 인한 원상회복의 인정에 소극적인데,[25] 기망의 경우 비재산적 권리를 침해하는 불법행위에 해당하므로 판례가 위와 같은 입장을 보인 것으로 해석할 수 있다.

2) 계약위반에 따른 원상회복(restitution for breach of contract)

계약위반에 따른 원상회복은 계약위반으로 얻은 이익을 원고에게 반환해야 하는 것을 의미한다. 전통적으로 영국에서의 계약위반이 있는 경우에 계약위반에 따른 원상회복을 인정하지 않아왔다.[26] 계약위

21) Twentieth Century Fox Film Corporation v Harris [2013] EWHC 159 (Ch)(저작권 침해 사안이다); My Kinda Town Ltd v Soll [1982] FSR 147(타인의 상표를 사칭한 사안이다).

22) Andrew Burrow, *The Law of Restitution*, p. 660 이하.

23) Stoke-on-Trent City Council v W & J Wass Ltd [1988] 1 WLR 1406(피고가 고의로 원고의 시장권(market right)을 침해하는 거리에서 시장을 개설한 사안이다). 미국의 경우에도 소극적이다. Marmo v Tyson Fresh Meats, Inc., 457 F.3d 748(8th Cir. 2006).

24) Andrew Burrow, *The Law of Restitution*, p. 662.

25) Halifax Building Society v. Thomas [1996] Ch 217(피고가 기망에 의하여 원고로부터 금전을 차용하여 주택을 구매한 후 고가에 이를 매각하였는데, 원고가 대여금 이외에도 이를 초과하여 주택 매각대금에 대하여 반환을 구할 수 있는지 문제가 된 사안으로, 항소심 법원은 그 반환을 구할 수 없다고 하였다).

반이 있는 경우에 이행이익 또는 신뢰이익의 배상을 구함으로써 손해배상을 구할 수 있지만 부당이득법의 구제수단은 인정하지 않아온 것이다.

이러한 전통은 House of Lords가 2001년 선고한 Attorney-General v Blake 사건[27]을 통해 깨지게 되었다. 위 사건에서 피고는 영국과 소련의 이중첩보원으로 활동하면서 영국의 정보를 소련에 전달한 혐의로 유죄판결을 받자 모스크바로 도주한 다음, 자서전을 집필하여 출판사로부터 인세를 지급받았다. 이에 원고(영국 정부)는 피고가 영국의 첩보원으로 활동하면서 기밀을 누설하지 않기로 원고와 약정하였음에도 그 약정을 위반하여 기밀을 누설하는 자서전을 집필하였다고 주장하면서, 피고가 얻은 인세(이득)의 반환, 즉 계약위반에 따른 원상회복을 구하였다. 이에 대하여 House of Lords는 '계약위반에 있는 경우 전보적 손해배상을 구하는 것이 원칙이므로 예외적인 경우에 한하여 계약위반으로 얻은 이익의 반환을 구할 수 있다'고 판시하면서도 '전보적 손해배상으로 불충분하고, 원고가 피고의 수익활동 금지와 위법 이익의 박탈에 관하여 정당한 이해관계가 있는 경우에 계약위반에 따른 원상회복을 구할 수 있다'고 하여 예외적으로 계약위반에 따른 원상회복이 인정되는 경우를 인정하였다. 이에 따라 이 사건에서 피고가 의도적·반복적으로 계약을 위반하였고, 첩보원으로서 국가에 대하여 부담하는 의무는 신임의무에 준하여 볼 수 있다는 등

---

26) 대표적인 판결로는 Tito v Waddell (No 2) [1977] Ch 106; Surrey County Council v Bredero Homes Ltd [1993] 1 WLR 1361. 이러한 흐름의 유일한 예외로 평가되는 판결로는 Wrotham Park Estate Co v Parkside Homes Ltd [1974] 1 WLR 798 (피고가 인접 토지 소유자인 원고와 건축제한약정을 맺었음에도 그 약정을 위반하여 건축을 한 사안으로, 피고가 건축제한약정을 위반하여 얻은 수익에 기초하여 피고의 배상액을 정하였다)이 있으나, 위 판결은 2018. 4. 18. 선고된 Morris-Garner and another v One Step (Support) Ltd [2018] UKSC 20에 의하여 폐기된 것으로 보인다.

27) [2001] 1 AC 268.

의 논거로 계약위반에 따른 원상회복이 인정된다고 판단하였다.[28]

3) 형평법상의 위법행위로 인한 원상회복(restitution for equitable wrongs)

피고가 원고에 대하여 부담하는 형평법상의 의무를 위반하여 얻은 이익을 원고에게 반환하여야 하는 것을 의미한다. 전형적인 형평법상의 위법행위에는 신임의무 위반(breach of fiduciary duty)[29]과 비밀누설(breach of confidence)[30]이 있는데, 이러한 위법행위로 얻은 이익을 반환하여야 하는 것이다. 신임관계나 비밀을 유지하여야 하는 관계가 형성되었다는 것은 피고가 자신의 지위를 남용하여 쉽게 이득을 얻을 기회를 얻게 되었다는 것을 의미하므로, 피고로 하여금 그 지위를 남용하지 못하도록 강력한 억제책이 요청된다. 형평법상의 위법행위로 인한 원상회복은 이와 같은 맥락에서 발전된 법리이다.[31]

중요한 점은 불법행위나 계약위반이 있는 경우에 손해배상을 원칙으로 하므로 이득반환을 구하는 원상회복책임은 예외적 내지 보완적 구제수단으로 기능하지만, 형법상의 위법행위로 인한 원상회복은 위반행위의 높은 억제필요성에 따라 예외적인 것이 아니라 일반적으로 인정되는 구제수단이라는 점이다.[32]

신임의무(fiduciary duty)는 영미의 명시적 신탁의 맥락에서 처음

28) 이후 위 판례에 따라 계약위반에 따른 원상회복을 인정한 판결로는 Esso Petroleum Co Ltd v Niad Ltd [2001] ALL ER (D) 324. 위 판결의 의의에 대한 설명으로는 John D. McCamus, "Disgorgement for Breach of Contract: A Comparative Perspective", *36 Loy. L.A. L. Rev. 943*, 961-969 (2003); Melvin A. Eisenberg, "The Disgorgement Interest in Contract Law", *105 Mich. L. REV. 559*, 589-591 (2006).

29) Boardman v Phipps [1967] 2 AC 46(H.L. 1966); Murad v Al-Saraj [2005] EWCA Civ 959.

30) Attorney-General v Guardian Newspapers Ltd(No 3) [1990] 1 AC 109.

31) Graham Virgo, *The Principles of the Law of Restitution*, p. 486 이하.

32) 김상중, 앞의 논문(주 11), 339면. 신임관계, 예를 들어 신탁관계에서 수탁자가 신임의무를 위반하여 수익을 얻은 경우에 그 수익에 대하여 영미신탁법에서 의제신탁(constructive trust)을 인정하는 것도 위와 같은 맥락이다.

창안된 이론이다.[33] 상론하면, 수탁자가 상당한 재량을 부여 받으면서 신탁재산을 이전받음에 따라 신탁의 목적에 위반하여 수익자보다 자신의 이익을 앞세울 수 있는 문제가 발생하였고, 이 문제를 해결하기 위하여 형평법이 개입을 하였는데, 특히 형평법은 수탁자에게 자신의 이익보다는 수익자의 이익을 더 우선하도록 신임의무를 부과하였고, 이후 형평법은 신임의무를 다른 수임관계, 예를 들면 회사와 그 임원, 변호사와 의뢰인, 파트너십(partnership)의 구성원 상호간 등의 관계에 확대 적용하였다. 「신임의무」의 구체적 내용은 「이익상반금지원칙(no conflict rule)」과 「이익취득금지원칙(no profit rule)」으로 이해되는데, 「이익상반금지원칙」은 수탁자는 수익자의 이익을 위해서만 신탁사무를 처리할 의무가 있으므로 수탁자는 개인적인 이익과 수익자의 이익이 충돌하거나 충돌할 우려가 있는 상황에 자신을 두어서는 아니 된다는 것이고, 「이익취득금지원칙」은 수탁자는 직접 또는 간접적으로 신탁사무의 수행과정에서 또는 신탁재산을 이용하여 이익을 취하여서는 아니 된다는 것이다.[34]

이러한 신임의무 위반 여부는 엄격하게 판단하여야 한다. 객관적으로 신임의무 위반이 있으면 성립하는 것으로 피고가 선의로 하였다거나 수익자의 최선의 이익을 위하여 위반행위를 하였다는 점을 항변사유로 삼을 수 없다.[35] 신임의무 위반을 제재할 필요성이 크므로 무과실책임으로 인정되는 것이다.[36]

---

33) 신탁에서의 신임관계의 기원에 대한 설명은 Sarah Worthington, *Equity*, 2nd ed., Oxford University Press(2006), p. 129 이하 참조.

34) 이익상반금지원칙, 이익취득금지원칙에 대하여는 Graham Moffat, *Trusts Law*, 5th ed., Cambridge (2009), p. 855 이하; Austin W. Scott, William F. Fratcher & Mark L. Ascher, *The Law of Trusts*, *vol. 3*, 5th ed., Aspen Publishers (2006), p.1078 이하; 이계정, 신탁의 기본 법리에 관한 연구-본질과 독립재산성, 경인문화사, 2017, 134-135면.

35) Regal (Hastings) Ltd v Gulliver [1967] 2 AC 134; Boardman v Phipps [1966] 2 AC 46.

한편, 비밀을 유지할 의무가 있음에도 비밀을 누설한 경우에 비밀 누설로 인한 이득토출책임을 부담하는데, 이러한 책임이 인정되려면 ① 해당 정보가 비밀이라고 분류할 수준으로, ② 피고에게 비밀 유지 의무를 인정할 만한 상황에서 해당 정보가 전달되었고, ③ 해당 정보를 전달한 사람에게 해가 되도록 해당 정보를 동의 없이 사용하였을 것이 인정되어야 한다.[37] 앞서 본 바와 같이 신임의무 위반으로 인한 이득토출책임은 무과실책임지만, 비밀 유지 위반으로 이유로 이득토출책임을 지우려면 원고는 피고의 고의를 입증해야 한다.

3. 영국의 부당이득법상 구제수단

(1) 영국의 부당이득법상 구제수단 일반

1) 영국의 부당이득법에서 구제수단(remedy)은 대인적 구제수단과 대물적 구제수단으로 나눌 수 있다.[38]

대인적 구제수단은 대세효가 없어서 채무자 이외의 제3자에 대하여 주장할 수 없다. 앞서 본 바와 같이 영국의 부당이득은 수취금전 반환청구(money had and received to the defendant's use), 지급금전 반환청구(money paid to the defendant), 물품상당액 지급청구(quantum valebat), 제공노무상당액 지급청구(quantum meruit) 중 하나를 소권으로 삼아야 하는데, 이러한 구제수단은 채무자에 대하여만 금전지급청구를 할 수 있는 것으로 대인적 구제수단이라고 할 수 있다.

한편, 위법행위로 인한 원상회복이 성립하는 경우에[39] 뒤에서 보

36) James Edelman, *Gain-Based Damages: Contract, Tort, Equity and Intellectual Property*, pp. 212-216.

37) Primary Group (UK) Ltd v Royal Bank of Scotland Plc [2014] EWHC Ch 1082.

38) Peter Birks, *Unjust Enrichment*, p. 163 이하; Goff&Jones, *The Law of Unjust Enrichment*, p. 905 이하. 우리법상 가액반환, 원물반환에 대응한다고 볼 수 있다.

39) 앞서 본 바와 같이 위법행위로 인한 원상회복은 ① 불법행위로 인한 원상회복(restitution for torts), ② 계약위반에 따른 원상회복(restitution for breach of contract), ③ 형평법상의 위법행위로 인한 원상회복(restitution for equitable

는 바와 같이 원고는 수취금전 반환책임(money had and received), 이득토출책임(disgorgement, account of profits), 원상회복적 배상(restitutionary damages)을 구할 수 있는데, 이러한 구제수단도 채무자에 대한 금전지급청구라는 점에서 대인적 구제수단이라고 할 수 있다.

대물적 구제수단은 대세효가 있어서 채무자 이외의 제3자에 대하여도 주장할 수 있고, 채무자의 다른 채권자에 대하여 우선권을 주장할 수 있다.[40] 대물적 구제수단에는 계약해소 및 원상회복(rescission and restitution), 의제신탁(constructive trust), 형평법상 담보(equitable lien, equitable charge), 대위(subrogation)가 있다. 이러한 대물적 구제수단은 우리에게 낯선 개념이므로 이에 대하여 설명한다.

2) 계약해소 및 원상회복(rescission and restitution)은 강박, 부당한 압력, 행위무능력 등을 이유로 계약을 소급하여 무효로 함으로써 계약당사자 사이에 양수한 물건을 반환받는 것을 의미한다.[41]

의제신탁(constructive trust)이란 당사자의 의사와는 관계없이 특정재산의 권리자를 법률상 수탁자로 의제하는 신탁관계를 말하며, 명목상의 권리가 있음을 기화로 부당이득을 취한 자에 대하여 그 부당이득을 정당한 권리자에게 반환하도록 하기 위한 구제수단으로서 의미가 있다. 예를 들어 수탁자가 신임의무를 위반하여 신탁재산을 처분한 경우에, 신탁재산에 속하는 물건이 이미 수탁자의 손을 떠나 제3자의 수중에 있음에도 제3자에 대해서 수익자는 형평법상의 소유권을 주장할 수 있다는 것인데, 이는 수익자와 제3자 사이에 의제신탁(constructive trust)이 성립하였다고 보기 때문이다.[42]

---

wrongs)의 경우에 각 성립한다.

40) 이와 관련된 추급권(tracing)의 법리에 대하여는 Lionel D. Smith, *The Law of Tracing*, Clarendon Press(1997), p. 119 이하; 이계정, "형평법상 추급권과 신탁의 법리", 저스티스 통권 157호(2016. 12), 116면 이하 참조.

41) Graham Virgo, *The Principles of the Law of Restitution*, pp. 21-33.

42) Hanbury & Martin, *Modern Equity*, 19th ed., Sweet & Maxwell(2012), p. 328.

형평법상 담보(equitable lien, equitable charge)는 원고의 자산이나 용역이 피고의 물건의 가치를 증가시킨 경우와 같이 원고가 피고에 대하여 부당이득반환을 구할 수 있는 권리 등을 가지는 경우에 이를 담보하기 위하여 법원에 의하여 인정되는 담보이다.[43] 의제신탁이 인정되는 경우 원고는 해당 물건에 대하여 형평법상의 소유권(equitable ownership)을 가지지만, 형평법상의 담보가 인정되는 경우에 원고는 해당 물건에 대하여 담보권을 가질 뿐이다. 따라서 형평법상의 담보권자는 해당 물건이 제3자에게 이전되더라도 특별한 사정이 없는 한 담보권을 행사할 수 있으며, 담보권의 구체적 행사방법은 경매이며, 그 대가(proceeds)로부터 일반 채권자에 우선하여 변제를 받을 수 있다.

끝으로 대위(subrogation)에 대하여 설명하면 다음과 같다. 채무자가 제3자에 대하여 채무를 부담하는 경우 또는 제3자에게 담보권을 설정한 경우에, 원고가 채무자를 대신하여 제3자에게 변제하여 채무나 담보를 소멸시키면 원고는 제3자가 채무자에 대하여 가지는 권리를 이전받을 수 있는데, 이를 대위라고 한다.[44] 원고는 위와 같은 경우에 채무자에 대하여 부당이득의 반환을 구할 수 있는 권리를 가지는데 그 자체는 대인적 권리이다. 그러나 제3자의 권리가 담보권 등 우선적 권리가 인정되는 권리인 경우에 원고는 그 권리를 이전받음으로써 채무자의 일반채권자에 우선하여 만족을 얻을 수 있는 지위를 누리므로 대위를 대물적 구제수단으로 분류하는 것이다.

(2) 위법행위로 인한 원상회복의 구제수단

위법행위로 인한 원상회복이 성립하는 경우에 대인적 구제수단으로 원고는 ① 수취금전 반환책임(money had and received), ② 이득토출

---

43) Graham Virgo, The Principles of the Law of Restitution, p. 635. 형평법상의 담보가 주로 부당이득과 관련하여 인정되지만, 다른 권리를 보호하기 위하여도 인정될 수 있다.

44) Goff&Jones, *The Law of Unjust Enrichment*, p. 968 이하.

책임(disgorgement, account of profits), ③ 원상회복적 배상(restitutionary damages)을 구할 수 있다. 위 구제수단의 공통점은 반환범위에 있어 손해전보를 중심에 두지 않고 상대방이 취득한 이득반환을 중심에 두는 구제수단(gain-based remedy)이라는 점이다. 이득토출책임을 이해하기 위해서는 수취금전 반환책임, 원상회복적 배상도 같이 살펴볼 필요가 있으므로 이하에서 살펴본다.

우선 수취금전 반환책임(money had and received)은 피고가 위법행위를 통해 금전을 취득한 경우에 그 금전(그 금전에 상응하는 액수)을 원고에게 반환해야 하는 책임을 의미한다.[45] 가령 피고가 보관 중이던 원고의 물건을 횡령하여 제3자에게 10,000달러에 처분한 경우에 원고는 해당 물건의 시가가 얼마인지 여부와 관계없이 10,000달러의 반환을 구할 수 있는 것이다.[46] 수취금전 반환책임이 인정되려면 반드시 피고가 위법행위로 취득한 금전이 손실자의 재산 감소에 기인하였음이 인정되어야 한다.[47] 수취금전 반환책임은 뒤에서 상론할 이득토출책임과 다음과 같은 점에서 구별이 된다. ① 수취금전 반환책임은 보통법상 구제수단인 반면 이득토출책임은 원래 형평법상 구제수단이며(따라서 수취금전 반환책임은 형평법이 적용되는 형평법상의 위법행위로 인한 원상회복에는 적용될 수 없다), ② 수취금전 반환책임은 원고의 재산 감소가 그 요건이므로 피고가 위법행위로 얻은 순이익을 박탈하고자 하는 것은 아니다.

한편, 원상회복적 배상(restitutionary damages)은 피고가 위법행위를 통해 적극적 이익(positive benefit)을 얻은 것은 아니지만 지출을 면하게 된 비용에 대한 배상책임이다.[48] 예를 들어 피고가 원고의 자동

45) Graham Virgo, *The Principles of the Law of Restitution*, p. 424.
46) 대표적인 판례로는 Lamine v Dorrell (1701) 2 Ld Raym 1216; Chesworth v Farrar [1967] 1 QB 407.
47) Graham Virgo, *The Principles of the Law of Restitution*, p. 424.
48) 원상회복적 배상(restitutionary damages)은 학자마다 서로 다른 의미로 사용된다.

차를 허락 없이 이용한 경우에 피고는 렌트비 상당의 비용 지출을 면하였으므로 피고는 통상의 렌트비 상당을 배상하여야 한다.

원상회복적 배상은 원고의 재산 감소를 그 요건으로 하지 않는다는 점에서 수취금전 반환책임과 구별되며, 피고가 위법행위를 통해 얻은 이익의 반환이 아니라 지출을 면하게 된 비용 상당액을 지급한다는 점에서 이득토출책임과도 구별된다.

4. 영국의 이득토출책임

(1) 이득토출책임의 의의와 근거

이득토출책임(disgorgement, account of profits)은 위법행위로 인한 원상회복에 인정되는 구제수단으로 피해자의 손실 여부와 관계없이 이득자로 하여금 위법행위로 얻은 이익을 반환하게 하는 법리를 말한다. 원래 이득토출책임은 형평법상의 구제수단으로 형평법상의 위법행위에 적용되었으나, 현재는 불법행위로 인한 원상회복, 계약위반에 따른 원상회복에도 적용됨으로써 형평법과 보통법을 아우르는 일반적 구제수단으로 자리매김하였다.

이득토출책임은 우선 '어느 누구도 자신의 위법행위로부터 이득을 취할 수 없다(A person shall not profit from his or her wrong)'는 법리에 근거한다. 이득토출책임의 이론적 근거에 대하여는 후술하는 바와 같이 교정적 정의(corrective justice)에 입각하여 설명하는 견해도 있으나,[49] '위법행위에 대한 억제'가 일반적으로 언급되고 있다. 비난

Edelman은 피고가 수취한 이익의 객관적 가치를 배상하는 경우를 원상회복적 배상이라고 표현하고 있고(James Edelman, *Gain-Based Damages: Contract, Tort, Equity and Intellectual Property*, pp. 66-67), Giglio는 피고가 수취한 이득 전부를 반환하는 이득토출책임까지 포함하여 원상회복적 배상이라고 표현한다(Francesco Giglio, *The Foundations of Restitution for Wrongs*, p. 208). 본 논문에서는 Virgo 교수의 견해에 따랐다(Graham Virgo, *The Principles of the Law of Restitution*, p. 427).

49) Ernest J. Weinrib, "Restitutionary damages as corrective justice", *1 Theoretical*

가능성이 높은 위법행위를 하는 경우에 그 위법행위로 인한 이익을 박탈한다는 점을 명확히 함으로써 위법행위를 억제할 수 있고, 신임관계를 남용하여 이익을 얻는 경우에 그 이익을 반환하여야 한다는 점을 명확히 함으로써 신임의무 위반을 억제할 수 있다는 것이다.[50)] 다만, 신임의무 위반에 따른 이득토출책임에 대하여는 「1차적 귀속법리(primary rule of attribution)」로 설명하는 견해도 있다. 즉 신임관계가 형성된 경우 수탁자는 수익자의 이익을 위하여 행동하여야 하고 이익이 발생한 경우 수익자에게 이를 귀속시킬 1차적 의무를 부담하는바, 수탁자가 신임관계를 악용하여 얻는 이익도 1차적으로 수익자에게 귀속되어야 한다는 것이다.[51)]

이득토출책임은 피고의 위법행위로 원고의 손실을 초과하는 이익이 발생한 경우 또는 원고의 손실을 입증하기 어려운 경우에 매우 유용한 구제수단이다. 불법행위책임의 경우 원고의 손해를 전보하기 위한 제도이므로 손실을 초과하는 이익의 반환을 구할 수 없고, 원고가 손해를 입증해야 하는 불이익이 수반되기 때문이다. 손해는 해당 행위가 없었던 경우의 원고의 재산적 상태와 현재의 재산적 상태의 차이이므로 가정적 상황에 기초하여 그 입증을 하여야 한다. 따라서 입증이 용이하지 않은 경우가 있다. 그러나 이득토출책임의 경우 피고가 얻은 이득 그 자체는 현실적으로 발생한 것이므로 가정적 계산이 불필요하여 원고가 입증상의 이익을 누릴 수 있다.

한편, 이득토출책임은 징벌적 배상(punitive damages)과는 다르다.

Inq. L. 1, 4-7 (2000).

50) Stephen Watterson, "Gain-based remedies for civil wrongs in England and Wales", in *Disgorgement of Profits: Gain-Based Remedies throughout the World* (Ewoud Hondius · Andre Janssen ed., Springer, 2015), p. 43 이하; James Edelman, *Gain-Based Damages: Contract, Tort, Equity and Intellectual Property*, p. 83.

51) Lionel Smith, "Deterrence, prophylaxis and punishment in fiduciary obligations", *7 J Equity*, 87, 101, (2013).

징벌적 배상의 경우 징벌(punishment)이 목적이므로 피고가 배상해야 하는 손해배상액에 관하여 제한이 없다. 그러나 이득토출책임은 징벌이 목적은 아니고 위법한 이득의 환수를 통한 위법행위에 대한 억제(deterrence)가 주목적이므로 피고가 반환해야 하는 금액에 한계가 설정되어 있다. 그 한계는 다름 아닌 피고가 위법행위로 얻은 이득이다.

(2) 이득토출책임의 적용범위

1) 이득토출책임은 원고의 손실 여부와 관계없이, 또는 원고의 손실이 있더라도 그 손실을 초과하는 이득을 반환하여야 하는 것이므로 피고에게 다소 가혹할 수 있다. 원래 위법행위가 있는 경우에 위법행위로 인하여 피해자가 입은 손실만큼 전보받는 것이 원칙이므로, 이득토출책임은 예외에 해당하는 것이다.

현재 영국에서 이득토출책임이 적용될 수 있는 경우는 다음과 같은 경우로 앞서 본 위법행위로 인한 원상회복(restitution for wrongs)이 성립되는 경우이다. ① 타인 소유물의 횡령, 부동산 점유 침탈, 주거침입과 같은 소유권에 대한 방해, ② 특허권 침해, 저작권 침해, 상표권 침해, 타인의 상표 사칭과 같은 주요 지식 재산권 침해, ③ 계약위반, ④ 신임의무 위반, ⑤ 비밀 유지의무 위반의 경우에 이득토출책임이 인정될 수 있다. 판례의 경향은 물권을 강하게 보호하고자 물권을 침해하는 불법행위(횡령, 부동산 점유침탈, 주거침입, 지식재산권 침해)에 대하여 이득토출책임을 넓게 인정하나,[52] 비재산적 권리를 침해하는 불법행위(비방, 명예훼손, 폭행, 부당고소)에 대하여는 원칙적으로 이득토출책임을 인정하지 않는다.[53] 그리고 '의도적으로' 위법행위를 하거나 계약위반을 한 경우에 이득토출책임을 인정한 판례도 있으나,[54] 모든 사안에서 주관적 요건으로서 '의도적으로'를 요구하지는

52) 다만, 생활방해(nuisance)에 대하여 판례가 이득토출책임에 소극적이라는 점은 앞에서 본 바와 같다.

53) 판례의 경향에 대하여는 Andrew Burrow, *The Law of Restitution*, p. 660.

않는다. 가령 지식재산권 침해로 인한 이득토출책임을 인정함에 있어 고의적으로 위법행위를 하였음을 항상 요구하고 있지는 않다.[55]

이득토출책임이 적용되는 경우는 위와 같은 경우에 한정되지 않으며, Attorney-General v Blake 사건에서 보았듯이 향후 얼마든지 확장될 수 있다.[56]

2) 중요한 점은 이득토출책임을 어떤 기준에 의하여 인정할지에 있다. 앞에서 본 바와 같이 영국의 법원이 명확하고 일관된 기준을 제시하고 있지 않다. Edelman은 그 기준에 대하여 다음과 같이 주장한다.[57] Edelman은 위법행위로 인한 원상회복(restitution for wrongs)에는 두 가지 구제수단, 즉 ① 원고로부터 피고에게 위법하게 이전된 재산의 회복을 꾀하는 것으로 피고에게 이전된 재산의 객관적 가치(objective gain)의 반환을 구하는 「원상회복적 배상(restitutionary damages)」과 ② 원고로부터 피고에게 재산의 이전이 있었는지 여부와 관계없이 위법행위를 통해 피고가 실제 취득한 금전을 박탈하는 「이득토출책임(disgorgement damages)」이 있다고 주장하였다. 그는 전자는 원고의 손실에 상응하여 피고에게 배상을 구하는 교정적 정의에 기초하므로 위법한 가치의 이전 사안에 보편적으로 적용되어야 하는 반면, 후자는 위법행위 억제라는 추가적 필요성에 의하여 고안된 것으로 손해배상(compensatory damages)만으로는 위법행위를 억제하기에 부족한 경우에 인정된다고 하였다. 이에 따라 그는 이득토출책임이 인정되는

54) 대표적인 예로 Attorney-General v Blake [1998] Ch 439.

55) 이에 관한 설명으로는 Stephen Watterson, "Gain-based remedies for civil wrongs in England and Wales", p. 48 참조.

56) 계약 위반에 따른 이득반환책임을 정당화하기 위한 이론적 시도로는 Nicholas W. Sage, "Disgorgement: From Property to Contract", *66 U. Toronto L.J. 244*, 250-271 (2016).

57) James Edelman, *Gain-Based Damages: Contract, Tort, Equity and Intellectual Property*, pp. 66-86. James Edelman은 옥스퍼드대 교수를 역임하였고, 현재 오스트레일리아의 대법관이다.

경우를 다음과 같이 제시하였다.[58)]

첫째, 물질적 이익을 취득할 목적으로 파렴치하게(cynically) 위법행위를 하였고, 실제 취득한 이득이 피해자의 손실을 초과한 경우이다. 여기서 '파렴치하게'의 의미는 의도적으로 또는 무모하게(deliberately or recklessly) 위법행위를 하는 것을 의미하며, 피고가 의도적으로 또는 무모하게 위법행위를 하여 이득을 취득하였음을 원고가 입증하면, 피고가 물질적 이익을 취득할 목적으로 그러한 행위를 하였음이 추정된다고 한다. 대표적으로 타인의 토지에 의도적으로 침입하여 석탄을 채굴하는 경우가 이에 해당한다.

둘째, 수탁자가 이익취득금지원칙(no profit rule)을 위반한 경우와 같이 신임의무를 위반한 경우이다. 신임관계에서 수탁자가 신탁을 기화로 개인적으로 이익을 취득하지 못하도록 억제해야 할 필요성이 크므로, 수탁자가 의도적으로 또는 무모하게 신임의무를 위반하였는지는 중요하지 않고 수탁자가 선의로 신임의무를 위반하였어도 수탁자는 이득토출책임을 진다.

이러한 Edelman의 견해에 대하여 이득토출책임이 인정될 수 있는 다양한 사안을 전부 포섭하여 설명하기에 부족하다는 등의 비판이 있다.[59)] 그리고 앞에서 본 바와 같이 현재 영국의 법원은 이득토출책임의 요건으로 파렴치한 위반(cynical breach)를 요건으로 제시하고 있지는 않으므로, 현재 영국의 판례법과 완전히 부합한다고 보기는 어렵다.

그러나 그동안 영국의 판례법이 이득토출책임이 인정되는 경우를 일관된 기준으로 설명해 오지 못하였는데, Edelman의 견해는 적어도 일관된 기준으로 이득토출책임의 적용범위를 설명하려는 시도라는 점

58) James Edelman, *Gain-Based Damages: Contract, Tort, Equity and Intellectual Property*, pp. 84-86.

59) Andrew Burrow, *The Law of Restitution*, pp. 634-635.

에서 의의가 크다.

(3) 이득토출책임의 효과

1) 이득토출책임이 인정되는 경우에 다음과 같은 효과가 인정된다.[60] 첫째, 피고가 반환하여야 하는 것은 피고가 취득한 이익 그 자체, 즉 적극적 이익(positive gains)이며 피고가 지출을 면함으로써 얻은 소극적 이익(negative gains)은 반환대상이 아니다. 둘째, 피고가 반환하여야 하는 것은 금전화된 이익에 한정하지 않으며 아직 금전화되지 않은 이익인 비금전 이익(non-monetary gains)에 대하여도 이득토출책임이 미친다. 예를 들어 저작권이 인정되는 설계도를 허락 없이 사용하여 건물을 완공한 경우에 그 건물에 대하여도 이득토출책임이 미친다.[61] 셋째, 피고는 이익 취득에 소요된 비용의 공제를 주장할 수 있는데, 결국 피고가 반환하여야 하는 것은 순이익(net profit)이다. 그러나 간접비(overhead cost)의 경우 특별한 사정이 없는 한 피고가 간접비 공제를 주장할 수 없다.[62]

2) 이득토출책임에 의하여 피고가 어느 범위까지 이득을 반환하여야 하는지에 대해서는 그 외에도 다양한 논점이 있다.

우선 위법행위와 피고의 이득 사이에 인과관계가 문제가 된다. 위법행위가 없었다면 피고가 이득을 얻지 못하였을 것이라는 점이 인정되어야만(즉 조건설에 따른 인과관계가 인정되어야만) 피고의 이득토출의무가 인정되는데, 위법행위가 이득의 유일한 원인이 될 필요는 없고 주요 원인(principal cause)이어야 한다.[63] 그러나 신임의무 위반으

---

60) Stephen Watterson, "Gain-based remedies for civil wrongs in England and Wales", pp. 34-35.

61) 위 건물에 대하여 이득토출책임이 미친다는 의미는 위 건물의 소유권에 대하여 일정한 지분을 행사할 수 있다는 의미라기보다는 위 건물로 인하여 얻는 이익(건물 처분대가 등)에 대하여 이득토출책임을 구할 수 있다는 의미이다.

62) Hollister v Medik Ostomy [2012] EWCA Civ 1419.

63) Graham Virgo, *The Principles of the Law of Restitution*, p. 434.

로 인한 이득토출책임의 경우는 다르다. 이 경우에는 조건설에 따른 인과관계가 요구되지 않으며, 이득이 신임의무 범위 내에서 발생한 것이면 충분하므로 피고가 위법행위를 하지 않았더라도 이득을 얻었을 것이라는 주장을 할 수 없다.[64] 즉 이 경우에는 조건설에 따른 인과관계가 아니라 위법행위가 이득에 기여하였다는 점만 입증하면 되는데, 신임관계를 남용할 위험을 강력히 억제하기 위한 것이다.[65]

다음으로 위법행위와 피고의 이득 사이에 조건설에 따른 인과관계가 인정된다고 하더라도(신임의무 위반의 경우는 위법행위가 이득에 기여하였다는 점이 입증된다고 하더라도), 이득의 격원성(利得의 隔遠性, remoteness of gain)이 인정되는 경우에는 피고의 이득토출책임이 인정되지 아니한다. 즉 피고가 위법행위로 얻은 이득 전부에 대하여 이득토출책임을 지는 것은 아니며 위법행위와 이득 사이에 인과관계가 격원(隔遠, too remote)한 경우에는 그 이득을 반환할 필요가 없는데, 이를 이득의 격원성 원칙(the principle of remoteness of gain)이라고 한다.[66] 과연 어느 경우에 이득이 격원하다고 볼 수 있는지 문제가 된다. 이에 대하여 위법행위를 통해 직접적으로(directly) 발생한 이익이면 인과관계가 격원하다고 할 수 없으나 간접적으로(indirectly) 발생한 이익이면 인과관계가 격원하다고 보아야 한다는 주장이 있다.[67]

---

64) Murad v Al-Saraj [2005] EWCA Civ 959. 예를 들어 피고(수탁자)가 신탁재산 1,000만 원을 횡령하여 주식에 투자하여 주식의 가치가 상승한 경우에, 피고(수탁자)가 투자 당시 자신의 고유재산으로 1억 원이나 되는 현금이 있어 횡령이 없었더라도 어차피 피고(수탁자) 자신의 고유재산으로 해당 주식에 투자하였을 것이라는 점을 입증하더라도 피고는 책임을 면할 수 없다.

65) Graham Virgo, *The Principles of the Law of Restitution*, pp. 434-435.

66) James Edelman, *Gain-Based Damages: Contract, Tort, Equity and Intellectual Property*, pp. 103-111; Peter Birks, *Introduction to the Law of Restitution*, Oxford(1998), p. 352 이하; Graham Virgo, *The Principles of the Law of Restitution*, p. 435. 우리 법상 상당인과관계에 대응하는 것이다.

67) Graham Virgo, "Restitutionary remedies for wrongs: causation and remoteness" in *Justifying Private Law Remedies*(Charles EF Rickett ed., Hart Publishing,

이와 관련하여 Halifax Building Society v. Thomas[68] 사건이 음미할 가치가 있다. 피고가 기망에 의하여 원고로부터 금전을 차용하여 주택을 구매하였는데, 피고가 대여금을 초과한 가격으로 주택을 매각한 경우에, 매각대금 전부에 대하여 반환을 구할 수 있는지 문제가 되었다. 이에 대하여 항소심 법원은 매각대금 전부를 반환할 의무가 없다고 판시하였는데, 위 매각대금이 기망이라는 위법행위에 의하여 직접적으로 발생한 것이 아니라는 점에서 항소심 법원의 결론을 이해할 수 있다. 그리고 위 주장에 따르면, 차량을 횡령하여 제3자에게 매도하여 얻은 매매대금은 위법행위에 의한 직접적 이익이므로 반환의 대상이 되나, 위 매매대금을 가지고 주식을 매수하여 주식의 가치가 증가한 경우에 해당 주식이나 주식의 매매대금은 간접적으로 발생한 이익이므로 반환의 대상이 되지 않는다.[69]

끝으로 피고의 반환범위와 관련하여 피고의 공제 주장에 대하여 검토할 필요가 있다. 피고는 자신의 노력, 수완에 의하여 이익이 형성되었다는 공제 주장을 하는 경우 법원은 경우에 따라 그 주장을 고려하여 피고의 기여분을 공제한 나머지 이익만의 반환을 명할 수 있는데, 이를 형평법적 고려(the equitable allowance)라고 한다.[70] Potton

---

2008), p. 306. Peter Birks 교수도 같은 취지에서 최초로 수취한 이득(the first non-subtractive receipt)에 대하여는 인과관계의 격원성(隔遠性)이 인정되지 않아 피고의 반환범위에 속한다고 한다(Peter Birks, *Introduction to the Law of Restitution*, p. 352 이하).

68) [1996] Ch 217.

69) 이러한 주장에 대하여는 직접적으로 발생한 이익에 대해서만 반환대상으로 인정하는 것은 자의적이며, 피고가 파렴치하게(cynically) 위법행위를 한 경우에는 위법행위 억제의 관점에서 이득이 격원(隔遠)한 경우를 좁게 인정하여야 한다는 견해로는 James Edelman, *Gain-Based Damages: Contract, Tort, Equity and Intellectual Property*, pp. 108-109.

70) Graham Virgo, *The Principles of the Law of Restitution*, p. 426. Redwood Music Ltd v Chappell & Co Ltd [1982] RPC 109(저작권 침해 사안에서 피고의 노력과 비용을 반환책임에서 공제한 사안이다). 형평법적 고려는 앞서 본 위법행위와 피

Ltd v Yorkclose Ltd 사건[71]이 대표적인데, 피고가 저작권을 침해하여 건물을 설계하고 그 건물을 매각하였는데, 매각대금 전부에 대하여 피고의 이득토출책임을 지우지 않고 피고의 기여분 등을 제외한 나머지에 대하여 이득반환의무를 부과하였다. 형평법적 고려는 기본적으로 법원의 재량사항이지만, 통상 피고의 마케팅 능력(marketing ability)은 법원에서 고려하지 않는 경향이 있다.[72]

Ⅲ. 미국의 부당이득법과 이득토출책임

1. 미국의 부당이득법 개관-제3차 부당이득법 리스테이트먼트를 중심으로

미국에서는 1937년 미국법률협회(American Law Institute)가 제1차 부당이득법 리스테이트먼트(Restatement of the Law of Restitution: Quasi Contracts and Constructive Trusts)를 통해 부당이득 제도의 일반적 법원리를 형성하고자 하는 시도가 생겨났고, 이로부터 학계와 법원에 의한 부당이득 제도에 관한 체계적인 연구들이 본격적으로 이루어져 그 이론적 근거들이 축적되기에 이르렀다. 그리고 2011년에는 제3차 부당이득법 리스테이트먼트(Restatement (Third) of Restitution and Unjust Enrichment, R3RUE)가 공표되기에 이르렀다. R3RUE는 Andrew Kull 교수의 주도로 간행되었는데, 1996년부터 15년간 꾸준히 간행사업을 진행한 결과로서 그동안의 실무와 학계의 성과를 반영하여 미국 부당이득법을 체계적으로 정리한 것으로 평가되고 있다.[73] 이하에서는

고의 이득 사이의 인과관계 범주에서 설명할 수도 있으나, 그 나름의 독자적인 의미가 있어 별도로 서술하였다.

71) [1990] FSR 11.

72) Daniel Friedmann, "Restitution for wrongs: the measure of recovery", *79 Tex. L. Rev.* 1879, 1891 (2001).

73) 미국 부당이득법 리스테이트먼트 발간 과정에 대하여는 Andrew Kull, "Three

R3RUE를 중심으로 미국의 부당이득법에 관하여 설명하기로 한다.

R3RUE는 제1차 부당이득법 리스테이트먼트의 표제인 「원상회복(Restitution)」을 따르지 않고 「원상회복과 부당이득(Restitution and Unjust Enrichment)」으로 변경하였는데, R3RUE가 제1차 부당이득법 리스테이트먼트와 다른 주제를 다룬다는 의미가 아니라 부당이득법의 독자성을 강조하고 원상회복(Restitution)은 다양한 의미를 가지고 있어 오해의 소지가 있으므로 위와 같이 수정한 것이다.[74)]

R3RUE는 총 4절과 70개의 조문으로 구성되어 있는데, 제1절은 개요(Introduction), 제2절은 책임의 발생원인(Liabilities in Restitution), 제3절은 구제수단(Remedies), 제4절은 항변(Defenses to Restitution)을 각 규정하고 있다.

그중 제1절의 제1장에는 총 4개의 조문을 통해 미국 부당이득법의 일반원리를 선언하고 있다. 우선 §1은 "타인의 손실로 부당하게 이득을 얻은 자는 부당이득반환책임을 진다"고 하여 부당이득의 기본원리를 선언하고 있으며, §2에서는 계약법에 대한 부당이득법의 보충성 등을, §3은 이득토출책임의 근거가 되는 위법한 이익취득금지의 원칙을 각 규정하고 있고, §4에서는 부당이득법을 보통법과 형평법으로 나누어서 볼 것이 아니라 두 법 모두에 걸쳐 있는 하나의 단일한 법으로 보아야 하므로, 원고가 형평법의 기원을 둔 부당이득반환청구권을 행사하는 경우에 보통법상의 구제수단으로는 자신의 권리를 보호하기에 부족하다는 점을 입증할 필요가 없다는 점을 명확히 하고 있다.

Restatements of Restitution", *Wash. & Lee L. Rev. 867* (2011). 우리 문헌으로는 이상용, "미국 부당이득법의 개관", 민사법학 제75호(2016. 6), 365-370면; 진도왕, "미국 부당이득법 개관-제3자 부당이득법 리스테이트먼트를 중심으로", 법학논총 제40권 제1호, 단국대학교 법학연구소(2016. 3), 188-193면; 서종희, "미국 부당이득법의 과거와 현재", 일감법학 제36호(2017. 2), 32-41면.

74) R3RUE §1 cmt. c.

2. 부당이득과 위법행위로 인한 원상회복의 성립

(1) R3RUE도 영국과 마찬가지로 부당이득의 발생 근거를 ① 손실자의 재산 감소에 따른 부당이득(restitution in unjust enrichment by subtraction)과 ② 위법행위로 인한 원상회복(restitution for wrongs)으로 나누어 규정하고 있다.

우선 손실자의 재산 감소에 따른 부당이득의 원인 중 주요한 것을 열거하면 다음과 같다.

첫째, 양도가 무효가 된 경우이다. ① 계약이 착오로 취소된 경우(§5), 비채변제(§6), 착오로 인한 타인의 채무의 변제(§7), 착오로 인한 개량(§10), 착오로 인한 증여(§11), ② 사기 및 부실표시(§13), 강박(§14), 부당한 압력(§15), 행위무능력(§16), 대리권의 흠결 내지 대리인 등의 권한 유월(§17) 등 하자 있는 동의나 권한의 흠결, ③ 판결의 파기 또는 취소(§18), 납세 의무 없는 조세의 납부(§19) 등 법적 강제에 따른 양도가 있었으나 후에 법적 강제가 근거가 없는 경우 등이 그것이다.

둘째, 요청하지 않은 개입을 한 경우이다. R3RUE는 사전에 계약을 체결할 기회가 있었음에도 이를 소홀히 한 자가 상대방에게 이익을 공여한 경우에는 이를 간섭적(officious) 행위로 보아 부당이득 반환을 구할 수 없음을 원칙으로 하고 있다.[75] 이에 대한 예외사유에 해당하는 경우에 부당이득 반환을 구할 수 있는데, ① 긴급상황인 경우(§20, §21, §22), ② 공동채무를 이행하거나 독립채무를 이행하여 구상권이 발생한 경우(§23, §24), ③ 원고가 자신의 재산에 비용을 지출하거나 자신이 소유할 것으로 기대되는 재산에 비용을 지출하였는데 수익자가 이득을 얻은 경우(§26, §27) 등이 이에 해당한다.

---

75) R3RUE §2(3).

셋째, 계약을 체결한 상황에서 계약상 청구권이 부정되어 부당이득에 기한 청구가 허용되는 경우이다. ① 불확정성이나 사기방지법 위반 등으로 계약이 강제불가능한 경우(§31), ② 계약이 불법적인 경우(§32), ③ 계약당사자가 행위무능력인 경우(§33), ④ 착오 또는 후발적 사정에 의한 취소가 인정되는 경우(§34) 등이 이에 해당한다.

(2) R3RUE도 영국과 마찬가지로 위법행위로 인한 원상회복(restitution for wrongs)의 법리를 채택하고 있다.

R3RUE §40은 부동산 점유침탈(trespass to land), 타인 소유물의 횡령(conversion), 이에 상응하는 유체 재산(tangible property)에 대한 침해를 원인으로 한 불법행위로 인한 원상회복책임을 규정하고 있고, §41은 타인의 금융자산의 유용, §42는 지식재산권 침해를 각 원인으로 한 불법행위로 인한 원상회복책임을 규정하고 있다.

한편, R3RUE §43은 형평법상의 위법행위, 즉 신임의무(fiduciary duty) 위반으로 인한 원상회복책임을 규정하고 있다. §44는 '법적으로 보호되는 이익의 고의적인 침해(conscious interference with a claimant's legally protected interests)'가 있는 경우에 위법행위로 인한 원상회복이 성립될 수 있다고 규정하고 있는데, '법적으로 보호되는 이익(legally protected interests)'은 대물적 권리, 이와 유사한 보호를 받아야 하는 법적 이익을 의미한다.[76] 위법행위로 인한 원상회복이 구체적인 상황에 따라 확장될 수 있음을 명확히 하였다는 점에서 의미가 있다.

끝으로 R3RUE §45는 살인자가 피해자의 사망을 원인으로 피해자의 재산을 상속할 수 없다는 'the slayer rule'을, §46은 원고에게 양도될 자산을 강압 등 의도적인 부정행위로 가로챈 경우를 위법행위로 인한 원상회복의 원인으로 각 규정하고 있다.

76) R3RUE §44 cmt. a, b.

3. 미국의 부당이득법 구제수단과 수익자의 반환범위

(1) 대인적 구제수단과 대물적 구제수단

R3RUE는 손실자의 재산 감소에 따른 부당이득(restitution in unjust enrichment by subtraction)과 위법행위로 인한 원상회복(restitution for wrongs) 모두에 대하여 크게 두 가지 종류의 구제수단을 인정하고 있다. 하나는 금전 지급 판결에 의한 「금전적 원상회복(restitution via money judgment)」이고 다른 하나는 식별 가능한 물건에 대한 권리를 주장하는 방식의 「특정적 원상회복(restitution via rights in identifiable property)」이다. 후자는 대물적 구제수단으로 영국과 마찬가지로 계약해소 및 원상회복(rescission and restitution), 의제신탁(constructive trust), 형평법상 담보(equitable lien, equitable charge), 대위(subrogation)가 있다.[77] 후자의 경우 대세효가 있어서 채무자 이외의 제3자에 대하여도 주장할 수 있고, 채무자의 다른 채권자에 대하여 우선권을 주장할 수 있다는 강점이 있다.

금전적 원상회복의 경우에 수익자가 선의인지 여부, 과오가 있는지 여부, 고의의 위법행위자인지 여부 등에 따라 그 반환범위가 달라진다. 우리와 달리 수익자의 유책성을 고려하여 반환범위를 정한다는 점에서 그 특징이 있다. 아래에서 이에 관하여 살펴보기로 한다.

(2) 수익자의 반환범위

1) 선의의 수익자(innocent recipient)의 반환범위

선의의 수익자란 해당 거래에서 부정행위(misconduct)를 하지 않았고, 아무런 과실이 없는 수익자를 의미한다.[78] 선의의 수익자가 교부받은 이익을 그대로 반환할 수 없는 경우,[79] 즉 반환불가능한 이익

---

77) R3RUE §54-56.

78) 우리 법은 선의의 수익자에게 무과실까지 요구하지 않는바, R3RUE에서의 선의의 수익자와 그 개념이 다르다.

(nonreturnable benefit)의 반환범위는 그 이익의 공여가 원고(손실자)의 요청에 의한 것인지 여부에 따라 달라진다.

우선 수익자가 요청하지 않았는데 이익이 공여된 경우, 즉 요청하지 않은 이익(unrequested benefits)에 대하여 선의의 수익자는 다음 중에서 가장 적은 것을 반환하면 된다. 즉, 해당 이익에 관하여 ① 선의의 수익자의 상황을 고려한 주관적 가치(subjective value to the recipient), ② 이익을 공여하는 데 든 비용, ③ 이익의 시장가치, ④ 계약이 다른 이유로 무효라고 하더라도 대금에 대한 합의까지 무효라고 볼 수 없는 경우 그 대금 액수[80] 중 가장 적은 것을 반환하면 된다(R3RUE §50(2)(a)). '선의의 수익자의 상황을 고려한 주관적 가치'를 결정함에 있어 객관적인 시장 가격은 고려대상이 아니고 선의 수익자가 처한 특수한 상황이 고려대상이다. 따라서 그 주관적 가치가 시장가치보다 낮을 수 있다는 점을 고려하면, 통상 그 주관적 가치를 반환범위로 하는 것이 선의의 수익자에게 유리하다.[81] 무엇보다 요청하지 않은 이익을 취득한 선의의 수익자가 비효율적인 교환(inefficient noncontractual exchange)을 강요당하지 않도록 그 반환범위를 최소화하는 것이 필요하다. 이에 R3RUE §50(4)는 선의의 수익자가 누린 요청하지 않은 이익과 원고의 지출비용 중 적은 것(cost or benefit, whichever is less)을 반환해야 함을 명확히 하고 있다. 위 규정은 요청하지 않은 이익을 취득한

79) 예를 들면 수익자로부터 용역을 제공받은 경우, 수익자로부터 물품을 공급받았으나 이를 소비한 경우 등을 의미한다.

80) 예를 들어 사기방지법(the Statute of Frauds) 위반으로 계약이 무효가 된 경우에 이는 계약이 형식을 갖추지 않아 무효인 것이므로, 그 계약의 내용인 대금 액수를 고려할 수 있음을 의미한다. R3RUE §49 cmt. g.

81) R3RUE §50 cmt. c. 만약 이와 달리 이익의 객관적 가치를 반환하라고 하면 선의의 수익자에게 비생산적인 지출(unproductive expenditure)을 강요하는 것이 된다. 예를 들어 항상 50,000원 이하의 와인만 구매하여 마시는 A 교수에게 배달 실수로 주문하지 않은 1,000,000원짜리 와인이 배달되었고 A 교수는 자신이 주문한 와인인지 알고 소비한 경우에, A 교수에게 1,000,000원의 지급의무를 명하는 것은 비생산적인 지출을 강요하는 것이 된다.

선의의 수익자를 보호하고자 추가로 규정한 것이어서 위에서 본 R3RUE §50(2)(a)에 의하여 선의의 수익자가 보호되는 한 적용할 필요는 없다.[82)]

다음으로 선의의 수익자가 이익의 공여를 요청한 경우, 즉 요청한 이익(requested benefits)에 대하여는 선의의 수익자는 정당한 가치를 반환해야 한다. 정당한 가치란 일반적으로 시장가격 또는 수익자가 기꺼이 지불하겠다고 표시한 가격 중 적은 것(the lesser)이다.[83)] 이 경우에는 수익자의 요청이 있었으므로 수익자에게 위와 같은 반환의무를 부담시키더라도 비효율적인 교환의 강요라는 문제는 발생하지 않는다.

2) 과오가 있는 수익자의 반환범위

R3RUE의 특징 중의 하나는 과오가 있는 수익자(defendant who is responsible for enrichment)에 대하여 별도로 규정을 두고 있다는 점이다. 부당이득의 주요 원인이 ① 수익자의 과실, ② 수익자의 부실표시, ③ 수익자의 계약 위반이나 거절, ④ 수익자가 기회가 있었음에도 문제된 부당이득을 시정하지 않은 경우, ⑤ 수익자의 반신의(bad faith) 또는 비난받을 만한 행위(reprehensible conduct) 등인 경우에 「과오가 있는 수익자」가 된다.[84)] 반신의에 해당하는 행위를 한 자의 대표적인 예는 수익자가 기회가 있었음에도 부당이득의 원인이 되는 거래를 취소하지 않고 방치한 경우이다.[85)] 예를 들어 착오로 인하여 주문하지 않은 물건이 배달된 경우에 이를 알면서도 물건을 반송하지 않은 경우에 수익자의 반신의(bad faith) 또는 비난받을 만한 행위(reprehensible conduct)로 인정되어 과오가 있는 수익자가 된다.[86)]

---

82) R3RUE §50 cmt. f.

83) R3RUE §50(2)(b).

84) R3RUE §52(1).

85) §52 cmt. c.

86) 이와 관련된 판결로는 Continental Forest Products, Inc. v. Chandler Supply Co., 95 Idaho 739, 518 P.2d 1201 (1974).

과오가 있는 수익자는 그 비난가능성으로 인하여 선의의 수익자에 비하여 반환범위가 넓어진다.

우선, 과오가 있는 수익자에 대하여 요청하지 않은 이익(unrequested benefits)의 반환을 구하는 경우에 원고는 자신이 지출한 비용과 이익의 시장가치 중에서 원고에게 가장 유리한 액수(다액인 것)를 선택하여 그 반환을 구할 수 있다.[87] 왜냐하면 과오가 있는 수익자에 대해서는 강요된 교환(forced exchange)에 따른 의무를 부담시키는 것이 형평에 부합하기 때문이다.

다음으로 과오가 있는 수익자 중 수익자의 반신의 또는 비난받을 만한 행위가 인정되는 경우에는 이득토출책임이 인정될 수 있다.[88] 위와 같은 수익자는 뒤에서는 보는 「고의의 위법행위자(conscious wrongdoer)」와 같이 취급할 수 있다는 것이다. 앞에서 본 것처럼 착오로 인하여 주문하지 않은 물건이 배달된 경우에 이를 알면서도 물건을 반송하지 않다가 이를 시가보다 고가로 처분한 경우에 그 처분대금에 대하여 이득토출책임이 인정될 수 있다.

3) 부정행위(misconduct)를 한 수익자의 반환범위

부정행위(misconduct)는 법적으로 보호되는 원고의 이익에 대한 제소가능한 침해(actionable interference)를 의미하는데, 구체적으로 R3RUE §13 내지 §15, §39 내지 §46에 따라 피고가 책임을 부담하는 침해이다.[89] 사기 및 부실표시(§13), 강박(§14), 부당한 압력(§15), 기회주의적 계약위반(§39),[90] 위법행위로 인한 원상회복(restitution for wrongs)을 성립하게 하는 위법행위(§40-46)가 이에 해당하는데, 부정행

87) R3RUE §52(2)(a),(b).

88) R3RUE §52(2)(c).

89) R3RUE §51(1).

90) 이에 대한 소개로는 이혜리, "미국법상 기회주의적 계약위반에 대한 토출(吐出) 책임", 비교사법 제21권 2호(2014. 5), 689면 이하.

위를 하여 이익을 얻은 수익자의 반환범위는 적어도 시가 이상이다.[91] 앞서 본 바와 같이 위법행위로 인한 원상회복(restitution for wrongs)을 §40-46에서 규정하고 있는데(부동산 점유침탈, 타인 소유물 횡령, 지식재산권 침해, 신임의무 위반 등), 이에 해당하는 행위를 한 부정행위자는 선의의 수익자임을 주장하여 시가를 반환할 의무가 없다고 항변할 수 없다. 즉, 해당 행위 자체의 위법성을 중시하여 주관적 요건에 기한 주장(선의의 수익자임을 주장)을 할 수 없으므로, 선의의 수익자보다 무거운 책임을 부담한다. 예를 들어 B가 C로부터 석탄을 절취한 후, 이러한 사실을 모르는 A에게 석탄을 톤당 50달러에 매도하여 이를 소비하였다고 하자. 만약 석탄의 시가가 톤당 80달러로 판명이 된 경우에 비록 A가 절취 사실에 대하여 선의였다고 하더라도 횡령(conversion)을 한 것으로 인정되므로, 적어도 시가인 톤당 80달러를 지급해야 할 의무가 있다.[92] 이러한 선의의 위법행위자(unconscious tortfeasor)에 대하여는 선의의 수익자에게 적용되는 혜택인 R3RUE §50(2)(a)의 적용을 주장할 수 없다.[93]

다만, 부정행위자 가운데 일부는 이득토출책임을 부담하는데 이에 대하여는 목차를 바꾸어 살펴보기로 한다.

---

91) R3RUE §51(2).

92) R3RUE §51 cmt. c의 사례 4를 변형한 것이다. 사안을 달리하여 B가 C에게 석탄을 시가인 톤당 80달러에 매도하였는데 착오로 A에게 석탄이 배달되었고, 그 무렵 A가 D에게 석탄을 톤당 50달러에 주문한 상황에서 위와 같이 잘못 배달된 석탄을 D가 보낸 것으로 생각하여 이를 소비한 경우에 A는 선의의 수익자이므로 톤당 50달러의 지급의무만을 부담하게 된다.

93) R3RUE §50(2)(a)의 내용에 대하여는 '선의의 수익자의 반환범위'에서 설명한 바와 같이 선의의 수익자는 주관적 가치의 반환을 주장할 수 있다. 한편, R3RUE의 입장을 이해함에 있어 선의의 위법행위자(unconscious tortfeasor)와 선의의 수익자(innocent recipient)를 구별하는 것이 중요하다. 참고로 선의의 위법행위자(unconscious tortfeasor)의 반환범위가 위와 같이 가중되지만, 간접적 수익(consequential gains)에 대하여는 반환책임이 없다는 점에서 뒤에서 보는 고의의 위법행위자(conscious wrongdoer)와 구별된다(R3RUE §53(2),(3) 참조).

4. 미국의 이득토출책임

(1) 이득토출책임의 적용범위

이득토출책임은 ① 고의의 위법행위자(conscious wrongdoer), ② 신임의무를 위반한 수탁자, ③ 과오가 있는 수익자 중 반신의(bad faith)에 해당하는 행위를 한 자, 비난받을 만한 행위(reprehensible conduct)를 한 자에 대하여 적용된다.[94)]

전형적인 「고의의 위법행위자(conscious wrongdoer)」는 부정행위(misconduct)에 의하여 이득을 취득한 자로서 위법행위임을 인식한 자를 의미한다(부정행위의 의미에 대하여는 Ⅲ. 3. (2) 3) 참조). 대표적으로 위법행위로 인한 원상회복(restitution for wrongs)을 성립하게 하는 위법행위(§40-46)가 있다. 그러나 위법행위인지 여부에 대하여 명확하게 인식을 하지 않았다고 하더라도, 법적으로 보호되는 원고의 이익을 침해할 위험(risk)이 있다는 점이 알려져 있음에도 그 행위를 감행한 경우에도 고의의 위법행위자에 해당한다.[95)] 자신의 행위가 위법하지 않을 수 있다고 생각하였다고 하더라도, 원고의 권리를 침해할 위험이 있다는 점을 알고 있는 이상 고의의 위법행위자에 해당한다고 봄으로써 불필요한 항변을 배척하고자 하는 것이다.

다만, 「신임의무를 위반한 수탁자」의 경우 영국과 마찬가지로 신임의무 위반에 따른 이득토출책임은 무과실책임이므로 수탁자가 신임의무 위반을 인식하거나 그 위반에 과실이 있을 것을 요구하지 않는다.[96)]

이득토출책임의 적용범위와 관련하여 R3RUE가 영국법과 비교하여 가지는 특징은 이득토출책임의 적용범위가 넓다는 것이다. 영국과 달리 고의로 사기 및 부실표시, 강박, 부당한 압력, 기회주의적 계약

---

94) R3RUE §51(3),(4), §52(2)(c).
95) R3RUE §51(3)(b), §3 cmt. e.
96) R3RUE §51(4).

위반을 한 경우에도 이득토출책임이 성립될 수 있다. 위법행위로 인한 원상회복(restitution for wrongs)의 범위도 영국보다 넓다. 즉 「법적으로 보호되는 이익의 고의적인 침해(conscious interference with a claimant's legally protected interests)」가 있는 경우에도 이득토출책임이 인정될 수 있는데,[97] 「법적으로 보호되는 이익(legally protected interests)」이라는 다소 포괄적인 개념을 사용하여 이득토출책임이 경우에 따라 확장될 수 있음을 명확히 하고 있다. 타인의 재산권을 침해한 경우나 그에 상응한 보호를 받는 권리를 침해한 경우가 대표적이다. 가령 이미 계약을 체결한 공급자(distributor)로 하여금 계약을 파기하도록 유도하고 자신에게 물품을 공급하도록 유인함으로써 경제적 불법행위(economic torts)를 저지른 경우에, 계약을 파기당한 상대방(공급자와 먼저 계약을 체결한 상대방)은 물품을 공급받은 불법행위자(공급자와 나중에 계약을 체결한 자)에게 이득토출책임을 주장할 수 있다.[98]

그 외에도 과오가 있는 수익자 중 반신의(bad faith)에 해당하는 행위를 한 자, 비난받을 만한 행위(reprehensible conduct)를 한 자에 대해서도 이득토출책임이 성립할 수 있음은 앞에서 본 바와 같다. 이 또한 영국법에 없는 R3RUE의 특징이라고 할 수 있다.

(2) 이득토출책임의 효과

1) 위법행위에 귀속할 수 있는 순이익의 반환

영국과 마찬가지로 이득토출책임은 원고의 손실 여부와 관계없이 피고가 취한 이익전부를 반환하는 것을 그 핵심효과로 하는데, 피고는 이익 취득에 소요된 비용의 공제를 주장할 수 있다. 즉 피고가 반환하여야 하는 것은 순이익(net profit)이다. 수익자로 하여금 순이익을 초과하여 반환하도록 하는 것은 수익자에게 징벌을 과하는 것이므로,

97) R3RUE §44(1).

98) R3RUE §44 cmt. a.

이는 이득토출책임의 목적에 반하기 때문이다.[99)]

여기서 순이익은 피고의 위법행위에 귀속할 수 있는 순이익(net profit attributable to the underlying wrong)을 의미하는데, 위법행위로 인하여 피고에게 발생한 이익 전부가 아니라 그중에서 원고에게 귀속시키는 것이 정당화될 수 있는 것만을 반환범위에 포함시키는 것이고, 그 정당화의 기준으로 「귀속(attribution)」이라는 법리를 제시하고 있는 것이다.[100)]

실무적으로 피고에게 반환의무가 인정되는 범위, 즉 귀속할 수 있는 순이익인지 여부를 판단하는 것은 쉽지 않을 수 있다. 이에 R3RUE는 그 판단과 관련하여 고려해야 할 네 가지 요소, 즉 ① 인과관계와 격원성(causation and remoteness), ② 할당, ③ 공제, ④ 증명책임의 분배를 제시하고 있다.[101)] 그 외에도 피고에 대한 비난가능성 정도, 침해당한 원고의 권리의 중요성, 다른 구제수단 유무 등을 고려할 수 있다.[102)] 이하에서는 위 네 가지 요소에 대하여 순차적으로 살펴본다.

2) 인과관계와 격원성(causation and remoteness)

인과관계와 격원성과 관련하여 우선 위법행위가 피고의 이익의 배타적인 원인이 될 필요도 없다. 피고의 이익 발생에 있어서 다른 원인이 경합하였더라도 인과관계는 인정될 수 있다.[103)]

---

99) 앞에서 본 바와 같이 이득토출책임의 목적은 징벌이 아니라 억제(deterrence)이다.

100) R3RUE §51(4); 진도왕, "미국 침해부당이득법에서의 수익전부반환책임(Disgorgement)과 초과수익의 반환-반환범위의 획정기준으로서 인과관계 등의 문제", 민사법의 이론과 실무 제20권 제1호, 민사법의 이론과 실무학회(2016), 61면. 번역과 관련하여 attribution을 '귀인(歸因)'이라고 번역할 수도 있으나, 일본어 색채가 강하여 '귀속(歸屬)'으로 번역하였다.

101) R3RUE §51(5).

102) R3RUE §51 cmt. e.

103) R3RUE §51 cmt. f. 이에 대하여 이득토출책임에서는 위법행위 억제라는 정책적 이유가 중시되므로 다른 경합되는 원인이 있더라도 이를 무시하고 인과관계를 인정할 수 있으며, 이런 의미에서 조건설에 따른 인과관계보다 더 느슨하게 인과관계

핵심적인 문제는 어느 경우에 위법행위와 이익 사이에 인과관계가 격원(隔遠)한 경우로 보아 이득토출책임을 부정할지에 있다. 이와 관련하여 R3RUE는 Janigan v Taylor 사건[104]의 법리를 제시하고 있다. 피고가 원고를 기망하여 시가가 1주당 $125인 주식을 1주당 $100에 저렴하게 매수하였는데, 후에 위 주식의 가치가 1주당 $200으로 상승하여 피고가 이를 매도한 결과 $2,000,000의 수익을 얻은 경우에 위법행위와 피고가 거둔 수익 사이에 인과관계가 격원하다고 보기 어렵다.[105] 위법행위로 취득한 결과물 그 자체의 가격 상승으로 인한 우발적인 이득(windfall)은 원고(피해자)가 취하는 것이 타당하다는 것이다. 따라서 위 사안에서 원고는 피고에게 $2,000,000의 반환을 구할 수 있다. 그러나 위 사안에서 피고가 주식대금 $2,000,000으로 다른 회사의 주식을 매수하여 $5,000,000의 수익을 얻은 경우에는, 특별한 사정이 없는 한, 위법행위와 수익($5,000,000) 사이에 인과관계가 격원하다고 볼 수 있다.[106] 다만, 인과관계가 격원한지 여부는 피고에 대한 비난가능성, 위법행위에 대한 억제 필요성, 정책적 고려 등 다양한 요소를 고려하여 규범적으로 판단할 수밖에 없으므로 위에서 살펴본 법리가 절대적인 것은 아닐 것이다.

3) 할당(apportionment)

할당(apportionment)은 피고의 전체 수익 중 위법행위와 관련된 이익의 비율을 산정하는 것이다.[107] 예를 들어 권한 없이 타인의 시

를 인정하여야 한다는 견해로는 Mark P. Gergen, “Causation in disgorgement”, *92 B.U.L. Rev. 827*, 835 (2012).

104) 344 F.2d 781(1st Cir. 1965).

105) Janigan v Taylor 사건을 이해의 편의를 위해 다소 변형하였다.

106) 인과관계의 격원성(隔遠性)과 관련하여, 기망으로 물감을 얻은 자가 그 물감을 가지고 고가의 초상화를 그린 경우에 피기망자가 초상화나 초상화 판매 대금에 대하여 권리를 주장할 수 없다고 예를 들어 설명할 수 있다(Janigan v Taylor 344 F.2d 781, 787(1st Cir. 1965)).

나리오를 이용하여 영화를 제작하여 수익을 얻은 경우에 전체 수익 중 그 시나리오에 귀속 가능한 이익 비율을 정하는 것이다. 이와 관련하여 R3RUE가 기초하고 있는 두 판결을 살펴볼 필요가 있다.

우선 Sheldon v Metro-Goldwyn Pictures Corp.[108] 사건은 피고(MGM)가 원고가 쓴 희곡을 영화에 무단으로 사용한 사안으로 1심에서는 그 영화로 얻은 수익 전부를 반환하라고 하였으나 항소심에서는 원고의 희곡이 수익에 기여한 비율만큼, 즉 수익의 20%만을 반환할 것을 명하였고, 연방대법원도 수익의 창출에 있어 피고 측의 배우, 제작 기술, 배급 등이 기여한 부분이 있으므로 피고는 수익을 전부 반환할 의무가 없고 수익의 20%만 반환하면 족하다고 판단하여 항소심 판결을 지지하였다. 이처럼 위 판결은 이득토출책임의 범위를 판단함에 있어 전체 수익 중 피고의 위법행위에 의하여 창출된 부분과 그렇지 않은 부분을 정확하게 할당할 것을 판시한 것으로, 이득토출책임이 징벌이 아닌 이상 할당을 하지 않고 피고에게 수익 전부의 반환을 명할 수 없다는 점을 명확히 하였다.

할당과 관련하여 추가로 Edwards v. Lee's Administrator 사건[109]도 살펴볼 필요가 있다. 피고는 자신 소유의 토지에 그레잇 오닉스 동굴(Great Onyx Cave)에 접근할 수 있는 입구가 있음을 발견하고 위 동굴을 관광명소로 개발하였는데, 위 동굴 중 3분의 1이 원고 소유의 토지의 지하에 위치하였음에도 원고의 동의를 받지 않고 관광객으로 하여금 원고 부분에 위치한 동굴을 관람하게 하였다. 켄터키 주 항소법원은 피고의 부동산 점유침탈(trespass)에 대하여 이득토출책임을 인정하면서도 그 동굴 관람으로 인한 수익 전부가 아닌 수익의 3분의 1만 위법행위에 의하여 창출된 수익으로 보아 그 액수만큼 반환책임을

107) R3RUE §51 cmt. g.

108) 309 U.S. 390 (1940).

109) 96 S.W.2d 1028 (Ky. Ct. App. 1936).

명했다. 엄밀한 계산을 통해 할당을 한 것인지에 관하여는 의문이 있지만,[110] Sheldon v Metro-Goldwyn Pictures Corp. 사건과 마찬가지로 할당의 중요 법리를 판시하고 있는 것이다. 위 Edwards v. Lee's Administrator 사건에서 원고는 추가로 피고 소유의 토지상에 피고에 의하여 운영되고 있는 호텔 수입에 대해서도 이득반환을 구하였는데, 원고 토지에 대한 부동산 점유침탈(위법행위)과 피고의 호텔사업 수익 사이에 인과관계가 격원하다고 보아 그 부분을 기각한 판시도 인과관계의 격원성(隔遠性)과 관련하여 주목할 만한 판시이다.

4) 공제(deductions and credits)

다음으로 공제에 관하여 본다. 수익을 창출하는 과정에서 피고 자신의 비용이 소요되었다면, 그 부분은 반환범위에서 공제되어야 한다.[111] 만약 그와 같은 비용의 공제를 허용하지 않으면 이득토출책임은 징벌로서 성격을 갖는데, R3RUE는 이득토출책임이 징벌이 아님을 명확히 하고 있는 것이다. 앞서 본 Edwards v. Lee's Administrator 사건에서 피고는 관광명소 개발을 위하여 지출한 비용, 예를 들면 통로 개설, 전기 설치비용 등에 대하여 공제를 주장할 수 있는 것이다.[112] 다만, 영국과 마찬가지로 간접비에 대하여는 특별한 사정이 없는 한 공제를 주장할 수 없다.[113]

또한, 피고의 노력과 수완에 의하여 이익이 형성된 부분, 즉 피고의 기여분이 있으면 그 부분에 대하여 공제를 주장할 수 있다.[114] 그

110) 위 판결의 할당 방식에 대한 비판으로는 Daniel Friedmann, "Restitution for wrongs: the measure of recovery", pp. 1918-1919.

111) R3RUE §51(5)(c).

112) R3RUE §51 illus. 19.

113) R3RUE §51 cmt. h. 독일의 경우에도 간접비 공제 주장은 인정되지 않는다. BGHZ 145, 366, 372. 위 판결에 대한 설명으로는 Tobias Helms, "Disgorgement of profits in German law", in *Disgorgement of Profits: Gain-Based Remedies throughout the World*(Ewoud Hondius · Andre Janssen ed., Springer, 2015), p. 225.

러나 피고는 고의의 위법행위자 또는 신임의무를 위반한 수탁자이므로 비난가능성이 높은 행위를 하였는바, 피고의 기여분을 함부로 인정할 수는 없다. 함부로 기여분을 인정하면 위법행위에 대하여 보상을 주는 것이 되기 때문이다. 예를 들어 고의로 타인의 토지에 침입하여 수목을 베어 자신의 노동력과 비용으로 이를 베니어합판으로 만든 다음, 제3자에게 10,000달러에 처분하였다고 하자. 이 경우에 그 위법행위자는 10,000달러 전부를 반환하여야 하며 이에 대하여 자신의 노동력이나 자신의 비용에 대하여 공제 주장을 할 수 없다. 만약 공제주장을 인정하면 수목의 벌채를 원하지도 않았던 손실자에게 교환을 강제하는 것이 되고, 절취행위에 대한 대가를 사회적으로 인정하는 것이 되기 때문이다.[115] 그러나 위와 같이 비난가능성이 높은 정도에 이르지 않는 경우에 기여분 공제 주장이 허용될 수 있는데, 대표적으로 타인의 지식재산권을 침해한 자에 대해서는 기여분 공제 주장이 허용된다.[116]

5) 증명책임(burden of proof)의 분배

끝으로 증명책임에 관하여 보면, 앞서 본 바와 같이 피고는 피고의 위법행위에 귀속할 수 있는 순이익(net profit attributable to the underlying wrong)만을 반환하여야 하는데, 그 순이익이 증거에 의하여 명확하게 산정되기 어려운 경우가 있다. 이 경우에 누가 불명확함으로 인한 불이익을 부담하는지 문제가 되는데, 고의의 위법행위자나 신임의무를 위반한 수탁자가 입증상의 불이익을 부담하여야 한다는

114) 앞서 본 「할당(apportionment)」은 비율을 산정하는 것인 반면, 「공제」 주장은 기여분에 해당하는 구체적인 액수를 차감하자는 것이어서 개념상 구별된다. 다만, '할당'은 피고의 전체 수익 중 위법행위와 관련된 비율을 산정하는 것으로 그 비율을 산정함에 있어 피고의 기여분을 고려할 수 있으므로, 위 공제 주장과 중복될 수도 있다.

115) R3RUE §51 illus. 17; Mark P. Gergen, "Causation in disgorgement", p. 847.

116) R3RUE §51 cmt. h.

형평법상의 원리가 적용된다.[117] 그러나 위와 같은 원리가 적용되기 위한 전제요건이 있다. 위 원리가 적용되기 위해서는 원고는 적어도 위법행위로 피고가 얻은 이익에 대하여 합리적인 근사치(reasonable approximation)를 입증해야 하며, 이를 입증하지 못하면 위와 같은 형평법상의 원리는 적용되지 않는다.[118] 예를 들어 Sheldon v Metro-Goldwyn Pictures Corp. 사건에서 원고는 자신이 쓴 희곡을 영화에 무단으로 사용함으로써 피고가 얻은 이익의 합리적 근사치를 입증해야 하며, 일단 이를 입증하면 피고가 그 근사치가 정확하지 않음을 입증해야 하고, 그렇지 않으면 그 근사치를 이득토출책임이 인정되는 액수로 판단하는 것이다. 만약 위 사안에서 원고가 입증한 합리적 근사치가 전체 수익의 10~20%인 경우에 그 산정의 불확실성에 대한 위험은 위법행위자가 부담해야 하므로, 피고가 반대사실의 증명책임을 다하지 않는 한 법원은 원고에게 유리하게 전체수익 중 20%의 반환을 명할 수 있다.[119]

이득토출책임으로 인하여 피고가 반환해야 할 범위를 산정하는 것이 쉽지 않을 수 있다는 점에서 위와 같은 증명책임 분배의 원리는 반환범위의 산정에 중대한 영향을 미칠 것이다.

6) 소 결

위에서 본 바와 같이 R3RUE는 영국과 달리 이득토출책임의 효과에 대하여 상세한 규정을 두고 있다. 이득토출책임이 성립하는 경우 피고는 위법행위에 귀속할 수 있는 순이익을 반환해야 하는데, 그 반환범위를 정함에 있어 원칙적으로 원고는 피고가 얻은 이득 전부의 반환을 구할 수 있으나, 예외적으로 인과관계가 격원(隔遠)한 경우에는 그 이득의 반환을 구할 수 없고, 또한 피고의 수익 중 위법행위와

117) R3RUE §51(5)(d).
118) SEC v First City Fin. Corp., 890 F.2d 1215, 1231-1232(D.C. Cir. 1989).
119) Grats v Claughton 187 F.2d 46, 51-52 (2d Cir. 1951).

관련이 없는 부분은 구할 수 없고, 피고가 지출한 비용이나 피고의 기여분 공제 주장이 가능하며, 계산에 있어서 불명확한 부분이 있으면 피고가 입증상의 불이익을 진다.

Ⅳ. 영미 부당이득의 이득토출책임이 우리 법에 주는 시사점 -반환범위에 있어 손해중심에서 이득중심으로의 전환

1. 문제의 제기

앞에서 영미 부당이득에 있어서 이득토출책임에 관하여 검토하였다. 이득토출책임은 이득반환의 범위를 획정함에 있어 손실자의 손실한도를 고려하지 않고 수익자의 이득을 중심으로 설명하고 있다는 점에서 손실자의 손실을 중심에 두는 우리 부당이득법에 시사하는 바가 적지 않다.

그러나 이득토출책임은 위법행위를 억제하기 위하여 수익자에게 부과되는 무거운 책임으로 손실자에게 손실이 발생하였는지 여부를 불문하고 인정할 수 있다는 점 등에서 우리 부당이득법에 도입이 가능한지에 대해서 의문이 있을 수 있다.

이하에서는 앞에서 검토한 영미 부당이득법상의 이득토출책임이 우리 부당이득법에 시사하는 점에 관하여 살펴보기로 한다.

2. 손실한도 반환설에 대한 비판

앞서 본 바와 같이 영미 부당이득법은 반환범위를 정함에 있어 수익자가 취득한 이득을 중심에 두고 설명한다. R3RUE를 예를 들면 선의의 수익자는 원칙적으로 받은 이득의 주관적 가치를, 과오가 있는 수익자는 받은 이득의 시장 가치를, 고의의 위법행위자는 받은 이득의 전부를 반환하도록 하고 있다. 이러한 영미 부당이득법의 태도는 부당이득제도가 기본적으로 수익자에게 정당화할 수 없는 이득의 반환을 명하는 제도라는 점에서 타당성이 충분히 인정된다. 특이한 사항은 선의의 수익자를 보호하기 위하여 손실한도 반환설과 같이 수익자가 얻은 이득 중에서 손실자의 손실을 넘는 부분은 반환할 필요가 없다고 한 점이다. 즉 영미법에 있어서 손실한도 반환설은 선의의 수익자를 보호하기 위하여 적용되는 이론일 뿐 모든 수익자에게 전면적으로 적용되는 이론이 아니다.

그러나 우리의 통설·판례인 '손실한도 반환설'은 선의의 수익자, 악의의 수익자를 가리지 않고 적용된다. 그로 인하여 악의의 수익자를 과도하게 보호하는 불합리가 발생하는 것이다.

무엇보다 손실한도 반환설은 우리 법의 규정과 맞지 않다. 우리 법은 선의의 수익자는 '받은 이익이 현존한 한도에서', 악의 수익자는 '받은 이익에 이자를 붙여' 반환하기로 되어 있어서 반환범위를 정함에 있어 이득을 중심으로 하고 있으며, 이득을 손실자의 손실 한도 내에서 반환하여야 한다고 규정하고 있지 않다. 그럼에도 부당이득반환범위를 정함에 있어 손실자의 손실 한도를 일률적으로 적용하는 것은 실정법적 근거가 약하다. 다만, R3RUE에서 보았듯이 선의의 수익자의 경우 그 보호의 필요성으로 인해 선의의 수익자는 누린 이익과 원고(손실자)의 지출비용 중 적은 것(cost or benefit, whichever is less)을 반환해야 하는데, 그 경우에 한하여 손실한도 반환설은 의미를 가지는 것일 뿐 부당이득반환범위 전반을 좌우할 수는 없다.

'손실한도 반환설'을 폐기하자는 주장에 대해서 수익자가 자신의 능력을 기초로 얻은 이익 즉 운용이익을 보장해 주는 것이 공평의 원칙에 부합한다는 반박이 있을 수 있다. 그러나 손실한도 반환설을 폐기한다고 하여 운용이익을 전혀 보장하지 않는 것이 아니다. 앞서 영미 부당이득법에서 살펴보았듯이 수익자는 받은 이익을 반환하되, 자신의 노력과 수완에 의하여 이익이 형성된 부분, 즉 피고의 기여분 공제 주장을 하는 것이 예외적으로 허용되는데, 손실한도 반환설을 폐기하더라도 법원은 수익자의 기여분 공제 주장을 고려할 수 있는 것이다. 다만, 수익자의 운용이익 중 수익자의 운용이 없었더라도 손실자의 운용에 의하여 얻었으리라고 추정되는 통상적 운용이익에 대해서는 공제 주장을 할 수 없고,[120] 비난가능성이 높은 행위를 한 자에 대해서는 공제 주장을 함부로 인정할 수 없고, 마케팅 능력(marketing ability)은 원칙적으로 고려대상이 아니며, 손실자가 공제 주장에 대한 증명책임을 부담한다는 점 등이 함께 고려되어야 한다.[121]

비교법적으로 '손실한도 반환설'의 근거가 되었던 프랑스채권법이 개정된 점을 주목할 필요가 있다. 프랑스의 종전 판례는 수익자는 손실자의 손실과 수익자의 이득 중 적은 금액을 배상하여야 한다고 하였는데, 이를 이중한도의 원칙(la règle du double plafond)이라고 한다.[122] 그러나 프랑스는 2016. 2. 10.자로 채권법을 개정하여 "손실은 비용의 지출일, 이득은 청구일에 존속하는 것을 각각 판결일에 평가한다. 수익자가 악의인 경우에는, 보상액은 두 가액 중 더 큰 것으로 한다."고 규정함으로써(프랑스민법전 제1303-4조, 강조점-필자) 이중한도의 원칙의 예외를 인정하였다.[123] 따라서 프랑스에서도 더는 악의의 수익자의 반환범위에 대하여 손실한도 반환설을 주장할 수 없게 되었다. 위 규정이 제정됨으로써 프랑스의 부당이득법이 영미 부당이득법의 이득토출책임에 접근하게 되었다는 평가가 있다.[124]

---

120) 대판 1995. 5. 12, 94다25551(공 1995, 2104).

121) 악의의 수익자의 기여분 공제 주장이 허용될 수 있으나 매우 엄격한 요건 하에서 인정된다는 점이 중요하며, 종전의 논의는 악의의 수익자의 기여분 공제 주장을 막연히 인정하였다는 점에서 문제가 있다.

122) 대표적인 판례로는 Civ. 1re, 19 janvier 1953: *D. 1953. 234.*

123) 이에 관한 설명으로는 남효순, "개정 프랑스민법전(채권법)상의 비채변제와 (협의의) 부당이득", 저스티스 통권 제164호(2018. 2), 35면.

124) Olivier Deshayes · Thomas Genicon · Yves-Marie Laithier, *Réforme du droit des contrats, du régime général et de la preuve des obligations: commentaire article par article*, LexisNexis (2016), pp. 560-561.

요컨대, 영미 부당이득법은 반환범위를 정함에 있어 수익자가 취득한 이득을 중심으로 사고하고 있는데, 이러한 사고는 부당이득이 손해배상과 구별되는 독자성, 즉 손실전보 기능보다는 정당하지 않은 이득의 반환을 위한 제도라는 점에서 설득력이 있다.[125] 이러한 영미 부당이득법의 입장, 우리 실정법 규정, 최근 프랑스채권법의 개정의 내용을 통해 검토하였듯이 우리의 통설·판례인 '손실한도 반환설'은 이론적 근거가 약하므로, 이를 폐기하고 이득중심으로 부당이득반환 범위를 재편하는 것이 요청된다. 이는 목차를 바꾸어 살펴볼 이득토출책임의 도입가능성과 직결되어 있다.

3. 이득토출책임의 도입 여부

(1) 문제점

손실한도설을 폐기하고 부당이득의 반환범위를 이득 중심으로 재편한다고 하여 곧바로 이득토출책임이 우리 법상 인정되는 것은 아니다. 민법은 수익자가 받은 목적물을 반환할 수 없는 때에는 그 가액을 반환하라고 규정하고 있는데(민법 제747조 제1항), 여기서 가액은 목적물의 객관적 가치를 환산한 액을 의미하므로[126] 별도의 입법이 없이 해석론으로 이득토출책임이 인정된다고 보기 어렵기 때문이다. 이하

125) 위와 같은 부당이득 제도의 취지에 비추어 볼 때 부당이득에서 원래 반환하여야 할 것은 수익자가 구체적으로 취득한 대상 그 자체로 보아야 할 것이다. 이러한 설명은 구체적 대상설에 따른 것으로 구체적 대상설의 입장으로는 곽윤직 편, 민법주해(XVII), 박영사, 2008(이하 '민법주해(XVII)'이라고만 한다), 534면-537면(양창수 집필부분); 김형배, 사무관리·부당이득[채권각론 II], 박영사, 2003, 225면-226면; 김동훈, "부당이득에서 이득의 개념과 현존이익의 판단기준", 중앙법학 11집 4호, 중앙법학회(2009), 87면 참조; 현병철, "부당이득효과에 관한 일고찰-유형론의 입장에서", 사법의 제문제; 경허김홍규박사 화갑기념 II, 삼영사(1992), 226면 이하 참조; 이계정, "송금된 금원에 대한 예금 명의인의 부당이득반환의무 유무의 판단기준-부당이득에 있어서 이득의 개념을 중심으로", 민사판례연구(35), 박영사(2013), 570면 이하.

126) 민법주해(XVII), 565면 참조(양창수 집필부분).

에서는 부당이득 일반에 이득토출책임을 전면적으로 도입하는 것이 타당한지, 도입하는 경우에 법리상 장애가 없는지, 어떤 경우에 이득토출책임을 인정할지를 논하고자 한다. 이를 위하여 우선 우리 법상 이득토출책임과 관련이 있는 제도를 먼저 살핌으로써 이득토출책임이 과연 우리 법에 맞지 않는 이질적인 제도인지 검토하고자 한다.

(2) 우리 법상 이득토출책임과 관련 있는 제도

1) 신탁법상 이득반환청구권

신탁법 제43조 제3항은 "수탁자가 제33조부터 제37조까지의 규정에서 정한 의무를 위반한 경우에는 신탁재산에 손해가 생기지 아니하였더라도 수탁자는 그로 인하여 수탁자나 제3자가 얻은 이득 전부를 신탁재산에 반환하여야 한다."(밑줄-필자)라고 규정하고 있다. 수익자 등의 이익반환청구권이 성립하려면 ① 수탁자가 충실의무에 관한 규정인 신탁법 제33조(충실의무), 제34조(이익상반행위의 금지) 등을 위반하였음이 인정되어야 하고, ② 수탁자 또는 제3자가 신탁재산과 관련한 이익을 취득하여야 하고, ③ 수탁자의 의무위반과 이익 취득 사이에 인과관계가 있어야 한다.[127] 신탁재산에 손해가 발생하였는지 여부는 요건이 아니다. 수탁자의 귀책사유도 요건이 아니다.[128]

위와 같은 성립요건이 충족되면 수탁자는 귀책사유 유무와 관계없이 수탁자나 제3자가 취득한 '이득 전부'를 신탁재산에 반환하여야 한다. 앞에서 본 바와 같이 영미 부당이득법에서 신임의무 위반에 대하여 이득토출책임을 인정하고 있는데, 신탁법 제43조 제3항이 손실한도 반환설에 구애됨이 없이 '이득 전부'를 반환하는 특유한 효과를 규정한 것은 영미의 이득토출책임을 수용한 것으로 평가할 수 있다. 그리고 신탁법상 이득반환청구권은 그 취지에 비추어 신임의무가 인

127) 신탁법상 이득반환청구권에 대하여는 이계정, 앞의 책(주 35), 192면 이하.

128) 同旨 김상용 감수, 신탁법 해설, 법무부, 2012, 359면.

정되는 관계, 예를 들면 성년후견인이 자신의 이익을 위하여 피성년후견인의 재산을 유용하여 이득을 올린 경우 등에서도 확장하여 적용할 수 있다.[129)]

2) 상법상 이득양도청구

이사가 이사회 승인 없이 ① 회사의 영업부류에 속하는 거래를 하거나 ② 동종영업을 목적으로 하는 다른 회사의 무한회사사원이나 이사가 되는 경우, 즉 경업금지의무를 위반한 경우에 회사는 이사가 이로 인하여 제3자로부터 얻은 이득의 양도를 구할 수 있다(상법 제397조 제2항). 이를 강학상 개입권이라고 한다.[130)]

이사는 법령과 정관의 규정에 따라 회사를 위하여 그 직무를 충실하게 수행하여야 할 신임의무를 부담한다(상법 제382조의3).[131)] 앞서 본 신탁법상 이득반환청구권과 마찬가지로 신임의무 위반에 대한 영미법상의 이득토출책임이 수용된 것으로 평가할 수 있다. 한편, 개입권은 영업주에 대하여 신임의무를 부담하는 상업사용인이 경업금지의무를 위반한 경우에도 인정된다(상법 제17조 제2항, 제1항).[132)]

3) 침해자이익 산정에 의한 손해액 산정

지식재산권 침해를 원인으로 한 불법행위 청구와 관련하여 손해액을 산정함에 있어 침해자 이익을 손해액으로 추정하도록 하고 있다(저작권법 제125조 제1항, 특허법 제128조 제4항, 상표법 제110조 제3항, 부

129) 同旨 김상중, "위법이익 반환에 관한 민사책임의 법리", 비교사법 제25권 제2호(2018), 609면.

130) 김건식 · 노혁준 · 천경훈, 회사법(제2판), 박영사, 2016, 432면; 이철송, 회사법강의(제25판), 박영사, 2017, 751면.

131) 상법 제382조의3의 조문의 제목은 '이사의 충실의무'이나 충실의무는 신임의무의 일부를 구성한다{이계정, 앞의 책(주 35), 124면 이하}.

132) 정찬형, 상법강의(상)(제20판), 박영사, 2017, 108면은 위 개입권의 법적 성질이 형성권이라고 하고 있는데, 개입권은 위와 같이 영미법상의 이득토출책임을 수용한 제도로 이해하여야 하므로 부당이득반환청구권과 마찬가지로 청구권으로 이해하는 것이 타당하다.

정경쟁방지 및 영업비밀보호에 관한 법률 제14조의2). 지식재산권 침해가 있는 경우에 그 실손해액 산정이 어려우므로 손해액 입증의 경감을 위하여 침해자의 이익액을 지식재산권자의 손해액으로 추정하는 것이다.[133] 한편, 상법에서는 이사가 회사의 사업기회를 자기 또는 제3자의 이익을 위하여 유용한 경우에 이사는 회사에 대하여 손해배상책임을 부담하는데, 회사기회 유용으로 인한 이익을 손해로 추정하고 있다(상법 제397조의2 제2항, 제1항).

원래 불법행위 책임의 경우 피해자가 입은 손해를 전보하기 위한 것이므로 피해자가 손해를 입증하여야 하며, 불법행위자의 이득이 손해가 될 수 없는 것이 원칙이다. 그러나 이러한 원칙을 지나치게 중시하면 피해자의 손해전보가 어려우므로 위와 같은 규정을 둔 것이다. 위 규정에 따르면 실제에 있어서 피해자가 입은 객관적 손해를 초과하여 이익을 취득할 수 있는 경우, 즉 침해자의 이득 전부의 반환을 구할 수 있는 경우가 발생하게 된다. 원고가 피고의 이익을 입증하면 피고가 그 추정을 복멸하지 못하는 한, 비록 그 이익이 손해를 초과하더라도, 증명책임의 원리상 이익 전부를 반환해야 하기 때문이다. 이득토출책임에 따른 결과와 유사하게 되는 것이다. 이득토출책임은 침해자의 반환범위와 관련하여 손해중심에서 이득중심으로의 사고의 전환을 시사하는데, 위와 같은 손해액 추정 규정은, 비록 불법행위 영역이기는 하나, 이득중심 사고와 밀접한 관련이 있는 것이다.

(3) 이득토출책임의 도입에 관한 논의

1) 앞에서 우리 법상 이득토출책임과 관련성이 깊은 제도를 살펴보았다. 그 결과 이득토출책임의 주축을 이루는 사고가 이미 우리 법에 어느 정도 스며들어 있고, 이득토출책임이 우리 법과 이질적이라기보다는 조화롭게 수용될 수 있음을 알게 되었다. 어떻게 보면 여러

133) 정상조·박준석, 지식재산권법(제3판), 홍문사, 2013, 521면.

법에 산재되어 있는 이득토출책임의 법리를 민법의 틀에 수용하여 민법이 일반론을 제공하는 것이 필요한 시점인지 모른다.[134] 이하에서는 부당이득 일반에 이득토출책임의 법리를 도입하는 것이 타당한지에 관하여 집중적으로 논하고자 한다.

2) 이득토출책임과 부당이득에서의 손해 요건

앞서 본 바와 같이 영미 부당이득법상의 이득토출책임은 피해자의 손실 여부와 관계없이 위법행위로 얻은 이익을 반환하는 법리이므로 피해자의 손실은 요건이 아니다. 그런데 우리 민법은 일방이 이익을 얻고 상대방이 손해를 입은 경우에 부당이득이 발생한다고 규정하고 있어(민법 제741조 참조) 피해자의 손해를 요건으로 하고 있는바, 이득토출책임의 도입에 장애가 있는 것이 아닌지 문제가 된다.

그러나 실제 부당이득에서 '손해'의 요건이 차지하는 의미는 크지 않다. 침해부당이득과 관련하여 권리자에게 법적으로 할당된 이득의 침해가 있었는지 여부가 중요하므로 실제 손실자에게 구체적으로 손해가 있는지는 중요하지 않다.[135] 예를 들어 소유자가 장기간 방치

---

134) 채권자의 대상청구권 인정범위에 관하여, 채권자가 대상청구를 할 때 대체이익의 가치가 채권자의 손해를 초과하는 경우 채권자가 그 초과이익까지 구할 수 있는지 여부는 이득토출책임의 도입 여부와 관련될 수 있다. 이와 관련된 논의로는 김형석, "대상청구권-민법개정안을 계기로 한 해석론과 입법론", 서울대학교 법학 제55권 제4호(2014. 12), 124-127면.

135) 침해부당이득의 논거에 대한 독일의 통설인 할당이론(Zuweisungstheorie)에 기초한 설명이다. 할당이론은 빌부르크(Wilburg), 폰 캐머러(von Caemmerer)에 의해 정립되었는바, 해당 법적 지위의 할당내용(Zuweisungsgehalt)이 침해부당이득의 중요한 기준이 된다(Wilburg, *Die Lehre von der ungerechtfertigten Bereicherung nach österreichischem und deutschem Recht: Kritik und Aufbau* (1933/34), 27f.; von Caemmerer, "Bereicherung und unerlaubte Handlung", *Festschrift für Ernst Rabel, Bd 1.* (1954), 352f.). 독일의 판례는 1980년대 들어서는 손실자의 재산감소가 아니라 수익자의 법적 원인 없는 이득 증가만을 문제 삼고 있다(BGHZ 81, 75). 이에 관한 설명으로는 이동진, "독일 · 오스트리아 · 스위스의 부당이득법", 비교사법 제25권 제1호(2018. 2), 256-257면; 서종희, "침해부당이득에서 수익자의 초과수익반환-독일법을 중심으로 한 비교법적 고찰", 저

한 집에 무단거주한 경우에도 소유권에 할당된 법익을 침해한 것으로 보아 소유자에게 부당이득반환청구권이 인정되는데, 소유자의 실제 손해 여부는 부당이득의 성립 여부에 영향을 미치지 못한다. 급부부당이득과 관련하여 급부가 있었으나 법률상 원인이 흠결된 경우에는 바로 부당이득이 성립하므로 손해 발생 여부를 논할 필요가 없다는 견해가 우세하다.[136)]

따라서 우리 법에서 '손해'를 부당이득의 요건으로 규정하였다고 하더라도 매우 제한적인 의미를 가지고, 실제 이득토출책임이 인정되는 사안의 경우 손해의 요건을 충족하는 데 별다른 문제가 없다고 할 것이다. 결국 부당이득에서 '손해'의 요건은 이득토출책임의 도입에 심각한 장애가 된다고 보기 어렵다.

3) 이득토출책임의 이론적 정당화 논거

가) 손실한도 반환설을 폐기하는 경우 수익자는 원칙적으로 자신이 얻은 이익을 반환해야 하는데, 그 이익의 객관적 가치를 반환하는 것이 원칙일 것이다. 이득토출책임은 원칙적으로 수익자로부터 받은 이익 전부를 박탈하는데, 이를 모든 수익자에 대해서 적용하면 오히려 수익자에게 과도한 불이익을 입히고 손실자에게 과도한 이익을 주게 되는 결과가 발생하여 형평에 반하기 때문이다. 이 때문에 영미 부당이득법에서는 위법행위, 신임의무 위반 등 예외적인 경우에 이득토출책임을 인정하고 있는 것이다.

우리 법상 예외적으로 수익자로 하여금 그 이익의 객관적 가치를 넘어서서 받은 이익 전부를 반환시키기 위해서는 그에 상응하는 이론적 정당화가 요청된다.

이와 관련하여 이득토출책임을 교정적 정의로 설명할 수 있는지

스티스 통권 제151호(2015. 12), 181면 이하.

136) 민법주해(XVII), 175면 참조(양창수 집필부분).

문제가 된다. 아리스토텔레스는 「교정적 정의(corrective justice)」라는 개념을 통해 정당하지 않은 행위에 의하여 권리를 침해당한 자는 자신이 입은 손해만큼 침해자에게 이득의 반환을 구할 권리가 있고 이에 상응하여 침해자는 그 손해만큼 이득을 반환할 의무가 있으며, 이를 통해 균형이 회복된다는 점을 역설하였다.137) 손실자의 권리와 침해자의 의무가 서로 상관관계(correlativity)를 이룬다는 점을 강조한 것이다. 그런데 손실자가 자신의 손해를 초과하여 권리를 행사할 수 있다면, 특별한 사정이 없는 한, 교정적 정의에 부합한다고 보기 어렵다.

이에 대하여 Weinrib은, 손해는 권리자가 이득을 얻을 수 있었던 잠재적인(potential) 기회의 상실로 보아야 한다고 주장하면서, 수익자가 권리자의 재산을 함부로 처분하여 얻은 대가는 그 손해(잠재적인 기회의 상실)가 현실화된 것으로 볼 수 있을 뿐 손해를 초과한 것으로 볼 수 없어 전부 반환대상이 된다는 주장을 전개하였다.138) 이득토출책임은 교정적 정의에 부합함을 역설하고 있는 것이다.139) 경청할 만한 견해이지만 침해부당이득에 한정되는 논의이고 일반적인 손해 개념과는 맞지 않으므로 쉽게 받아들이기 어렵다.140)

---

137) Francesco Giglio, *The Foundations of Restitution for Wrongs*, p. 150 이하.

138) Ernest J. Weinrib, "Restitutionary damages as corrective justice", pp. 17-18. Weinrib은 자신의 견해가 빌부르크, 폰 캐머러에 의해 주창된 할당이론(Zuweisungstheorie)과 기본적으로 같다고 밝히고 있다(*Id*. p. 6). Weinrib은 시장가격 이상으로 처분한 대가도 권리자에게 법적으로 할당된 이득으로 볼 수 있다고 주장한다.

139) 그 외에도 이득토출책임이 교정적 정의에 부합한다는 주장으로는 Kit Barker, "Unjust enrichment: containing the beast", *15 Oxford J. Legal Stud. 457*, 471-474 (1995) 참조.

140) Weinrib의 견해에 대한 비판으로는 James Gordley, "The purpose of awarding restitutionary damages: a reply to Professor Weinrib", *1 Theoretical Inq. L. 39*, 43-52 (2000); Matthew Doyle, "Corrective justice and unjust enrichment", *62 U. Toronto L.J. 229*, 243-252 (2012).

나) 부당이득과 관련하여 이득토출책임을 정당화하기 위한 논리로 위법행위에 대한 억제의 필요성, 고도의 권리보호 필요성에서 찾는 것이 타당하다고 생각한다.[141] 부당이득을 발생시키는 행위는 다양하며 항상 위법행위가 개입되어 있는 것이 아닌바, '억제'를 부당이득이 담당해야 할 일반적(一般的) 기능이라고 말하기는 어려울 것이다.[142] 그러나 부당이득을 형성하는 행위 중에는 위법행위, 그중에서도 비난가능성이 중하여 반드시 '억제'가 필요한 위법행위가 포함되어 있다. 법은 기본적으로 교정적 정의와 같은 내재적인 원리에 의해서 작동하지만 법이 담당하는 사회적 · 정책적 기능과 분리하여 운용될 수는 없다. '억제'가 필요한 행위에 대해서는 법이 그에 상응하는 강력한 대응을 하여야 한다. 예를 들어 불법원인급여에 관한 규정은 반사회적 · 반도덕적 행위를 강력하게 억제하고자 마련된 것이다.[143] 부당이득은 일정한 재화의 이전이 공평의 이념에 반하는 모순을 야기한 경우에 수익자에게 가치의 반환을 명함으로써 그와 같은 모순을 제거하는 제도이다. '억제'가 필요한 위법행위에 대해서 반환범위에 차별을 두는 것이 이러한 부당이득의 목적에 반하는 것은 아닐 것이다. 오히려 반환범위에 차별을 두지 않고 위법행위로 인한 이익 취득을 법률적으로 보장하여 준다면 그것이 오히려 공평의 이념에 반하는 모순을 야기하는 것이 될 것이다. 더군다나 부당이득의 발생원인인 '법률상 원인 없이(ohne rechtlichen Grund)'를 판단함에 있어서 법전체 질서를 고려해야 하므로 해당 행위의 위법성도 고려대상이 되는

141) 앞서 본 바와 같이 신임의무 위반에 대해서는 '1차적 귀속 법리'로 설명할 수 있다.

142) 예를 들어 착오송금의 경우에 위법행위가 개입된 부당이득의 법률관계는 아니다. 침해부당이득의 보호대상이 무엇인지와 관련하여 슐츠(F. Schulz)가 주장한 위법성설(Rechtswidrigkeitslehre)이 비판을 받는 이유이기도 하다. 위법성설에 대하여는 Fritz Schulz, "System der Rechte auf den Eingriffserwerb", *AcP 105* (1909), 1ff.; 서종희, 앞의 논문(주 136), 182면 이하 참조.

143) 민법주해(XVII), 449면(박병대 집필부분).

바,[144] 위법성은 부당이득의 성립뿐만 아니라 반환범위에서도 고려될 수 있다고 보아야 한다. 로마법상 자신의 물건을 절취당한 자가 절도범을 상대로 행사할 수 있는 절도원인 이득반환청구소권(condictio furtiva)의 경우, 절도행위가 가지는 중한 위법성을 고려하여 절도 후 물건이 최고가액이었던 시점으로 가액을 평가하여 가액반환을 명하며 절도범의 비용 공제 항변을 배척하는데, 바로 이러한 사고의 발현으로 평가할 수 있다.[145] 결국 부당이득의 반환범위에 있어서 일정 유형에 대해서는 위법성을 고려해야 한다는 주장은 충분히 설득력이 있고, 영미 부당이득법에서 언급하는 '어느 누구도 자신의 위법행위로부터 이득을 취할 수 없다'라는 법리는 우리의 부당이득법에서도 일정한 의의를 가질 수 있다.[146]

그리고 법적으로 고도의 보호를 받아야 할 권리(예를 들면, 소유권)를 온전하게 향유하도록 하기 위해서 그 권리 침해로 발생한 이익을 권리자에게 귀속시키는 것은 권리자에게 과도한 혜택을 주는 것은 아니며, 오히려 권리자에게 그가 가지고 있는 권리에 상응한, 그의 법적 기대에 상응한 강력한 보호를 부여하는 것이다.[147] 이득토출책임

144) 부당이득의 요건으로서 '법률상 원인 없이'는 자족적 개념이 아니라 민법 전반에 걸쳐서 그 의미를 탐구해야 하는 열린 개념이라는 점을 고려해야 한다.

145) 절도원인 이득반환청구소권(condictio furtiva)의 법적 성질은 부당이득반환청구권인데, 절도원인 이득반환청구소권(condictio furtiva)의 특징을 잘 설명한 논문으로는 이상훈, "절도원인 이득반환청구소권(condictio furtiva)에 관한 소고-『학설휘찬』 제13권 제1장을 중심으로", 법사학연구 제57호(2018. 4), 261면 이하 참조.

146) 침해행위의 위법성 내지 비난가능성이 이익반환의 근거가 될 수 없다는 비판(김상중, 앞의 논문(주 130), 587면 이하)이 있다. 침해행위의 위법성이 부당이득반환의 근거를 통일해서 설명하는 일반적 근거가 될 수 없다는 점에서 일면 타당하나, 침해행위의 위법성은 위에서 논구한 것처럼 일정 유형의 침해행위에 대해서 부당이득반환범위를 획정할 때 충분히 고려할 수 있는 요인이라는 점에서 위 비판을 그대로 따르기 어렵다.

147) Kit Barker, "Unjust enrichment: containing the beast", p. 473.

이 인정되는 경우, 권리자가 객관적인 손해보다 더 많은 이익을 누리는 것으로 보이지만 이는 모든 권리 침해에 대하여 인정되는 것이 아니라 법적으로 고도의 보호를 받아야 할 권리에 대해서만 인정하는 것이다.

결국 위법행위에 대한 억제의 필요성, 고도의 권리보호 필요성을 강조함으로써 일정 유형의 침해행위에 대한 이득토출책임의 도입을 정당화할 수 있을 것이다. 그렇다면, 부당이득의 일반적 효과가 아닌 특수한 효과로 이득토출책임을 포섭하는 것이 무리한 시도라고는 보기 어려울 것이다.

다) 이에 대하여 위법행위에 대한 억제는 부당이득이 아니라 불법행위에 의하여 실현하는 것이 타당하다는 비판이 있을 수 있다.[148] 영미법상 이득토출책임이 인정되는 위법행위로 인한 원상회복(restitution for wrongs)이 불법행위와 친화적인 것은 사실이다. 그러나 불법행위책임은 피해자의 손해를 전보하기 위한 제도이므로 반환범위의 획정에 있어 손해를 한도로 파악하므로, 위법행위에 대한 억제에 근본적인 한계가 있다. 설령 징벌적 배상을 도입하더라도 그 배상액을 가늠할 수 없어서 법적 안정성을 해하는 문제가 있다. 부당이득의 중요한 목적 중의 하나는 구체적 상황에 따른 이득의 반환범위의 조정으로 우리 법이 선의의 수익자, 악의의 수익자를 구별하여 이득의 반환범위를 규정하고 있는 것은 이러한 이유이다. 여기에 비난가능성이라는 요소를 고려하여 이득반환범위를 추가로 미세 조정하는 것이 부당이득의 목적에서 벗어난다고 보기 어렵다. 부당이득이 비난가능성이 중한 위법행위에 의하여 발생한 경우도 꽤 있는데, 이득반환범위를 정함에 있어 이를 고려함으로써 위법행위를 억제하도록 하는 것이 오히려 공평의 관념에 부합하는 것이다. 더군다나 이득토출책임은 수익자

148) 이러한 취지의 비판으로는 김상중, 앞의 논문(주 11), 357면.

로 하여금 얻은 이득을 반환시키는 제도이므로 부당이득반환책임의 영역에 쉽게 포섭할 수 있고, 위법행위에 대한 억제에 효과적이다. 그리고 반환범위에 있어 얻은 이득을 한도로 하므로 징벌적 배상과 비교하여 반환범위가 예측가능한 장점이 있다.

실제 우리와 같은 대륙법계인 오스트리아의 경우 악의의 수익자는 시가를 초과하여 이득을 얻은 경우에, 그것이 본질적으로 자신의 기여(비용지출 또는 기타 활동)에 속하지 않는 한, 이득을 전부 반환하도록 하고 있다.149) 또한, 스위스국립학술연구재단의 재정지원으로 다수의 스위스민법학자들이 참여하여 마련한 2020년 스위스채무법 제69조는 "타인의 법적으로 보호되는 이익을 침해하여 초과수익을 얻은 사람은 그 수익을 그 권리자에게 그 전부 또는 일부 반환하여야 한다. 다만, 그가 타인의 이익을 침해하였다는 점에 관하여 인식하지도 아니하였고 인식하였어야 했던 것도 아닐 때에는 그러하지 아니하다."라고 하여 악의 수익자에 대한 초과수익반환의무를 명확히 하였다.150)

라) 이득토출책임을 도입하는 것과 관련하여 손실자가 아니라 국가가 위법행위로 인한 초과이득을 수취하는 것이 타당하다는 반론이 있을 수 있다. 그러나 국가가 몰수 등의 방법으로 초과이득을 수취하는 것은 한계가 있다. 왜냐하면 이득토출책임의 원인이 되는 행위 모

---

149) Lurger, Kletečka/Schauer, *ABGB-ON 1.00* (2010), § 1437 Rz. 7.

150) *Schweizer Obligationenrecht 2020: Entwurf für einen neuen allgemeinen Teil*
Art. 69 B. Erstattung eines ungerechtfertigt erlangten Gewinns
I. Grundsatz
Wer in die rechtlich geschützten Interessen eines anderen eingreift und dadurch einen Gewinn erzielt, muss diesen dem Berechtigten ganz oder teilweise erstatten, es sei denn, er beweise, dass er um den Eingriff in die fremden Interessen weder gewusst hat noch hätte wissen müssen.
2020년 스위스채무법 총칙편 초안에 대한 소개로는 Huguenin/Hilty (hrsg.), *Schweizer Obligationenrecht 2020: Entwurf für einen neuen allgemeinen Teil* (2013); 이동진, 앞의 논문(주 136), 293면 이하.

두 몰수가 가능한 범죄행위에 해당하는 것은 아니고, 국가가 초과이득 수취를 위한 조치를 적극적으로 취할 것이라고 기대하기 어려워 위법행위에 대한 억제에 효과적이지 못하기 때문이다. 그렇다고 손실자가 아닌 다른 기관에게 초과이득의 수취를 맡길 수도 없다. 독일 부정경쟁방지법은 경쟁법을 고의적으로 위반하여 다수의 소비자의 손실로 이득을 취득한 자를 상대로 특정 단체나 기관이 그 이득의 반환을 구할 수 있도록 하였는데, 실제 위 제도가 거의 활용되지 않았다. 위 소송에서 이기더라도 위 이득은 연방정부의 예산에 귀속되므로 위 단체나 기관에게 위 소송을 할 동기 부여가 없었기 때문이다.[151] 이득토출책임을 통해 위법행위를 효과적으로 억제하기 위해서는 실제 위법행위의 피해자인 손실자에게 이를 청구할 수 있도록 함이 타당하다는 점을 실증적으로 잘 보여주고 있다.

4) 이득토출책임 도입의 정책적 정당화 논거

우선 우리 법상 준사무관리 개념을 인정할 수 없으므로 이득토출책임을 도입할 필요가 있다. 타인의 사무임을 알면서 사무관리의 의사 없이 자기의 사무로서 행하는 경우에 이를 준사무관리로 보아 사무관리의 법리를 적용할 수 있는지 문제가 되나, 준사무관리를 인정하는 견해는 불법한 행위를 근거 없이 적법한 행위로 다루는 것이므로 타당하지 않다.[152] 이와 같이 준사무관리 개념이 인정되지 않으므로 적법한 사무관리의 경우에 수익자는 받은 이익을 전부 반환해야 하는 반면(민법 제738조, 제684조), 준사무관리의 경우(타인의 권리를 무단으로 관리한 경우) 위법행위자는 손실한도 반환설에 따라 손실자가 입은 손실 한도만을 반환하는 모순이 존재한다. 이러한 모순을 해결하기 위해서 이득토출책임의 도입 여부를 긍정적으로 검토할 필요가

151) Tobias Helms, "Disgorgement of profits in German law", pp. 226-227.

152) 同旨 곽윤직, 앞의 책(주 2), 343면; 송덕수, 앞의 책(주 3), 437면; 민법주해(XVII), 96-98면(최병조 집필부분).

있다.

독일의 경우 이와 달리 무단사무관리에 대하여 본인이 관리결과의 반환 등 사무관리 상의 효과를 주장할 수 있는 규정이 있고(독일 민법 제687조 제2항), 준사무관리와 궤를 같이한다고 해석되는 무권리자의 처분에 관한 규정(독일 민법 제816조 제1항[153])이 있으므로[154] 이득토출책임의 도입에 소극적일 수밖에 없는데, 이러한 규정이 없는 우리나라가 독일의 논의를 따를 이유는 없다고 할 것이다(초과수익 반환의 문제를 해결하기 위하여 독일과 같이 무단사무관리, 무권리자 처분에 관한 규정을 우리 법에 신설하자는 제안이 있을 수 있으나, 위 규정을 가지고 위법행위에 의한 초과수익 반환 전반에 대하여 구체적이고도 직접적인 지도원리를 도출하기에는 무리가 따른다. 마찬가지로 대상청구권을 통해 초과수익 문제의 반환을 해결할 수 있다는 주장이 있을 수 있으나, 대상청구권이 인정된다고 하여 초과수익 반환이 반드시 인정되는 것은 아니므로 대상청구권을 통해 초과수익 반환의 문제를 해결하기 어렵다.[155]).

다음으로 우리 법상 손해배상액수가 과소하여 손해배상 제도가 위법행위에 대한 '억제' 기능을 제대로 수행하고 있지 못하고 있음을 고려해야 한다. 여기에 징벌적 배상도 인정되지 않으므로, 고의의 위법행위자는 손실자의 손해만 배상하면 되므로 타인의 권리를 침해할 충분한 유인을 가지고 있다. 이처럼 손해배상책임이 '억제' 기능을 제대로 발휘하고 있지 못한 상황이므로 이득토출책임의 도입이 요청된다.

끝으로 법관이 개별화된 정의(individually tailored justice)를 실현하기 위해서는 부당이득반환범위와 관련하여 좀 더 다양한 스펙트럼

---

153) 독일 민법 제816조 제1항은 "무권리자가 목적물에 관하여 권리자에 대하여 효력 있는 처분을 한 경우에는, 그는 권리자에게 처분으로 인하여 취득한 것을 반환할 의무를 진다. 처분이 무상으로 행하여진 때에는, 처분에 기하여 직접 법적이익을 취득한 사람이 동일한 의무를 진다."고 규정하고 있다.

154) 위 규정에 대한 논의로는 안춘수, "무권리자의 처분과 부당이득 및 사무관리", 연세대 법학연구 제24권 1호(2014), 151면 이하.

155) 이 점에 대한 유익한 논의로는 김상중, 앞의 논문(주 130), 584-585, 590-594면.

을 갖추어야 한다는 점도 고려되어야 한다. 현행 민법은 선의의 수익자인지 악의의 수익자인지 여부만을 가지고 그 반환범위를 획정하는데, 부당이득이 발생하는 상황은 복잡다기하고 고려해야 할 요소도 다양하다는 점에서 현행 규정이 과연 세밀하게 부당이득의 범위를 정하고 있는지 회의적이다. 위법성이 중한 사안에서는 법관이 개별화된 정의를 실현할 수 있도록 이득토출책임의 도입이 필요하다.[156)]

5) 이득토출책임을 어떤 경우에 인정할 수 있는가?

앞서 이득토출책임의 도입이 필요하다는 점을 논구하였다. 이득토출책임을 어떤 요건에서 인정할 수 있는지 검토가 필요하다. 이에 대하여는 오스트리아나 스위스의 2020년 채무법 제69조와 같이 악의의 수익자에 대하여 전면적으로 이득토출책임을 인정하는 방법이 있을 수 있고, 악의의 수익자의 경우 이득토출책임을 인정할 수 있는 것으로 법관의 재량영역으로 두는 방법이 있고, Edelman의 견해처럼 이득토출책임이 인정되는 경우를 명확히 하는 방법이 있다. 앞서 본 바와 같이 이득토출책임은 위법행위에 대한 억제의 필요성, 고도의 권리보호 필요성이 있는 경우에 예외적으로 인정되는바, 이에 비추어 보면 악의의 수익자에게 전면적으로 이득토출책임을 인정하는 것은 무리가 있다. 따라서 '이익을 취득할 목적으로 고의적으로 위법행위를 한 경우로, 침해된 권리에 대하여 고도의 권리보호 필요성이 인정되는 경우에' 이득토출책임이 인정된다고 합리적 기준을 정하고, 이에 따른 입법을 하는 것이 타당하다.

156) 개별화된 정의를 위해서 인과관계가 격원(隔遠)한 경우에는 그 이득의 반환을 구할 수 없게 하고, 피고의 수익 중 위법행위와 관련이 없는 부분은 제외하며, 피고가 지출한 비용이나 피고의 기여분 공제 주장을 고려해야 함은 앞에서 본 바와 같다.

Ⅴ. 결 론

본 논문에서는 영미 부당이득법을 개관하면서 그중에서 특히 영미 부당이득법의 초석으로 평가되는 이득토출책임에 관하여 집중적으로 살펴보았다. 이득토출책임은 위법행위를 억제하기 위하여 피해자의 손실 여부와 관계없이 이득자로 하여금 위법행위로 얻은 이익을 반환하게 하는 법리이다. 이득토출책임은 피고의 위법행위로 원고의 손실을 초과하는 이득이 발생한 경우 또는 원고의 손실을 입증하기 어려운 경우에 유용한 구제수단으로 영미 부당이득법에서 일반적 구제수단으로 자리매김하였다. 영국의 경우 이득토출책임이 판례를 통해 그 적용범위를 확장하고 있으며, 미국의 경우 제3차 부당이득법 리스테이트먼트(R3RUE)는 영국보다 이득토출책임의 적용범위를 확장하였으며 그 효과에 관하여도 상세한 규정을 두고 있다.

이득토출책임을 비롯한 영미 부당이득법은 이득반환의 범위를 획정함에 있어 손실자의 손실중심에서 수익자가 취득한 이득중심으로 사고를 전환할 것을 요구한다. 부당이득이 손해배상과 구별되는 독자성, 즉 손실전보 제도라기보다는 정당하지 못한 이득을 반환시키기 위한 제도라는 점에서 영미 부당이득법의 태도는 설득력이 있고 우리 부당이득법에 시사하는 바가 적지 않다.

우선 '손실한도 반환설'에 대한 재검토가 요청된다. 부당이득반환범위를 정함에 있어 손실자의 손실 한도를 일률적으로 적용하는 것은 비교법적 검토에서 살펴보았듯이 이론적 근거가 약하다. '손실한도 반환설'을 폐기하고 이득중심으로 부당이득반환범위를 재편하는 것이 요청된다.

무엇보다 이득토출책임의 도입 여부에 관하여 긍정적으로 검토할 필요가 있다. 우리 법상 수익자로 하여금 그 이익의 객관적 가치를 넘어서서 받은 이익 전부를 반환시키기 위해서는 이론적 정당화가 필요한데, 위법행위에 대한 억제의 필요성, 고도의 권리보호 필요성을 근거로 이득토출책임을 정당화할 수 있다. 나아가 우리 법상 준사무관리 개념이 인정되지 않고, 손해배상액수가 과소하여 손해배상제도가 위법행위에 대한 억제 기능을 제대로 수행하고 있지 못하며, 법관이 개별화된 정의를 실현할 수 있도록 부당이득범위와 관련하여 다양한 스펙트럼을 갖추어야 한다는 점에서 이득토출책임의 도입이 필요하다. 본 연구에서 살펴보았듯이 부당이득의 일반적 효과가 아닌 특수한 효과로 이득토출책임을 충분히 포섭할 수 있다.

비교법적 연구의 효용은 다른 나라가 같은 문제에 대해서 어떤 지혜를 발휘하였는지를 살펴봄으로써 우리 법제도에 대한 많은 시사점을 얻을 수 있다는 데 있다. 영미법의 부당이득법, 특히 이득토출책임을 검토함으로써 기존의 우리의 논의를 되돌아볼 수 있는 좋은 계기가 되었다.

아무쪼록 본 논문에서 제시한 비교법적 고찰이 부당이득에 관한 연구와 민법 개정에 직접적으로 도움이 되었으면 하는 바람이 간절하다.

▩ 참 고 문 헌

Ⅰ. 국내문헌

1. 단행본

곽윤직 편, 민법주해(XVII), 박영사, 2008.

곽윤직, 채권각론(제6판), 박영사, 2014.

김건식 · 노혁준 · 천경훈, 회사법(제2판), 박영사, 2016.

김상용 감수, 신탁법 해설, 법무부, 2012.

김주수, 채권각론(제2판), 삼영사, 1997.

김형배, 사무관리 · 부당이득[채권각론 Ⅱ], 박영사, 2003.

송덕수, 채권법각론(제3판), 박영사, 2017.

이계정, 신탁의 기본 법리에 관한 연구 – 본질과 독립재산성, 경인문화사, 2017.

이철송, 회사법강의(제25판), 박영사, 2017.

정상조 · 박준석, 지식재산권법(제3판), 홍문사, 2013.

정찬형, 상법강의(상)(제20판), 박영사, 2017.

콘라트 츠바이게르트 · 하인 쾨츠, 양창수 역, 비교사법제도론, 대광문화사, 1991.

2. 논 문

김동훈, "부당이득에서 이득의 개념과 현존이익의 판단기준", 중앙법학 11집 4호, 중앙법학회(2009).

김상중, "영국의 restitution for wrongs와 위법이익의 반환–우리 부당이득법의 수용 여부와 손해배상법의 발전방향에 대한 시사점," 민사법학 제78호(2017. 2).

______, "대상청구권의 반환내용", 법조 제725호(2017. 10).

______, "위법이익 반환에 관한 민사책임의 법리", 비교사법 제25권 제2호(2018).

김형석, "대상청구권-민법개정안을 계기로 한 해석론과 입법론", 서울대학교 법학 제55권 제4호(2014. 12).

남효순, "개정 프랑스민법전(채권법)상의 비채변제와 (협의의) 부당이득", 저스티스 통권 제164호(2018. 2).

박세민, "영국 부당이득법의 부당요소", 법학논집 제18권 제3호, 이화여자대학교 법학연구소(2014).

서종희, "침해부당이득에서 수익자의 초과수익반환-독일법을 중심으로 한 비교법적 고찰", 저스티스 통권 151호(2015. 12).

______, "영미 부당이득법상의 이득토출 (disgorgement of profits)책임-위법행위를 이유로 한 원상회복(restitution for wrongs)을 중심으로", 서울법학 제24권 제1호, 서울시립대학교 법학연구소(2016).

______, "미국 부당이득법의 과거와 현재", 일감법학 제36호(2017. 2).

안춘수, "무권리자의 처분과 부당이득 및 사무관리", 연세대 법학연구 제24권 1호(2014).

이계정, "형평법상 추급권과 신탁의 법리", 저스티스 통권 157호(2016. 12).

______, "송금된 금원에 대한 예금 명의인의 부당이득반환의무 유무의 판단기준-부당이득에 있어서 이득의 개념을 중심으로", 민사판례연구(35), 박영사(2013).

이동진, "독일 · 오스트리아 · 스위스의 부당이득법", 비교사법 제25권 제1호(2018. 2).

이상용, "미국 부당이득법의 개관", 민사법학 제75호(2016. 6).

이상훈, "절도원인 이득반환청구소권(condictio furtiva)에 관한 소고-『학설휘찬』 제13권 제1장을 중심으로", 법사학연구 제57호(2018. 4).

이헤리, "미국법상 기회주의적 계약위반에 대한 토출(吐出) 책임", 비교사법 제21권 2호(2014. 5).

진도왕, "미국 부당이득법 개관-제3자 부당이득법 리스테이트먼트를 중심으로", 법학논총 제40권 제1호, 단국대학교 법학연구소(2016. 3).

______, 미국 침해부당이득법 개관-제3차 부당이득법 리스테이트먼트를 중심으로, 재산법연구 제33권 제3호(2016).

______, "미국 침해부당이득법에서의 수익전부반환책임(Disgorgement)과 초과수익의 반환-반환범위의 획정기준으로서 인과관계 등의 문제", 민사법의 이론과 실무 제20권 제1호, 민사법의 이론과 실무학회(2016).

현병철, "부당이득효과에 관한 일고찰-유형론의 입장에서", 사법의 제문제; 경허김홍규박사 화갑기념 Ⅱ, 삼영사(1992).

Ⅱ. 외국문헌

1. 영어 문헌

Kit Barker, "Unjust Enrichment: Containing the Beast", *15 Oxford J. Legal Stud. 457* (1995).

Peter Birks, *Introduction to the Law of Restitution*, Oxford(1998).

__________, *Unjust Enrichment*, 2nd ed., Oxford(2005).

Andrew Burrows, *The Law of Restitution*, 3rd ed., Oxford(2011).

Matthew Doyle, "Corrective justice and unjust enrichment", *62 U. Toronto L.J. 229* (2012).

James Edelman, *Gain-Based Damages: Contract, Tort, Equity and Intellectual Property*, Hart Publishing(2002).

Melvin A. Eisenberg, "The Disgorgement Interest in Contract Law", *105 Mich. L. Rev. 559* (2006).

Daniel Friedmann, "Restitution for wrongs: the measure of recovery", *79 Tex. L. Rev. 1879* (2001).

Mark P. Gergen, "Causation in disgorgement", *92 B.U.L. Rev. 827* (2012).

James Gordley, "The purpose of awarding restitutionary damages: a reply to Professor Weinrib", *1 Theoretical Inq. L. 39* (2000).

Francesco Giglio, *The Foundations of Restitution for Wrongs*, Hart Publishing(2007).

Goff&Jones, *The Law of Unjust Enrichment*, 9th ed., Sweet & Maxwell (2016).

Hanbury & Martin, *Modern Equity*, 19th ed., Sweet & Maxwell(2012).

Tobias Helms, "Disgorgement of profits in German law", in *Disgorgement of Profits: Gain-Based Remedies throughout the World*(Ewoud Hondius · Andre Janssen ed., Springer, 2015).

Ewoud Hondius · André Janssen ed., *Disgorgement of Profits: Gain-Based Remedies throughout the World*, Springer(2015).

Andrew Kull, "Three Restatements of Restitution", *Wash. & Lee L. Rev. 867* (2011).

John D. McCamus, "Disgorgement for Breach of Contract: A Comparative Perspective", *36 Loy. L.A. L. Rev. 943* (2003).

Graham Moffat, *Trusts Law*, 5th ed., Cambridge(2009).

Nocholas W. Sage, "Disgorgement: From Property to Contract", *66 U. Toronto L. J. 244* (2016).

Austin W. Scott, William F. Fratcher & Mark L. Ascher, *The Law of Trusts, vol. 3*, 5th ed., Aspen Publishers(2006).

Lionel D. Smith, *The Law of Tracing*, Clarendon Press(1997).

Lionel Smith, "Deterrence, prophylaxis and punishment in fiduciary obligations", *7 J Equity, 87* (2013).

Graham Virgo, *The Principles of the Law of Restitution*, 3rd ed., Oxford(2015).

Graham Virgo, "Restitutionary remedies for wrongs: causation and remoteness" in *Justifying Private Law Remedies*(Charles EF Rickett ed., Hart Publishing, 2008).

Stephen Watterson, "Gain-based remedies for civil wrongs in England and Wales", in *Disgorgement of Profits: Gain-Based Remedies throughout the World*(Ewoud Hondius · Andre Janssen ed., Springer, 2015).

Ernest J. Weinrib, "Restitutionary damages as corrective justice", *1 Theoretical Inq. L. 1* (2000).

Sarah Worthington, *Equity*, 2nd ed., Oxford University Press(2006).

Reinhard Zimmermann, "Unjustified Enrichment: The Modern Civilian Approach", *15 Oxford J. Legal Stud. 403* (1995).

2. 독일어 문헌

Fritz Schulz, "System der Rechte auf den Eingriffserwerb", *AcP 105* (1909).

Huguenin/Hilty (Hrsg.), *Schweizer Obligationenrecht 2020: Entwurf für einen neuen allgemeinen Teil* (2013).

Kletečka/Schauer (Hrsg.), *ABGB-ON, Kommentar zum Allgemeinen bürgerlichen Gesetzbuch* (2010).

von Caemmerer, Ernst, "Bereicherung und unerlaubte Handlung", *Festschrift für Ernst Rabel, Bd 1.* (1954).

Wilburg, Walter, *Die Lehre von der ungerechtfertigthen Bereicherung nach österreichischem und deutschem Recht: Kritik und Aufbau* (1933/34).

3. 프랑스어 문헌

Olivier Deschayes · Thomas Genicon Yves · Marie Laithier, *Réforme du droit des contrats, du régime général et de la preuve des obligations*, LexisNexis (2016).

사 항 색 인

판 례 색 인

[대법원 판례]

저자 약력

남효순

서울대학교 법과대학 졸업
서울대학교 대학원 법학과 박사과정 수료
프랑스 낭시(Nancy) 제2대학교 법학박사
프랑스 낭시(Nancy) 제2대학교 객원교수 역임
한국민사법학회 회장 역임
현 서울대학교 법학전문대학원 교수

민법주해 [Ⅶ] 물권(4), [XIV] 채권(7), [XV] 채권(8), 박영사(1996)
주석민법 채권각칙(2), 한국사법행정학회(2016)
인터넷과 법률 Ⅰ, Ⅱ, Ⅲ, 법문사(2002, 2005, 2010)
물권관계의 새로운 이해－물권 및 물권적 청구권의 개념에 대한 새로운 이해의 단초 2－, 민사법학 제63－1호, 2013, 그 외 논문 다수

이동진

서울대학교 법과대학 졸업(2000)
서울대학교 법학박사(2011)
서울중앙지방법원 판사 등 역임
현 서울대학교 법학전문대학원 교수

주석민법 총칙(2)(제4판, 2010), 주해친족법 제1권(2015), 개인정보 보호의 법과 정책(개정판, 2016), 그 외 논문 다수

김형석

서울대학교 법과대학 졸업(학사)
서울대학교 대학원 법학과(석사)
독일 트리어(Trier) 대학교(석사, 박사)
현 서울대학교 법과대학/법학대학원 교수

Zessionsregreß bei nicht akzessorischen Sicherheiten(Duncker & Humblot, 2004)
주석 민법 물권(1)(제5판, 2019)(共著)
사용자책임의 연구(2013)
헌법과 사법(2018)(共著)
민법개정안 연구(2019)(共著)
상속법 개정론(2020)(共著)
"동기착오의 현상학" 외 논문 다수

이계정
서울대학교 사회학과 졸업(1998)
서울대학교 법학박사(2016)
서울중앙지방법원 등 판사, 사법연수원 교수(2002-2013)
미국 U. C. Berkeley LL.M.
현 서울대학교 법학전문대학원 부교수

주석민법 물권(1)(제5판, 2019), 신탁의 기본법리에 관한 연구(2017), 그 외 논문 다수

이상훈
한동대학교 법학부 졸업(2004)
서울대학교 법학박사(2016)
육군사관학교 교수사관, 한국법학원 연구위원 역임
현 서울대학교 법학전문대학원 강사

유럽민사법 공통참조기준안(DCFR) 부당이득편 연구(2017. 10)
"선의취득 법리를 통한 부당이득법상 전득자 보호" 외 논문 다수

부당이득반환의 비교법적 연구

초판발행 2021년 7월 15일

지은이 남효순 · 이동진 · 김형석 · 이계정 · 이상훈
펴낸이 안종만 · 안상준

편　집 장유나
기획/마케팅 조성호
표지디자인 박현정
제　작 고철민 · 조영환

펴낸곳 (주) 박영사
서울특별시 금천구 가산디지털2로 53, 210호(가산동, 한라시그마밸리)
등록 1959. 3. 11. 제300-1959-1호(倫)
전　화 02)733-6771
f a x 02)736-4818
e-mail pys@pybook.co.kr
homepage www.pybook.co.kr
ISBN 979-11-303-3933-7 94360
979-11-303-2631-3 (세트)

정 가 24,000원